여성과 사회

여성과 사회

정영숙 · 서종수 · 이우구

KNOWLEDGE COMMUNITY 공동체

머리말 PREFACE

우리 사회는 정치적·사회적 격동기를 거치는 가운데 여성과 남성에 대한 인식과 역할도 변하였고 새로운 가치관 정립을 위해 노력하고 있다. 여성관과 남성관은 과거의 관념에서 벗어나 새로운 관계를 모색하고 있다. 남녀 차이란 어느 시대 어느 사회를 막론하고 존재하는 현상이다. 문제는 이런 현상이 아직도 차이가 아닌 차별의 형태로 나타나고 구습을 몰아낸 자리에 또 다른 형태의 차별이 자리 잡고 있다는 것이다. 따라서 남녀를 연결하는 사회적 메커니즘을 바로 정립하고 양성평등을 지향하는 사회가 되기 위해 여성과 남성의 문제를 진지하게 검토해 볼 필요가 있다.

우리 사회의 여성관과 남성관은 사회 지배 이데올로기인 가부장적 이념이 바탕을 이루고 있으나 그런 이념은 잘 드러나지 않고 은폐되는 속성이 있다. 왜냐하면, 성 관념은 일상의 삶 속에 스며든 지배적 이데올로기이므로 이념적 본질은 드러나지 않고 보편적 현실인 것처럼 받아들여지기 때문이다. 이러한 이념적 은폐성은 남녀 간 차이를 논할 때 특별한 의미를 지닌다. 왜냐하면, 여성과 남성은 살아가는 동안 사회적·정치적·경제적으로 각기 다른 환경을 경험하고 있기 때문이다. 경험의 차이는 남녀의 역할을 구분할 뿐 아니라 가치관 및 삶을 살아가는 동기에도 영향을 미치게 된다.

사회가 정치·경제적으로 구조화된 경우 어떤 형태로든 지배 및 피지배 계층이 형성되고 계층 간 갈등과 대립이 있게 된다. 이렇게 계층으로 분화된 사회에서 이념은 실질적으로 지배 계층의 이해나 가치를 대변하는 경향이 있고 또 보이지 않는 속성이 있으므로 사회는 그러한 이념을 보편적으로 수용하게 되는 것이다. 성에 대한 이해나 가치는 역사적·제도적 산물이므로 사회변동과 더불어 변하는 특성을 보인다. 시대 변화에 따른 남녀 간 차이 및 갈등에 대한 논란은 있으나 양성평등을 지향하는 남녀 관계와 역할에 대한 담론은 제대로 이루어지지 않고 있다. 이런 시점에 과거와 현재의 성에 대한 담론을 객관적으로 살펴보는 작업은 양성평등을 지향하는 시대적 요구와 부합된다.

여성학은 열린 사고와 탐구를 허용하는 학문이며, 이론과 실제가 같은 맥락에 있을 때 효과가 극대화된다. 이 책은 여성 문제에 대한 해답을 제시하기보다 독자들에게 지면을 통해 현실을 보여줌으로써 합리적인 답을 찾을 수 있는 사고의 장을 여는 데 의의를 두고 있다. 특히 필자들은 본 책이 여성에게는 자신을 스스로 바라볼 수 있는 자의식을 일깨워 주고 남성에게는 여성을 이해할 수 있는 계기를 마련해 주면서 지금까지의 관념에서 벗어나 우리 앞에 놓인 문제를 객관적 시각으로 바라볼 수 있도록 지침서의 역할을 할 수 있기를 바란다.

2020. 7.

정영숙 · 서종수 · 이우구

차 례 CONTENTS

Chapter

1

성의 이해

1. 페미니즘의 개념과 특성
2. 학문적 배경과 발전과정
3. 여성학의 학문적 특수성
4. 실천 운동으로서의 여성학
5. 여성운동의 본질과 흐름
6. 한국의 여성운동
7. 여성운동의 방향

Chapter

01 성의 이해

1. 페미니즘의 개념과 특성

1) 페미니즘의 개념

미국의 대표적 페미니스트이자 사회운동가인 벨 훅스(Bell Hooks)[1]는 『Feminism is for Everybody』에서 페미니즘이 무엇인지, 그것이 여성과 남성을 포함한 모두의 삶에 어떤 영향을 미치고 어떤 긍정적 변화를 가져왔는지를 보여주고 있다. 벨 훅스(Bell Hooks)는 페미니즘 운동이 '남성 혐오운동'이나 반남성주의가 아닌 '성차별주의와 그에 근거한 착취와 억압을 제거하기 위한 운동'이라는 점을 강조했다. 그리고 페미니즘 운동이 있는 그대로의 자신을 사랑하게끔 돕고, 우리 모두를 자유롭게 하는 해방운동이라는 점을 보여줌으로써 페미니즘이 여성만을 위한 것이 아니라 '우리 모두를 위한 것'이라고 피력하였다.

페미니즘 개념이 우리 모두를 위한 것이라고 인지하기 전에는 여성관에 대한 다양한 편견이 존재했고 여성에 대한 윤리관은 근대를 거쳐 현대에 이르러 많은 변화가 있었으나 여전히 남아있다. 이러한 편견은 동양의 유교 사상에서에서 유래를 찾을 수 있다. 공자는 '여자와 소인은 다루기 어려운 것' 그리고 '가까이하면 불손해지고, 멀리하면 원망만 듣게 된다'고 하였다. 여성에 대한 부정적 관점은 서양의 여성관도 마찬가지이다. 법철학자

1) Hooks, B.(2000). Feminism is for Everybody : Passionate politics. South End Press.

헤겔(Hegel)은 '여자가 정치적으로 상위에 서면 국가가 위태로울 것이다'라고 하였다. 표면적으로 봉건시대는 오래전에 끝난 것처럼 보이지만 현대사회에서 지난날의 봉건적 잔재는 아직도 사회 곳곳에 남아 여성의 삶에 영향을 주고 있다.[2)]

페미니즘의 출발은 여성 문제에 대한 사회적 모순과 더불어 여러 난제와 함께 인식하고 사회 곳곳에 존재하는 여성억압과 편견이 종식되어야 한다는 인식에서 비롯되었다. 이러한 인식과 실천적 목적은 학문으로 정착되었고, 대학에서 여성학으로 자리 잡게 된 것이다. 여성학의 연구주제는 크게 두 가지로 성차별과 가부장제이다. 인간 활동이 근본적으로 여성이라는 이유로 인해 제한받거나 기회를 박탈당하는 것을 성차별 또는 성불평등이라 한다. 성차별은 인종차별과 더불어 사회 내에서 구조적 불평등을 양산해 왔다. 이러한 성불평등은 단순한 성차별에 그치지 않고 개인의 본질적 특성과 인격을 제한함으로써 성적 위계 논리와 성을 매개로 여성을 억압해 왔다.

가부장제는 법률, 교육, 종교 등 모든 사회제도에 편재되어 사회적, 경제적, 정치적, 문화적 차별에 복합적으로 나타났으며, 제도적 차별을 넘어 의식적으로 혼재된 부분 또한 크다. 실비아 월비(Sylvia Walby)[3)]는 가부장제는 남성이 여성을 지배하고, 억압하고 착취하는 사회구조와 관습의 체계라고 주장했다. 여성학은 가부장제 사회에서 여성이 처한 현실을 인식하고 오랜 세월 동안 사회적 모순 속에서 지속된 여성차별 및 억압에 대한 해결방안을 모색해 왔다. 여기서 사회적 모순이란 개인의 권리에 대한 인식, 제도 문제, 관념 및 이데올로기, 문화 등에 내재된 불합리하고 불평등한 것을 의미한다.

---

2) 정영숙・박충선(2015). 여성과 사회. 경북 : 대구대학교출판부.
3) Walby, S.(2011). The Future of Feminism. Cambridge : Polity Press.

페미니즘(feminism)이란 라틴어로 여성을 뜻하는 'femin'과 주의를 뜻하는 'ism'이 결합한 용어로 여성주의를 의미하며, 남성이 누려왔던 사회적, 경제적, 정치적, 문화적 권리를 여성도 평등하게 누리기 위한 사회 운동이다. 따라서 페미니즘 개념은 본질적으로 남성과 여성은 평등한 가치를 지니고 있다는 이념에서 출발하였다. 페미니즘 운동은 처음에 지향한 이념과 달리 산발적이며 간헐적으로 성차별과 가부장적 사회에서 여성에 대한 불평등한 상황을 지적하며 전개되었다. 그러다 보니 19세기 초에 이르기까지 페미니즘 운동은 대중의 주목을 받지 못해 체계적으로 드러나지 않았다. 19세기 말에 이르러서야 영국과 미국을 중심으로 여성의 참정권 획득을 위한 운동이 활발히 일어났고 이를 계기로 페미니즘 운동은 새로운 전기를 맞았다.

여성주의에 바탕을 둔 페미니즘이 지향하는 궁극적 목표는 여성해방 이념과 맥락을 같이 한다. 사회가 남녀를 구분할 때 개인이나 집단의 신체적 구조가 그 개인이나 집단의 사회적 지위를 결정한다는 믿음에 기반한 생물학적 성(性)을 적용하고 그러한 적용이 초래하는 차별은 불합리하므로 불평등한 여성의 지위와 역할을 거부하고 평등을 지향하자는 것이 페미니즘 운동의 궁극적 목표이다.

페미니즘은 1960년대 미국과 유럽을 중심으로 여성의 인권에 대한 자각과 더불어 사회의 여러 부면에 나타나기 시작하였고 그러한 자각과 주장이 다수 여성으로부터 공감을 얻으면서 기회의 평등과 개인의 자유를 추구하는 여성운동으로 이어졌다. 페미니즘을 여성해방 개념으로 대체하여 적용하기도 하는데, 그 이유는 페미니즘이 권리와 평등이라는 관점에서 사회를 정적으로 보는 데 비해 여성해방운동은 억압과 해방이라는 관점에서 사회를 동적으로 보는 면이 있으나 추구하는 바는 본질적으로 같기 때문이다.

여성운동은 여성 문제를 보는 시각이나 관점과 결합하여 다양한 이론으로 발전하였다. 페미니즘 이론은 여성억압의 원인과 결과를 설명하고 여성

해방을 위한 방안을 모색하는 데 있어서 자유주의, 마르크스 사회주의, 급진주의, 포스트모더니즘 등과 더불어 사상이나 이론적 토대를 구축하며 발전하였다. 그리고 여성 문제를 사회적 차원에서 분석하여 유교적 관념 속에 예속된 여성에게 인간의 존엄과 자유, 평등 등에 대한 개념과 여성 자신이 일종의 문화적 산물[4]이라는 점을 인식할 수 있는 계기를 마련해 주었다. 가부장 문화는 우리나라뿐 아니라 외국에서도 여성을 주변적 존재로 머무르게 하여 정체성 확립에 장애 요소로 작용했다고 보고 있다.

과거에는 페미니즘에 대한 시각이 일부 소수 계층에서만 문제의식을 느끼고 있었기 때문에 보편적 여성운동으로 확산하지 못했다. 그러나 자본주의 발달과 여성의 교육수준 향상, 사회참여, 경제력 확보, 저출산과 핵가족화 등으로 이어지면서 여성의 사회적 지위에 급격한 변화를 초래하였다. 이러한 여성의 지위 변화는 여성 문제가 단순히 여성만의 문제가 아니라 사회문제로 인식되는 계기로 작용했다. 그와 더불어 이데올로기, 정치, 법, 경제, 사회, 문화 등과 관련하여 여성의 현재 위치를 진단하고 평가하는 것으로 이어졌다. 이제 페미니즘 또는 여성주의 개념은 보편화되어 그 여파가 현대 문명에서 소외된 사회에까지 미치고 있다.[5]

2) 페미니즘의 특성

초기의 페미니즘은 서양의 근대시민사회의 성립과정에서 일부 여성에 의해 제기되었다. 근대적 계몽의식은 봉건질서를 타파하고 인간의 존엄과 자유를 외쳤지만 실상 그 속에 여성은 없었다. 인간 평등을 표방한 일련의 사회변혁과 사회사상은 남성이 대상이었을 뿐, 여성은 여전히 구질서 속에

---

4) Joseph, A.(1996). Feminism and the Poetry of Sylvia Plath. In R. K. Dhawan(Ed.), Feminism and American Literature. New Delhi : Mehra Offset Press.

5) Opara, C.(1996). The Emergence of the Female Self : The Liberating Pen in Mariama. In A. Adebayo(Ed.), Feminism and Black Women's Creating Writing : Theory Practices and Criticism. AMDPublishers Ibadan, 153－160.

서 차별을 당하고 복종을 강요당했다. '자연으로 돌아가라'라고 외쳤던 루소(Rousseau)는 계몽사상가로 알려졌으나 그의 여성관은 봉건적이었다. 즉, 그는 여성은 자연 상태에서 자신의 욕망과 필요로 인해 남성에 의존할 수밖에 없고 남성과의 관계에 의해서만 의미 있는 존재라고 규정하였다.

이러한 상황에서도 여성운동은 멈추지 않았고 오랫동안 추구해 왔던 여성의 참정권 운동이 목적을 달성하게 되었다. 그러나 이후 다수의 여성 운동가는 다시 안주하기 시작하였다. 이에 회의를 느낀 일부 집단은 여성에 관한 근원적 연구가 뒷받침되지 않고는 여성억압의 원인과 해결방안을 찾기 어렵다는 점을 깨닫고 여성억압에 대한 학문적 체계를 갖추기 시작하였으며, 그 기반이 바로 페미니즘이다.

페미니즘 학문이 추구하는 핵심은 여성의 열등성을 강조하는 관념 및 관습을 반증주의 이론을 적용하여 실제 사례를 찾아 분석하고 입증하는 데 있었다. 페미니즘이 외치는 계몽성 구호나 논리를 넘어 실천 행동으로 이어질 때 중요한 요인은 의식변화이다. 가정과 사회에서 관습이 된 남성지배와 여성종속의 관념을 객관적 시각으로 재검토하고 양성평등을 위한 대안적 방안을 제시할 수 있는 의식변화를 시도하는 것이다. 따라서 페미니즘 이념은 실천적 행동을 위한 철학적 근거가 학문적 토대가 된다.

페미니즘을 학문적으로 체계화하는 작업은 먼저 기존학문을 페미니즘 시각에서 재분석하는 것에서부터 비롯되었다. 기존 이론과 지식은 주로 남성 중심적이고 여성 차별적인 시각이 토대가 되어있음을 규명하고 그러한 시각의 부당성을 과학적으로 입증하는 시도들이 이루어졌다. 이론과 지식을 구성하는 내용은 실용적으로 가정과 사회의 여성 생활과 경험에서 찾았으며, 그러한 이론과 지식의 목표는 현실 변화의 가능성에 두었다. 페미니즘이 추구하는 태도, 가치, 신념의 일반적 특성은 다음과 같다.[6)]

---

6) 정영숙・박충선(2015). 여성과 사회. 경북 : 대구대학교출판부.

- 태도 : 여성의 정체성, 독자성, 주체성을 인정하고, 남성과 동등한 본질을 가진 인간으로 존중하는 태도를 가져야 한다.
- 가치 : 여성의 인권과 존엄성을 왜곡하는 문화적 편견과 오류를 거부하고 남성 중심적 가치에서 인간 중심적 가치를 지향한다.
- 신념 : 사회 환경이나 조건이 여성의 삶을 억압해 왔음을 인지하고, 불평등과 억압 조건이 변화되어야 하며, 그러한 변화가 가능하다는 신념을 갖는다.

페미니즘의 본질과 지향하는 바에 대한 보편적 특성을 공유하면서도, 페미니즘에 관한 구체적 논의에 들어가면 여성과 남성에 대한 관계의 정의, 인간 본성과 여성 문제에 대한 이해 수준 및 방식에 대한 시각이 상당한 차이가 있다. 이러한 차이는 여성주의 이론의 다양한 패러다임으로 발전해 왔다.

2. 학문적 배경과 발전과정

1) 학문적 배경

여성주의를 지향하는 페미니즘이 학문으로 구현된 것이 여성학(women's studies)이다. 여성학은 사회가 당연하게 받아들인 기존 학문과 지식에 대해 근본적인 문제를 제기하며 출발하였고, 여성의 삶의 경험을 토대로 한 실용주의를 지향한다. 기존 학문과 지식에 대한 모든 것을 부정하는 것이 아니라 여성에 대하여 합리적, 논리적 근거 없이 차별하고 남성을 비롯한 기득권의 권위를 유지하려는 남성 지배적인 것에 관한 기존 학문과 지식을 부정하기 위해 반증주의 이론을 적용하였다. 그런 면에서 초기 여성학은 반증주의에서 출발했다고 볼 수 있다.

반증주의는 칼 포퍼(Karl Popper)에 의해 정립된 이론이다. 반증주의(falsificationism)란 가설이나 이론은 관찰 및 실험으로 지속적인 확인을 받게 되는데 반증된 가설이나 이론은 더 우수한 가설이나 이론으로 대체되어 과학이 발전한다는 것이다. 포퍼(Popper)의 반증을 예로 들면 다음과 같은 것이다. 노동시장에서 여성이 남성보다 생산성이 낮다는 가설은 기존의 과학적 방법에서는 모든 남녀를 관찰하고 조사하거나 일정한 수의 남녀를 조사한 후 다른 남녀들도 그럴 것이라고 일반화시켜 과학적 사실로 받아들인다. 그러나 이는 현실적으로 논리적 비약이 있다. 여성 집단에서 생산성이 높은 여성을 관찰한다면 본래의 가설은 '모든 여성이 생산성이 낮지는 않다'라는 가설로 대체되고 이런 과정들의 반복을 통해 반증주의에서는 과학이 진보하는 것이다. 이처럼 반증주의는 반박 및 반증 가능성에 의하여 기존 이론의 선입관을 배제하고 관련 이론을 부정하는 데서부터 출발한다. 그러기 위해 여성차별 현상을 관찰하는 데 있어서 기존 관념의 지배에서 벗어나야 하고, 여성차별이 기존 이론과 상충하는지를 관찰해야 한다. 여성차별 현상과 기존 이론이 일치한다면 그 이론을 받아들이지만, 상충한다면 기존 이론을 거부하고 현상을 설명할 수 있는 새로운 이론체계를 정립하게 된다.

그러나 반증주의에 토대를 둔 초기 여성학의 학문적 기반은 다음과 같은 문제점에 봉착하게 된다.

첫째, 기존 이론에 토대를 두게 되므로 반박하기가 쉽지 않을 뿐만 아니라 기존 이론을 임시로 수정할 수 있으므로 반증은 더욱 어려워진다.

둘째, 검증의 목적을 반증에 두기 때문에 양성평등이라는 전제를 쉽게 왜곡할 수 있고, 누가 또 어떤 시각에서 반증하는가에 따라 객관성이 결여될 가능성도 있다.

셋째, 한 번의 반증으로 여성차별 현상에 대한 기존 이론이 거부되는 경우도 드물고, 따라서 학문적 이론으로 명맥을 유지하는 데 어려움이 따른다. 이러한 학문적 한계를 극복하기 위해 학자들은 객관적이고 비판적인 분석을 시도하고, 기존 학문이 가진 남성 편중적인 불균형을 과학적, 체계적으로 재조명하는 노력이 뒤따랐다. 그러한 노력의 결과, 기존의 틀과 다른 새로운 패러다임이 구축되었고, 새로운 관점과 가치관이 형성되는 계기를 마련하였다.

페미니즘 이론을 토대로 한 여성학이 독자적 학문으로 발전하기 시작한 시기는 1960년대 이후였으나 그 후에도 오랫동안 여성학에 대해 인지하고 있는 사람은 수적으로 많지 않았다. 그러나 여성학이 학문으로 구축되기 위해 수백 년 동안 여성의 불평등한 지위를 극복하려는 노력이 지속되었다. 역사적으로 다양한 유형의 인간해방 운동이 수없이 되풀이되었으나 여성해방 운동만큼은 큰 진전을 보지 못했다. 결국, 페미니즘은 남녀 관계에서 전통적 주종관계를 고집하는 남성의 고정관념에 회의를 느낀 여성만의 도전에서 비롯된 것이라는 한계점이 있었다.

여성학은 직면한 문제를 인지하고 이를 해결하기 위해서 과학적 반증과 분석이 뒷받침되어야 설득력이 있을 것이란 판단하에 학문적 체계를 갖추기 시작했다. 실제 기존 학문의 개념적 틀로는 여성의 삶과 경험을 다루기가 적절하지 않았다. 예를 들어, 가사노동의 경제적 가치, 사랑, 출산과 양육, 남녀의 권력 구조 등 여성의 삶을 지배해 온 경험을 개인적이고 주관적이라고 보는 시각 때문에 학문적 영역이 아니라고 간주하였다. 그러나 현재는 성차별, 가사노동과 사회참여, 사랑, 결혼, 출산, 이혼 등에 대한 이론이 경제학의 주요 영역이 되었으며 이러한 이론을 정립한 학자들이 노벨상을 받았다.

여성학은 현실에 대한 비판의식에서 출발하므로 이론 및 사례들은 현실 적용성이 높고 실천적 성격이 강하다. 여성학은 배타적으로 여성 집단의 이익만을 위해 연구하는 것이 아니라, 평등한 남녀 관계를 통해 건강한 사회를 만들자는 취지에서 정립된 학문이다. 따라서 여성의 이익이나 이해만을 주장하는 것이 아니라 남녀의 상호보완적 관계와 역할을 강조하고 차이는 인정하되 차별은 허용할 수 없다는 신념에서 발전된 학문이다. 이러한 신념은 비록 여성학의 역사가 길지 않지만, 단기간에 눈부신 발전을 할 수 있었던 동력으로 작용한 것이다.

유사 이래 모든 지식의 주체는 남성이었으며, 여성은 항상 객체로서 한계적 위치에만 머물러 왔다. 중립적 가치를 지향하는 학문도 실제에서는 남녀 관계를 설명할 때 지극히 남성 중심적 시각이 주를 이루었다. 이에 도전하기 위해 여성학은 여성의 경험과 사고에 관심을 두고 사회 편견과 관념을 변화시키기 위해 학문적 영역을 확장해 나갔다. 그러나 여성학이 사회변화와 더불어 발전해야 한다는 점을 고려할 때 풀어야 할 과제 또한 적지 않다. 이론과 실천이 한 맥락을 이루어야 하고, 과학적 탐구와 실천운동이 양대 축을 이루며 균형적으로 발전해야 한다.

2) 학문적 발전과정

여성학이 학문적 체계를 갖춘 시기는 서구는 1960년대부터, 우리나라는 1970년대부터이다. 1960년대에 미국을 비롯한 세계 여러 나라에서 학생운동, 민권운동, 베트남 전쟁 반대 운동 등과 같은 시민운동이 격렬하게 일어났다. 특히 미국과 유럽은 흑인 민권운동이 확산하면서 그 영향이 사회 여러 부면에 미쳤다.

첫째, 흑인 민권운동은 일부 여성에게는 인권과 맥락을 같이 한다는 점을 인식하게 하였으며 그러한 인식이 다수 여성으로부터 공감을 얻으면서 기회의 평등과 자유를 추구하는 여성 운동으로 이어졌다.

둘째, 처음에는 여성들이 흑인 민권운동에 남성들과 함께 참여하였으나 그 과정에서 남성들로부터 성차별 경험과 관행에 부딪히면서 흑인뿐 아니라 여성도 차별받고 억압받는 집단이라는 자각을 하게 되었다. 그 후 민권운동에 직·간접으로 참여해 왔던 미국의 페미니스트가 중심이 되어 여성 운동으로 분리되었다. 이러한 여성 운동은 여성 문제를 학문으로 체계화하였고 그렇게 정립된 페미니즘 이론은 처음으로 여성 문제를 사회적 차원에서 분석하여 봉건적 관념 속에 예속된 여성에게 인간의 존엄과 자아, 자유, 평등에 대한 개념을 인식할 수 있는 계기를 마련해 주었다.

이러한 계기가 실천적이고 구체화된 내용으로 여성의 삶과 경험에 초점을 맞춘 학문이 여성학으로 정립되었다. 그 당시 여성학 강의내용은 주로 가정주부가 경험한 차별과 소외 사례로 구성되었으며, 대학 내 교육 프로그램을 통해 점진적으로 확산하기 시작했다. 여성학은 1968년 미국에서 처음으로 대학의 정규 과정으로 채택되었고, 그 후 학부와 대학원에서 관련 전공강의가 개설되었으며 별도 학과가 생겨 여성학을 전공할 수 있는 시스템이 마련되었다.

우리나라도 미국의 영향과 더불어 국내 여성학자가 중심이 되어 인간의 존엄과 여성의 인권에 대한 교육 차원에서 1977년 이화여자대학교에서 처음으로 여성학 강좌가 개설된 이래로 고려대학교, 덕성여자대학교, 서강대학교, 연세대학교, 중앙대학교, 홍익대학교 등에서 개설되었다. 그 후 대부분 대학에서 여성학 강좌가 개설되었다. 1980년대에는 남학생이 수강했던 교련과목에 대한 여학생 대체과목으로 여성학이 개설되었으며, 대학마다 총학생회로부터 여학생회가 독립하면서 학생 차원의 여성 운동이 활성화되었고, 여성학 강좌 개설도 증가했다. 최근에는 여성학 영역을 포괄적인 동시에 개념을 세분화하여 가족, 경제, 노동, 법률, 정치, 문화, 복지 등 다양한 영역으로 확대하고 있다.

3. 여성학의 학문적 특수성

여성학은 '여성에 대한, 여성을 위한, 여성에 의한' 학문으로 정의할 수 있는데 이러한 개념적 정의에 여성학의 학문적 특수성이 반영되어 있다. '여성에 대한'은 여성이 삶 속에서 경험하는 차별의 원인 및 결과로 작용하는 사회제도를 비롯하여 문화, 언어, 지식체계 등을 말한다. '여성을 위한'은 학문적 목표가 여성에 대한 사회 구성원의 의식과 지식체계의 변화를 통해 양성평등을 지향하는 사회적 노력과 변화를 추구하는 것을 의미한다. '여성에 의한'은 여성 스스로 인권의식을 가지고 차별을 거부하며 양성평등 관계를 지향하는 여성주의 시각을 말한다. 여성주의 인식론을 토대로 한 여성학은 다음 세 가지를 추구한다.

(1) 사회가 보이지 않게 여성을 차별하고 억압하는 방식으로 구조화되어 있다는 시각
(2) 여성을 남성과 동등하고 평등한 존재로 인정하고 존중하는 태도
(3) 양성평등이 전제되어야 한다는 인식

이러한 인식적 토대는 여성학을 독자적 학문으로 성립시키고, 학문의 특수성을 정립하는 요소로 작용하고 있다. 여성학의 학문적 특수성은 여성학 이론이 발전을 거듭하는 과정에도 잘 나타나 있다. 여성학 이론의 기반인 자유주의, 마르크스 사회주의, 급진주의, 포스트모더니즘, 다원주의 등은 여성 문제에 대한 진단과 처방이라는 측면에서 정반합을 거치면서 발전해 왔고, 각 이론의 초점에 차이는 있으나 공통점은 여성주의 인식론의 토대가 된 세 가지 요소를 포함하고 있다.

초기에 여성학을 학문으로 정립하는 과정에 논란이 된 점은 학문적 객관성과 가치중립성을 어떻게 접목할 것인가였다. 객관성에 접근하는 방식에 대해 여성학자 간에 기존 학문에의 통합을 주장하는 통합론과 기존 사회과

학과 분리해야 한다는 분리론이 대두되었다. 그러나 최근에는 통합론과 분리론이 병행 적용되어 독자적인 통합 사회과학으로 여성학이 부상하는 동시에 각 분야에서 여성학 연구가 별도로 이루어지고 있다.

여성학 연구방법은 기존의 사회과학과 달리 새로운 시도를 하였다. 예를 들면, 억압을 당한 여성, 불평등을 경험한 여성, 폭력을 겪은 여성이 연구에 참여하여 문제의 근원과 본질을 규명하고 인권을 보호하는 방안과 대책을 같이 고민하는 것이다. 여성학은 기존 인식체계의 한계에 도전하는 학문이므로 연구방법 면에서 몇 가지 특징이 있다.

(1) 문제의 근원을 찾는데 남성보다 여성과 관련된 문제에 초점을 둔다.
(2) 여성 문제를 설명할 수 있는 개념과 이론적 틀을 정립한다.
(3) 여성학의 학문적 목적은 여성의 인격화 및 인간화에 있다.

페미니즘 연구방법으로 제시한 학자들은 다음과 같은 주장을 하였다.[7][8]

(1) 여성학은 연구대상에 무관심하고 냉정함을 보이는 태도를 지양하고 연구대상과의 동일시와 문제 중심적 연구를 통해 지식을 축적해야 한다. 그러나 연구절차에 있어서 연구자와 대상자 간에 이성적이고 논리적인 거리를 유지하는 것은 중요하다.
(2) 연구자와 연구대상자 간 관계는 상호 교류적이어야 한다.
(3) 여성학 이론의 진정성은 평등화와 인간화를 지향하는 방향과 잠재력에서 나타난다. 이 잠재력은 사회적 변혁 과정에 참여하고 객관적이며 건강한 비판의식에서 비롯된다.
(4) 사회적 변혁은 과학적 탐구의 시발점이다. 사물의 원리를 알려면 그

7) 정영숙(2008). 성평등의식 강화 방안 : 생애주기별 접근을 중심으로. 대구경북연구원 발표자료.
8) 정영숙・박충선(2015). 여성과 사회. 경북 : 대구대학교출판부.

것을 변화시켜야 한다. 이는 방법론적으로 역사적 과정의 기술과 분석 방법을 탐구할 것을 의미한다.

(5) 연구과정에서 연구자와 연구대상자 모두에게 의식화가 이루어져야 한다. 의식화란 사회적·정치적·경제적 모순을 자각하고 현실을 억압하는 요소에 대항하기 위해 학습하는 것을 의미한다. 현실 억압에 관한 연구는 전문가에 의한 것이 아니라 피억압자 자신에 의해 이루어져야 하며 연구자는 억압 대상자가 문제를 표현하고 토론하는 형태로 공식화할 수 있어야 한다.

(6) 문제의 공론화를 통한 집단의식은 여성의 개별적·사회적 역사 연구로 발전되어야 한다. 여성은 자신의 집단적 역사를 공유하며 미래 사회에 참여할 수 있어야 한다. 이를 위해 여성학자들은 자신의 연구결과를 공유하는 방식을 배워야 한다.

페미니즘 연구는 기존의 학문 간 경계를 허물고 다학문적·다학제적 접근을 통하여 현실을 분석하고, 여성의 삶과 경험을 구체적으로 분석하기 위하여 질적·양적 방법을 병행하며, 연구대상도 여성과 남성 모두를 포함해야 한다. 또한, 연구자와 대상자와의 관계 설정에 있어서 신뢰감을 구축하고 연구 목적과 결과가 대상자에게 어떤 영향을 미칠 것인지를 설명하면서 대상자의 적극적 참여를 유도하는 방법을 적용한다.

페미니즘 연구에서는 모든 사회 구성원, 모든 행동과 속성도 공적 토론에서 제외해서는 안 된다. 또한, 여성은 관계 위주의 삶을 살아온 만큼 연구 상황에 대한 이해력, 연구대상에 관한 관심, 연구대상자와의 수평적 관계를 유지하는 자세를 가져야 한다.

4. 실천 운동으로서의 여성학

수 세기 동안 여성이 종속적 위치에서 벗어나 자기 삶의 주체가 되고자 한 노력은 끊임없이 이어져 왔다. 그러나 다수의 노력은 극히 개인적 차원에서 소극적 저항으로 머물러 집단으로서의 응축된 힘을 구축하지 못했다. 비록 일부 여성이 진취적 사고를 하고 적극적 모습을 보였다 할지라도 결국은 다수 여성으로부터 집단적·사회적 지지를 받지 못했을 뿐 아니라 오히려 부정적 시선을 받아야 했다. 여성이 스스로 자신의 지위를 돌아보고 의존적인 삶에서 벗어나고자 하는 의도를 이루고자 한 집단적 시도는 비교적 최근의 일이다. 이러한 움직임은 시간이 흐름에 따라 여성 운동이 여성에 대한(on women), 여성에 의한(by women), 여성을 위한(for women) 실천 의지를 담은 학문의 토대가 되었다.

양성평등에 대한 인식이 점진적으로 확산하기 시작한 것도 오래전은 아니다. 산업혁명이 일어나기 전까지의 농경생활에서 남성과 여성은 서로 분리된 생활을 하면서 역할분담도 엄격하게 지켜왔다. 남성은 생계를 책임지고 공식적, 사회적인 활동을 맡아서 하였고, 여성은 자녀출산 및 양육과 가사노동에 전념하였다. 이러한 역할분담은 자연스럽고 상호보완적인 것으로 보였으며 사회적으로 기능적이라고 인식되었다. 여성들이 공적 세계에서 배제되었다고 해서 이를 소외로 여기지도 않았으며, 부당하다는 생각도 하지 못하였다. 마치 봉건시대의 신분제도가 당연시되듯, 아이가 어른에게 순종하듯 남녀의 종속적 서열은 자연의 법칙을 따르는 것으로 받아들여졌고 대부분 여성은 이러한 흐름 속에서 순응하며 살아왔다.

그러나 산업혁명이 도래한 이후 사회는 합리성을 추구하는 방향으로 발전하기 시작했다. 모든 인간은 평등하여 귀속적 신분보다 획득적 신분이 우선시되는 사회로 변하였고, 전통적인 남녀 관계는 새로운 관계를 모색하는 방향으로 변하였다. 예를 들면, 의무교육 덕분에 노동시장의 발달로 인하여 남녀는 빈번히 만날 수 있게 되었으며, 그 과정에서 여성은 남녀 간의 차이가 자신이 생각한 만큼 크지 않고 비록 차이가 있더라도 그것은 많은 부분이 지금까지의 불평등한 조건 때문이라는 사실을 알게 되었다. 따라서 여성들은 인식을 새로이 할 기회를 얻게 되었다. 중산층 여성은 가정 내의 내조뿐 아니라 사회에서도 자아실현을 할 권리를 요구하였고, 저소득층 여성은 생계유지 차원에서 자신의 일이 남성과 별 차이가 없음을 인지하고 임금이나 그 밖의 부문에서 남성과 동등한 대우를 주장하였다.

신분제도의 와해, 인권을 중시하는 자유주의 사상의 출현 등 사회가 변하면서 새로운 가치관이 대두되고 인간의 존엄성 문제에 대해서도 본격적으로 논의되기 시작하여, 여성의 문제도 차츰 관심을 끌게 되었다. 이러한 관심은 18세기에 이르러 사회 운동의 흐름 속에서 자리매김하기 시작하였으며, 비로소 자발적이고 집단적인 운동 형태를 취하게 된 것이다. 19세기에 접어들면서 여성 운동은 구체화하기 시작하였다. 여성 운동 방식에 따라 논점에 차이가 있으나 흐름과 발전과정은 다음과 같다.

1) 참정권과 교육의 기회균등

중세의 봉건적 신분제도가 붕괴하면서 시민혁명의 토대 위에 여성의 평등권에 관한 주장이 대두되었다. 여성의 평등권은 참정권의 획득과 교육기회의 균등이 주요 쟁점으로 부각되면서 개개인이 봉건적 억압에서 벗어나 최대한의 자유를 누릴 수 있는 사회 속에서 다수 지지자의 도움을 받게 되었다. 인권을 강조하는 여성의 참정권 획득 운동은 1830년대에 미국에서 본격적으로 시작되었다. 이 운동은 조직적이고 장기적으로 지속되어 여성의 저력과 집단적인 힘을 보여준 계기가 되었다.

2) 노동시장에서의 평등권 확보

노동에 대한 여성들의 인식은 계층에 따라 차이가 있다. 남성이 생계담당자의 역할을 하는 중산층 이상의 여성들은 가사노동에 만족하지 않고 자아실현을 위하여 노동시장 참여를 요구하고 나섰다. 반면 가정의 생계와 임금을 위해 노동시장에 진입한 저소득층 여성들은 자신의 노동 대가에 대한 정당한 보수와 생산현장에서 남성과 동등한 대우를 요구하였다.

여성의 노동시장 참여는 산업혁명이 일어나면서 서서히 시작되었으며, 두 차례의 세계대전을 전후하여 본격적으로 활발하게 이루어졌다. 특히 전쟁이라는 특수한 상황에서 많은 여성이 과거의 남성의 전유물로 여겨졌던 영역으로까지 참여가 확대되었으나, 노동시장에서의 비공식적 성차별과 관행은 여전히 남아 있었다.

3) 고정관념과 문화적 편견 배제

17세기에 접어들어 서양에서는 인간의 존엄성과 평등을 기반으로 하는 자유주의 사상이 확산되면서 여성도 생물학적 결정론을 거부하고 기존의 성차별적 고정관념을 비판하기 시작하였다. 자녀출산이나 양육으로 인한 가사노동에서 탈피하여 남성과 동등한 사회활동을 하고자 했으며, 가사노동도 남성과 공유해야 한다는 생각을 하게 되었다. 또한, 여성의 열등감을 지적한 프로이드 이론을 부정하고 남녀가 유사한 환경에서 성장한다면 성별에 따른 능력 차이는 나타나지 않을 것이라는 사실을 확신하였다. 그리고 성에 대한 고정관념을 타파하고 문화적 편견에 대해 도전하였다.

4) 성의 정체성 확립

과학의 발달로 인하여 출산과 성의 문제가 분화될 수 있게 되었다. 즉, 각종 피임기술의 발달, 체외수정연구 등으로 남녀 간의 성관계가 곧 출산을 위한 행위로만 연결되는 시대는 지나갔다. 따라서 성에 대한 문제는 본능적인 성적 쾌락을 누리고 통제할 수 있는 권리를 누가 가지는가의 문제로 이어진다. 자신의 몸에 대한 통제가 자신의 외적인 힘에 의해 결정된다는 것은 다른 행동에 대한 통제와도 밀접한 관계가 있다. 특히 남성과는 달리 여성은 자신의 몸의 통제력과 자아정체성 간의 상관관계가 높은 것으로 알려져 있다. 다시 말하면, 정체성이 낮은 여성은 자신의 몸에 대한 통제력도 낮으며, 성적 차원에서 자발적이고 능동적이기보다 남성에게 종속적이며 수동적인 모습을 보인다. 자신의 몸에 대한 자아 통제력이 결여될 때, 인간의 몸은 하나의 도구로 전락하기 쉽고 따라서 성의 상품화가 쉽게 이루어지게 된다. 따라서 성적 자기결정권은 성의 정체성 확립을 위해 수반되어야 하는 기본 권리이다.

5. 여성운동의 본질과 흐름

1) 여성운동의 본질

본질적으로 여성운동은 인간해방운동이다. 이러한 운동은 남녀의 공동 노력에 의해서만 성취될 수 있으며, 여성뿐 아니라 남성도 좀 더 자유롭고 인간답게 살아갈 수 있도록 하는 데 기여한다. 초기 여성운동은 계몽운동과 맥락을 같이 하여 자유와 평등, 권리, 개혁 등의 사상이 농민과 노동자 계층에서 여성으로 확대되기 시작했다.

계몽 운동기인 1792년에 영국의 울스턴크래프트(Wollstonecraft)는 저서 『여성의 권리 옹호 A Vindication of the Rights of Women』[9)]에서 여성은 남성의 쾌락을 위해 존재한다는 관념을 비판하고 여성도 교육, 직업, 정치 영

9) Wollstonecraft, M.(1792). A Vindication of Rights of Women. New York : Norton Co.

역에서 남성과 동등한 기회가 주어져야 한다고 주장했다. 이러한 주장이 현재는 당연한 것지만, 그 당시에는 이런 주장을 한다는 것 자체가 파격적이었고, 사회적으로 기본적 지지나 평가를 받지 못했다. 그러나 울스턴크래프트(Wollstonecraft)의 남녀동등권 주장은 여성운동의 지향점을 제시했다는 측면에서 의의가 있다. 19세기에 이르러 여성운동으로 획득한 여성참정권은 남녀평등사상을 구체화한 것이다.

여성운동의 기원과 본질을 논함에 있어서 언급되어야 할 또 다른 중요한 여성학자는 프랑스의 작가이자 철학평론가로 활약했던 시몬 드 보부아르(Simone de Beauvoir)이다. 보부아르(Beauvoir)는 사르트르(Sartre)와의 계약 결혼으로 우리에게 널리 알려진 실존주의 철학자인데, 1949년에 출간한 『제2의 성 Le Deuxième Sexe』은 여성해방운동의 지침서로 여성운동 의식을 한층 고양시켰다. 보부아르(Beauvoir)는 이 책을 통하여 '여성은 태어나는 것이 아니라 여성으로 만들어지는 것'이라는 주장을 하였고 여성 문제를 새로운 시각으로 분석하였다.[10] 이 책은 프랑스보다 오히려 미국에서 선풍적인 관심을 끌었다.

보부아르(Beauvoir)는 여성은 남성과의 관계에 따라 한정되고 달라지지만, 남성은 여성에게 그렇지 않다고 했다. 그리고 노동 현장에서 여성의 권익 옹호를 비롯하여 여성 폭력 행위 금지 등을 주장하였다. 저서 내용 중 '사실과 신화'에서는 남성 위주의 사회에서 어떻게 여성이 종속적 위치에 남게 되는지를 학문적 근거를 들어 부당함을 주장했다. 그녀는 여성이 남성에 예속될 수밖에 없는 이유는 출산과 양육 때문이며, 그로 인해 남성의 전유물처럼 되어버린 생산 노동으로부터 소외되어 사회적 가치를 부여받지 못하고 있다는 것이다. 그리고 남녀의 생물학적 조건은 큰 의미가 없으므로 남녀의 특성을 파악하기 위해서는 사회적, 경제적 상황과 맥락에서

---

10) Simone de Beauvoir(1949). Le Deuxième Sexe(제2의 성. 강명희 역, 2000). 하서출판사.

이해해야 하며, 인간 사회에서 그 어떤 것도 자연적인 것은 없고 여성이 남성과 평등하기 위해서는 법률, 제도, 관습, 사회적 관계를 개선하는 것으로 충분하지 않다고 보았다. 따라서 여성 스스로 실존적 자각에 의해 인간으로서의 주체성을 회복해야 한다고 주장하였다.

가족은 여성에게 수동적인 역할을 강요하고 남성의 지배에 의존하도록 의식을 마비시킨다고 주장한 사회심리학자 베티 프리단(Betty Friedan)은 1966년에 전국여성연합(NOW : National Organization for Women)을 창설하여 양성평등 운동을 벌였고, "여성은 남편과 육아에서 해방되어 스스로 정체성을 찾아야 한다"고 주장했다. 또한, 그녀는 미국 중산층 가정을 '안락한 포로수용소'라고 표현하여 사회적 파문을 일으키기도 했다. 즉, 미국 사회가 가족 속에 파묻혀 만족스럽게 살아가는 여성을 이상형으로 내세우는 데 대해 "여성이 가정과 가족을 위해 희생만 하다가는 정체성을 찾을 수 없다"라고 하였다.[11] 프리단의 주장과 활동은 미국 내 엘리트 여성 그룹이 주도하는 급진적인 여성해방운동으로 이어졌다.

이것이 계기가 되어 미국과 서유럽에 여권운동 단체가 급속히 늘어났다. 이 단체들은 계약권 및 소유권, 고용 및 임금, 재산관리 문제, 성 및 출산 관련 문제에서 여성을 차별함으로써 여성의 낮은 지위를 강요하는 법률과 관습을 거부하기도 했다. 또한, 여성은 남성보다 상대적으로 연약하고 수동적이며 의존적일 뿐 아니라 남성보다 합리적이지 못하고 감정적이며, 여성이 성적 욕망의 대상임을 강조하는 여성관을 비판하고 사회의 지배적 고정관념을 바꾸려고 노력했다.

여성운동의 본질에 입각한 목표는 나라마다 차이가 있었다. 여성운동이 강력하게 전개되었던 미국에서는 1970년대가 절정기였는데 그 시점에 여성 운동가들이 남녀평등헌법 수정안을 통과시키기 위해 총력을 기울였다.

---

11) Friedan, B.(1968). The Feminine Mystique(여성의 신비. 김행자 역). 서울 : 평민사.

미국의 이러한 운동에 힘입어 유럽에서는 여성 운동가들이 대중매체에 나타난 여성에 대한 차별과 여성 묘사에 대한 편견을 비판하는 운동을 벌였다. 중동 이슬람 지역에서 여성이 착용하는 히잡(Kopftuch)을 여성을 억압하는 뿌리로 보고 여성 의복에 관한 규율과 격리제도의 완화를 추구했고, 아프리카에서는 여성이 직면하는 근본 문제, 예를 들면 신부값 등의 폐지를 주장했다.

2) 여성운동의 흐름

여성운동을 국내외로 나누어 흐름을 살펴보고, 시대적 상황에서 관심을 끌고 강조되었던 내용을 요약하면 다음과 같다.

(1) 제1기 여성운동 : 참정권 획득과 교육기회 균등

초기 여성운동은 주로 근대 자유주의 시민운동의 영향 속에서 기존의 신분 위주의 봉건체제 붕괴와 새로운 사회 질서 확립과정에서 싹트기 시작하였다. 프랑스혁명, 산업혁명, 미국 독립전쟁의 역사적 사건이 일어난 17세기와 18세기를 전후하여 일어나기 시작하였다. 그러나 '자유, 평등, 박애'를 목표로 한 프랑스혁명은 성공하였으나 현실적으로 여성의 삶을 변화시킨 것은 거의 없었다. 오히려 여성의 종속적 지위는 혁명을 통해서도 변화시킬 수 없다는 사실을 확인하는 계기가 되었을 뿐이다.

루소(Rousseau)는 여성은 내부세계를 중심으로 생활해야 하며, 외부세계는 남성의 영역이므로 여성들의 정치, 경제, 사회활동을 인정하지 않았다. 따라서 이 시기의 여성운동은 무엇보다도 정치에 참여할 수 있는 참정권 획득과 교육을 통한 기회의 평등을 얻고자 하는 것이 주요 쟁점이었다. 그러나 시민혁명 이후로 신분 사회가 붕괴하는 급변한 사회구조 속에서도 여성들은 여전히 독립성을 인정받지 못했으며 종속적인 사회 구성원으로 남게 되었다.

이러한 시기에 여성의 권리와 위치에 대해 회의적 시각을 가지고 있던 울스턴크래프트(Wollstonecraft)는 『여성의 권리 옹호』에서, 계몽주의 사상가 존 스튜어트 밀(John Stuart Mill)은 『여성의 예속 The Subjection of Women』[12]에서 남녀 불평등의 모순을 지적하였다.

만약 '민주주의' 원칙이 옳은 것이라면, 우리가 믿는 대로 실천해야 할 것이다. 백인이 아닌 흑인으로, 귀족이 아닌 평민으로 태어난 것이 그 사람의 위치를 결정해서는 안 되듯 여자로 태어난 것이 문제가 되어서는 안 될 것이다.

여성에게 남성과 동등한 인권을 부여해야 한다는 주장은 곧 참정권 운동으로 이어져 유럽과 미국에서 상당한 지지를 받게 되었다. 과거에는 미국에서조차 여성이 참정권을 얻게 되기까지 어려운 과정을 겪었고, 1878년에 최초로 의회에 참정권을 청원한 이래 40여 년이 지난 1920년이 되어서야 통과될 수 있었다. 비교적 보수적이었던 영국도 여성에 대한 참정권이 1918년이 되어서야 허용되었는데, 그것마저도 처음에는 30세 이상의 여성에게만 주어졌고, 이후 10년이 지난 1928년에 비로소 남성과 같이 21세 이상의 여성에게 주어졌다.[13]

(2) 제2기 여성운동 : 사회주의 운동

미국과 유럽에서는 여성의 참정권 획득과 더불어 여성운동의 가시적 성과에 만족하면서 잠정적 소강상태를 맞게 되었다. 이때 나타난 새로운 여성운동이 바로 마르크스주의와 사회주의에 토대를 둔 프롤레타리아 여성운동이었다. 이들은 여성이 참정권을 획득하였다고 해서 근원적인 억압 상

---

12) Mill, John Stuart(1869). The Subjection of Women(여성의 예속. 김예숙 역, 1986). 서울 : 이화여자대학교출판부.

13) Bouchier, D.(1983). The Feminist Challenge : The Movement for Women's Liberation in Britain and the United States. London : MacMillan.

태가 해소되는 것은 아니며, 오히려 기존 제도 속에 편입되어 안주하는 위험에 처하게 된다고 주장하였다. 여성억압의 문제는 사회의 일부제도나 상황이 일시적으로 변했다고 해서 해결될 문제는 아니라고 보았다.

여성의 억압문제는 사회의 총체적인 변혁 속에서만 해결할 수 있으며, 따라서 혁명적 체제 변화와 인식 전환이 필수적이라고 주장하였다. 이와 같은 여성운동은 대중적 관심을 끌던 마르크스주의에 힘입어 활발하게 전개되었다. 독일의 사회주의 정치인이고 마르크스주의 여성해방 운동가였던 클라라 체트킨(Clara Zetkin)은 여성 문제를 보편적 역사 발전의 흐름 속에서, 보편적으로 적용할 수 있는 사회적 관계 속에서, 관계의 필연성과 정당성 속에서 이해할 수 있는 기반을 조성한 것은 유물론이라고 주장하여 이 시기의 여성운동의 성격을 단적으로 나타내고 있다.

(3) 제3기 여성운동 : 여성운동의 르네상스

참정권을 획득하고 교육의 기회균등도 얻게 된 여성들은 성과에 만족하였고 세계대전을 전후하여 가정 밖 영역에 참여하게 되었다. 이와 동시에 여성들은 각 분야에서 두각을 나타내었으며, 남성과 경쟁을 할 정도로 능력을 과시함으로써, 여성의 한계가 결코 생물학적이지 않음을 보여주었다. 그러나 세계대전이 끝난 후 대부분 여성은 다시 가족 중심적 사회 분위기 속에서 예전의 행복한 아내, 현모양처의 역할로 돌아가 안주하였다.

그러다가 1960년대에 접어들면서, 대규모의 사회 운동이 다시 전개되었다. 미국을 중심으로 한 흑인의 민권운동, 학생운동, 반전운동, 좌파운동, 반문화운동 등의 일련의 시민단체 중심의 사회 운동이 활발히 일어나는 와중에 여성들도 문제의식을 가지게 되었다. 미국에서는 여성지위특별위원회(Interdepartmental Committee on the Status of Women)가 정부 산하에 만들어졌고, 베티 프리단(Betty Friedan)은 전국여성연합(NOW)을 조직하였다.

이러한 체계적인 움직임은 한편으로 노동시장을 비롯한 경제적 통제를 통하여, 다른 한편으로는 사랑과 애정을 바탕으로 여성을 규제하고 자신들의 권위를 지켜왔던 남성의 지배구조에 도전하면서 진보적인 여성을 중심으로 제2의 여성운동이 전개되었다. 그러나 여성운동의 성격이 극단적인 집단으로 분리되어 자유주의 여성운동과 급진주의 여성운동으로 나누어졌다. 자유주의는 중산층 주부를 중심으로 자아실현 및 정체감에 대한 문제의식을 제기하면서 시작되었고, 급진주의는 인권운동이나 반전, 혹은 좌파운동에 참여한 경험이 있는 여성이 중심이 되어 남성 중심의 지배체제에 대해 도전하였다. 여성 문제가 세계적으로 관심을 끌게 된 계기는 1975년 유엔(UN)이 '세계 여성의 해'를 선포한 때부터이고, 이후 10년간을 여성 문제에 노력을 기울이는 기간으로 정하였다.

(4) 제4기 여성운동 : 환경운동과 생명운동

급진주의 여성운동은 시간이 흐름에 따라 지지력을 상실하게 되었고 자유주의 여성운동은 핵심 목표를 정하지 못해 표류하는 과정을 겪었다. 이에 새로운 사회 운동 차원에서 환경 및 생명존중 운동이 일어나면서 다수 여성은 남성과 공존하는 사회에서 남성 중심적 사고가 개발과 발전이라는 미명하에 환경 및 생명의 황폐화를 초래한다고 주장하였다. 따라서 여성운동은 환경친화적인 여성의 힘을 이용하여 황폐화를 막아야 한다는 목표를 세우고 새로운 에코 페미니즘(ecofeminism)을 추구하고 있다. 에코 페미니즘은 생태학(ecology)과 여성주의(feminism)의 합성어로 여성해방과 자연해방을 동시에 추구하는 이론이다. 즉, 자연을 황폐화하는 것과 여성에게 가해지는 억압이 상관관계가 있으며 한쪽의 억압은 다른 쪽의 억압을 낳기 때문에 두 억압은 동시에 해방되어야 한다고 주장한다.[14)]

---

14) 김현주(2016). 생태학과 여성주의. 문학과환경, 15(2), 33-66.

여성은 과학 문명 및 기술 발달과 더불어 새로운 가능성을 열어 두고 있다. 새로운 가능성에 대한 답은 생태 중심적 사회 공동체며 과학이 설명하지 못하는 독특성과 다양성을 강조하는 여성적 사회라고 주장한다. 또한, 복합적인 억압구조를 깨뜨릴 수 있는 것은 삶에 대한 총체적 재편성만이 그 해답이라고 지적하고 있다. 이처럼 에코 페미니스트는 '생태적 삶'이라는 새로운 개념을 통하여 여성과 남성, 인간과 자연, 계급 간, 인종 간, 문화 간 억압구조를 타파하고 여성해방과 자연해방의 가치를 재조명하고 있다.

6. 한국의 여성운동

우리나라의 여성운동은 서양에서처럼 억압을 의식하고 이에 대한 부당성을 지적하며 조직적인 집단을 통해 전개되지 못했다. 오히려 다양한 문제를 지역적으로 다루면서 단기간에 해결하는 과정에 의식화되지 못한 상태에서 행동으로 옮기는 현상이 일어났다. 따라서 우리나라의 여성운동의 취약성은 부실한 기반과 지속성 및 유대성의 결여로 인해 여성운동의 참여자들 자신도 회의에 빠지는 경우가 있었다는 점이다.

역사적으로 현대적 의미의 여성운동이 본격적으로 시작된 것은 1929년 근우회 활동으로 보는 견해가 있다. 여성운동은 고학력층 및 중산층 이상의 여성을 중심으로 활성화되었기 때문에 여성 전체를 대상으로 하는 대중적 기반은 약했다. 따라서 초기의 여성운동은 사회적 혜택을 누리는 기득권층 여성들이 남성들과 동등한 권한을 가지려는 '여유 있는 자의 욕심'으로 오해받기도 하고, 소외계층의 여성들은 오히려 남성들의 편에 서기도 하였다. 이처럼 대중적 지지를 얻지 못한 사회에서 여성 문제를 해결하기 위하여 합의점을 창출해 내기는 어려웠다.[15]

---

15) 이효재(1991). 한국의 여성운동. 서울 : 정우사.

그러나 여성의 교육수준 향상, 노동시장 참여 증가, 민주주의 가치관 도입 등의 사회변화 속에서 여성들의 인식이 변하였고, 평등사상 확산으로 인해 동등한 남녀 관계를 만들고자 하는 노력이 폭넓게 자리 잡게 되었다. 본격적인 여성운동은 해방 이후 격동기를 거치면서 시작되었고 1970년대 들어 여성단체들이 조직되고 다양화되면서 연대 활동도 가능하게 되었다.

여성단체는 어느 시기에 조직되었는지에 따라 추구하는 이념 및 활동에 차이가 있었다. 1970년대 여성운동은 학생운동과 노동자 운동에 참여했던 여성들이 주도권을 쥐었고, 인권과 노동시장에서의 성차별 철폐를 주요 쟁점으로 삼았다. 이러한 운동은 1970년대 초반에 고등교육기관에 여성학이 도입됨으로써 학문적 배경을 발판으로 확고한 가치관을 정립할 수 있었다. 1980년대 여성운동은 사회에 광범위하게 확산된 민주화운동의 물결 속에서 여성 문제의 실천적 행동과 억압 원인을 규명하려는 체계적인 움직임 속에서 일어났다. 이 시대를 대표하는 단체로는 '여성평우회'와 '여성의 전화'가 있다.

여성평우회[16]는 성차별문화를 타파하고 공동체 생활 속에서 인간적 삶을 강조하였고, 여성의 전화는 폭력과 불평등 속에서 시달리던 많은 여성에게 실질적인 도움을 제공하는 역할을 맡았다. 이와 더불어 가사노동의 가치를 재평가하려는 움직임도 활발하였고 진보적 여성운동의 중심에 있었다. 이러한 여성운동은 1987년 남녀고용평등법 제정, 1989년 가족법 개정, 가정폭력방지법, 성폭력특별법 등을 제정하는 데 초석이 되었다.

우리나라의 여성운동은 광범위하고 여성단체도 전문성을 갖춘 단체에서부터 일상적 모임에 이르기까지 성격이 다양했다. 그러나 1980년대 이후 구성된 단체는 기존의 여성단체와 차별화를 하였고 여성의 고유 영역에 집중하는 변화를 보였다. 일하는 여성뿐 아니라 가정주부의 의식개혁에 이르

16) 여성평우회는 1987년 2월에 한국여성단체연합, 여성민우회 등으로 발전하였다.

기까지 여성의 경험에서 비롯되는 문제를 조직적으로 대응하는 단체활동이 활발하였다.

1996년에 제정된 여성발전기본법은 남녀평등 이념을 실현하고 사회 모든 영역에서 남녀평등 촉진과 여성발전을 도모하기 위한 목적으로 정립되었다. 이 법의 기본 이념은 남녀평등의 촉진, 모성보호, 성차별 의식의 해소를 비롯하여 여성의 능력 개발을 통해 건강한 가정을 이루고 사회발전에 남녀가 공동으로 참여하고 책임을 분담할 수 있도록 하는 것이었다. 이후 여성발전기본법은 양성평등기본법으로 전면 개정되었다.

(1) 여성의 전화

1983년에 설립되었으며 전화로 여성 문제에 관한 상담을 시작했고 폭력에 시달리는 여성에게 실질적 도움을 제공했다. 가정폭력, 성폭력 등이 사적 영역으로 간주되었던 것을 공적 문제로 끌어냈다는 점에서 의의가 있다. 2009년에 한국 여성의 전화로 개편되었다.

(2) 또 하나의 문화

1984년에 설립되었고 가부장제 문화에 대해 비판과 대안적 삶을 모색하는 문화 운동으로 발전한 모임이다. 비합리적인 성차별 현상과 생활양식을 고쳐나가야 한다고 주장하였다. 양성평등을 추구하는 학문적 발전을 위한 출판 활동, 아동교육 문제, 부부관계 등에서 여성의식을 심어주고자 노력하였다.

(3) 여성민우회

1987년에 설립된 여성민우회는 사무직 여성 문제를 『사무직 여성』이라는 회보를 통해 발표하고 사무직 여성들의 회비와 참여를 통하여 여성운동을 전개하였다. 기존의 여성운동에서 소외되었던 주부를 중심으로 소비자 운동을 펼쳐나가고 유통과정에서 주부와 생산자의 직거래를 주선하면서 여성의 독립적인 능력을 배양하고자 노력하였다. 여성 교육 프로그램을 통하여 자신의 문제점을 스스로 파악하여 해결할 수 있는 실천적 운동으로 발전시켰다.

(4) 한국성폭력상담소

1980년대 말부터 개방적 성문화 확산으로 인하여 성희롱이나 성폭행 등 여성이 성 관련 범죄의 희생물이 되는 현실을 비판하였다. 이러한 문제를 전문적으로 다룰 수 있는 기관이 필요했고 1991년에 한국성폭력상담소가 설립되었다. 이 상담소는 인신매매, 성의식 아노미 현상, 성폭행, 직장내 성희롱 등 우리 사회의 성문화를 점검하였다. 성폭력 피해자에 대해 심리적·법적·의료적 상담을 하여 피해자가 피해 상황을 극복하도록 조력하였고, 성폭력의 원인·예방·대책 등에 관한 연구를 통해 인간 중심적 성문화를 정착하는 것에 일조하였다.

(5) 양성평등센터

2000년 이후에 연구원 및 대학부설연구소 산하에 설치되었다. 주 업무는 양성평등 문화 정착, 성폭력 피해자 및 가해자 심리치유 상담, 성폭력 피해 신고 접수 및 법적·의료적 처리 원조, 성폭력 위험으로부터 피해자를 보호하기 위한 쉼터 운영, 성폭력 예방을 위한 홍보 및 교육을 통해 건강한 성문화 정착, 성인지 및 성의식 실태 등의 조사이다.

(6) 여성가족재단

지방정부가 중심이 되어 지역사회의 여성가족 정책을 개발하고, 지속 가능한 양성평등 사회를 위해 노력하고 있다. 또한 여성가족 문제에 적극적으로 대처하고 전문적 접근을 통해 여성가족 정책을 총괄·지원한다. 재단에서 주로 하는 사업은 여성의 사회활동 네트워크 거점화, 여성인력 개발 및 경제자원화 사업, 여성의 사회참여 활성화를 위한 사업, 여성문화 및 복지 증진사업, 여성 관련 시설 간 프로그램 연계 및 교류사업, 여성 자원봉사활동의 관리 및 육성사업 등이다.

7. 여성운동의 방향

지난 세기 동안 여성은 남성문화 속에서 주변 인물로 자리매김되어 왔다. 물론 여성운동의 당면 과제는 이러한 주변성을 떨쳐 버리는 것이지만 양성평등을 실현하기 위한 효율적인 방법은 새로운 여성문화를 창출해 내는 것이다. 힘과 권력, 통제, 경쟁과 긴장 속에 사회화되어 온 남성과 달리 여성에게는 구조적 억압 속에서 벗어날 힘의 결집이 필요하다. 이러한 새로운 힘을 활성화해서 삶의 에너지와 결합할 때 남녀 모두 자유롭고 평등한 사회가 될 것이다. 따라서 미래의 여성운동은 주변적 위치에서 벗어나 주체성과 정체성을 확고히 정립하고 더불어 새로운 질서가 인정되는 양성평등 사회가 될 수 있도록 전개해야 할 것이다. 그리고 남녀는 자신의 의지대로 선택하고 상호 협력적인 삶을 영위해 나갈 수 있도록 하는 데 초점을 맞추어야 한다.

미래의 여성운동은 노동현장에서의 불평등뿐 아니라 생활환경을 포함한 생태계, 공동체 삶 등과 관련된 인간화 문제를 다루어야 한다. 컴퓨터나 의료기술의 발전으로 인간의 존엄성이 도전을 받게 될 환경에서 인권과 생명을 지키고 존중하는 운동으로 나아가야 한다. 생산성과 효율만을 강조하기보다 인간 중심적 가치가 안정적으로 뿌리내릴 수 있도록 조성하는 일도 여성운동이 해야 할 몫이다.

경쟁 사회에서 기본적인 삶을 유지하기 위해 질주하는 남성문화는 인간 중심적 가치관을 활성화하는 데 한계가 있다는 것을 우리는 배웠다. 따라서 남녀가 상호 협력하여 정서적으로 공유할 수 있는 새로운 문화운동을 전개할 필요가 있다. 동시에 다변화된 사회에서의 여성 문제도 전문화되고 세분화되는 추세이므로 사회가 요구하는 조건을 따라가지 못하면 여성운동도 피상적인 총론 수준에 머무르게 될 것이다. 따라서 영역별로 전문적 지식을 기반으로 한 실천방안과 전략을 모색해 나가야 할 과제를 안고 있다.

생각해 봅시다

(1) 페미니즘 연구방법의 특성에 관해 설명하시오.

(2) 학문으로서 페미니즘이 가지는 특성에 대해 논하시오.

(3) 여성운동의 흐름은 사회변화와 어떠한 관계가 있는지 말해보시오.

(4) 한국 여성운동의 시대 변화에 따른 흐름을 설명하시오.

(5) 미래 여성운동의 방향에 대하여 논하시오.

Chapter

2

페미니즘과 패러다임

1. 자유주의 페미니즘
2. 마르크스 · 사회주의 페미니즘
3. 급진주의 페미니즘
4. 후기 구조주의와 포스트모더니즘
6. 페미니즘의 미래 방향

Chapter

02 페미니즘과 패러다임

과학철학자 토마스 쿤(Thomas Kuhn)은 저서『과학혁명의 구조 The Structure of Scientific Revolutions』에서 현상을 관찰할 때 기존 패러다임에 구속되면 새로운 인식체계를 볼 수 없게 되어 과학 발전을 저해한다고 보았고 그러한 구속에서 벗어나 새로운 패러다임을 제시해야 한다고 주장했다.[1] 토마스 쿤(Thomas Kuhn)이 주장한 핵심 개념은 패러다임(paradigm)이다. 패러다임은 어떤 한 시대의 견해나 사고를 근본적으로 규정하고 있는 인식의 체계 또는 사물에 대한 이론적 틀이나 체계를 의미하는 개념이다. 토마스 쿤(Thomas Kuhn)이 처음으로 제안한 패러다임은 사회가 공유하는 이론이나 방법, 문제의식의 체계를 뜻한다. 예를 들어, 가부장제가 진리로 받아들여지던 시기에는 다른 모든 현상은 가부장제의 테두리에서 설명되었다.

패러다임은 점진적으로 변하는 것이 아니며, 사회변혁이 이루어지는 동안 기존 패러다임과 전혀 다른 새로운 패러다임이 혁신적으로 등장한다. 학문의 발전은 점진적 패턴으로 이루어지는 것이 아니라 변칙적으로 어느 한순간의 급격한 변화로 이루어진다는 것이다. 여성 문제를 설명하는 데 있어서 어느 한 이론만으로 여성이 직면한 모든 문제를 설명할 수는 없으므로 다양한 패러다임을 적용한다. 이유는 각각의 패러다임은 다양한 관점을 제공하고 다른 패러다임이 갖지 못한 통찰력을 제공하기 때문이다.

---

1) Kuhn, Thomas S.(1996). The Structure of Scientific Revolutions(3rd ed.). Chicago and London : Univ. of Chicago Press.

그래서 이론적 배경이 다양하게 정립된 것이다.

패러다임은 인간이 사물과 현상을 관찰하는 데 있어 공통으로 가지는 '인식체계' 또는 '인식의 틀'을 의미한다. 인식의 틀은 인간이 사고하는 데 매우 중요한 역할을 한다. 어떤 인식의 틀을 갖는가에 따라서 여성 문제를 보는 시각이 다르므로 같은 문제라도 인식의 틀에 따라 여성 문제를 보는 의미와 실체가 달라진다. 남녀 간의 임금 격차도 보는 시각에 따라 성차별로 볼 수도 있고 또 생산성 차이로 간주할 수도 있는데 어떤 시각을 가지는지에 따라 이론적 논점이 달라진다. 호주제에 관한 생각도 여성학자가 보는 문제의 본질과 가부장적 사고를 하는 보수 집단이 보는 것과는 다르다. 이 모든 것이 상이한 인식체계나 패러다임에서 비롯된다. 인식체계는 시대에 따라 달라서 학문과 사회와 제도를 변화시키고 그러한 변화에 맞추어 새로운 인식의 틀이 정립됨으로써 페미니즘 이론은 끊임없이 발전해 나간다.

페미니즘은 여성의 종속적 상황과 종속의 원인 및 과정을 설명하고, 여성이 이러한 상황에서 탈피할 수 있도록 신념체계를 제시하는 이론적 틀로 구성되어 있다. 각각의 이론은 다양한 패러다임을 내포하고 있다. 페미니즘 이론에는 자유주의, 마르크스주의, 급진주의, 사회주의, 후기 구조주의 등이 있다. 지금의 우리를 결정하는 것은 과거의 우리인 것처럼 현재의 여성의 삶을 결정하는 것은 과거의 여성의 삶이다. 그런 의미에서 페미니즘 패러다임이 과거의 여성의 삶을 어떤 시각과 관점으로 봤는지 또 어떤 변화과정을 거쳤는지를 살펴볼 필요가 있다.

1. 자유주의 페미니즘

자유주의 페미니즘은 시민권리 운동(예를 들어, 프랑스 혁명, 미국의 독립 전쟁 등)을 활발히 전개했던 미국, 영국, 프랑스 등을 중심으로 시작되었다.

1) 인간의 본성

17세기 후반, 사회계약론과 계몽주의 사상을 바탕으로 한 자유주의 사상은 여성에게 새로운 사고를 하도록 이끌었다. 자유와 평등을 중시한 이 사상은 남녀는 하나의 인간으로서 자유의지를 가지고 있으므로 권리를 행사하고, 자유를 누릴 수 있는 존재라는 것을 강조했다. 울스턴크래프트(Wollstonecraft)는 여성도 남성과 동등한 능력을 소유하고 있다고 보고, 남성과 동등한 권리를 누려야 한다고 주장했다. 이러한 주장은 자유주의자 사상가 밀(Mill)에 의해 제기되었고 여성도 남성과 동등한 교육의 기회가 주어져야 한다고 주장하였다.

자유주의 페미니즘은 인간 본성은 이성에 있으며 남녀는 이성적 존재로서 동등하다는 점을 강조하였다. 이러한 자유주의 사상은 봉건 질서와 종교적 믿음을 무너뜨리는 역할을 하였으며, 여성은 남성이 누려온 특권에 회의적 시각을 가지게 되었다. 인간의 이성은 합리성에 바탕을 두고 있다. 인간은 개인적 다양성을 넘어선 공통성과 독립적 자아가 있으며 이러한 자아는 합리적 본성을 가지고 있다. 따라서 개인은 자신의 목적을 향해 능력을 발휘할 수 있는 자유와 평등이 보장되어야 한다는 것이다. 인간 능력이 최대한 발달하도록 개인의 자율성을 보장받을 권리, 다른 사람이나 외부 제도에 의해 간섭받지 않을 자유, 모든 사람이 동등한 기회를 가질 자유 등을 강조했다.

여성은 개인적 능력이나 자질과 관계없이 고정관념에 좌우되는 경우가 많았고 사회에 만연한 성차별은 여성이 자신의 능력을 발휘하고 이익을 추구할 수 있는 평등한 권리를 박탈했다고 지적하였다. 제도, 법률, 교육, 때로는 책임이나 의무도 여성이라는 이유로 차이를 두는 공적 차별 외에 관습에 의한 비공식적 차별은 사회에 뿌리 깊게 박혀 있으므로 개인 차원의 노력으로 변화되거나 개선될 여지가 없다고 보았다. 이에 집단으로서의 여성의 힘이 요구된다는 것이 자유주의 페미니즘의 주장이다.

앨리슨 재거(Alison Jaggar)[2]는 남성은 자신의 실제적 이해관계와 능력에 의해 평가받지만, 여성의 이해관계와 능력은 자신의 성 때문에 제한받는다고 했다. 즉, 남성은 개인으로서 자신의 장점에 의해 평가받지만, 여성은 여성으로서 평가받는다는 것이다. 자유주의 페미니즘은 여성에 대한 차별이 사회의 고정관념 또는 관습 때문이라고 믿었다. 관습적 차별은 여성이 특정한 일을 못하게 하거나 능력과 관계없이 자격이 없는 것으로 간주함으로써 기회의 차별로 이어진다. 이러한 관습적 차별은 공적 영역에서뿐 아니라 가정에서도 뿌리 깊게 자리 잡고 있어 가정 내 여성의 역할을 제한한다. 게다가 대부분 여성에게 주어진 일은 사회적 가치가 낮게 인식되어 여성 스스로 자존감을 갖기가 어려운 상황이었다. 자유주의 관점은 개인의 능력이나 남녀 간 차이를 어느 정도는 인정하지만, 남녀에 대한 기회 및 교육의 불평등은 분명한 차별이라고 보았다.

자유주의 페미니스트는 관습적 차별은 사회 절반을 차지하는 여성을 배제함으로써 인적자원의 비효율성을 초래했다고 주장하였다. 이러한 주장은 개인 능력을 극대화하는 것은 사회발전의 초석이 된다는 존 스튜어트 밀(John Stuart Mill)의 주장과 일치한다. 그는 남녀의 평등문제를 공적으로 제기하였고 여성도 남성과 동등한 교육 기회가 주어져야 한다고 주장하였다. 또한 여성에게도 시민권을 부여해야 하고, 개인적 능력을 인정해야 한다고 강조하였다. 여성의 무능력은 오직 법과 제도가 특정 능력이 발달할

---

2) Jaggar, A.(1983). Feminist Politics and Human Nature. New York : Rowman & Allanheld.

기회를 얻지 못했기 때문이며 여성이 받는 부당한 대우가 평등이나 공정성을 표방하는 자유주의 원칙에 위반된다고 비판하였다.

자유주의 페미니즘은 20세기 대표적 인물이었던 베티 프리단(Betty Friedan)에 의해 지속되었으며, 『여성의 신비 The Feminine Mystique』에서 가사노동과 주부의 어려움을 지적하고 온건 보수적인 여성운동에 이바지했다. 베티 프리단(Betty Friedan)은 아내이고 어머니인 여성이 직업을 가질 시간이 없다고 생각하는 것이 온전한 인간으로 발전하는 것을 제한한다고 보았다. 그리고 모든 여성은 약간의 도움을 받으면 남성과 마찬가지로 자신의 의무를 수행할 수 있으며 사회에서 중요한 역할과 책임을 맡을 수 있다고 주장하였다.

베티 프리단(Betty Friedan)은 파슨스(Parsons)의 이분화된 역할론, 즉 남성은 외부지향적인 도구적 역할, 여성은 가족 내의 표현적 역할을 비판하면서, 남녀는 자신의 선택에 따라 자유롭게 역할을 수행할 수 있어야 한다는 점을 강조하였다. 동등한 기회만 보장된다면 남성도 주부 역할을 할 수 있으며 그 선택은 정당하게 간주되어야 한다는 것이다. 가령, 여성의 가사노동이나 주부 역할 자체가 잘못된 것이 아니라 여성이 다른 분야에서 활동할 수 있는 통로가 차단되었기 때문에 자신의 의지와 무관하게 그 역할에 머무를 수밖에 없는 사회구조가 잘못이라고 지적하였다.

2) 경제적 독립성

베티 프리단(Betty Friedan)은 경제적 독립성은 여성이 남성과 평등하기 위해 필요한 조건이라고 강조하였다. 경제적으로 남편에게 의존하면 평등과 인간적 존엄성을 지킬 수 없으며 이로 인해 자율성을 행사할 수 없다고 보았다.[3] 밀(Mill)은 여성에게 경제적 독립성이나 수입은 여성의 존엄성을 지

3) Friedan, B.(1968). The Feminine Mystique(여성의 신비. 김행자 역). 서울 : 평민사.

키는 필수 요인이라고 하였다.

여성의 공적 영역(예 노동시장 참여)에의 참여야말로 자신의 경제적 능력을 발휘할 기회를 가질 수 있는 생활의 장이다. 따라서 여성의 공적 영역의 참여를 확대하고 경제력을 키우기 위해서는 성차별적인 법률의 철폐 및 개선, 성에 대한 평등적 시각과 노동시장에서의 평등권을 주장할 수 있는 토대 등이 우선되어야 한다.

3) 성

자유주의 패러다임에서 성행위는 다른 사람의 권리를 침해하지 않는 한 사적 문제로 귀결된다. 따라서 성교육, 피임, 낙태 등은 개인의 사생활 보장 차원에서 보호받아야 한다고 주장하였으며 특히 성과 관련하여 여성에게 편중된 부정적 시각을 거부했다. 성차별은 궁극적으로 이중적 성 규범을 당연한 것으로 만들어 여성의 성적 자유를 제한한다고 보았다.

역사적으로 여성은 언제나 성적 표현의 자유를 박탈당해 왔으므로 성적으로 수동적이고 의존적이었다. 성을 즐기기보다 남성을 즐겁게 해주는 도구적 존재로 인식되었다. 현실적으로 보면, 성 그 자체보다 성을 도구화하는 사회현상이 더욱 여성에게 불리하게 작용했다. 왜냐하면, 여성의 성을 억압하기 위한 수단으로 여성을 도구화함으로써 결국 여성은 성의 상품적인 대상, 성희롱 혹은 성폭력의 대상으로 전락할 가능성이 커지기 때문이다. 그러므로 여성을 성적 대상으로 보고 상품화하는 것에 대해 적극적 제한이 필요하다고 주장하였다.

4) 자유주의 페미니즘의 공과

자유주의 페미니즘은 여성에 대한 편견과 사회적 고정관념을 바꾸기 위해 노력해 왔다. 그러나 권력이나 사회적 부와 같은 성차별적인 사회구조를 간과했다는 한계점이 있다. 자유주의 페미니스트의 활동은 주로 성차별적 사례나 투쟁보다는 여성 교육과 취업의 기회 균등을 요구하였고, 이를 통해 자아성취를 이루고자 하였다. 그러한 목적을 달성하는 방법은 교육이라고 믿었고, 교육이나 대중매체를 통해 여성에 대한 시각을 전환하려고 했으며, 여성의 지위를 높이기 위해 대중운동에도 적극적으로 참여하였다.

이러한 운동은 여성의 기회균등을 성취하기 위해 현실을 인정하고 급진적인 변화보다 인간의 이성과 합리성을 기반으로 수용 가능한 노선을 선택함으로써 기존의 남성 중심의 제도적 통제를 벗어나지 못하고 현상 유지 차원에 머물렀다는 지적이 있다. 이성과 합리성을 강조한 자유주의 관점으로 인해 자유주의 페미니즘을 개량주의라고 평가하는 시각도 있다.

2. 마르크스 · 사회주의 페미니즘

사회주의 페미니즘은 두 조류로 나눌 수 있다. 초기에는 마르크스주의에 기반한 고전적 마르크스주의 관점이 주류를 이루었고 그 후 여성억압의 원인이 자본주의와 가부장제라는 사회주의적 관점이 뒤를 이었다.

1) 마르크스주의 페미니즘

(1) 인간의 본성

마르크스 페미니즘은 생물학적 결정론을 거부하였고 인간 본성이나 능력은 사회적 위치와 계급구조, 사회형태에 따라 달라진다고 하였다. 그러나 인간은 사회환경에 영향을 받으면서도 자신의 한계와 환경적 어려움을 극복해 나가는 능동적 존재라고 믿었다. 물론 '인간은 생물학적 존재'라는 점에 대해서는 동의했다. 그러나 인간 활동은 의식적이고 목적적이라고 보았다. 마르크스(Marx)는 이를 '실천(praxis)'이라고 했다. 실천은 행위를 유발하고, 행위는 욕구를 충족하는 수단을 제공하는 동시에 새로운 욕구를 창출하기도 한다. 인간이 생물학적으로 결정되지 않는 이유는 바로 이 '실천' 행위 때문이다.[4)] 즉, 인간존재를 결정하는 것은 의식이 아니며 의식을 결정하는 것이 바로 인간존재라고 주장했다.

따라서 여성의 열등의식이나 종속의식을 결정하는 것은 사회 내에서의 여성의 존재 상황이다. 노동은 사용가치를 나타내는 인간 행위이며, 이러한 행위가 실천인데, 여성 노동은 사용가치가 없으며, 따라서 인간 행위로 간주히지 않았다고 주장한다. 자본주의 사회에서 체제 지속을 위해 노동시장에서의 성차별은 피할 수 없으며, 사유재산제 도입과 더불어 여성억압이 시작되었다고 본다.

마르크스주의는 계급제도가 여성억압을 초래했으므로 여성해방은 계급투쟁의 결과로 실현될 수 있다고 주장했다. 이들 시각에 의하면, 여성이 항상 낮은 지위에 놓여있었던 것은 아니며 원시사회에서도 성별 분업은 존재했으나 남성의 수렵 활동보다 여성이 맡았던 농경 쪽이 보존성과 안정성이 있는 식품 공급원이었기 때문에 여성의 지위가 높았다는 것이다. 그런데 기술발달에 따라 잉여생산물이 축적되고 식량이 안정적으로 공급됨으로 인해 식량 공급을 담당했던 여성보다 다른 활동을 담당했던 남성의 세력이 강화되기 시작했다. 가족은 남성 중심의 계승제도가 확립되면서, 남성이 가족의 재산권을 가지게 되었고, 여성은 남성에게 경제적으로 종속될 수밖에 없다는 것이다.

여성은 임금노동으로부터 배제되고, 다음 세대의 노동력을 공급하는 역할을 하면서도 무급노동자로 남게 된다. 남성은 재산과 상속자를 얻기 위해 여성을 지배하기 시작했다. 이것이 사회가 소유와 비소유 관계, 지배와 피지배 관계로 연결되는 이원론적 계급제의 효시라는 것이다. 사유재산은

4) Marx, K.(1968). Preface to the Critique of Political Economy, In Marx & Engels, Selected Works. New York International Publishers.

계급사회의 기초이며 사유재산제를 지탱하는 것이 부계 중심의 가족제도이다. 그러므로 여성이 가족 내에서 남성과 평등해지기 위해서는 사유재산제도가 철폐되어야만 하고, 사회적으로 평등해지기 위해서는 계급제도가 없어져야 한다고 주장했다.

(2) 가사노동

자본주의 사회에서 여성이 담당하는 가사노동은 여성을 억압했다. 다른 노동은 보상을 받지만 여성의 가사노동은 상품생산을 위한 노동이 아니라 가족 공동체를 위한 무보수 노동이라는 점에서 독특하다고 보았다. 여성은 아내와 어머니로서 가사노동을 수행하는 대가로 임금을 받는 것도 아니며 자신의 노동조건이 열악할지라도 다른 가족에게 갈 수도 없다. 자본주의 사회에서 여성의 가사노동만큼은 자본주의 생산양식을 취하고 있지 않았다. 따라서 가사노동을 담당하는 여성은 사회구조와 맞물려 소외된 존재로 남게 된다.

출산을 통해 노동력을 제공하는 세대를 양육하는 여성 노동은 사회에서 필수적임에도 불구하고 평가받지 못한 무급노동으로 남아 여성의 정체성을 파괴하고 무능력한 존재로 만들었다. 따라서 진정한 평등이 이루어지기 위해 여성에게 주어진 가사노동의 사회화가 전제되어야 한다고 주장했다.[5)]

이처럼 노동이 생산력인 자본주의 사회에서 무보수 가사노동은 여성을 주변인으로 몰아내고, 남성과의 관계에서 경제적 종속관계에 놓이게 한다. 프리드리히 엥겔스(Friedrich Engels)는 지배－복종 관계가 결혼을 통해 더욱 확고해진다고 하였다. 심지어 '부르주아는 아내를 생산 도구로 본다'라고까지 표현하였다. 그러나 이러한 성적 대립구조는 사랑 이데올로기에 의해 감추어지기 쉬우며, 여성 자신도 결혼이 체계적으로 남성에게 종속시키는 제도임을 깨닫지 못한다고 보았다.

---

5) Jaggar, A.(1983). Feminist Politics and Human Nature. New York : Rowman & Allanheld.

여성억압은 자본주의자에게 이익을 안겨 준다. 즉, 성차별 이데올로기는 남성보다 여성의 임금을 적게 줄 수 있는 정당성을 부여하고 합리적 수단으로 이용되기도 했다. 또한 여성을 차별함으로써, 여성이 착취당하고 있다는 사실을 은폐하고 자본주의에 대한 불만을 막을 수 있는 희생양이 된다고 비판하였다.

(3) 가족 내의 성

미르크스 페미니즘 관짐에서 보면, 남녀는 자연스러운 관계로 정의된다. 자유로운 성관계를 부정하고, 출산은 자연적 영역이므로 분석 대상으로 인식하지 않았다. 경제적 힘의 균형에서 여성은 프롤레타리아이며, 남편은 부르주아라고 한 엥겔스(Engels)의 표현처럼 여성은 결혼을 통해 남편의 지배에 놓이게 되는데, 가장 효과적인 지배 방법이 바로 여성의 성을 통제하는 것이다. 예를 들면, 여성은 경제 능력이 없으므로 생존을 위해 남편이 필요하고 따라서 혼외 임신을 두려워하게 된다.

또한, 자신을 부양할 남편을 찾기 위해 때로는 사랑보다 경제적 안정을 위해 결혼하게 된다.[6] 여성이 자신의 몸을 통제할 수 있는 권한(예를 들어, 낙태권)을 갖지 못한 것은 끊임없는 노동력과 소비인구가 필요한 자본주의 체제에서 여성에게 압력을 가하였기 때문이며, 동성연애자에 대한 반대도 핵가족 중심의 가족 형태가 자본주의 체제 유지에 필수적이었기 때문이라고 하였다.

(4) 마르크스주의 공과

마르크스주의는 여성억압 문제를 계급 억압의 문제로 한정하여 고찰했고, 여성을 독립적 계급의 카테고리로 설정하지 않았으며, 여성 고유의 인

---

6) Engels, F.(1972). The Origin of the Family, Private Property and the State. New York : International Publishers.

식론적 관점과 경험을 인정하지 않았다는 한계점이 있다. 그러나 여성 노동이 공적 영역과 연결되어 사회로부터 소외되지 않게 하려고 노력하였다. 여성억압 원인을 임금노동에서의 배제와 무급의 가사노동 때문이라고 지적했지만, 남성이 이러한 구조적 차별 속에서 어떤 편익을 누렸는지는 언급하지 않았다. 마르크스주의는 노동이나 가족제도 내의 성차별에는 관심을 가졌으나 거시적 사회구조 내의 성불평등에 대해서는 언급하지 않았다. 단지 여성이 자유를 누리기 위해 자본가에게 대항해야 하므로 노동자 간에 동조의식을 가져야 한다고 주장했다.

2) 사회주의 페미니즘

(1) 인간의 본성

사회주의 페미니즘은 계급억압과 여성억압을 동시에 고려했고, 성 체계와 경제체계를 연결하려고 시도하였다. 마르크스주의가 계급갈등에 초점을 두었다면 사회주의는 여성의 관점에 초점을 두었다.

사회주의에서 인간 본성이 생물학적, 사회적, 물리적 환경 간의 상호관계에 따라 창조되었다는 관점은 마르크스주의와 일치한다. 그러나 마르크스주의는 어떤 개인이 연령, 성, 계급, 인종 등의 변수에 의해 다양한 집단에 중복 소속될 수 있다는 사실을 간과했다. 사회주의 페미니즘은 다양한 집단의 경험이나 심리적 관계가 다르다는 사실을 인식하고 성적 차이의 양면성에 관심을 가졌다. 그리고 인간 내면은 성에 의해 구조화되는데 성적 구조화는 내재적인 것이 아니라 사회적으로 부과되며 성적 구조화는 어릴 때 형성되고 인간 생활 전반을 통해 강화된다고 보았다.

성별 노동분업은 공적 영역과 사적 영역 간의 분업으로 성립된다. 성과 생식은 여성 영역이면서 사적 영역으로 분류되므로 여성이 많은 일을 해도 인정을 받지 못했다. 따라서 여성 소외를 제거하기 위해 모든 생활영역에서 성별 노동분업을 배제해야 한다고 주장했다.

(2) 가사노동

사회주의 페미니즘은 임금노동과 가사노동은 서로 단절된 것이 아니라 상호보완적 관계에 있으며 노동시장에서의 성차별은 가사노동의 무보수성과 관련이 있다고 보았다. 가족은 사회와 불가분의 관계에 있고, 경제체제와도 밀접한 관계가 있다. 가사노동은 생산적 기능이 있는데도 불구하고 여성은 무보수 가사노동으로 인해 자아를 상실하고 남성에게 의존적이며 노동시장에서도 소외된다는 것이다. 그리고 가사노동은 인적자원을 생산하는 경제활동임에도 불구하고 합당한 가치평가가 이루어지지 않았다. 따라서 여성의 가사노동을 경제활동으로 간주하여 합당한 대가를 지급하고 여성의 지위 및 역할을 재정의해야 한다고 주장했다.

월비(Walby)[7]는 역사적으로 가부장제는 사회의 생산양식과 결합하여 다양한 형태로 나타났다고 보았다. 가령 봉건주의와 가부장제의 만남은 남녀의 성별 분업과 여성억압을 제도화하는 역할을 했다. 자본주의와 가부장제의 결합은 노동을 임금노동과 가사노동으로 구분해서 여성이 무보수 가사노동에 종사하고 임금노동에서는 남녀 임금 격차를 둠으로써, 여성이 남성에게 경제적으로 의존하게 하는 등의 남녀차별 이데올로기를 만들어 냈다. 또한 자본주의와 가부장제 결합은 자본주의가 발달함에 따라 가부장제는 사적 영역뿐 아니라 공적 영역에서도 정착되어 여성의 모든 활동을 통제해 나갔다. 줄리엣 미첼(Juliet Mitchell)은 자본주의는 가부장제를 재생산하고 여성은 남성이 정해놓은 계급사회에서 정체성을 부여받으므로 무엇보다도 가부장제의 이념에 대항해야 한다고 주장하였다.

---

7) Walby, S.(1996). Theorising Patriarchy(가부장제 이론. 유희정 역). 서울 : 이화여자대학교 출판부.

(3) 계급 구분과 경험 양식

하트만(Hartmann)은 계급범주는 기본적으로 남성에 관한 규정이며, 여성은 남편이 가지는 생산수단에 맞추어 자동으로 위치가 정해진다고 하였다. 여성은 독립적 개체가 아니라 의존적 존재인데 마치 '여성과 남성은 결혼하면 한 몸이 된다. 그러나 그 한 몸은 곧 남성'이라는 표현처럼 여성은 남성에 의해 자신의 계급이 결정될 뿐이라고 보았다. 이러한 불분명한 계급 구분은 여성억압에 관한 이해를 하기 어렵게 만들었다. 이러한 점을 염두에 두고, 하트만(Hartmann)은 여성 간의 유사점과 차이점을 파악하기 위한 간단한 작업을 시행하였다.[8] 즉, 각 계급에 속하는 여성이 수행하는 노동의 차이를 파악하고 이해하는 작업에서부터 시작했다. 각 계급의 여성이 출산, 양육, 성, 소비, 가정경영 등의 활동에서 다른 계급의 여성과 어떤 방식으로 경험을 공유하고 있는지, 그들의 경험이 얼마나 다른가를 파악한다면 여성억압의 근원을 진단할 수 있다고 주장하였다.

(4) 사회주의 페미니즘의 공과

사회주의 페미니즘은 가사노동 가치를 재평가했다는 점에서 나름의 평가를 받고 있다. 그러나 가사노동의 재평가가 이론 차원에서만 논의되었을 뿐, 현실적인 적용 방법을 제시하지 못했다는 아쉬움이 있다.

3. 급진주의 페미니즘

1) 인간의 본성

급진주의 페미니즘은 인간의 본성을 다양한 시각에서 정의했다. 초기 급진주의는 '유니섹스' 개념을 적용하여 남성성과 여성성을 초월한 '양성성'

---

8) Hartmann, H.(1981). Women and Revolution. South End Press.

개념을 제시하였다. 이는 개인이 생물학적 성과 관계없이 바람직한 자질로 발전시켜 나갈 수 있음을 강조한 것이다. 그리고 성을 기준으로 각 성에 해당하는 특성, 행위, 역할이라는 존재하지 않는다고 봄으로써 성역할 폐지를 주장했다. 급진주의는 자유주의처럼 인간의 자유를 존중하였다. 인간은 사회에 의해 규정되는 존재가 아니라 사회적 규정을 벗어나 자신의 정체감을 확보할 수 있는 자유로운 능력이 있다고 보았다. 그러나 이러한 능력은 가부장 이데올로기에 의해 은폐되며 때로는 정당화되는 지배 관계에 놓이게 된다고 하였다.

급진주의에 의하면, 성적 불평등은 가부장제의 산물이며 사회적 불평등의 기원이다. 여성억압은 출산과 성에 대한 남성의 통제에서 비롯되며 양성 간의 차별은 출산을 통해 사회적으로 규정되므로, 이러한 규정에서 탈피할 수 있는 의식 전환이 이루어져야 한다. 그러나 가부장적 자본주의 체제는 여성의 출산과 성행위를 정치에서 배제함으로써 여성억압을 유지하고 있다. 자녀출산에 있어서 엄격한 성별 분업은 생활의 다른 영역에도 적용되고 있으며, 이러한 성별 분화가 성차별로 이어진다고 비판하였다.

모든 억압 가운데 여성억압이 가장 먼저 생겨났고, 가장 널리 퍼져 있으며, 가장 뿌리 깊은 것이라고 주장하였다. 또한, 여성 집단을 지배하며 여성종속에서 득을 보는 것은 자본이나 사회구조가 아니라 바로 남성이라고 보았다. 가부장제는 바로 남성에 의한 여성 지배를 의미한다. 이처럼 남녀대립을 강조하는 급진주의는 여성억압을 유발하는 요인은 법이나 제도보다는 출산, 성애(sexuality), 문화 등이라고 강조하였다.

2) 여성문화와 남성문화

경험은 여성적 경험과 남성적 경험으로 구분할 수 있는데, 여성적 경험은 사회적으로 축적되어 여성문화를, 남성적 경험은 남성문화를 형성한다.

여성문화와 남성문화를 형성하는 원인은 임신과 출산, 자녀 양육이라는 성별 분업 때문이다. 일반적인 사회에서 여성문화는 가치가 없고 국부적이며, 주변적이고 종속적이며, 비가시적이고 비조직적인 것으로 평가되었고, 남성문화는 주도문화로서 중요하고 지배적이며, 가시적이고 조직적이며, 전체적인 특성이 있는 것으로 높이 평가하고 수용한다.

따라서 사회가 추구하는 것은 가시적인 남성문화이며, 이러한 남성문화 속에서 여성이 생존하기 위해서는 여성문화보다 남성문화에 예속될 수밖에 없는 상황이다. 그러나 실상 여성문화도 존재하고 있다. 대표적인 문화가 자녀 양육이다. 자녀 양육은 남성도 그 중요성을 인정하는 일이다. 그러나 자녀 양육은 여성에게는 해 볼 만한 일이지만 남성에게는 그렇지 못하다는 통념이 있다. 이러한 통념은 여성문화의 독자성을 인정하지 않게 만든다. 여성에게 모성애를 강요하기도 하고 미혼이나 출산경험이 없는 여성을 미성숙하다고 보거나 이기적이라고 묘사하기도 한다. 여성억압의 근원인 가부장적 사회양식은 오랫동안 지속되어 왔으므로 여성들이 공동으로 저항하지 않는 한 벗어나기 어렵다는 주장이 있다.

오랫동안 지속된 가부장 이데올로기는 남성문화의 우월성을 정당화하거나 여성억압을 은폐하였고, 여성의 개별 능력과 상관없이 집단으로 열등한 존재임을 구조화시키는 역할을 맡아 왔다. 따라서 급진주의는 이러한 기존의 지배집단의 가치관을 거부하고, 창조적이고 저항적이며 주체적인 여성문화가 필요하다고 강조하였다. 또한, 급진주의는 여성문화에서 특히 여성 간 우애 관계를 중요시하였다.[9] 자매애는 여성적 우정 같은 것이므로 근본적으로 자기 확신적이다. 이러한 점에서 남성적 동료 관계 또는 형제애와는 근본적으로 다르다고 보았다.

---

9) Daly, M.(1970). Gyn−Ecology : The Metaethics of Radical Feminism. Boston : Beacon Press.

여성 간의 우정 관계를 인정하지 않는 남성문화 속에서 여성 간의 연대의식을 확립하고 강요된 모성애와 모순적인 지배가치를 배격함으로써 여성운동의 바탕을 이룰 수 있다고 주장하였다. 급진주의 페미니스트는 '개인적인 것이 정치'라는 말을 대중화시켰다. 이 말은 개인적 삶의 경험이 제도화된 기존의 정치 질서를 타파할 수 있다는 의미가 내포되어 있다.

3) 가부장 이데올로기와 성의 통제

급진주의는 기본적으로 여성의 성은 가부장 이데올로기에 의해 통제된다는 관점을 가지고 있었다. 가부장제는 여성을 성적 대상으로 규정하고, 여성의 사회적 기능을 남성의 성적 욕망을 만족시키는 존재와 자녀출산과 양육의 존재로 제한하였다. 이런 제한을 벗어나는 일은 여성에게 허용되지 않았으며, 성적 활동과 자녀 양육으로 성별 분업을 조직화하여 생활의 모든 영역에 확대해 나갔다고 주장했다.

남성은 여성의 성을 소유하기 위해 사회적, 경제적, 법률적인 면뿐 아니라 육체적 강제력을 이용하기도 했다. 또한, 여성을 성적 대상으로 규정하였고, 남성은 통제하기 어려운 성적 충동을 가지는 것으로 간주함으로써 이중적 성 규범을 정당화시켰다고 보았다. 그리고 가부장제에서 처녀성은 여성 자신을 위해서가 아니라 미래의 남편을 위해서만 가치가 있는 것으로 간주되었다.[10] 인도의 순장 제도, 중국의 전족풍습, 아프리카의 여성 성기 절단의식 등은 모두 여성에 대한 관습적 억압에서 비롯된 결과이다.

급진주의 페미니즘은 '여성성'을 부각하였고 여성의 성애와 자매 정신(sisterhood)을 강조하였다. 자매 정신으로 집단적 힘을 배양할 수 있으며, 사회적 관습도 헤쳐나갈 수 있다는 신념을 심어주고자 하였다. 친밀하고

10) Jaggar, A.(1983). Feminist Politics and Human Nature. New York : Rowman & Allanheld.

사적인 영역뿐 아니라 가까운 부부관계에서조차 남성은 지배적 위치를 차지하는 현실 속에서 여성 간의 동맹을 강조하고 남성과 분리하여 살아가는 것이 바람직하다고 주장하였다.

4) 성의 변증법과 정치

파이어스톤(Firestone)은 성의 변증법[11]에서 노동의 생물학적 분업이 남성 지배와 경제적 계급 착취, 인종주의, 생태적 무책임의 근본 원인이라고 주장하였다. 여성의 출산 기능은 남성에게 종속시키는 기제로 작용하므로 의존적으로 되지 않을 수 없다는 것이다. 인간의 생식 과정을 보면 남편은 소유자, 부인은 생산수단, 자녀는 가계생산물에 해당한다고 보았다. 마르크스주의 페미니즘에서 중요시한 계급 논리 대신 파이어스톤(Firestone)은 생식의 원리를 도입하였다. 즉, 남성과 여성은 생물학적 차이로 인해 생식 기능이 다르며, 출산력 있는 여성을 열등한 인간으로 규정지어 버린다. 또한 이러한 열등의식은 사회 권력 구조와 연결되어 여성억압의 기제가 된다고 보았다. 그러나 이러한 생물학적 기능은 의료기술 등의 발전으로 인해 변화될 것으로 전망하였다. 즉, 체외수정이나 시험관 아기를 통한 재생산 활동이 보편화되면 남녀평등이 가능할 것이라고 믿었다.

밀레트(Millet)는 남성에 의한 여성 지배를 '성의 정치학'[12]이라고 하였다. 성은 정치적 내용에 포함되는 하나의 지위 범주이며, 정치란 권력 구조 관계를 나타낸다. 생물학적 우월성을 앞세운 남성의 여성 지배는 '성에 의한 지배'이며, 보편적 이데올로기로 통용되기도 하였다. 이러한 현상을 '성의 정치'라 부른 것이다. 밀레트(Millet)는 성의 정치는 사회적 합의에 따라 정당화되며, 지지 세력을 형성하여 유지된다고 하였다.

---

11) Firestone, S.(1970). The Dialectic of Sex(성의 변증법. 김예숙 역). 경기 : 풀빛.
12) Millete, K.(1970). Sexual Politics(성의 정치학. 정의숙·조정호 역). 서울 : 현대사상사.

성의 정치는 기질, 역할, 지위를 부권제 정치형태로 사회화시킴으로써 합의를 이룬다. 기질은 성별에 따라 남성적(공격성, 지력, 힘, 효율성) 또는 여성적(수동성, 온순, 덕성, 비효율성) 인격을 형성하는 것을 포함한다. 이러한 남녀 기질을 보완하는 것이 성별 역할이다. 성별 역할은 태도, 몸짓, 행위에 대해 일치된 규준을 남녀에게 정해준다. 지위는 기질과 역할에 의해 자연스럽게 귀결되는 것이다. 밀레트(Millet)는 이 세 가지 범주를 중심으로 기질을 심리적 구성요소, 역할을 사회적 구성요소, 그리고 지위를 정치적 구성요소로 간주하였으며 세 요소는 상호 의존적 관계가 있어 하나의 연쇄를 이루고 있다고 보았다.

델피(Delphy)는 자본주의가 여성을 억압하고 착취한다는 마르크스주의를 비판하고 자본주의 외에 결혼제도와 가부장제가 사회관계에서 여성이 무급 가사노동에 종사하게 강요한다고 주장했다. 출산이라는 생물학적으로 자연스럽게 주어진 것이 아니라 사회적으로 '강요된' 행위이고 남성과 여성은 사회의 구조화에서 유래된 것이라고 보았다.

5) 급진주의의 공과

급진주의 페미니즘은 여성해방을 위해 혁명적 태도를 보였다. 남성이 여성을 억압하는 원인은 가부장제이고 여성의 모습이라고 인식하는 일체의 역할에 의문을 가졌으며 새로운 방식을 추구해야 한다고 강조했다. 이러한 목적을 달성하기 위해 혁명적 여성해방운동이 필수적이라고 믿는 과격한 투쟁으로 인해 다양한 계층의 여성으로부터 폭넓은 지지를 받지 못했다.

또한 급진주의는 기득권이나 지배 계층의 여성을 주로 비판하였고 빈곤층이나 피지배 계층의 여성에 대한 분석은 별로 이루어지지 않았다. 또한, 생물학적인 결정론에 대한 대안을 제시하지 못함으로 인해 결국 여성이 남성에게 의존해야 한다는 모순에 빠지게 될 여지도 있었다. 그러나 가부장

이데올로기 및 여성문화와 남성문화의 분석을 통하여 우리 사회의 문화적 혁명을 야기했다는 점은 상당한 의의가 있다.

4. 후기 구조주의와 포스트모더니즘

1) 인간의 본성

후기 구조주의 여성해방론이 대두된 배경은 인식론을 바탕으로 한 기존의 서구철학에 대한 반발과 도전에서 비롯되었다. 지금까지 서구철학이 진리로 여겨온 부분을 부정하고 소외된 부분을 복권하며 기존의 지식, 언어에 관해 새로운 관점을 제시하고자 하였다. 후기 구조주의는 기존의 페미니즘이 성차별과 남녀 간의 불평등을 인간 본성과 본질을 토대로 하였기 때문에 변화에 대한 한계를 지니고 있다고 보았다. 따라서 언어와 주체성, 권력, 사회적 산물 등의 개념을 중심으로 여성 경험을 사회적 권력과 연결해서 여성 문제를 이해하는 것이 합리적이라고 주장하였다.

주체성이나 권력에 본성이나 본질은 없으며 이런 개념은 어디까지나 사회적 산물이라는 것이다. 따라서 사회가 변하면 관련 개념에 대한 인식도 변화하므로 여성의 본질도 사회적 담론 안에서 규정될 것이라고 보았다. 언어학자 데리다(Derrida)는 언어에 대해 고전적인 생각을 깨트리고 언어, 즉 말과 글에 대해 말은 화자가 말하면서 현존하는 것으로 여겼다. 따라서 성차별이나 불평등 문제도 여성의 본성이 생물학적 차원에서 자녀출산과 양육에 더 적합하고, 남성은 사회적 활동에 더 적합한 것이 아니라 단지 사회의 다수가 그리고 권력을 가진 쪽이 그렇게 말하기 때문에 그러한 본성이나 본질이 존재하는 것이라고 보았다.

후기 구조주의 이론의 토대가 된 것은 프랑스의 철학자 데리다(Derrida)의 언어학, 인간의 무의식과 언어 사이의 관계를 분석한 기호학자이자 문학비평가인 크리스테바(Kristeva)의 주체성에 관한 이론(주체는 안정된 것이 아니라 언어 안에서 구성되며 항상 변화 선상에 있다는 주장), 그리고 사물의 질서와 권력 발달을 분석한 프랑스의 구조주의 학자 푸코(Foucault) 등이다.

크리스 위던(Chris Weedon)13)은 후기 구조주의 관점에서 남녀의 본질은 각기 다르다고 가정하는 기존 페미니즘 이론을 비판하고, 세상에 변하지 않는 것은 없으며 여성다움이나 남성다움은 어디까지나 담론에 의한 시대적 산물에 불과하다고 하였다. 따라서 여성의 경험이나 여성다움이라는 역사적으로 사회가 특정한 담론 내에서 여성을 주체로 설정함으로써 생긴 산물이므로 본성이나 본질과 같이 불변적 속성을 지닌 것이 아니라고 주장했다.

2) 구조주의와 후기 구조주의

후기 구조주의 배경은 구조주의이다. 포스트모더니즘이 모더니즘을 떠나 생각할 수 없듯 후기 구조주의를 알기 위해 구조주의 본질에 대한 이해가 선행되어야 한다. 구조주의의 기본 목표는 인간 행위와 언어 및 문학 작품을 비롯한 모든 지식과 문화적 현상에 내재된 구조나 체계를 분석하는 것이다. 분석 대상은 주로 언어에 바탕을 둔 동화, 신화, 문학 작품 등이었다. 그러나 이러한 분석 대상이 주관적이고 추상적인 성격이 강하기 때문에 1960년대에 이르러 추상적 구조나 체계에 대한 회의를 느끼기 시작하였고, 인간 행위나 그 행위로 인해 파생된 현상에 내재된 추상적 체계나 구조 자체를 거부하였다. 이로 인해 나타난 이론이 바로 후기 구조주의다.

---

13) Weedon, C.(1993). Feminist Practice and Post−structualist Theory(여성해방의 실천과 후기 구조주의 이론. 조주현 역). 서울 : 이화여자대학교출판부.

3) 후기 구조주의와 포스트모더니즘

후기 구조주의는 포스트모더니즘과 밀접한 관계가 있다. 따라서 후기 구조주의 본질을 이해하기 위해 포스트모더니즘을 이해할 필요가 있다. 포스트모더니즘은 후기 구조주의와 비슷한 시기에 발전한 이론이므로 이들 이론의 관계를 규명하는 일이 간단하지 않다. 이론이 적용되는 범위에서 볼 때 포스트모더니즘은 후기 구조주의보다 더 포괄적인 상위 개념이고, 해체주의는 후기 구조주의의 하위개념이다.

20세기 후반 자본주의의 문화적 현상이라고 볼 수 있는 포스트모더니즘은 문예사조를 반영한 일종의 문화양식이다. 포스트모더니즘의 넓은 의미로는 20세기 후반의 문화 전반과 시대정신을 포괄하나 좁은 의미는 문학을 비롯한 예술 분야를 포함하는 개념이다. 후기 구조주의는 문학이나 예술보다는 철학 및 사회이론과 관련된 개념이다.

탈근대화라는 패러다임을 주장하는 포스트모더니즘은 70년대 초 유럽과 영미에서 철학적, 사상적, 사회학적 측면을 포함한 문학과 예술에 대한 논의에서 시작되어 급속히 확산하였다. 최근에는 세계적으로 포스트모더니즘을 의식 전환을 초래하는 하나의 문예사조로서뿐 아니라 보편성을 추구하는 예술 사조로 모든 분야에 적용하고 있다.

포스트모더니즘은 이성이나 철학 등에 의존하기보다 오히려 탈합리주의를 추구하며, 남성 중심적 문화나 사고방식을 근대적 잔재로 보고 남성이나 여성 어느 한쪽에 치우친 사고보다 양성 중심적 사고에 비중을 두고 있다. 인간중심주의 대신 탈인간중심주의, 탈정치화, 탈역사화 등을 추구하며 정치적 · 역사적 관점을 배제한다. 포스트모더니즘의 본질은 생활 문화 속에서 반영되어 전통적인 합리성과 절대 진리를 배격하고, 여성의 자아의지나 감성적인 부분이 강하게 작용한다.

포스트모더니즘에 대해 사회 일각에서는 부정적 시각과 우려의 소리가 높다. 규범적 전통성과 이성을 부정하고 배격하는 것은 인간의 존재 근거와 삶의 본질 및 지향을 해체하는 것이라는 주장도 있다. 또 다양한 실험을 통해 새로운 미학을 창조하는 것은 바람직하나 그러한 시도가 도덕적 향상을 기하고 통합된 시야에서 보는 것이 아니라 중심을 해체하거나 분열하는 관점이라면 건강하지 못한 흐름이라고 인식하고 있다.

그러나 사회적 우려에도 불구하고 포스트모더니즘은 새로운 세기에도 여전히 비중 있게 작용하고 있다. 남녀가 조화롭게 융합할 수 있는 새로운 절충주의를 통해 남성문화와 여성문화의 외부적 형태뿐 아니라 이념이나 지향 등과 같은 내부적 인식에 많은 변화를 초래하여 점진적으로 확산하는 추세에 있다. 포스트모더니즘이 규범이나 관념의 벽을 허물고, 이질적인 것을 결합하며, 남성 아니면 여성 등의 흑백 논리와 이분법의 해제, 이데올로기 대립과 갈등 해소 등에 적용됨으로써 우리 사회가 안고 있는 성의 문제를 해결하는 지침으로 활용될 여지가 있다. 특히 포스트모더니즘이 이데올로기 장벽을 극복하고 소통과 문화적 충격을 줄이며, 남녀의 벽을 허무는 데 이바지할 수 있다면 진정한 의미에서 포스트모더니즘 문화의 정체성으로 자리 잡을 수 있을 것이다.

4) 후기 구조주의의 한계

후기 구조주의는 기존 페미니즘 이론이 성차별과 불평등을 인간의 본성과 연결하여 시대가 바뀌고 사회가 변해도 변하지 않는 절대적 특성이 있는 것으로 간주하던 것을 배격하였다. 그리고 성차별 인식은 어디까지나 사회적 담론에 의한 산물이라는 것을 주장하였다는 점에서 남녀 관계를 보는 새로운 사색의 길을 열어 놓았고, 이론이 지니는 현대적 의의는 자못 크다고 할 수 있다. 그러나 후기 구조주의는 남녀가 어떻게 조화롭고 평등하게 공존할 수 있는 새로운 사회를 건설해 낼 것인가에 대한 물음에 대해서는 방향을 제시하지 못한 한계를 지니고 있다.

5. 페미니즘의 미래 방향

성차별과 성불평등 문제를 해결하기 위해 여성학은 수 세기에 걸쳐 자유주의, 마르크스주의, 급진주의, 사회주의, 후기 구조주의 등 다양한 패러다임으로 발전해 왔다. 그러나 이러한 패러다임도 사회적 격동기와 변화를 거치면서 시대 상황에 부합하지 못한 측면이 있고 그로 인해 새로운 패러다임이 필요하다는 인식을 낳고 있다. 이러한 필요에 부합되는 개념은 생태 페미니즘 또는 에코 페미니즘이 토대가 되어야 한다.

우리 사회에서 생태주의 대한 인식은 벌써 있었고 다양한 단체에서 실질적으로 많은 활동을 해오고 있다. 생태환경에 대한 인식이 본격적으로 대두되기 시작한 시기는 90년대 초부터이다. 이 시기에 여성운동의 목표는 뚜렷하지 않았고 구체적 대안 없이 침체된 기운을 나타내기 시작한 측면이 강하다. 그렇다고 여성학만이 생태주의 문제를 다룬 것은 아니고 또 그 중심에 있었던 것도 아니지만 여성운동의 구체적인 목표가 되기에 충분했다.

오늘날 우리 사회에서 생태문제가 인간 행위의 자기모순에 기인한 것으로 본 생태주의 사상은 인간 행복의 실현을 위해 자연의 이치와 그 속에 있는 질서 의식을 강조하는데, 이러한 사상적 배경은 평등 이념과 부합된다. 자연 이치가 강조되는 것은 인간은 본능적으로 자연과 닮아 있으므로 그러한 자연과 일체가 될 때 행복하고 건강한 삶을 살 수 있다는 인식에서 비롯된다. 또한 새로운 세기를 맞이하여 기술적 유토피아가 가지는 한계를 인식하면서 생태학적 사고를 바탕으로 자연과 인간의 관계를 지속시키고 양자를 통합하는 일원적 사고의 확립과 생태학적 유토피아에 대한 필요성이 증대되고 있다.

생태주의는 아나키즘과 밀접한 관계가 있고 아나키즘 사상의 본질은 자연이다. 자연이라는 균형과 조화의 원리에 따라 국가가 강제로 만든 법보다 우수한 정의의 원리, 즉 우주의 자연적인 질서에 본래부터 갖추어져 있는 평등과 공명의 원리가 실재하고 있다는 믿음을 반영한다. 따라서 권위에 대해 부정적이고 상호평등을 추구한다는 측면에서 여성학의 미래의 패러다임과 부합한다.[14] 자연적 구성이 정의롭고 바람직한 사회이므로 자연에 대한 이해와 믿음이 전제된 것이 바로 자연적 성장체이며 그 속에서 인간은 진정 행복할 수 있다는 것이다. 국가나 조직이 자연법사상을 인지하지 못하고 적용할 경우 심각한 한계에 부딪히게 될 것으로 보고 있다.

아나키즘 사상의 근원은 동서양 모두에서 찾아볼 수 있다. 데카르트(Descartes), 칸트(Kant), 헤겔(Hegel) 등이 추구했던 모더니즘은 근대의 핵심 규준인 합리성, 이성, 문명 등을 비판하고 거부하는 포스트모던 형식으로 변혁되었다. 문명을 비판하고 거부하는 이들 사상의 근간에는 자연적 성장체에 대한 개념이 내포되어 있다. 한편 크로포트킨(Kropotkin)[15]과 머레이 북친(Murray Bookchin) 사상은 생태 아나키즘에서 제도적 비판을 통한 이상사회를 추구하였다.

머레이 북친(Murray Bookchin)[16]은 아나키즘이 추구하는 자연론적 사회관을 담고 있는 사회생태론을 정립하고 사회 공동체 문제는 생태학적 차원에서 논의해야 비로소 바른 해결책을 찾을 수 있다는 점을 역설하였다. 이런 역설을 한 이유는 자본주의 체제가 초래한 모순과 소외 그리고 대립이 뿌리박고 있는 현대 사회는 생태적 원리나 가치에 의해 움직이는 사회가 아니라고 인식했기 때문이다.

---

14) 구승회(1998). 생태주의 이데올로기와 에코아나키즘. 오늘의 문예비평, 31호.

15) Kropotkin, P. A.(1993). Modern Science and Anarchism(현대 과학과 아나키즘. 하기락 역). 부산 : 도서출판 신명.

16) Murray, B(1997). The Philosophy of Social Ecology(사회생태론의 철학. 문순홍 역). 서울 : 솔출판사.

이러한 사회를 극복하기 위하여 사회생태론 또는 생태 아나키즘 논리를 적용하여 사회 제도를 변화시켜야 한다. 사회가 생태 아나키즘 논리를 적용할 때 비로소 인간과 자연과의 유기체 관계가 조화를 이루고, 문명 내에 자연이 현존하고 있다는 새로운 통찰력을 획득할 수 있다. 크로포트킨(Kropotkin) 역시 자연법에 따라 사회가 조직되어야 하고, 인간은 본질적으로 태어나면서부터 자연론적 사회관을 바탕으로 자유로움과 사회적 조화 속에서 살 수 있게 되어있다는 것을 주장하고 있다.

권위주의를 거부하고 자연과의 조화와 일치를 지향하는 아나키즘 사상이 여성운동과 여성학 이론에 반영된다면 여성의 불평등한 삶을 극복해 갈 수 있는 대안을 구축할 수 있다. 권위적 요소에 대한 거부와 불평등과 성차별적 요소에 대한 비판의식은 전형적인 생태주의가 지향하는 이념과 부합된다. 이러한 생태주의 본질을 고려할 때 미래 여성학은 자연 속에 내재된 가치와 이념을 추구하고 인간과 자연의 본성을 이해함으로써 양성평등을 지향하고 상호 존중하는 정신으로 이어질 것이다.

생각해 봅시다

(1) 페미니즘이 어떤 과정을 거쳐 이데올로기가 되는지에 대해 설명하시오.

(2) 페미니즘의 다양한 패러다임에서 나타난 인간 본성에 관한 전제를 비교하시오.

(3) 페미니즘의 다양한 패러다임의 공통적 전제는 무엇인지에 대해 논하시오.

(4) 페미니즘이 추구하는 궁극적 목표가 무엇인지에 대해 설명하시오.

(5) 페미니즘에 대한 자신의 대응유형은 무엇인지 말해보시오.

Chapter

3

성역할의 사회화

1. 남성과 여성의 성역할
2. 성역할 사회화
3. 성역할의 구성과 재구성 : 양성성
4. 성역할 형성에 영향을 미치는 요인

Chapter

03 성역할의 사회화

1. 남성과 여성의 성역할

사르트르(Sartre)의 배우자인 보부아르(Beauvoir)는 인류 역사가 시작된 이래, 여성은 남성에게 종속되어 왔다고 하였으며, 여성의 신체적 약점에서 그 이유를 찾았다. 호모 파베르(Homo faber)로서 남성은 생산노동을 하기 위해 과일을 따거나 짐승을 잡는 활동을 하였다. 반면 여성은 출산이라는 생식적 조건으로 인하여 생산노동에 참여하기보다 아이를 낳고 기르는 생식노동을 떠맡게 되고, 따라서 남성의 예속적 존재가 된 것으로 보았다. 인류 태초부터 생물학적 특권을 지닌 남성은 지배적 주체가 될 수 있었으며 문자가 발명될 무렵에는 부권제가 확립되어 있었기 때문에, 남성들이 여성들에게 예속적 지위를 준 것은 당연한 것으로 보았다.[1)]

남성과 여성의 성역할에 대해, 오트너(Ortner)[2)]는 문화라는 개념을 도입하여 설명하였다. 남성은 사회를 통제하는 힘이 있는 반면, 여성은 출산 능력을 가짐으로써 이에 맞설 수 있다. 하지만 여성의 출산력은 자연적 행위인 반면, 남성의 사회통제라는 정치적 힘은 인위적이고 문화적 행위이다.

---

1) 윤선희(2016). 과학 담론의 형성과 변화 : 신경과학에서의 성차 담론을 중심으로. 서울대학교 대학원 박사학위논문.

2) Ortner, S. B.(1974). Is Female to Male as Nature is Culture? In Michelle Zimbalist Rosaldo & Louise Lamphere(Eds), Women, Culture, and Society. Stanford University Press.

즉, 여성의 자연적 힘은 자신의 세대에서 끝나버리는 일회적이고 불연속적인 속성이 있는 데 비하여, 남성의 문화적 행위는 세대를 걸쳐 연속되고 세습되며 힘의 축적이 가능하므로 역사적으로 볼 때 남성과 여성의 지위의 차이가 있을 수밖에 없다는 것이다. 이러한 남성과 여성의 성역할 관점은 러브조이 가설[3]에서도 확인할 수 있다. 러브조이 가설은 미국 켄트 주립대학의 오웬 러브조이(Owen Lovejoy) 교수에 의해 주장된 가설로 인간 여자는 자신의 배란기가 언제인지, 가임기가 언제인지 모르며, 따라서 언제든지 섹스를 할 준비가 되어 있고, 남자는 그 여자와 그 여자가 낳은 아이에게 먹을 것을 계속 가져다주면서 부양하는 모습이 인류의 기원이라는 설명이 러브조이 가설이다. 러브조이 가설에 의하면 결국 남성과 여성은 성별 분업화, 즉 성별에 따라 각자 맡은 역할이 있으며, 여성은 남성에 종속되는 위치에 속하게 되는 것이다.

성에 따른 생물학적 차이는 고정관념을 유발하고, 선천적인 성에 따른 성역할의 규칙을 내재화하게 된다. 특히 성역할 정체감의 발달적 측면에서 볼 때 아동기의 성역할 고정관념은 성역할에 따른 정형화된 행동을 조장하는 강력한 결정인자로 작용하기 때문에 중요하다. 성역할은 어떤 문화 내에서 성에 따라 인정되고 기대되는 행동양식이나 특성 등을 포함하는 행동기준으로 성이 모든 사회적 체계의 근간을 이루고 있다는 점을 고려할 때, 성역할은 개인이 처한 여러 사회역할 중 가장 중심적인 것이 되고, 다른 어떤 사회적 역할보다 더 개인의 외적 행동이나 정서적 반응 등을 통제하는 요인이 된다.[4] 즉, 성에 따른 차이는 고정관념을 유발하고, 성고정관념은 성역할의 내재화에 영향을 미친다. 고정관념은 다양한 정보 가운데서 필요한 정보를 빠르게 분리해 내는 유용성이 있기는 하지만, 사실이나 대

---

3) Lovejoy, O.(1981). The origin of man. Science, 211(4480), 341-350.

4) 김선정(2002). 초등학생의 성역할 고정관념, 성역할 정체감 및 자아존중감의 관계. 충남대학교 교육대학원 석사학위논문.

상을 획일화시키고 단순하게 만들어 버리며, 상이한 집단 간의 차이는 과장하고 동일한 집단 내의 차이들은 최소화시키는 경향이 있다. 또한 고정관념은 편견을 유발하고, 나아가 이러한 편견은 차별적 행위를 도출할 뿐만 아니라, 이를 정당화하는 문제점들이 야기된다. 즉, 남성은 남성답고, 여성은 여성다울 때 조화롭고 가치 있다고 느끼게 되는 것이다.

바칸(Bakan)[5]은 남성성은 행위주체성과 일치하여, 자기보호, 자기주장, 자기확장, 독립성, 지배성 등 개인의 진보와 관련된다고 하였으며, 여성성은 친교성과 일치하여 접촉, 개방성, 결합, 독립성 결여, 비계약적 협동 등 상호관계적 특질로 표현된다고 하였다. 파슨스(Parsons)는 남성성을 도구성이라 하여 목표지향적이며, 목적과 성취에 대한 인지적 측면을 반영한다고 보았으며, 여성성을 표현성이라 하여 지원적이고 감정적인 반응을 포함하여 타인의 복지에 대한 관심과 보살핌에 대해 강조하였다. 조 형[6]은 성에 따라 각기 남성과 여성문화를 만들며, 성에 따라 문화적 양상이 다르게 나타난다고 지적하였다. 구체적으로 남성들의 성문화에 대해서 남성들의 의식세계를 지배하는 자연 · 인간 · 성에 대한 정복욕, 그리고 지배와 복종 · 상과 하 · 승리와 패배 · 흑과 백을 가르는 이분법적이고 위계적인 사고원리를 들 수 있다. 이들은 서로 무관하지 않으며 나아가 남성세계의 치열한 경쟁, 그리고 남성적 기질로 인정되는 업적 중심 성향, 야심, 적극성, 공격성들과도 연결된다. 사회가 보다 경쟁적으로 되어갈수록 이런 문화는 남성들로 하여금 강박관념에 사로잡히게 만드는 것이다. 한편 여성문화는 기본적으로 정복보다는 포용, 이분법적이기보다는 다원적인 사고 원리, 상하수직관계의 원칙보다는 수평적인 연계의 원리를 지닌다. 그리하여 여성은 수용적이고 포용적이며, 남들과 공유하기 좋아하며 남성과는 다른 측면에

---

5) Bakan, D.(1966). The Duality of Human Existence : Isolation and communion in Western man. Boston : Beacon Press

6) 조 형(1988). 지배문화, 남성문화. 서울 : 또 하나의 문화.

대하여 다른 방식의 적극성을 보이고 무엇보다도 폭력을 거부하는 특성이 있다.

무엇이 여성적이고, 무엇이 남성적인가? 앞서 살펴본 많은 학자들은 성에 따른 고유한 차이가 있으며, 이에 따라 성에 따른 고유한 문화를 만들어 낸다고 보고 있다. 이러한 고유한 성문화는 서로 다른 성역할 사회화의 과정을 거쳐, 점차 공고해진다. 성특성에 따른 고정관념을 정리하면 다음 <표 3-1>[7]과 같다.

<표 3-1> 성특성에 관한 고정관념

구 분	좀 더 남성적인 특성	좀 더 여성적인 특성	비변별된 특성
정의적 의미	활동적 강한	수동적 약한	호감성 자유스러움
자아 상태	비판적 부모 성인	양육적 부모 적응적 아동	질서 내부 지각
심리적 욕구	지배성 자율성 공격성 과시 성취 인내심	낮춤 복종 원조(援助) 양육 유친	변화

워렐과 리머(Worell & Remer)[8]는 남성과 여성에 따라 다른 성문화를 생성하며, 이러한 성문화는 성역할 고정관념을 유발하고, 성역할 고정관념에 근거한 규칙과 신념을 유발한다고 하였다. 남성의 성역할 규칙은 다음과 같다.

---

7) 최윤미(1998). 현대청소년심리학. 서울 : 학문사.

8) Worell, J., & Remer, P.(2003). Feminist Perspectives in Therapy : Empowering diverse women(2nd ed.). John Wiley & Sons Inc.

- 남성은 신체적으로 공격적이고 역동적이며 지배적이어야 한다.
- 성행위는 정복으로 간주된다. '아니요'라고 말하는 여성이 진짜로 의미한 것은 '괜찮아'이다.
- 남성은 데이트 비용을 지불해야 하고 여성은 그들에게 성적으로 '갚아야' 한다.
- 남성은 여성을 소유물로 본다.
- 남성은 여성을 성적 대상으로 보아도 된다.
- 남성은 성행위를 주도해야 하고 여성을 차지해야 한다.
- 남성은 우두머리가 되어야 하고 여성은 남성에게 복종해야 한다.

반면, 여성의 성역할 규칙은 다음과 같다.

- 여성은 남성의 성적 행동을 통제할 책임이 있다.
- 여성은 남성에 의해 보호받을 필요가 있다.
- 여성은 친절하고, 부드럽고, 신체적으로 비공격적이어야 한다.
- 여성은 신체적으로 강건해서는 안 된다.
- 여성은 항상 공손하고, 남성에게 의존해야 하며 수동적이어야 한다.
- 좋은 여성은 처녀이다.

2. 성역할 사회화

사회화란 한 개인이 그가 속한 사회나 집단의 양식에 동조해 가는 것으로, 사회적 문화규범을 내면화하고 사회적 역할을 학습하는 과정을 통해 인성을 형성해 가는 과정을 일컫는다. 성역할은 타고난 성으로 인해서 역할이 주어지는 것으로 행위나 태도가 성별에 따라 적절한 것으로 규정된 문화적 요구나 기대치를 의미한다. 자신의 의지에 따라 역할을 선택하는 것이 아니라 태어난 성에 따라 요구되는 사회적 성역할이 있는 것이다. 이러한 성역할을 내면화해 가는 과정이 성역할 사회화이다. 자신의 성에 기대되거나 부합되는 행동을 하면 격려를 받고, 그렇지 않은 경우는 억제나 제지를 받으며 성장한다. 이는 단순히 부모나 아동을 양육하는 사람들뿐만 아니라, 동년배와 그리고 사회적 환경에서 성장하는 가운데 지속적인 강화와 처벌을 통해 더욱 강화된다. 즉, 성역할은 사회화의 과정을 통해서 습득하게 되며, 이러한 사회화 과정은 인간의 성장과정에서 매우 중요하다. 성역할 사회화는 자신의 성에 대한 정체감을 확보하게 되는 것을 의미하며, 나아가 사회가 가지고 있는 혹은 요구하는 필요한 성역할을 학습하는 과정을 말한다.

성역할의 사회화 과정에 대해 사회생물학적 이론, 정신분석학적 이론, 사회학습이론 그리고 인지발달 이론 등을 통해서 이해할 수 있다. 각각의 이론에 기반하여 성역할 사회화의 과정을 살펴보면 다음과 같다.

1) 사회생물학적 이론

사회생물학은 생물과학에 체계적 틀을 만든 다윈의 진화이론의 연장으로, 하버드의 곤충학 권위자인 윌슨(Wilson)에 의해 발달되었다. 사회생물학적 접근에 따르면 남성과 여성 간에 나타나는 성격구조, 행동, 그 밖의 여러 측면들의 차이는 남성과 여성이 생물학적으로 다르기 때문에 지극히 당연한 결과라고 본다. 따라서 남성과 여성은 유전과 생물학적 차이에 의해 남성적 특성과 여성적 특성이 부여되며, 각자의 성에 맞는 역할에 머무르는 것이 당연하다고 보는 것이다. 즉, 여성이 수동적이고 의존적이며 감성적인 특성을 보이는 것과 남성이 적극적이며 공격적이고 이성적인 특성을 보이는 것은 그렇게 태어났기 때문이라고 보는 것이다. 따라서 생물학적 접근에 따르면 인간사회에서 남성 중심의 지배, 성에 대한 남녀의 이중적 기준, 모성적 행동 등은 모두 생물학적 특성에 근원이 있다고 본다. 다윈(Darwin)이 종의 기원에서 종들이 오늘날 그와 같은 방식으로 살아가는 것 혹은 종들의 유사점과 차이점에 대해서 자연의 선택법칙을 가지고 설명하였듯이 오늘날 인간의 행태는 생물학적 특성에 기반한 환경에 대한 적응전략으로서 진화했다고 보는 것이다.

캐롤과 캐롤(Carol & Carol)[9]은 사회생물학적 접근에 따르면 오늘날 불륜에 대한 이중적 기준 역시 설명이 가능하다고 보았다. 불륜은 역사적으로 남성에게는 다소 관대하지만, 여성에게는 엄격하게 적용되어 왔다. 이에 대해 사회생물학자인 피셔(Fisher)는 양성의 재생산능력의 차이로 보고 있다. 한 명의 남성은 생물학적 능력이 있을 때는 수많은 여성과의 만남을 통해 수백 혹은 수천 명의 자손을 남길 수 있다. 그러나 여성의 경우 한 달에 한 번만 성숙한 난자를 생산하며 또한 아홉 달간의 임신기간 그리고 양육 기간 등으로 인하여 제한적인 자손의 생산능력을 갖게 된다. 여성의 경우 남성처럼 수백 명 혹은 수천 명의 자손을 남길 수가 없기 때문에 귀중한 난자를 낭비하고 싶지 않으며, 따라서 성파트너로 누구를 선택할지 심사숙고하는 것은 당연하다. 따라서 상대적으로 남성의 경우 성행동에 대해서 생물학적으로 자유로울 수밖에 없다. 그뿐만 아니라 여성은 자신이 낳은 자녀의 확실한 어머니라 할 수 있으나, 상대적으로 남성은 절대적으로 확신할 수 없다. 따라서 일탈하여 자신의 유전자를 보존하고자 하는 유혹을 받을 수 있으며, 따라서 남성의 불륜이 여성보다 더 자연스럽게 보인다는 것이다. 그러나 생물학적 접근은 사회화를 강조하는 이론에 의해 설득력이 점차 퇴색하고 있으나, 젠더 형성에 있어 생물학적 요인은 무시할 수 없으며, 인간행동이 생물학적으로 상당 부분 영향을 받고 있음을 보여주는 연구 역시 적지 않게 존재한다.[10]

---

9) Carol, T. & Carol, W.(1984). The Longest War : Sex differences in perspective. Harcourt Brace and Company. CA : San Diego.

10) 박귀영 · 김정옥 · 백경숙 · 유가효 · 조희금 · 홍계옥 · 홍상욱(2014). 가족과 젠더. 경기 : 양서원.

2) 정신분석학적 이론

프로이드(Freud)는 정신분석학의 창시자로서, 남녀 간의 성역할 사회화에 대해 정신분석학적 접근을 제시하고 있다. 사실 정신분석학적 접근을 취하고 있으나 프로이드는 자연과학자로서 남녀 간의 성역할에 대해서 상당히 생물학적 특성에 기반을 둔 설명을 하고 있다. 즉, 생물학적 접근은 프로이드(Freud)의 정신분석학 이론에 의해 좀 더 체계화되었다. 프로이드(Freud)는 남성과 여성은 신체적 구조 및 재생산 기능 등에 근본적인 차이가 있으며, 이러한 신체적·해부학적 차이는 성격형성과 사회적 역할에까지 영향을 끼친다고 주장하였다.[11] 즉, '생물학적 특성은 운명이다(Anatomy is destiny)'라는 나폴레옹(Napoléon)의 말을 인용한 것이다. 프로이드(Freud)[12]는 생물학적 바탕에 근거하여 여성의 난자는 정자에 의해 세포막이 파열되는 상처의 경험으로 인하여 여성은 근원적으로 피학적 성격을 갖게 된다고 설명하였다. 그뿐만 아니라 생물학적으로 남자아이는 페니스를 가진 반면 여자아이는 그렇지 못하다는 사실은 근본적으로 남근기의 콤플렉스를 해결하는 방식에 영향을 준다. 또한 여자아이는 자신을 비롯하여, 자신과 유사한 모든 사람들을 거세당한 열등한 사람으로 생각하며 따라서 남근을 선망한다고 보고 있으며, 이는 남성 우월의 가설에 기초하였다는 이유로 페미니스트들로부터 많은 비판을 받고 있다. 이러한 이유로 인하여 피그즈(Figes)는 정신분석학적 접근을 여성의 노예화에 주요 무기가 되었다고 하였으며, 남성지향적 사회를 영속화시키고 오늘날 서구 사회에서 인간으로서 여성들의 자유로운 발달을 저해하는 데 기여한 모든 요인들 중에서 정신분석학의 출현을 가장 심각한 것으로 평가하였다. 또한 메다와(Medawar)는 정신분석 이론을 20세기의 가장 엄청난 지적 신용사기(confidence trick)라고 불렀

11) 정영숙·박충선(2014). 성과 사회. 경북 : 대구대학교출판부.
12) Freud. S.(1905). Three Contributions to the Theory of Sex(성욕에 관한 세 편의 에세이, 김정일 역). 서울 : 열린책들.

다.13)

그러나 정신분석학은 가부장적인 사회를 추천하는 것이 아니라 그것을 분석하는 것으로, 오늘날까지도 성역할 및 인간의 이해에 대해 지대한 영향을 미치고 있다. 구체적으로 성역할 습득과 관련하여 프로이드는 동일시 과정을 통해 형성된다고 주장한다. 동일시(identification)는 사고나 행동의 양상에 있어서 어떤 대상 혹은 사람과 같이 되려는 행동, 생각, 느낌의 과정을 말하며, 아동의 경우 부모와의 상호작용에서 아버지나 어머니를 통한 대리경험 과정에서 자아를 형성한다. 즉, 아동이 동성의 부모를 동일시함으로써 성에 적합한 행동을 배우게 되는 것이다.

프로이드(Freud)는 심리학적 발달단계를 제시하였으며, 단계의 순서는 불변하다고 보았다. 구체적으로 성적 쾌락이 입에 집중되어 있는 구강기에서, 쾌락이 항문 주변으로 이동하는 항문기, 그리고 성기로 넘어오는 남근기, 그리고 잠시 소강상태인 잠복기, 그리고 성적 기능을 활용하는 생식기로 발달한다고 보았다. 성역할의 발달은 이 중 남근기와 밀접한 관련을 가진다.

영아기의 아동은 성별에 관계없이 모두 어머니와의 의존적 동일시를 경험하지만, 약 4세 정도에 이르러 남근기가 되면 여아와 남아의 동일시 과정이 달라지기 시작한다. 남근기에 남아들은 아버지와 경쟁의식을 느끼면서, 어머니에게 강한 애착을 느껴 독점하려고 하고, 아버지를 제거하고 싶은 대상, 경쟁상대로 본다. 그러나 성장하면서 거세불안의 공포로 인해 어머니에 대한 욕망을 억압하고, 자신의 성과 같은 부모와 동일시한다. 즉, 아들의 경우는 오이디푸스 콤플렉스(Oedipus complex)와 거세불안이 생겨 이것에서 벗어나기 위해 아버지에 대한 선망과 동일시과정이 형성된다고 보는 것이다. 반면 여아들은 남아들과 비교하여 남근이 없고 자신은 이미

13) Tavris, C. & Wade, C.(1977). The Longest War. Sex Diffence in Perspective(성과 사회. 박민자 역). 서울 : 경문사.

거세당했기 때문에 자신이 실패했다고 지각하며, 자신에게 잘못된 일이기 때문에 열등감의 근거로 느낀다는 것이다. 즉, 딸의 경우는 여성의 해부학적인 특징과 남근선망(penis envy) 때문에 열등감으로 인한 여성 특유의 심리적인 특성을 형성하게 된다고 본다. 즉, 남아는 거세불안을 감소시키기 위해 방어적으로 아버지와 동일시하게 되며, 여아는 어머니의 사랑을 잃어버리지 않을까 하는 두려움에서 의존적 동일시를 하게 되는 것이다. 프로이드(Freud)는 남근선망의 결과를 다음과 같이 기술하였다. 첫째, 여자들은 아버지의 권위와 양심에 통합하려는 동기가 적기 때문에 남자보다 약한 초자아를 갖는다. 둘째, 여자들은 남자보다 열등하다고 느끼고, 다른 여자를 경멸한다. 셋째, 여자들은 자학성, 수동성, 허영심, 질투심이 특징인 인성을 발달시킨다. 넷째, 여자들은 음핵 자위에서 얻는 유아적 만족을 포기하는 것과 질성교를 통해 얻는 성인적 만족을 위해 준비하는 것을 배운다.

그러나 이러한 정신분석학적 접근에 대해 밀러(Miller, 1976)는 "여성들은 자기들한테 없는 뭔가를 남자들이 가진 것처럼 느낀다. 그리고 그들은 뭔가 가졌다"고 하였다. 그러나 그 뭔가는 남근이 아니라 힘과 현실세계에서 경험이며 기회를 의미한다. 오늘날 모든 문화권의 여성들이 자기희생과 착취의 고통 속에서 쾌감을 추구하는가? 전혀 그렇지 않다. 즉, 정신분석학적 입장은 과도한 남성 위주의 설명을 하고 있다.

3) 사회학습이론

정신분석학적 이론에 근거를 둔 추상적인 동일시 이론에 거부감을 가졌던 학자들은 관찰 가능한 행동을 연구하기 시작하였다. 특히 정신분석학의 관점은 문화 한정적이고, 서구 가부장제의 사회의 편견을 반영한 것에 지나지 않으며, 또한 동일시 이론이 무의식적 학습이라는 논리에 근거한다는 것을 검증이나 증명할 수 없다고 본 것이다. 이러한 시점에 왓슨(Watson)이 주장한 행동주의 개념은 많은 사람들의 관심을 모으게 되었고, 스키너(Skinner)에 의해 더욱 발전되었다. 행동주의는 인간의 사회적 행동은 환경이라는 자극에 의해 민감한 반응을 보이며, 인간이 특정 행동을 학습하는 것은 환경으로부터 지속적인 강화를 받기 때문이라고 본다.[14)]

사회학습이론(social learning theory)에 의하면, 행동은 결과에 의해 조정된다는 것이다. 즉, 성역할과 관련된 행동은 내적 동기보다는 외적, 환경적 요인에 의해 통제되며, 특정 상황에 적합한 행동이 보상을 받으면 지속되고, 부적합한 행동은 처벌을 받음으로써 중지된다는 것이다. 또한 아동들은 부모와 같은 실제 모델 이외에도 이야기나 소설 그리고 TV와 같은 매체 등의 상징모델의 행동관찰을 통해서도 성별에 적절한 행동을 구별하여 배운다. 남아나 여아가 자신에게 적합한 성 행동을 하면 부모나 주변 사람들은 칭찬과 격려를 하는 등 긍정적인 보상을 주지만, 그렇지 않을 경우에는 벌을 준다.[15)] 따라서 보상을 받고 처벌을 피하기 위하여, 아이들은 자라면서 같은 성의 모델을 모방하면서 배웠던 것을 행하는 것이다.

성역할 이론은 정신분석－동일시 이론과 비교하여, 정신분석－동일시 이론과 같이 성역할을 불변적인 것으로 보고 있지 않으며, 외부 조건에 의해 변할 수 있다고 본다. 또한 성역할 행동은 동성 부모에 의한 영향이 중요하지만, 이는 학습의 경험적 산물이기 때문에, 동성 부모와의 동일시가 없더라도 성역할을 학습할 수 있다고 본다.

4) 인지발달이론

인지발달이론은 스위스의 심리학자 피아제(Piaget)의 연구에서 출발하였다. 피아제의 이론에 의하면, 인간은 단순히 외부 자극에 대한 반응자 또는

---

14) 정영숙・박충선(2014). 성과 사회. 경북 : 대구대학교출판부.

15) Frieze, I.(1978). Women and Sex Roles. New York : N. W. Norton.

무의식적인 동기를 지닌 존재가 아니며 성장해 감에 따라 자신의 세계를 능동적으로 구축해 나갈 수 있다고 본다.[16] 즉, 정신분석이론이나 사회학습이론은 아동들이 성역할을 습득하는 과정을 무의식적이고 수동적이라고 보는 반면에, 인지발달이론은 보다 적극적인 과정으로 보고 있다. 따라서 인지발달이론은 사회적 영향을 수동적으로 받아들임으로써 성역할 행동을 단순히 획득하는 것이 아니라 유아 자신의 성에 적합한 지식들을 적극적으로 구성함으로써 발달이 이루어지는 것으로 설명한다.

피아제(Piaget)의 인지발달이론을 처음으로 성역할 사회화에 적용한 사람은 콜버그(Kohlberg)이다. 콜버그(Kohlberg)[17]는 성역할의 사회화는 아동의 인지적 판단의 발달 정도에 의하여 이루어진다고 보았다. 아동은 일정한 연령에 도달하면 인지 능력이 발달되고, 자신의 성을 인지적으로 구별할 수 있게 되어 성정체감이 형성된다. 아동은 2~3세 정도가 되면 자신의 성별을 알고, 다른 사람들도 여성과 남성으로 구분 짓기 시작한다. 이후 성은 변하지 않는다는 것을 알게 되고, 성정체감에 근거하여 앞으로 얻게 되는 정보를 조직화하여 적절한 성역할과 행동을 습득한다. 다만 이러한 성 정체감이나 구분은 정신분석에서 주장하는 성기 구조상의 차이보다는 신체적인 외형, 머리모양, 옷차림 등의 차이가 더 분명하게 구분된다. 형성된 성별에 대한 개념을 기초로 남성적인 것과 여성적인 것으로 나누게 된다. 아동의 인지적 판단은 2~3세 정도에서 시작되어 6~7세에 완성된다. 6~7세에 이르면, 성별의 정체감을 명확히 나타내고, 성에 적절한 행동을 선택하고 동성의 친구를 구하여 놀려고 하며 상이한 성역할에 대해 이해하게 된다.

---

16) McLeod, S. A.(2009). Jean Piaget : Cognitive Theory–Simply Psychology. Retrieved from http://www.simplypsychology.org/piaget.html

17) Kohberg, L. A.(1966). A Cognitive–Developemtnal Analysis of Children's Sex–role Concpets and Attitudes. In E. E. Maccoby(Ed.), The Development of Sex Differences. Calif : Stanford Univ. Press.

인지적 발달이론은 아동의 성역할 형성과정을 동일시현상이나 사회 문화적인 차이로 보지 않고, 경험을 통한 인지발달의 결과로 본다. 콜버그는 성역할 획득과정을 다음과 같이 단계적으로 제시하였다.[18] 첫째, 성정체감(gender identity)이 생성된다. 즉, 2~3세가 되면, 아동은 자신의 성별을 알게 되고 주변 사람들도 남성 아니면 여성으로 구분하기 시작한다. 차츰 자신의 성은 평생 동안 변하지 않는다는 사실도 깨닫게 되면서 남성과 여성을 구분하여 각각의 성에 적절한 정보를 수집하고 고정관념에 근거한 자신의 성정체감을 굳혀간다. 아동의 성정체감이 안정이 되면, 부모, 주변 사람, 대중매체 등을 통하여 나름대로의 성고정관념이 형성되게 된다. 무엇이 여성적이고, 무엇이 남성적인가에 대한 인지가 이루어지면서, 이러한 인지는 아동이 다양한 행동과 태도와 관련된 가치체계를 발달시켜 자신의 성과 같은 어떤 개인의 행동을 모델화하기 시작한다.

둘째, 성 안정성(gender stability)이 형성된다. 성 안정성이 형성된다는 것은 자신의 성이 일생을 두고 바뀌지 않는다는 것, 남아는 남성이 되고, 여성이 되지 않는다는 것을 이해하는 것이다. 즉, 아동은 자신을 포함한 사람들의 겉모양에 있어서 변형이 일어난다 해도, 예를 들어 남자가 머리를 여자처럼 했다 해도 성별은 바뀌지 않는다는 것을 이해한다. 이는 아동의 보존개념 발달과 더불어 형성된다.

셋째, 성역할의 선호성(gender preference)이 발달한다. 성역할 획득을 완성시키기 위하여 아동은 자신의 성과 관련된 성역할의 선호성을 발달시킨다. 성역할 선호성이 발달하면 자신의 성과 일치되는 성 관련 태도와 행동에 더 많은 가치를 부여하고 훌륭하고 좋은 것으로 평가하는 반면, 자신의 성과 다른 성과 관련된 행동은 부적합한 것으로 평가하고, 기피한다. 콜버그는 이러한 차별적 가치의 부여는 아동의 인지체계의 한 특징인 자아중심적 사고로 인한 것으로 설명한다. 자아중심성은 전조작기 아동의 인지적

18) 정영숙 · 박충선(2014). 성과 사회. 경북 : 대구대학교출판부.

특성으로, 세상을 자기를 중심으로 이해하고 평가하는 것이다. 이를 성역할 습득에 적용하여, 자신의 성이 기준이고 좋은 것인 반면 반대 성은 좋지 않은 것이라고 보는 것이다.

넷째, 성역할 동일시이다. 아동은 자신의 성역할 정체감을 공유하고 있는 자신의 동성 부모나 다른 동성 성인과 가까워지고 싶은 소망이나 그런 사람이 되고 싶은 소망에 의해 동일시가 이루어지며, 그 결과로서 동일시 대상의 행동과 역할을 모방하게 된다.

3. 성역할의 구성과 재구성 : 양성성

오늘날 남성과 여성으로 뚜렷이 구분하는 일은 점차 감소하고 있다. 생물학적인 구분마저도 간성(間性, intersex)이 사회적으로 부각되면서, 남성과 여성의 이분화된 시스템은 더 이상 적합하지 않다고 여겨지고 있다. 사회적 성역할은 성중립(gender neutral)을 넘어 성 없는(gender free) 사회로 나아가고 있다. 실제 연극무대에서는 남녀 간의 성역할 경계를 허문 젠더프리 캐스팅으로 새로운 바람이 불고 있다. 많은 연구자들은 남성성과 여성성으로 구분되는 전통적인 성역할은 더 이상 적합하지 않다고 지적하고 있으며, 남성성과 여성성이 단일 차원의 양극을 표현한다는 전통적인 가설에 논란을 제기하고 있다.

융(Jung)[19]은 '인간은 본질적으로 양성적 존재'라고 주장하였다. 외면적인 모습은 우리의 의식 속에 있지만, 무의식 속에는 표현되지 못한 우리의 모습들이 잠재되어 있다. 그리하여 여성의 집단무의식 속에는 남성적인 영혼 아니무스(animus)가 잠재되어 있고, 남성의 집단무의식 속에 여성적 영혼 아니마(anima)가 잠재되어 있다. 융은 개성화의 상징으로, 남성과 여성

---

19) Jung, C. G.(1971) Psychological Types. London : Routledge& Kegan Paul.

이 한 몸에 있는 양성구유자를 이야기하기도 하였다. 다시 말하면, 융은 모든 인간에게 양성적 성격이 존재하며, 궁극적으로 대극의 통합, 남성적이고 기능적인 '아니무스'와 여성적이고 친화적인 '아니마'가 균형을 이룰 때 원만한 성장과 발전이 이루어진다고 본다. 따라서 남성은 여성적 성격을, 여성은 남성적 성격을 표현해야 한다는 것이다. 헤이브룬(Heibrun)은 서구의 문학과 신화 속에서는 인간을 남성과 여성의 가장 우수한 특성을 종합한 것으로 정의하는 전통이 오랫동안 고수되어 왔다고 한다. 이처럼 양성성은 낯설거나 새로운 존재나 모습은 아니라 할 수 있다.

벰(Bem)[20]은 '양성성(androgyne)'이라는 개념을 도입하였는데, 이는 그리스어로 남성을 의미하는 'andro'와 여성을 의미하는 'gyn'이 합쳐진 용어이다. 양성성은 성역할에 대한 새로운 모형으로 한 개인 속에 남성적 특성과 여성적 특성이 공존하고 있다는 의미이다. 벰(Bem)은 매우 성적으로 정형화된 사람의 경우 자신의 성과 일치된 반응을 요구하는 상황에서는 효율적인 행동을 보일 수 있지만, 반대 유형의 반응을 요구하는 상황에서는 행동의 제약을 받을 것이라고 주장하였다. 그러나 양성적인 사람은 기존의 성 고정관념적인 사람보다 상황에 따라 효과적인 행동을 선택하기 때문에, 성역할 적응력이 훨씬 높다. 즉, 인간은 양성적 역할을 자유롭게 상황에 따라 선택할 수 있을 때 가장 창조적이고 융통성을 발휘할 수 있으며 궁극적으로 통합된 인간성으로 지향할 수 있다. 벰(Bem)의 연구결과에 의하면, 양성적 특성을 지닌 사람은 자아존중감이 높고 여성적인 미분화된 특성을 지닌 사람은 자아존중감이 낮은 것으로 나타났다. 또한 양성적인 사람이 도덕성 발달과 자아 발달이 가장 높은 것으로 보고되기도 하였다.[21]

---

20) Bem, S.(1974). The measurement of psychological androgyny. Journal of Consulting and Clinical Psychology, 42(2), 155－162.

21) Block, J.(1973). Conceptions of Sex Roles : Some Cross－cultural and Longitudinal Perspective. American Psychologist, 28, 512－526.

기존의 성역할 개념모델은 남성성과 여성성을 반대인 것으로 가정하였다. 즉, 남성성－여성성 척도들은 하나의 차원 속에서 남성성과 여성성을 양극단으로 표시하였다. 그러므로 남성성이 높은 사람은 자동적으로 여성성은 낮게 나타나고, 여성성이 높은 사람은 남성성이 낮을 수밖에 없었다. 또한 양성성은 남성성이나 여성성이 미분화, 덜 발달된 상태로 보았으나, 최근에 양성성을 강조하는 척도들은 남성성－여성성을 각각의 다른 차원으로 두고, 남성성이 높거나 낮은 사람, 여성성이 높거나 낮은 사람으로 분류하였다. 따라서 남성성이 높고, 여성성이 높은 양성성의 특성을 가진 사람, 남성성이 높고 여성성이 낮은 사람, 여성성이 높고 남성성이 낮은 사람, 그리고 남성성이나 여성성이 둘다 낮은, 미분화된 사람 등으로 분류될 수 있다.

4. 성역할 형성에 영향을 미치는 요인

성역할의 형성과 발달이 본성에 의한 것인가 아니면 양육의 결과인가에 대한 논쟁은 쉽게 해결되기는 어렵다. 그러나 최근 성역할이 양육이나 교육의 영향에 의해 좌우된다는 주장들이 부각되고 있다. 즉, 양성 간의 성격, 태도, 행동에 있어서의 차이는 환경과의 상호작용을 통한 사회생활 속에서 후천적으로 형성되며, 여성과 남성에게 주어지는 역할도 역시 사회화 과정을 통하여 이루어진다는 것이다.

성역할이라는 용어에서 '성'이라는 개념은 생물학적 성과 사회적 성으로 구분된다. 즉, 생물학적 성(sex)은 유전적이고, 선천적인 신체적 성정체감을 의미하는 것이라면, 사회적 성(gender)은 사회 심리적으로 학습된 행동과 역할을 수행하는 후천적으로 획득하는 사회적 성정체감으로 보아야 할 것이다. 여기서 성역할이란 사회적 성정체감을 뜻하는 개념으로, '여성다움' 혹은 '남성다움'에 대한 규범적 혹은 문화적 역할로 정의할 수 있다. 따라서 생물학적으로 여성 혹은 남성으로 태어났다는 사실만으로 어떤 특정한 역할을 수행하는 것이 아니라, 개인이 처하는 환경 속에서 그 사회가 요구하는 관습, 규범 등을 내면화시켜서 행동으로 연결된다는 점에서 성역할은 태어나서 성장하며 생활해 나가는 사회화과정에서 형성되고 강화된다.

성역할의 사회화는 특히 여성이나 남성에게 사회적으로 요구되는 적절한 행동이나 규범은 칭찬을 하고, 그렇지 못한 행동들에는 제재를 가함으로써 보다 효과적으로 형성되어 간다. 또한 사회화의 경험은 여성이나 남성에게 보편적인 성역할 행동을 수용하도록 유도하고, 일탈자는 처벌을 함으로써 세대를 통하여 획일적이고 대중적인 성역할 규범과 가치관을 지속시켜 나간다. 성역할 사회화에 영향을 미치는 요소들을 살펴보면 다음과 같다.

(1) 가족

가정은 인간의 일차적인 사회화가 이루어지는 핵심장소이면서, 가정 내의 가족관계를 통해서 성역할의 사회화가 이루어진다. 따라서 가정은 초기 사회화의 중요한 변수이며, 특히 부모의 역할이 중요하다. 부모는 여아와 남아를 다르게 취급하며, 탄생의 순간부터 쌍둥이라 할지라도 남성과 여성으로 다르게 대접을 받게 된다. 입는 옷의 색깔부터 가지고 노는 장난감까지 성별에 따라 다르게 제공한다. 부모는 남아에게는 파란색을 여아에게는 분홍색을, 남아에게는 트럭이나 로봇을 여아에게는 인형을 준다. 부모는 아들과 딸에 대한 기대치에 따라서 보상과 벌을 적절히 이용하여 아동들이 자신의 성역할을 습득하도록 영향력을 발휘한다. 부모는 아들이 자율적이고, 능동적이며 독립적인 모습을 보일 때 긍정적인 반응을 보이며 때로는 공격적인 행동도 오히려 격려하기도 한다. 반면에 딸들에게는 조용하고 의존적이며 부드럽기를 요구함으로써 부모가 가지고 있는 성에 대한 고정관념을 자연스럽게 전달하여 준다.[22)]

22) 정영숙・박충선(2014). 성과 사회. 경북 : 대구대학교출판부.

부모 외에 형제, 자매 역시 중요하다. 형제자매의 위치가 성역할 학습에 영향을 미치며, 출생순위, 형제자매의 성별과 터울 정도, 형제자매의 수, 형제자매의 관계와 밀접한 관련이 있다. 문혜옥(2000)[23]은 상대적으로 이성보다는 동성을 형이나 언니로 둔 아동의 경우 성역할 발달이 빨리 이루어지며, 누나를 둔 남아의 경우 형을 둔 남아보다 덜 공격적이고, 오빠를 둔 여아의 경우 언니를 둔 여아보다 더 공격적인 경향을 보인다고 하였다. 또한 형제자매 간의 연령차가 적을수록 더 많은 영향을 주는데 이는 친구와 어울리기보다는 형제자매끼리 함께 지내는 경향이 많아지기 때문이라 하였다.

(2) 친구 및 또래집단

성역할 사회화는 아동이 성장함에 따라 친구 및 또래집단에 의하여 더욱 발달된다. 특히 또래집단은 성역할 고정관념의 고착화에 중요한 영향을 미치며, 또한 사춘기의 아이들에게서 그 영향력이 다른 시기보다 더 크게 작용한다. 대부분 청소년기까지 이성친구와의 우정보다는 동성친구와의 우정을 발달시키며, 대개 동성친구들과 또래문화에 몰입하게 된다. 그러나 자신들이 속한 집단의 성역할 기준에 따르지 않는 아이들은 다른 아이들로부터 놀림을 당하기도 하며 또래들로부터 따돌림당하는 위험을 무릅써야 한다. 따라서 아동은 또래집단의 성역할 문화를 따라야 한다는 압력을 또래로부터 받게 되는 것이다. 또한 집단의 성역할 기준을 충족시키더라도 그 수준에 따른 차별을 받게 된다. 예를 들어, 남아들은 축구와 같은 운동을 잘하기를 압력받는데 이를 성공적으로 수행하지 못하면 또래들로부터 비난을 받게 되며, 이는 자신의 자존감 형성에 부정적 영향을 미치게 된다. 즉, 성별에 부합하는 성역할 행동의 수준과 성취도 영향을 미치게 되는 것이다.

---

23) 문혜옥(2000). 성역할 고정관념에 관한 고찰. 서라벌대학 논문집, 18, 205－222.

특히 10대의 사춘기 청소년들은 부모의 영향권에서 벗어나 또래의 인정을 받고자 하는 강력한 욕구를 갖게 되며, 또래집단이 제공하는 성역할에 대한 정보를 수용한다. 특히 한국사회의 경우는 성에 대한 이야기를 공론화하는 것을 금기시하고 있으며, 성과 관련된 지식을 습득하기에 적절한 창구를 갖고 있지 못하다. 따라서 성에 관련된 정보를 또래집단으로부터 습득하게 되고 이는 잘못된 지식이나 편견을 확산시켜서 일탈적 성행동의 원인이 되기도 한다. 물론 이러한 또래 집단의 영향은 사춘기 이후에 감소하는 경향이 있지만 개인의 일생을 통하여 지속되는 것이 일반적이다.

(3) 교육기관 및 교사

학교에서 제공하는 교육 내용이나, 그 내용을 전달하는 교사를 통해서도 성역할의 사회화가 이루어진다. 교육의 평등이나 기회균등이라는 원칙적인 교육이념을 바탕으로 하고 있지만, 학교의 행정조직이나 교과내용, 그리고 교사의 의식과 태도 등을 살펴보면, 여전히 성 고정관념에 근거한 성차별적 요소를 쉽게 발견할 수 있다.[24] 즉, 성역할 고정관념을 유지시키는 중요한 기제 중 하나로 학교 교육과 교사가 기능한다는 것이다. 예를 들면, 역사 속에서 위인은 대부분 남성이며, 여성은 대부분 남편이나 아들을 잘 뒷바라지해 출세시킨 사람으로 한정되어 있는 것을 발견할 수 있다. 또한 과거 기술·가정 교과목은 기술·산업과 가정으로 분류되어 있었으며 남학생에게는 기술·산업을, 여학생에게는 주로 가정을 가르쳤다. 맥도날드(MacDonald)는 성역할 관계의 재생산 과정을 문화적 재생산 이론에 근거하여 분석하면서, 학교는 공식적 교육과정과 잠재적 교육과정을 통해 지배이데올로기를 전달하는 기관으로 여성다움과 남성다움의 정의를 구분하는 코드(code)가 존재하는데, 이 코드는 남성과 여성의 위계적 권력관계를 반영하며, 따라서 성별에 따라 구분되는 문화를 전수함으로써 성별위계관계

24) 정영숙·박충선(2014). 성과 사회. 경북 : 대구대학교출판부.

를 결정한다고 보았다.

그러나 교사의 성역할 고정관념에 대한 인식이나 태도는 학교교육에서의 성차별을 해소하는 데 중요한 변수로 작용할 수 있다. 따라서 교사가 스스로 자신의 교수행위를 점검해 보고, 성에 근거한 차별적 행위를 파악함으로써 성역할 고정관념을 제거할 수 있는 방안을 모색하는 것이 필요하다.

이처럼 학교, 교사 외에도 교과서(교육과정)에서도 성역할 고정화를 강화하는 내용들이 나타나 있기도 하다. 초등학교, 중·고등학교 교과서에 포함된 문학작품에 나타난 주인공들의 직업분포를 살펴보아도, 여성은 직업을 가진 경우가 상대적으로 적고, 직업을 가졌다 할지라도 직종이 매우 제한적이며 전통적 여성역할의 연장선상의 직업이 대부분인 것으로 나타나, 청소년기의 성정체감을 형성하는 과정에서 왜곡된 영향을 미칠 것으로 예상된다.

(4) 대중매체

성역할 습득에 영향을 미치는 매체는 TV, 인터넷 그리고 도서 등 매우 다양하다. 이러한 매체의 영향은 어린이 프로그램에만 한정된 것이 아니라 연속극, 교양, 코미디, 그리고 뉴스 등 프로그램의 유형에 관계없이 남성중심적 경향을 보이고 있으며, 상업광고에서조차도 성 고정관념을 이용하거나 과장한 내용을 볼 수 있다. 그뿐만 아니라 이러한 남성과 여성에 대한 묘사는 양적·질적으로 차이를 보인다. 양적 측면에서 TV 프로그램에 등장한 인물의 수를 조사하여 보면 여성의 수가 남성의 수에 비해 매우 낮은 비율을 차지할 뿐만 아니라, 질적 측면에서 등장인물의 성격과 행동 양식의 경우 여성은 매우 제한적이고 편향적인 것으로 나타난다.

(5) 기타

성역할 사회화에 영향을 미치는 요소는 앞서 제시한 가족, 또래집단, 학교 교육 및 교사, 대중매체 외에도 매우 다양한 요소들이 있다.

대표적으로 종교기관 역시 그렇다. 거의 모든 종교의 경전은 성에 기초한 지위상의 차별을 명시적으로 드러내고 있다. 그러한 교리에 따르는 한 여성은 항상 열등한 존재일 수밖에 없으며, 남성의 부수적 존재가 될 수밖에 없다. 또한 각 종교제도상의 최고의 지위나 종교단체의 장은 대부분 남성으로 구성되어 있다.[25)]

또한 일상생활에서 빈번하게 쓰이는 화폐에서도 성역할 사회화에 영향을 미치는 요소를 발견할 수 있다. 한국은행[26)]은 신사임당을 '조선 중기의 대표적인 여류 예술가', '어진 아내의 소임을 다하고 영재교육에 남다른 성과를 보여준 인물'로 소개하며 5만 원권 지폐의 위인으로 선정하였다. 신사임당은 여성으로서 유일하게 지폐에 명시된 인물이며, 그 이유가 현모양처라는 점에서, 비판적 사고를 발달시킨 아이들은 여성은 현모양처여야 한다는 시각을 내재화할 수 있다는 것이다.

생각해 봅시다

(1) 바람직한 성역할에 대해 논하시오.

(2) 성역할 고정관념을 유발하는 다양한 사회적 현상에 대해 논하시오.

(3) 바람직한 성역할 형성을 위한 개입방안에 대해 논하시오.

---

25) 허혜경 · 박인숙(2010). 사회변동과 성역할. 서울 : 문음사.

26) 한겨레신문(2007. 11. 5). 황당한 한은의 '화폐인물' 선정이유 "어진 아내에 영재교육에 남다른 성과". http://www.hani.co.kr/arti/society/society_general/248209.

Chapter

4

성, 사랑, 결혼

1. 성과 사랑에 대한 이해
2. 성
3. 사 랑
4. 결 혼

Chapter

04 성, 사랑, 결혼

1. 성과 사랑에 대한 이해

남녀, 성인들 간의 사랑은 그 행위로 성이 따라오기 마련이다. 그러나 사랑한다고 해서 반드시 성관계가 포함되는 것은 아니다. 플라토닉(platonic) 사랑이라는 정신적 사랑을 추구하는 유형도 있고, 섹스리스(sexless) 커플들도 있다. 반대로 성관계를 하면 반드시 사랑하는가? 그 역시 반드시 그렇다고 할 수는 없다. 동물들은 번식기라는 특정 시기에만 생식을 위해 교미하는 데 반하여, 남녀, 성인들은 항시적으로 성관계를 할 수 있다. 이는 성관계의 목적이 단순히 생식을 위한 목적 외에도 사랑의 증명과 달성이라는 또 다른 목적을 가지기 때문이다. 이외에도 동물들 간의 짝짓기에서 '사랑'이라는 감정이 전제하는가에 대해서는 다소 논란의 여지가 있겠으나, 반드시 필수적인 조건은 아니라 할 수 있다. 그러나 성인들 간의 성관계에서는 사랑은 중요한 전제 조건이라 할 수 있다.

물론 과거에나 지금이나 사랑이 없는 성관계가 있을 수 있다. 과거 비문명화된 사회에서 성관계는 일종의 트로피와 같은 역할을 했다. 오늘날 원나잇스탠드(속칭 원나잇, 홈런)와 같이 모르는 사람과 하룻밤 성관계를 갖기 위한 행위가 있으며, 상대방의 성적 자기결정권을 무시한 채 자신의 욕정에 따라 강제적으로 행사하는 성폭력, 성매매 등도 있다. 이외에도 사회적으로 용인되지 않는 성관계가 있다. 바로 스와핑(swapping)과 같은 형태가 있다. 특히 성폭력이나 성매매의 경우 법적 처벌을 받지만, 스와핑은 성인들이 자유의사로 합의하였기 때문에 매매춘으로 처벌할 수 없고, 공공장소에서 벌인 일이 아니므로 음란죄에 해당하지도 않으며, 간통죄가 사라져서 이에 대한 법적인 규제방안이 전무하다고 할 수 있다. 그러나 '법은 도덕의 최소한'이라는 말이 있듯이, 법의 범위 내에 있는 행위라 하더라도 반드시 '옳다'거나 '맞다'고 할 수 없다.

사랑과 성관계는 서로 어떠한 관계로 볼 수 있는가? 사랑과 성관계는 분리된 것인가?에 대한 대답 역시 그렇지 않다. 특히 성인들 간의 사랑과 성관계는 불가분의 관계라 할 수 있다. 사랑은 보이지 않는 상대방에 대한 마음을 몸을 통해 드러내는 행위이다. 다만 이러한 관계에 있어서 인격적 교류, 즉 신뢰를 바탕으로 해야만 비로소 완전한 사랑을 맛볼 수 있으며, 이를 진정한 사랑이라 할 수 있다. 성관계는 사랑의 표현적 도구이며 사랑은 성을 활성화시키는 촉진제이다. 사람은 사랑을 통해서 자신의 존재 의미를 발견할 수 있고, 가치 있는 삶을 살아갈 수 있다.

2. 성

1) 성의 개념적 의미

성이란 개념은 생물학적인 차원과 사회문화적 차원의 두 가지를 다 내포한다. 성별구분, 성행위 혹은 성관계는 생물학적인 차원에서 인식한 성(sex)이고, 성역할, 성문화 등은 사회문화적인 차원에서의 성(gender)을 의미한다. 최근에 페미니즘 시각에서 본 성은 이 두 가지 차원을 통합하여 다루고자 하는데 이를 성성 혹은 섹슈얼리티(sexuality)로 표현한다. 즉, 우리의 섹슈얼리티는 개인적 차원을 넘어서 사회문화적으로 구조화된 결과이며 다른 사회규범과 제도와의 유기적 관계를 맺고 있다고 본다. 따라서 섹슈얼리티에 대한 올바른 이해는 남녀 평등적인 시각이 전제되어야만 한다는 것이 페미니즘의 주장이다.

가부장제하의 여성은 성적 노예이며, 강요된 모성애는 또 다른 성적 억압의 형태이기도 하다. 19세기까지도 성생활은 남자의 권리이며 아내에게 있어서는 복종이나 의무로 여겨졌다. 특히 가부장제하의 여성은 성적 존재로서의 여성과 모성애를 가진 어머니로서의 여성을 대립하여 여성으로 하여금 자기희생과 봉사를 요구하면서도 남성들의 성적 욕구를 충족시켜야 한다는 강박관념을 갖게 만든다. 남성은 성적 욕구를 표출하고, 이에 대해서 여성은 자신의 성적 욕구를 드러내기보다는 남성의 성적 욕구에 반응하는 형태로 성행동이 나타나는 것이다. 남성은 자유롭게 성적 쾌락을 누릴 수 있으나, 여성은 출산 외의 목적으로 성을 즐기는 것은 부정한 것으로 취급받는 것이다. 따라서 여성은 대등한 인간으로서 남성을 만나는 것이 아니라 남성의 성적 소유물로 전락하여 성을 통제당하게 된다. 성을 통제하는 것은 그 대상에 대한 무한한 권력을 행사할 수 있는 방법이 되므로, 여성의 성이 남성에 의하여 통제되는 한 여성이 독립적인 자아정체감을 형성하기란 어렵다. 그리하여 여성들은 무의식적으로 자신을 통제하는 남성으로부터 인정을 받기 위하여 성적 매력을 이용하는 전략을 구사한다. 즉, 성은 가장 효과적인 무기라고 인식하게 되면서 스스로 성적 노예의 길을 가는 여성들이 증가하게 된다. 이러한 과정은 때로는 사랑이라는 이름으로 미화되기도 하고, 때로는 모성애라는 이름으로, 그리고 때로는 여성의 미덕으로 포장되어 많은 여성들에게 상품효과를 높인다.

성은 전통적으로 진화론적 관점에서 이해되어 왔다. 성을 통하여 세대를 잇는 유전자를 전수시키기 때문에, 진화론적 이론가들은 성관계가 인간생존에 있어 없어서는 안 되는 필수적인 것으로 이해한다. 성관계는 종을 영속시키는 중요한 메커니즘인 것이다. 특히나 이러한 성관계는 결혼을 하고 나서도 관계를 유지하는 중요한 의례(ritual)로 이해될 수 있다. 성관계를 한다는 것은 성을 소유한다는 것이고, 성을 소유한다는 것은 사랑의 유대와 동일시되는 경향이 있다. 이를 바꾸어 말하면 사랑의 유대는 영원히 상호적으로 성을 소유하는 것과 동일시되는 것이다.

성은 과거에도 지금도 여전히 사회적 관점에서 사회의 존속과 유지에 있어서 가장 중요한 기능 중 하나이며, 개인적 관점에서 생활만족과 행복 추구에 있어 가장 중요한 요소 중 하나라 할 수 있다. 성관계를 포함하여 성생활은 인간의 가장 기본 욕구이며, 성욕구가 결핍 혹은 불만족하게 되면 신체, 정신, 사회적 건강상태의 평형이 깨어지는 결과를 초래한다. 따라서 성관계는 모든 사람의 자연스러운 자기 표현이자 인간생활에 있어서 필수적인 활력소임을 알아야 한다.

2) 성과 관련된 다양한 개념

(1) 성의 요소

뉴턴과 월턴(Newton & Wolton; 박귀영 외, 2014 재인용)[1]은 성의 네 가지 요소를 제시하였다. 성적 정체감(erotic identity), 성적 역할(erotic role), 성적 행위(erotic acts), 그리고 성적 선호(erotic preference)이다.

성적 정체감은 개인이 자신을 성적인 대상으로 어떻게 생각하는가를 말하며, 사회계층, 성적 지향 등 개인의 역사와 문화의 상호관련성에 의해 영향을 받는다. 전통적 시각은 남녀 모두 이성애 정체감을 갖는 것을 당연시하였으나 오늘날에는 다양한 성적 정체감를 인정하고 있는 추세이다. 성적 역할은 파트너와의 성관계 시 어떤 역할을 하고 어떤 행동을 하는가이다. 즉, 성적 역할은 파트너와의 성행위를 어떻게 시작하고 반응하고 지속하는가 등 성적인 관계과정과 상호작용을 말한다. 성별이나, 성적 지향이 반드시 성적 상호작용 동안의 성적 역할과 관련이 있는 것은 아니다. 성적 행위

1) 박귀영 외(2014). 가족과 젠더. 경기 : 양서원.

는 개인의 섹슈얼리티의 내용을 말한다. 성적 행위는 성적인 표현을 어떻게 하는지, 성감대는 어디인지, 성적 자극을 받는 것은 무엇인지, 어떤 특정 장면이 성적 자극물이 되는지 등을 포함한다. 성적 선호는 성행위 파트너가 동성이냐 이성이냐를 말하는데, 이런 의미에서 성적 지향과 비슷하다. 엄밀히 구분하면 성적 선호는 성적 파트너를 선택하고 결정하는 상황과 관련이 있다. 예컨대 어떤 여성이 양성애이지만, 동성애를 옹호하는 정치적 이유 때문에 여성만을 성적 파트너로 선호하여 선택할 수 있다.

(2) 성지식

성지식은 말 그대로 성에 대한 지식 정도를 말한다. 성에 대한 지식은 사회문화적 영향을 많이 받는데, 일반적으로 성을 숨기고, 드러내기 불편해하는 폐쇄적인 사회보다 성을 자유롭게 이야기하고 토론할 수 있는 개방적인 사회에서는 더 많은 성지식을 획득할 가능성이 높다. 성지식은 성에 대한 올바른 이해를 비롯하여 성문제를 예방하고 효과적으로 대처하는 데 도움이 될 뿐만 아니라, 보다 만족스럽고 책임감 있는 성생활을 경험하는 데 중요한 요소이다.

성행동은 성지식과 밀접한 관련이 있기 때문에 성지식의 습득은 매우 중요하다. 성지식 습득의 가장 바람직한 근원은 학교를 통한 현실에 알맞은 체계적인 성교육이지만, 현재 한국사회는 상당히 피상적인 수준의 성교육이 이루어지고 있다. 조영주 외[2]의 연구에 따르면 중학생의 96.4%가 성교육을 받은 적이 있다고 응답하였으나, 성교육 효과는 약간 만족에 가까운 정도의 효과가 있는 것으로 나타났다. 또한 객관적 차원의 평가를 살펴보면 중학생의 경우 전반적인 성지식에 대한 자기평가는 10점 만점 기준에 7.27점, 성 관련 지식 인지에 대한 자기 평가는 5.26점, 실제 지식수준은

---

2) 조영주 · 김동식 · 남궁윤영 · 이혜경(2018). 청소년 성교육 수요조사 연구 : 중학생을 중심으로. 한국여성정책연구원.

3.70점으로 나타나 실제 자신이 성에 대해 알고 있다고 생각하는 것보다 지식수준이 매우 낮아 인식수준과 실제 수준 사이의 간극이 큰 것으로 나타났다.

(3) 성의식

성의식은 성역할, 성역할 규범, 성역할 고정관념, 성역할 선호성, 성역할 동일시, 성역할 정체감, 성유형화, 성역할 태도 등의 개념들로 사용되고 있다. 성행동 규범은 성행동에 대한 사회적 허용성 수준을 의미하며, 성의식은 이러한 성 행동규범에 근거하여 개인이 가지는 성에 대한 허용성 수준을 의미한다.

과거 전통적인 가부장적 사회에서는 여성이 남성보다 성에 대해 소극적이어야 하고 혼전 및 혼외의 성관계를 가져서는 안 된다는 입장이 지배적이었다. 이러한 전통적 성의식에 대한 특성은 대부분의 문화권에서 보편적인 현상이지만, 반드시 그런 것은 아니다. 성의식은 사회와 문화의 발달에 따라서 상당히 융통적인 성격을 나타내고 있으며, 한국사회에서도 개방화의 영향으로 그동안 남녀 간에 적용되었던 성에 대한 이중기준이 감소되고 혼전 성행위를 허용하는 등, 성에 대한 태도가 보다 허용적으로 변화하고 있다.

① 루빈(Rubin)의 여섯 가지 유형

루빈(Rubin)(이문희, 1993 재인용)[3]은 성의식을 여섯 가지로 구분 지어 다음과 같이 제시하고 있다. 첫째, '전통적인 억압적 금욕주의'로서, 성이라는 그 자체를 악하고 더러운 것으로 보아 결혼에 있어서의 성행위도 생산의 목적을 위해서만 쓰여야 한다고 믿는 견해이다. 둘째, '계몽된 금욕주의'로

3) 이문희(1993). 도시 청소년의 성의식 및 성문제와 성교육에 관한 조사 연구 : 성교육 실시의 타당성과 성교육 지도방향 개선의 필요성을 중심으로. 고려대학교 교육대학원 석사학위논문.

서, 금욕을 자기 탐닉에 대한 안정장치로 보아, 자기 통제, 규율, 자기지배 등을 성욕구에 있어서도 강조하는 견해이다. 셋째, '인본주의적 자유주의'로서 대인 간의 관계에 있어서 성의 의미와 의도를 중시하는 일종의 상황윤리라고 볼 수 있으며, 성 그 자체는 나쁘지도 좋지도 않다는 것이다. 넷째, '인본주의적 급진주의'로서 사람에 대한 성의 영향을 강조하면서 모든 젊은이들이 완전한 성적 해방을 가질 수 있도록 사회가 노력해야 한다고 보는 견해이다. 다섯째, '쾌락주의'는 성은 즐거운 것이며, 더 많은 즐거움이 있으며 더 좋은 것이므로 더 많은 성행위를 가지라고 주장하는 견해이다. 여섯째, '무규범주의'로 혼전성교, 혼외정사, 일부일처제나 성의 대한 어떤 규제도 그 이유가 무엇이든 사람에 대해서 해를 끼치고 있거나 잘못을 저지르고 있는 것이라고 생각하는 견해이다.

② 리스(Reiss)의 네 가지 유형

리스(Reiss)[4]는 성의식을 크게 네 가지 유형으로 구분하였다. 첫째, 절제(abstinence)유형으로, 어떤 경우이든 남여 모두 혼전성관계는 절대 안 된다고 생각하는 유형이다. 이러한 절제 기준은 많은 사회에서 공식적인 성규범으로 받아들여지고 있으며, 한국사회에서는 상당히 지배적인 성규범으로 여겨지고 있다. 둘째, 이중규범(double standards)유형으로, 남자는 괜찮지만 여자는 순결을 지켜야 한다는 유형이다. 즉, 남녀 간의 성적 허용성에 차이가 있다는 관점이며, 이러한 이중규범유형은 한국사회에서 묵인되고 있는 기준이라 할 수 있다. 셋째, 애정에 따른 허용성(permissiveness with affection)유형으로, 서로 사랑하거나 결혼할 사이라면 무관하다는 유형이다. 이는 당사자 간의 합의에 기초한 성관계는 개인의 자유선택으로 여겨진다고 보는 관점이다. 넷째, 개방(무절제)성(permissiveness without affection)유형으로, 애정이 없어도 어떤 신체적 충동이 있다면, 성관계를 허용하는

4) Reiss, I. L.(1960). Premarital Sexual Standards in America. New York : The Free Press.

유형이다. 혼전성행위는 성병의 문제나 혼전임신으로 인하여 예기치 않은 결혼이나, 낙태, 혹은 미혼모나 미혼부로 남게 되는 문제를 야기하기 때문에, 혼전성행위는 신중한 고민이 필요하다.

(4) 기타 성행동

① 자위

미국의 경우 남자의 96%, 여자의 75% 이상이 자위 경험이 있는 것으로 알려져 있다. 96%의 남성은 자위를 하고, 나머지 4%는 거짓말쟁이라고 표현하는 학자도 있다. 아주 어린 아이들도 자위를 하며, 심지어 어머니 자궁 안에서도 그런 행위가 관찰되었다는 보고도 있다. 초기의 유태, 기독교문화에서는 자위행위를 부정적으로 보았으며, 그 이유는 성행위는 생식만을 위한 것이라는 믿음 때문이었다. 18세기 스위스 의사인 티소(Tissot)는 거의 모든 병이 자위 때문에 걸리고 정액은 생식을 위해서만 써야 한다는 내용의 책을 내기도 하였다.[5] 서양 중세의 대표적 신학자 토마스 아퀴나스(Thomas Aquinas)는 정액을 허비하는 자위행위야말로 간통보다 더 큰 죄악이라고 매도했다. 이러한 경향은 비단 서양에만 해당하는 것은 아니다.[6] 『동의보감』을 비롯한 동양의 의학서적에서는 남성의 자위 행위를 금지한다. 쓸데없이 사정하면 남성의 정기가 몸 밖으로 빠져나가 결국 양기부족으로 심신이 허약해진다고 봤다. 『소녀경』과 같은 도교 계열의 방중술 책에서는 동침 중에도 특별한 경우가 아니면 사정하지 말라고 충고한다. 심지어 조선 후기 양반가에서는 신혼부부가 동침하는 횟수조차 한 달에 한두 번으로 제한하는 풍습까지 있었다. 남성의 정액은 곧 남성의 생명으로 인식됐기 때문에 함부로 쏟아내서는 절대 안 될 귀물이었다.

---

5) 설현욱 博士의 性아카데미 홈페이지. http://www.sex-academy.com/

6) 중앙일보(2005. 7. 27). [갓 쓴 양반들의 性 담론 ③] 자위행위.
https://news.joins.com/article/2402850

이러한 이유로 자위는 사회적으로 용인되지 않는 불건전한 성행동이라 볼 수 있다. 그러나 서양에서는 기독교회가 자위행위를 본격적으로 금지하기 전인 17세기까지만 해도 의사들이 독신 여성들에게 히스테리를 피하려면 자위행위를 하라고 권고하는 일이 많았다. 또한 오늘날 자위는 치료라는 측면에서 보면 자위훈련은 성기능장애인 조루증, 여성불감증, 심인성 발기부전을 치료하는 중요한 첫 단계라 할 수 있다. 자위중독과 같은 병리적 수준의 자위행위가 아니라면, 적절한 자위는 성숙의 한 단계로서 건강한 성적 환상의 기초를 이루고, 성적 인식을 키워 건전한 결혼생활을 유지하게 하는 기본적인 힘이 될 수 있다.

그럼에도 불구하고 여성의 자위는 상대적으로 드러내기 어려운 부분이다. 이러한 현실을 꼬집기 위해 김예지 감독[7])은 여성자위에 대한 영화 <자밍아웃>을 만들기도 하였다. 김예지 감독은 여성의 섹슈얼리티에 대해 말하지 않는 사회에서 여성의 자위는 숨겨야 할 대상이라고 이야기 하며, 분명히 존재하는데 우리 사회에서 인정받지 못하는 '여성의 자위'에 대한 내용을 다루고 싶었다고 이야기하였다. 여성의 자위가 인정받지 못하면서 자위를 하는 나 자신도 인정받지 못하는 느낌이기 때문에, 어렸을 때 자위하다가 들키거나, 혼나거나, 죄책감을 가졌던 사람이 있다면, 그 기억에서 벗어나서 내 몸의 즐거움을 충분히 누리고 살았으면 좋겠다고 영화의 제작동기를 설명하였다.

② **혼전성관계**(premarital sex)

성관계는 성적 성숙의 결과로 나타나는 성적 표현이지만, 단순한 성적성숙이 이루어졌다고 사회적으로 용인되지는 않는다. 사회문화적 특성에 따

---

7) 이은솔(2017. 12. 17). 할머니도 했고 나도 했다, '여성 자위'가 어때서? [아는 페미 ⑫] 단편 영화 <자밍아웃> 김예지 감독 인터뷰. 오마이뉴스.
http://www.ohmynews.com/NWS_Web/View/at_pg.aspx?CNTN_CD=A0002385459

라 다소 상이하지만 대부분의 사회에서 성관계는 결혼이라는 사회적 통과의례를 거친 후에야 용인되는 경우가 많으며, 한국사회 역시 혼전성관계에 대해서 반드시 긍정적이지는 않다. 혼전성관계와 유사한 용어로 혼외성관계가 있는데, 보통 혼전성관계는 혼인 전에 하는 성관계를 말하고 혼외성관계는 흔히 말하는 외도나 간통으로 결혼한 남성이나 여성이 배우자가 아닌 다른 사람과 갖는 성관계라는 점에서 구분할 수 있다.

그러나 사회적으로 성에 대한 인식이 보수적이거나 폐쇄적인 데 비하여, 젊은 세대들의 성에 대한 인식은 빠르게 변화하고 있다. 흔히 과거에는 사랑하기 때문에 순결을 지킨다고 하였으나, 오늘날에는 사랑하기 때문에 성관계를 할 수 있다는 것이다. 소셜 벤처 EVE[8]의 조사에 따르면 청소년의 54.7%가 성관계 경험이 있는 것으로 나타났으며, 성관계를 갖게 된 이유를 서로 원해서(74.5%)라고 응답한 것으로 나타났다. 또한 푸른아우성[9]의 조사에 따르면 대한민국의 젊은 층 10명 중 6명은 20~24세에 첫 성경험을 했으나 성경험 시 반드시 피임을 하는 경우는 25.3%에 불과했다. 결혼 전 순결을 지켜야 한다는 응답은 10%에도 미치지 못했으나, 미래 배우자의 순결은 중요하다고 말한 남성이 여성보다 두 배 가까이 많았다. 조사 결과, 응답자의 59.8%는 20~24세에 첫 경험을 하는 것으로 나타났다. 10대에 첫 경험을 하는 경우도 18.3%에 달했다. 혼전 순결을 '반드시 지켜야 한다'는 응답은 9.1%에 불과했다. 혼전 순결을 '지키지 않아도 된다'고 답한 여성(74.8%)이 남성(68.0%)에 비해 더 많았다. 특히 20대 초반 여성(87.1%)과 20대 후반 여성(80.0%)이 30대 여성(67.8%)에 비해 높은 응답률을 보였다. '나는 아닐지라도 나와 향후에 결혼할 사람은 지켰으면 좋겠다'고 답한 남성이 23.8%로 여성(13.0%)에 비해 두 배가량 차이가 났다.

---

8) EVE(2019). 2019 청소년 성性문조사.

9) 이하나(2015. 12. 16). [2030 성을 말하다] 첫 경험 20~24세 · 남성 40% 성매매. 여성신문. http://www.womennews.co.kr/news/articleView.html?idxno=89551

3. 사 랑

1) 사랑의 의미

사랑이란 무엇인가? 인류의 역사는 사랑의 역사라 할 수 있을 정도로, 사람들은 사랑을 중요하게 생각하며 사랑받고 사랑하기를 원하고 있다. 사랑이라는 용어는 세계 어느 곳에서나 사용되고 있다. 그뿐만 아니라 종교에서도, 사랑을 근본 사상으로 채택하고 있다. 기독교의 '박애(博愛)', 불교의 '자비(慈悲)', 유교의 '인(仁)'은 모두 사랑을 의미하는데, 각 종교마다 약간의 개념적 차이가 있다.[10] 기독교적 사랑은 하느님의 관계에서 출발하여 이웃으로 확대된다. 불교에서의 자비는 자(慈)와 비(悲)가 합성된 단어로 자(慈)는 사람을 사랑하는 것으로 안온과 즐거운 일을 찾아서 사람을 널리 이롭게 하는 것, 비(悲)는 사람들을 불쌍히 여기는 생각으로 육체적 고통과 마음의 고뇌를 떠맡는 것을 의미한다. 따라서 불교에서의 자비는 흔히 기독교의 아가페(agape)적인 사랑에 견주기도 한다. 유교의 인(仁)은 공자에게서 구체화된 사랑 개념이다. 인(人)+이(二)로 된 말로 두 사람 사이의 관계성을 전제로 한 것이다. 제자인 번지가 인에 대해 물었을 때, 공자는 한마디로 '타인들을 사랑하는 것(愛人)'이라고 대답한 데서 인(仁)의 가장 일반적인 의미가 '사람을 사랑함'으로 되었다. 이처럼 용어는 다르지만 사랑이라는 중요한 개념을 공통적으로 포함하고 있다.

대중가요 중에서 주제가 사랑이 아닌 곡을 찾기가 어려울 정도로, 사랑이라는 단어는 흔히 사용되며, 우리는 흔히 쉽게 사랑에 대해 이야기한다. 하지만 사랑이라는 말은 너무 자주 사용되어, 전혀 다른 의미들로 오용되어 사용되는 단어 중에 하나라 할 수 있다. 왜냐하면 사랑이라는 단어가 지닌 의미나 개념이 너무 폭넓기 때문이다. 부모자식 간의 사랑, 이웃에 대

10) 박정애(2017). Fromm의 사랑개념에 근거한 사랑척도 개발 및 타당화. 국제뇌교육종합대학원대학교 박사학위논문.

한 사랑, 일이나 직업에 대한 사랑, 친구에 대한 사랑, 종교에 대한 사랑, 연예인에 대한 사랑, 특정 브랜드에 대한 사랑 등등 사랑이라는 단어가 붙지 못할 곳이 없을 정도로 너무나 흔하게 빈번히 사용되고 있다.

사랑이라는 단어는 매우 흔하게 사용되는 용어이다. 왜냐하면 사랑은 누구나 경험하는 보편적인 감정이기 때문이다. 또한 더불어 사랑은 각 개인마다 각양각생의 모습을 가진다. 따라서 사랑을 정의 내리기는 몹시 어려우며 또한 사람들마다 다르게 느끼게 된다. 과연 사랑이란 무엇인가? 사랑이라는 분야에서 가장 처음 집중적으로 노력한 사람은 루빈(Rubin)[11]이다. 루빈(Rubin)은 똑같은 대인매력으로서 사랑(love)과 일반적 호감(like)을 같은 예로 취급하는 것은 타당하지 않다고 보았다. 다른 사람을 사랑하는 것은 타인의 호감에 대한 극단적인 형태라고도 하지만, 양자는 질적으로 다르다고 보고 이들은 개념적으로 구분이 가능하다고 보았다. 루빈(Rubin)은 사랑에 있어서 빠지지 않는 3개의 요소로서 상대를 필요로 하고 늘 함께 아파하는 애착, 상대에게 책임을 느끼고 상대를 위해서 무언가를 하고 싶은 배려, 그리고 상대를 신뢰해서 자신의 전부를 속속들이 드러나게 하는 자기개방을 가지고 일반적 호감과 구별하였다.

우리는 왜 사랑하는가? 철학자 플라톤(Plato)의 『향연 Symposion』에서 희곡작가 아리스토파네스(Aristophanes)는 반쪽의 개념을 통해 사랑을 설명했다. 태초에 인간은 네 개의 손과 발, 둥그런 등과 옆구리, 똑같은 두 개의 얼굴이 서로 반대편을 바라보는 자웅동체(雌雄同體)였다. 하나의 몸뚱이에 한 쌍의 인간(남자와 남자, 여자와 여자, 남자와 여자)이 공존하는 인간이었다. 그런데 이 자웅동체의 인간은 엄청난 힘과 비상한 능력을 지녔다. 신(神)들에게 대드는 오만불손한 태도도 보였다. 그러나 신들은 인간들의 제사와 제물을 받았기 때문에 멸망시킬 수는 없었다. 제우스는 생각을 짜내어 인

---

11) Rubin, Z.(1970). Measurement of romantic love. Journal of Personality and Social Psychology, 16, 265-273.

간들을 살아있게 하면서도 방종을 멈추게 할 방도를 마련했는데, 그것은 인간을 반으로 갈라서 힘을 약화시키는 동시에 숫자를 증대시켜 신들에게 더 쓸모 있게 하는 것이었다. 그래서 제우스는 인간을 반으로 잘라 아폴론에게 주어 얼굴과 반쪽 목을 잘린 쪽으로 돌려놓게 하고 몸의 잘린 곳을 치료해 주도록 했다. 둘로 나뉜 얼굴의 반쪽은 자신의 모습을 기억하도록 마주 보는 방향으로 돌려놓았다. 이후 반쪽이 된 인간은 잘려나간 또 다른 반쪽을 사모하며 끊임없이 찾아다니며 한몸이 되기를 욕망하다가 삶의 의욕을 잃고 굶어죽거나 나태해져서 죽어갔다. 인간이 원래의 모습을 되찾기 위해 자기의 반쪽을 찾아 하나가 되고자 하는 욕망과 노력, 그 원초적 본성이 사랑이라고 아리스토파네스(Aristophanes)는 규정했다.[12)]

펙(Peck)[13)]은 사랑을 자기 자신과 상대방의 정신적 성장을 위해 자신의 자아를 확대하려는 의지라고 정의하였다. 즉, 사랑은 하는 것이다. 사랑은 의지가 발현될 때 존재할 수 있다. 따라서 사랑은 의지의 행위, 즉 의지이면서 행위이고, 의지에는 선택이 따른다. 우리는 반드시 사랑을 해야 하는 것은 아니며 아무나 다 사랑하는 것은 아니다. 즉, 사랑이란 사랑하려는 의지를 갖고서 사랑하기를 선택하는 것이다. 펙(Peck)은 사랑에 관한 정의를 다음과 같이 다섯 가지로 설명하였다. 첫째, 사랑이라는 행위는 그것이 이바지하는 것으로 보이는 목적이라는 관점에서 정의되어야 한다는 것이다. 둘째, 사랑은 미묘한 순환과정임에 유의해야 한다는 것이다. 셋째, 다른 사람에 대한 사랑과 자신에 대한 사랑을 포함한다는 것이다. 넷째, 사랑에는 노력이 필요하다고 한다. 마지막으로 '의지'라는 단어를 통해 욕구와 실제 행동을 구분 지을 수 있다고 하였다.

12) 김인곤(2005). 플라톤 향연. 철학사상 별책, 5(4). 서울대학교 철학사상연구소.

13) Peck, M. S.(1978). The road less traveled : A new psychology of love, traditional values and spiritual growth. Simon & Schuster.

프롬(Fromm)[14]은 사랑에 대해 기쁨, 흥미, 지식, 슬픔 심지어는 생명까지 포함한 자신의 모든 것을 줌으로써 상대방의 감정을 감동시키고 상대방의 생활을 풍요롭게 만들고, 그 속에서 자신이 살고 있음을 느끼는 것이며, 그러한 사랑을 통하여 서로의 참된 자아를 찾고 보다 성숙한 인간이 되는 것이라 하였다.

사랑에는 무엇인가 결핍되어 욕망이 충동질되어 나오는 사랑과 충만된 상태에서 우러나오는 사랑이 있다. 즉, 마음이 허전하거나 함께 있을 상대를 찾기 위하여 생기는 사랑이 결핍의 사랑이라고 한다면 아무런 이유나 보상이 없이 그저 사랑하는 감정이 넘쳐흘러서 사랑을 하는 것은 충만의 사랑이라고 본다. 그 어느 쪽도 다른 쪽보다 더 좋다 혹은 나쁘다고 판단할 수는 없는 문제이다. 단지 어떤 마음으로 사랑에 임하게 되는가를 구분할 뿐이다. 또한 사랑의 실천 방식에도 차이가 있다.

결핍의 사랑은 욕구가 충족되기를 원하므로 상대편을 도구화시킬 위험도 내재되어 있다. 충만의 사랑은 상대 앞에서 자신의 욕구를 잊고 오직 사랑의 감정만을 표현하고자 하므로 서로에 대한 소유나 통제의식이 관계를 지배하지 않는다. 그러나 사랑이 가득하여 넘쳐흐르는 것이 현실적으로 흔한 일이 아니다. 어떤 형태의 사랑을 논하든 간에 사랑은 상대편에 대한 구속적 이데올로기가 되어서는 안 될 것이며, 자기 이익을 초월하여 상대에 대한 관심을 쏟는 것이다. 상대방을 지배해서도 안 되며, 더욱이 상대방에게 의존적이어서도 안 된다. 따라서 남녀관계에서 진정한 의미의 사랑이 존재하기 위하여서는 두 사람이 동등한 주체로 사랑의 한 마당에 발을 들여 놓아야 한다.

---

14) Fromm, E.(1956). The Art of Loving. New York : Harper & Brothers.

2) 사랑의 요소

(1) 스턴버그(Sternberg)의 세 가지 요소

지능연구의 대가인 예일대학의 스턴버그(Sternberg)[15]는 1984년 사랑의 본질(the nature of love)에 대한 논문을 통해 사랑이 심리학의 관심대상이 될 수 있으며, 사랑연구에 과학적 연구방법을 적용할 수 있다는 점을 제시하였다. 스턴버그(Sternberg)는 그레젝(Grajek)과 함께 '사랑의 삼각이론'을 소개하였다.[16] 이들은 낭만적 사랑과 우정, 단순히 좋아하는 마음, 매혹 및 그 밖의 여러 가지 형태의 사랑의 차이를 밝히고자 남녀 간의 애정관계를 분석했다. 사랑의 삼각형 이론은 사랑이 하나의 삼각형을 구성하는 세 가지 구성요소의 측면에서 이해될 수 있다는 의미에서 붙여진 이름으로, 사랑은 세 가지 요소, 즉 친밀감, 열정, 책임감으로 구성된다고 결론지었다.

친밀감(intimacy)이란 사랑하는 관계에서 서로 상대편과 밀접하다고 느끼고 무엇인가로 연관이 있으며 맺어져 있다는 느낌이라고 한다. 즉, 친밀감은 가까움, 유대감 그리고 결속 등을 의미하는 따뜻한 정서의 체험이다. 친밀감은 다음과 같은 특성이 있다. ① 사랑하는 사람이 잘 살 수 있기를 열망함, ② 사랑하는 사람과 함께 행복을 느낌, ③ 사랑하는 사람에게 높은 존경심을 가짐, ④ 필요할 때 사랑하는 사람에게 의지할 수 있음, ⑤ 사랑하는 사람끼리 서로를 이해함, ⑥ 사랑하는 사람과 자신 및 자신의 소유물을 나눔, ⑦ 사랑하는 사람에게서 정서적인 지지를 받음, ⑧ 사랑하는 사람에게 정서적인 지지를 줌, ⑨ 사랑하는 사람과 친하게 의사소통을 함, ⑩ 자신의 삶에서 사랑하는 사람을 중요하게 여김 등이다. 친밀감은 두 사람 사이가 가까워짐에 따라 처음에는 꾸준히 상승하다가 어느 정도에 이르면 점차

---

15) Sternberg, R. J.(1986). A triangular theory of love. Journal of Personality and Social Psychology, 93(2), 119－135.

16) Sternberg, R. J. & Grajek, S.(1984). The nature of love. Journal of Personality and Social Psychology, 47(2), 312－329.

속도가 줄어들어 한계점에 도달하게 되면서 정체상태를 유지하게 된다.

열정(passion)이란 상대편으로부터 신체적이나 성적 매력을 느낌으로써 일어나는 정서몰입 상태로 사랑하는 관계에서 서로를 소유하고 싶은 감정이기도 한다. 열정을 흔히 성적인 것으로 보는 견해를 가지고 있으나, 열정은 성적 욕구를 포함하여 자아존중감, 자아실현, 타인에 대한 지배와 복종 등의 욕구들이 얽혀있으며, 또한 욕망과 욕구, 즉 자존심, 보호, 교제, 지배욕, 복종 등의 표현이다. 친밀감의 경우와는 달리 열정은 첫눈에 일어나서 뜨겁게 달아오르지만 얼마 못 가서 그 열기는 식어버린다. 때로는 이러한 열정에 익숙해지면서 사람들은 사랑이 사라졌는가 하는 회의에 빠지기도 한다.

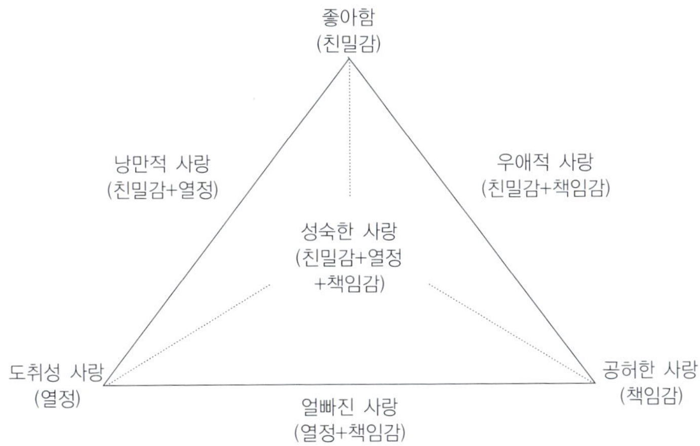

|그림 4-1| **사랑의 세 가지 요소와 유형**

사랑의 세 번째 요소는 책임감으로 앞의 친밀감과 열정은 감정적 요소이지만 헌신/책임감(commitment)은 인지적 속성을 지녔다. 즉, 상대편을 사랑한다는 감정의 표현에서 더 나아가 상대편을 반드시 사랑하겠다는 결심이며 장기적으로는 그 사랑을 변하지 않고 계속 지켜나가겠다는 책임감이다.

그러나 결정과 책임감이 반드시 동시에 생기는 것은 아니다. 때로는 사랑하겠다는 결심이 그 사랑을 계속 지키겠다는 책임감을 수반하지 않을 때도 있다. 책임감은 사랑이 서서히 익어가면서 자연스럽게 깊어지게 되는데, 어떤 상황에서는 책임감이 부담이 되어 사랑의 장애물이 되는 경우도 있다.

사랑의 세 가지 기본적 요소를 지켜나가면서, 좀 더 효과적인 사랑을 하기 위해 몇 가지 유의해야 할 점이 있다. 무엇보다, 자신이 원하는 것을 상대방에게 분명하게 알려주어야 한다. 대부분의 사람들은 자기가 원하는 것을 겉으로 표현하기를 쑥스럽게 생각하면서도, 상대편이 자신의 속마음을 알아주기를 원한다. 그러나 이러한 기대는 때로는 불필요한 오해만을 유발시킬 뿐이다. 상대방에게 솔직하게 말하고, 상대방이 당신에게 바라는 것이 무엇인지도 알아보는 게 좋다.

또한, 서로 도움을 줄 수 있는 상호보완관계가 유지되어야 한다. 즉, 사랑을 통하여 개인적인 성장을 이루고 두 사람 간의 조화를 만들어 나갈 수 있는 관계가 되어야 한다. 마지막으로 항상 상대적 사고를 유지해야 한다. 대부분의 사람들은 사랑을 처음 시작할 때는 상대방에 대한 배려를 잊지 않다가도, 차츰 서로 간의 친밀감이 높아지고 감정적 안정에 들어서게 되면 상대방에 대한 배려보다는 자기중심적인 생각에 빠지기 쉽다. 즉, 자신을 위하여 상대방이 변하기를 원하지만, 자신은 변하기를 거부한다. 그러나 진정한 의미의 사랑은 자신과 다른 상대방의 생각도 허용하는 것을 포함하는 것이다.

(2) 프롬(Fromm)의 네 가지 요소

프롬(Fromm)[17]은 사랑의 본질을 주는 것에 있다고 보았다. 주는 행위 속에서 참다운 연합이 있고 행복이 있다. 이러한 사랑에는 네 가지 요소가 있는데, 이러한 행위가 전제된 것이 도피나 혹은 사이비 연합이 아닌 진정

17) Fromm, E.(1956). The Art of Loving. New York : Harper & Brothers.

한 합일이다. 프롬(Fromm)은 진정한 사랑의 특성의 네 가지 요소로 배려(돌봄), 존중, 책임감, 지식을 제시하였다.

배려(돌봄)는 인간애의 기본으로, 상대방을 배려한다는 것은 그의 존재를 존중한다는 것이다. 배려(돌봄)는 자녀에 대한 어머니의 사랑에서 가장 크게 나타나며, 즉 사랑과 노동은 불가분의 관계로서 사랑의 본질은 어떤 것을 위한 '노동'과 '어떤 것'을 키우기 위해 노력을 기울이는 것이다. 배려(돌봄)한다는 것은 상대방에 대한 존중이다. 상대방에 대한 존중 없이 배려한다는 것은 불가능하기 때문에, 배려와 존중은 동전의 양면과 같은 것이다.

존중은 사람을 있는 그대로 보고 상대방의 독특한 개성을 느낄 줄 아는 능력으로 상대방이 있는 그대로 성장하고 발전해야 함을 말한다. 만약에 존중이 없다면 책임은 지배나, 소유욕으로 변할 수 있다. 이러한 존중은 스스로가 독립적으로 설 수 있을 때, 즉 오직 자유의 기본 위에서만 실천 가능하다. 또한 사람을 존중한다는 것은 그 사람에 대한 정보 안에서만 가능하다.

책임은 의무를 가리키는 것으로 외부에서 부과된 어떤 일을 말하며 이것은 완전히 자발적인 행동을 의미한다. 어린 자녀의 경우 어머니의 책임은 신체적인 욕구를 돌보아 주는 측면이며 성인들의 사랑에서는 다른 사람의 정신적인 욕구에 해당된다. 책임은 지식과 연결된다. 누군가가 해를 끼칠 의도로 악한 행동을 하는 경우도 있으나, 대체로 사람들은 자기가 한 행동이 상대방에게 어떤 영향을 줄 수 있을지 모르기 때문에 함부로 행동한다. 따라서 책임은 지식의 기반 위에서 가능하며, 지식에는 여러 층이 있는데, 사랑의 관계 안에서의 지식은 상대방의 드러난 외적인 부분만을 바라보지 않고 그 내면의 심층부까지를 인식, 수용하는 상태를 말한다.

프롬(Fromm)은 사랑의 미성숙한 형태를 공생적 결합이라고 했다. 공생적 결합의 수동적 형태는 복종이고 능동적 형태는 지배라 할 수 있다. 복종의 형태로 나타나는 미성숙한 사랑은 마조히즘인데, 마조히즘적인 사람은 자기를 지배하고 인도해 주고 보호해 주는 다른 사람의 일부가 됨으로써 분리감이나 참기 어려운 고독감으로부터 도피하려고 한다. 반면 지배의 형태로 나타나는 사디즘은 고독감이나 강박상태로부터 도피하기 위하여 다른 사람을 자신의 일부분으로 만들기를 원한다. 따라서 자기를 숭배하는 다른 사람을 끌어들임으로써 자신을 팽창시키고 강화시킨다.

3) 사랑의 유형

(1) 스턴버그(Sternberg)의 여덟 가지 사랑유형

스턴버그(Sternberg)18)는 사랑의 세 요소, 즉 친밀감, 열정 그리고 책임감의 모든 가능한 조합을 시도하여, 좋아함, 도취성 사랑, 공허한 사랑, 낭만적 사랑, 우애적 사랑, 얼빠진 사랑, 성숙한 사랑 그리고 사랑이 아님까지 총 여덟 가지 유형론을 개발하였다.

첫째, 좋아함(liking)은 친밀감만 있는 경우로 열정이나 책임감의 요소가 결여된 채 친밀감 요소만이 경험될 때 나타난다. 즉, 친밀감만 있는 연인뿐만 아니라, 진정한 친구들에게서도 느낄 수 있는 따뜻한 감정이다. 둘째, 도취성 사랑은 흔히 말해 얼빠진 사랑(infatuated love)으로, 열정만 있는 경우이며, 상대를 있는 그대로가 아니라 이상화시키는 망상에 치우치거나 혹은 첫눈에 빠진 사랑을 말한다. 도취된 사랑은 눈에 띄게 나타났다가 금방 사라지는 것처럼 보이기도 한다. 셋째, 공허한 사랑(empty love)은 책임감만 있는 경우로 친밀감이나 열정이 없이 상대를 사랑하겠다고 결심할 때 생기는 감정이며, 주로 장기간의 관계에서 마지막이거나 마지막에 가까운 단계이다. 공허한 사랑은 다른 종류의 사랑처럼 일방적인 사랑일 수 있다. 한 사람은 상대에게 진정한 유대와 밀착을 유지하는 데 반해 다른 한 사람은

18) Sternberg, R. J.(1986). A triangular theory of love. Journal of Personality and Social Psychology, 93(2), 119–135.

책임감만을 느낄 수 있다. 넷째, 낭만적 사랑(romantic love)은 친밀감과 열정이 결합된 경우로 이는 상대의 매력에 끌려서 육체적 매력과 열정이 결합된 상태이며, 주로 연애 초반에 나타난다. 이 경우에 사랑을 하는 연인들은 사랑이 영원성을 지니지도 않고 가능하지도 않다고 생각하며 단순하고 가볍게 생각한다. 다섯째, 우애적 사랑(companionate love)은 친밀감과 책임감이 결합된 경우로 육체적인 매력이 약해진, 즉 열정이 식어버린지 오래된 연인이나 결혼에서 자주 발견되는 사랑이다. 대부분의 낭만적 사랑은 차츰차츰 우애적 사랑으로 변하게 된다. 여섯째, 얼빠진 사랑(fatuous love)은 흔히 어리석은 사랑으로 불리기도 하며, 열정과 헌신이 결합한 것으로 친밀감이 결여되어 있다. 따라서 사랑으로 가기에는 시간이 필요하다. 이러한 사랑은 열정만으로 상대에게 헌신하며 안정적인 친밀감이 없다는 측면에서 얼빠진 것이다. 일곱째, 성숙한 사랑(consummate love)은 친밀감, 열정, 책임감이 결합된 경우로 누구나 원하는 사랑이며, 낭만적 사랑을 하는 사람들이 추구하려는 이상적인 사랑이다. 성숙한 사랑을 이루기는 어렵지만 그것을 유지 발전시키기는 더욱 어렵다. 여덟째, 사랑이 아닌 것(nonlove)은 친밀감, 열정, 헌신 그 어떤 것도 포함되지 않는, 모든 요소들이 부재하는 사랑으로 우리가 경험하는 대부분의 대인관계에서 나타나는 것으로 사랑도, 우정조차도 단편적인 것이며, 이 관계의 사람들에 대해서 많은 것을 알려고도, 들으려고도 하지 않는다.

(2) 리(Lee)의 여섯 가지 사랑유형

사회학자인 리(Lee)[19]는 사랑에 관한 많은 역사적, 철학적 문헌들을 고찰한 후 경험적 연구에서 대중문학과 아울러 그 자신의 연구면접들에서 기술된 사랑에 대한 태도들이나 접근들에 관하여 사랑에 대한 두 가지 유형이

---

19) Lee, J. A.(1973). Colours of love : An Exploration of the Ways of Loving. New York : New Press.

있음을 제시하였다. 구체적으로 리(Lee)는 사랑의 유형을 원으로 보아 색깔이 있는 바퀴로 비유하여 사랑을 일차적 '기본색'과 그것들이 혼합된 '이차색'이라는 틀을 구성하였다. 리(Lee)는 그리스 철학자의 사상을 근거하여 우애적 사랑(storge), 이타적 사랑(agape), 유희적 사랑(ludus), 광기적 사랑(mania), 실용적 사랑(pragma), 열정적 사랑(eros)으로 분류하였다. 또한 그는 색깔이라는 것은 정답이 있는 것이 아니라 사람들에 따라서 다르게 나타나기 때문에, 어떠한 사랑의 유형이 좋고 나쁜지를 구별할 수 없다고 하였다.

리(Lee)가 제안한 여섯 가지 사랑유형의 특징은 다음과 같다. 첫째, 열정적 사랑, 낭만적 사랑(eros)은 흔히 열정적인 사랑 혹은 낭만적인 사랑이라고 불리는 유형으로, 강한 정서적 감정을 수반하는 것이 주요 특징이다. 열정적 사랑의 소유자들은 자신이 원하는 사람에 대한 신체적 이상형을 뚜렷이 가지고 있으며, 이들은 자신의 이상형에 맞는 상대를 만나게 되면 첫눈에 반해버린다. 열정적인 사랑을 하는 연인들은 서로 신체적인 접촉을 하고 서로가 빨리 자기 개방을 하여 감정적인 동화도 쉽게 한다. 상대에 대해서는 그 사람이 자신에게만 몰두하기를 바라지만 소유하려 하지는 않으며, 경쟁자의 존재도 두려워하지 않는다. 이들은 이상적인 연인들을 만나서 함께 사는 것이 중요하다고 생각하며, 자신의 어린 시절이 행복했었다고 생각한다. 또한 말이나 접촉을 통해 사랑을 표현하는 것을 좋아한다.

둘째, 유희적 사랑, 놀이적 사랑(ludus)은 말 그대로 유희적 사랑을 의미하며, 이 유형의 사랑을 하는 사람들은 사랑을 일종의 게임 또는 놀이라고 생각하고, 완전히 사랑에 빠지거나 헌신할 의사가 없는 정서가 자제된 사랑을 보여준다. 미래에 대해 함께 계획하는 것도 꺼린다. 쉽게 애인을 바꿀 수 있고, 상대에 대해서도 매우 허용적이어서 한 대상에서 다른 대상으로 언제든지 떠날 준비가 되어 있다. 그뿐만 아니라 한 대상에만 몰입하지 않으므로 여러 대상을 동시에 사랑하기도 하고, 상대가 관계에 너무 집착하지 않도록 자주 만나는 것을 피하며 상대가 질투하는 것도 싫어한다. 따라서 이들에게는 사랑은 인생에서 가장 중요한 것이 아니라 그저 다양한 대상과 노는 상호작용 게임일 뿐이다. 이 유형의 사람들은 대체로 어린 시절이 그저 평범했다고 생각하지만 성인이 되어서는 종종 좌절을 경험한 사람들이 많다.

셋째, 친구 같은 사랑, 우애적 사랑(storge)은 시간이 흐르면서 서서히 무르익는 사랑을 의미한다. 친구 같은 사랑은 첫눈에 반하기보다는 시간이 흐르면서 우연히 사랑하게 되는, 지속적인 정(情)에 근거한 사랑을 추구한다. 이들은 공유할 수 있는 관심사에 대해 얘기하기를 더 좋아한다. 이 유형의 사람들은 서로 협조하고 보충하며 만족하여 관계가 장기간 안정적이라는 특징이 있고, 대체적으로 안정적이고 우호적인 공동체 안에서 성장한 경우가 많다.

넷째, 소유적 사랑, 광기적 사랑(mania)은 두 개의 기본적인 사랑, 열정적인 사랑과 유희적인 사랑의 결합으로 인해 나타나는 소유적인 사랑으로 강한 소유욕과 질투가 특징이다. 이 유형의 사람들은 강박적인 성격을 갖고 있으며, 자신이 사랑받고 있다는 확신이 항상 필요하고, 극도의 질투심으로 상대로부터 더 많은 애정과 헌신을 요구한다. 즉, 상대방에 대해서 의존적인 성격을 나타낸다. 많은 경우에 상대를 진심으로 좋아하지도 않고, 평생 함께할 동반자로 생각하지도 않는다. 이 유형의 사람들은 사랑의 자극과 모험을 경험하고 싶어 하는 경향이 있고, 자신의 어린 시절을 불행했다고 생각하기도 하며, 성인이 되어서도 대개는 외로워하고 종종 자신의 일에 만족하지 못하기도 한다.

다섯째, 실용적 사랑, 논리적 사랑(pragma)은 친구 같은 사랑과 유희적인 사랑이 결합한, 논리적이고 실용적인 '쇼핑 목록'과 같은 사랑이다. 상대가 자신의 기준에 적합한지를 의식적으로 판단하고 의도적으로 고려하여 적절한 상대를 찾는다. 이 유형의 사람들은 상대를 제대로 알기 전까지는 헌신을 하거나 미래의 계획을 세우기를 꺼려하며, 어울리는 짝을 만나는 것이 행복한 삶을 위해 바람직한 것이기는 하지만 본질적인 것은 아니다라고 생각한다. 이 유형의 사람은 자신과 서로 어울리는 배경과 관심사를 가진 적절한 후보를 의식적으로 물색하면서 황홀한 낭만이나 육체적인 매력을 추구하기보다는 친구 같은 사랑의 대상을 찾는다. 또한 친구나 부모와 함께 자신의 선택에 대해 상의하기도 하고, 자기 자신에게 가장 잘 어울리는 배우자라고 생각되는 사람을 선택한다. 이 유형의 사람들은 대체적으로 어린 시절과 현재의 삶이 거의 비슷하다고 생각하며, 자신이 노력만 하면 목적을 달성하고 성공도 할 수 있다고 생각하는 경향이 있다.

마지막으로, 이타적 사랑, 헌신적 사랑(agape)은 열정적인 사랑과 친구 같은 사랑이 결합해 아무 조건 없이 좋아하고 돌보아 주며 용서하고 베풀어 주는 사랑이다. 이 유형의 사람들은 헌신적이며, 이타적이고, 자신을 드러내지 않으며 사랑의 상호성을 기대하지 않고, 사랑을 의지의 표현이자 의무로 여긴다는 의미에서 친구 같은 사랑의 사랑 요소를 포함하고 있다. 이들은 사랑하는 대상에게 애정 어린 관심과 보살핌을 베풀어야 할 의무를 강하게 느끼며, 배우자는 그러한 배려를 필요로 하는 사람이어야 한다. 이타적 사랑의 수준은 거의 종교적인 수준으로, 타인 중심적이며 자기상실적 사랑이다. 심지어 상대가 자신보다 다른 사람과 더 행복할 것이라고 생각하면, 기꺼이 그와의 관계를 포기할 수도 있다.

4. 결 혼

1) 결혼의 의미

결혼이란 적정 연령에 도달한 성인의 정서적, 사회적, 경제적, 성적 결합을 의미한다. 결혼은 과거에는 반드시 치러야만 하는 통과의례이자, 가문과 가문의 결합의 의미를 가지고 있었다. 한국사회는 강한 부계 혈연에 기초한 가족주의를 기반으로 하고 있어, 결혼을 통해 부계가족을 전승하는 것을 기본적인 자식된 도리로 여겨왔으며, 그로 인해서 '씨받이(대리모)' 혹은 '씨내리(대리부)'와 같은 왜곡된 형태의 성문화까지 나타났다. 그러나 오늘날 결혼은 가문과 가문의 결합이나 정략결혼과 같은 계약이나 협상을 통한 사회적 지위 획득, 자녀출산 등의 목적달성의 가치보다는 개인 간의 성과 사랑의 가치에 기반을 둔다. 이는 결혼의 결정이나 배우자의 선택에 있어서 가족의 지배나 통제를 벗어나서 개인이 선택하는 권리자가 되는 것을 의미한다. 또한 배우자의 선택이 아니라 결혼까지 선택하는 경향도 나타나고 있다. 비혼(非婚)이나 동거를 선택하는 사람이 지속적으로 늘어나고 있는 것이다. 과거에는 미혼(未婚)이라는 용어를 사용하였으나, 미혼은 아직 혼인하지 않은 사람을 뜻함으로 언젠가는 결혼을 한다는 것을 전제하고 있다. 따라서 오늘날에는 표준어로 인정되지는 않았으나, 비혼이라는 용어를 좀 더 흔하게 사용하고 있다.

결혼이라는 제도를 통해 사회의 기본 단위인 가정이 형성되고, 다음 세대를 재생산한다. 결혼은 개인적 차원에서 가계계승을 가능하게 하고 사회적 차원에서는 사회의 유지존속과 연결되기 때문에 결혼은 개인적, 사회적으로도 중요한 기능을 담당하고 있다. 따라서 한국사회에서는 누구나 결혼을 해서 가정을 이뤄야 한다는 결혼 규범이 수용되었다. 그러나 오늘날에는 결혼이 필수가 아닌 선택적인 것으로 변화되어 가고 있는 것이다. 그 배경에는 제도적, 규범적 가치보다는 행복추구와 같은 개인적 가치의 중요성이 대두되고, 또한 이처럼 결혼에 대한 의식은 점차 약해지고 있으나, 아직까지 한국사회에서 결혼은 일생 동안 한 번 혹은 그 이상을 선택하고 경험한다는 점에서 매우 중요한 사회적 제도라 할 수 있다. 브로드릭(Broderick)[20]은 결혼이 다음의 아홉 가지 특징을 가지고 있다고 하였다.

---

20) Broderick, C. B.(1993). Understanding Family Process : basics of family systems theory. London : Sage Publications.

- 결혼은 인구학적 사건(demographic event)이며 하나의 사회적 단위를 만들어낸다.
- 결혼은 두 가족과 사회관계망의 결합(joining of two families and social networks)이다.
- 결혼은 부부와 국가 간의 법적 계약(legal contract)이다.
- 결혼은 경제적인 결합(economic union)으로서 부부는 하나의 경제적 단위가 된다.
- 결혼은 가장 보편적인 성인의 생활방식(the most common living arrangement)이다.
- 결혼은 대부분의 인간의 성적 활동 환경(context of most human sexual activity)이다.
- 결혼은 노동력 재생산의 단위(reproductive unit)이다.
- 결혼은 자녀를 사회화시키는 단위(unit that socializes children)이다.
- 결혼은 친밀하고 공유하는 관계(intimate, sharing relationship)를 발전시키는 기회이다.

2) 결혼의 조건과 동기

결혼을 하기 위해서 필요한 조건은 있는가? 결혼이 적정 연령에 도달한 성인들 간의 결합임을 고려할 때, 결혼을 하기 위해서는 적정 연령, 그리고 당사자 사이에 의견합치, 중혼(重婚)이나 근친혼(近親婚)이 아닐 것이라는 조건이면 충분한가? 가수 최정철이 부른 '결혼'이라는 노래에는 다음과 같은 가사가 있다. "사랑 하나만으론 안 되는 건가 봐 우리 둘만의 사랑만으론 부족한가 봐 –중략– 결혼은 하고 싶은데, 가진 건 사랑밖에 없어서" 또한 가수 커피소년이 부른 '장가갈 수 있을까'라는 노래에는 다음과 같은 가사가 있다. "장가갈 수 있을까? 통장 잔고 없는데." 우리가 흔히 말하는 것처럼 사랑만으로 충분하지는 않다. 그렇다면 결혼의 조건은 어떤 것들이 포함되어야 하는가? 결혼의 조건은 다시 말하면 배우자의 선택조건이라고 볼 수도 있다.

배우자 선택에 관한 여러 이론들이 있다. 배우자 선택을 일종의 교환과정으로 설명하는 교환이론, 서로 비슷한 사람보다는 서로를 보완해 줄 수 있는 요인이 있을 때 매력을 느끼고 이러한 특성이 배우자 선택에 영향을 준다고 보는 보완욕구이론이 있다. 서로에게 매력을 느끼는 자극 그리고 가치관의 상호유사함을 찾는 가치비교, 서로의 역할에 얼마나 적합한지 측정하는 역할조화의 단계를 거쳐 배우자를 선택한다는 자극-가치-역할이론이 있으며, 근접성, 매력, 사회적 배경, 의견일치, 상호보완성, 결혼준비상태 등의 단계를 거쳐 배우자를 걸러내는 여과망이론도 있다. 이 외에도 배우자 선택에 관한 여러 이론들이 있다. 그렇다면 실제 결혼의 조건은 무엇일까? 매년마다 듀오는 이상적인 배우자 조건을 발표하는데 그 기준은 신장, 연소득, 자산, 연령차이, 학력, 직업, 중요사항(가치관) 등이 포함된다. 이상과 같은 조건이 부합되면 결혼대상으로, 결혼의 조건으로 충분한가? 더 나아가서 인간은 왜 결혼하는가? 기본적으로 결혼을 하게 되는 큰 이유는 사랑하는 사람이 있기 때문이다. 사랑하는 사람과 함께 살고 싶기 때문에 결혼을 하게 되는데, 결혼이라는 과정을 통하여 사랑을 실현할 수 있다. 또한 결혼이라는 사회적 제도를 통해 부부는 안정적이고 합법적인 방법으로 성적 욕구를 충족시킬 수 있다. 그뿐만 아니라 결혼을 통하여 정서적, 경제적 안정을 획득한다. 부부로서의 상호합의하에서 이루어진 성관계를 통하여 부부는 자녀 출산의 기회를 얻고, 자녀를 낳음으로써 부모가 되는 경험을 할 수 있다. 과거의 가계계승이라는 목적으로 인한 출산보다는 서로에 대한 사랑과 사랑의 확인 과정을 통해 자연스레 부모가 되는 것이다. 혼인율 제고를 위한 선결과제로 흔하게 제시되는 것이 자녀에 대한 육아, 교육과 관련된 문제라는 점을 고려한다면 대부분 결혼은 곧 출산과 연결지어 생각하고 있다고 이해할 수 있다. 또한 결혼생활을 통하여 부부가 함께 생활하고 자녀를 양육하는 과정 등을 통하여 개인의 인격이 성장하기도 한다. 이처럼 결혼을 통해 나타나는 일련의 과정은 사회의 기대에 부합하는 행위이다. 또한 '결혼을 해야 어른이 된다'라는 속설이 있는데, 이는 생물학적인 나이가 되었다고 어른이 아니라, 결혼을 해야만 사회적으로 성인으로 인정된다는 말이다. 사실 과거에는 특별한 사유가 없이 적정 연령이 되면 결혼을 했기 때문에, 결혼을 한다는 것은 성인이 된다는 것과 같은 말이었다. 그러나 오늘날 모든 사람이 결혼하는 것은 아니다. 결혼=어른이라는 공식은 상당히 구시대적 유물임에도 여전히 통용되고 있다. 이와 유사하게 '애를 낳고 길러봐야 부모 마음을 안다'의 속설은 결국 애를 낳고 길러보지 않은 사람은 다른 사람의 마음을 헤아리기에 부족하고 미성숙함을 의미하게 된다. 따라서 결혼이라는 것은 사회적 사회에서 성인으로 인정되는 중요한 관례이자, 성인으로서의 신분획득의 기회라고도 할 수 있다.

생각해 봅시다

(1) 성과 사랑의 바람직한 방향에 대하여 논의하시오.

(2) 내가 생각하는 사랑의 조건에 대해 논하시오.

(3) 결혼이 가지는 개인적, 사회적 의미에 대해 논하시오.

Chapter

5

여성과 가족

1. 가족의 정의와 기능
2. 가족에 대한 관점
3. 가족 이데올로기
4. 가족 이데올로기의 해체

Chapter

05 여성과 가족

1. 가족의 정의와 기능

1) 가족의 정의

가족은 어떤 사회나 보편적으로 존재해 온 모든 제도 중에 가장 강력한 제도라 할 수 있으며, 이러한 가족의 출현은 정확히 알 수 없지만 인간의 출현과 유사하리라고 추정된다. 모건(Morgan)은 정착농경 이전의 사회는 무리가 집단혼 방식을 지닌 원시난혼 상태였을 것으로 추측한다. 모든 여성은 평등하게 모든 남성에게 속하고, 모든 남성은 모든 여성에게 속할뿐더러 부모와 자식, 형제와 자매간의 부부가 가능했었고, 이러한 무규율 상태에서부터 가족이 서서히 발전하기 시작하였다고 한다. 농경사회 초기에는 혈연가족이 등장하여 어느 정도 인구가 안정되면서 먹고 사는 문제와 토지 문제가 대두되기 시작했다. 가족형태는 모계사회로 성교와 출생자 사이의 인과관계가 정확하지 않았기 때문에 여성(어머니)을 중심으로 가족이 구성되는 것이 자연스러웠다. 하지만 정착생활이 지속되면서 사회적 분업도 생겨나게 되고 이로 인하여 남성의 역할이 커지게 되었다. 부족 내 남성의 힘이 커지자 모계사회가 주축이 되었던 가내경제는 부속물로 인식되며, 여성의 지위가 남성의 부속물로 격하되기 시작하였다.

잉여생산물을 더 많이 가지고 가고 싶은 분배의 문제가 대두되고, 빈부의 격차가 발생하며 그 부를 물려주기 시작하면서 가부장이 자연스럽게 시작되었다. 그러면서 여성이 남성에 비해 윤리적인 간섭도 더 심하게 받게 된다. 이렇게 사유재산의 출현이 여성의 종속화를 가져오게 하였고, 결혼제도 또한 일부일처제로 변화하기 시작하였다.

현대가족의 의미에 적합한 가족의 개념은 17세기 이후부터라고 볼 수 있다. 가족의 의미를 뜻하는 영어의 family의 어원을 살펴보면, 라틴어 familia에서 유래되었다. familia는 가내 노예를 의미하는 것으로 가족구성원뿐만 아니라 논밭, 가옥, 노예 등 한 남성이 소유하고 있는 인적·물적 자원을 모두 포함하는 개념이다. 이것으로 보아 가족이라는 개념은 초기부터 남성 중심적 사고에서 이루어진 것이라 할 수 있다. 17세기 프랑스에서의 가족은 아내, 자녀들, 하인, 하녀, 관리인 등 한 남성 가정의 통솔을 받는 모두를 포함하는 개념이었으나 18세기가 되면서 혈연과 공동거주라는 의미를 가지게 되었다.

일반적이고 보편적으로 가족의 정의를 내리는 것은 쉽지 않은 일이다. 사회·문화·경제적 변화에 따라 다양한 양상으로 나타났기 때문이다. 먼저 전통적인 가족의 정의를 내린 미국의 인류학자인 머독(Murdock)은 250개 사회를 분석한 결과 핵가족이 가장 기본적이고 보편적인 형태라고 하였다. 다시 말해 부부와 출산자녀 및 입양자녀로 구성된 형태이고, 또한 가족은 공동 주거, 경제적 협동, 자녀 출산과 양육 등에 의해 특징지어지는 사회집단으로서, 사회적으로 승인된 성관계를 유지하는 적어도 2명의 성인 남녀와 그들의 자녀로 구성된다고 정의를 내렸다.[1)2)] 레비-스트라우스(Levy Strauss)[3)]는 "가족은 결혼에 의해 출발하고 부부와 자녀, 그리고 다른 근친자가 포함될 수 있으며, 가족 구성원은 법적 우대, 경제적, 성적 의무와 권리 존경 및 애정 등과 같은 다양한 심리적 감정으로 통합되어 있다"

1) Haralambos, M., & Holborn, M.(2000). Sociology : Themes and Perspective. Fifth Edition, HarperCollins Publishers & Holborn, Martin.
2) 정영숙·박충선(2014). 성과 사회(제3판). 경북 : 대구대학교출판부.
3) Levy-Strauss(1969). The Elementarty Structures of Kinship. Boston : Beacon

라고 하였다. 구드(Goode)[4]는 가족의 개념은 적어도 성이 다른 2명의 성인이 주거를 같이하고 다른 일을 하면서 서로 상대방을 위해 일을 한다고 하였고, 음식, 성, 주거 그리고 재화와 사회적 활동을 공유하며 가족 내에 부모자녀관계 및 형제관계가 존재한다고 하였다. 즉, 전통적인 의미에서의 가족은 혈연, 혼인, 자녀양육이라는 측면에서 정의가 되었으며, 가족을 구조와 법적 지위에 의해 규정하며, 전형적으로 부부와 자녀로 구성된 가족의 형태를 전제로 하고 있다. 또한 공동의 주거공간을 갖고, 상호권리와 의무를 가지며, 남편은 생계를 책임지고, 아내는 주부로서 자녀양육을 책임지는 남녀성별이 분리된 역할구조로 특징지어진다고 볼 수 있다.

칠맨(Chilman)은 친밀, 헌신의 관계에 있는 사람들이 하나의 집단에 속해 있다는 정체성을 의식하고 그 집단의 고유한 정체성을 수립하며 부모자녀관계를 유지하는 것이라고 정의하였다[5]. 굿맨(Goodman)은 혈통, 결혼, 입양에 의해 이어진 개인들의 비교적 영속적인 사회적 집단이라고 하였고,[6] 기든스(Giddens)[7]는 사회계층, 성, 연령 등에 따라 가족생활의 물질적・심리적 기반이 다르고 가족 이미지와 가치도 상이하므로 가족의 가변성, 다양성, 유연성을 고려한 열린 가족개념인 가족들(families)을 주장하였다. 이런 정의들은 다양한 가족구조, 생활주기, 문화적 차이를 포괄하는 개념이라 볼 수 있으며, 한부모가족, 동거가족, 미혼모가족, 공동체가족, 무자녀가족 등과 같이 가족(the family)이라는 획일적 형태보다는 가족의 다양성을 인정하는 가족들(families)이라고 볼 수 있다.

---

4) Goode. W. J.(1982). 가족과 사회(최홍기 역). 경기 : 삼성미술문화재단.
5) 김연옥・유채영・이인정・최해경(2005). 가족복지론. 경기 : 나남출판.
6) 김연옥・유채영・이인정・최해경(2005). 가족복지론. 경기 : 나남출판.
7) Giddens(1992). Mordernity and Selfidentity : Self and society in the late modern age.

2) 가족의 기능

가족의 개념도 학자들마다 상이한 것과 같이 가족의 기능 또한 상의하다. 스트롱과 디바우트(Strong & Devault)[8]는 여러 학자들의 분류를 기반으로 가족의 기능을 네 가지로 정리하였고 그 내용은 다음과 같다.

첫째, 애정적 기능으로 가족은 구성원들에게 사랑과 이해, 안전을 보장해 주고 수용적이며 또한 친밀하며 동료적인 것을 받아들이는 유일한 집단이다. 더불어 부부간의 성적 기능을 합법화하여 성적 욕구를 충족할 수 있으며 동시에 자녀 출산의 기능을 한다.

둘째, 경제적 기능으로 가족은 경제의 기본 단위로서 재산을 공동으로 소유하는 집단이며, 생산의 기능과 소비의 기능이 있으나 현대에는 모든 생산활동이 사회에서 이루어지므로 가족의 생산기능은 감소하고 소비의 기능이 증가되었다.

셋째, 자녀 양육과 사회와 기능으로 부모는 자녀를 출산하는 기능을 지니고, 자녀의 도덕적, 사회적, 인지적 발달에 대한 책임을 진다. 또한 가족은 자녀가 최초로 가치관이나 사고방식 등을 학습하는 기관이며, 사회에서 성숙한 성인으로 살아갈 수 있는 기반을 형성해 주는 사회화의 기능을 담당한다.

넷째, 지위와 사회적 역할 부여의 기능으로 새로운 가족이 형성되면 남편이나 아내로서 새 역할이 부여되고, 자녀의 출산으로 아버지와 어머니로서의 역할도 가지게 된다는 것이다. 또한 가족은 사회·경제적인 수준, 종교 및 인종을 결정함으로써 사회 내에서의 특정한 지위와 위치를 획득하는데도 영향을 미친다.

---

8) Strong, B., & Devault, C.(1992). The Marriage and Family Experience. West Publishing Co.

전통적으로 가족은 성적 기능, 경제적 기능, 출산 및 양육의 기능, 교육 및 사회화 기능을 담당했으나 사회가 변화함에 따라 상당 부분이 사회로 이양되고 있으며, 향후 가족의 기능에서는 정서적 기능이 더욱 중요하게 부각될 것으로 바라보고 있다. 결과적으로 가족의 기능은 가족 내 신뢰를 바탕으로 한 관계형성과 보호 및 양육기능을 유지하고 가족의 내·외적으로 발생하는 문제와 변화에 탄력적으로 대응함으로써 가족의 안정성을 높이는 것이 중요하다.

2. 가족에 대한 관점

1) 구조기능론적 관점

구조기능주의 핵심개념은 사회를 하나의 유기체로 가정한다는 것이다. 예를 들면, 포유동물은 영양분의 섭취를 담당하는 소화기관, 불필요한 잔여물을 외부로 배출시키는 배설기관, 산소를 공급하는 호흡기관, 종족번식을 위한 생식기관이 있는데, 이들 각 기관은 고유의 역할을 수행하는 동시에 서로 연결되어 있기 때문에 어느 한 부분에 질환이나 장애가 생기면 유기체는 제대로 기능하지 못하게 된다는 것이다. 이와 같이 구조기능주의는 사회라는 유기체가 살아가기 위해 경제제도, 종교규범, 교육기관, 행정조직, 결혼제도, 가족체계 등이 맡은 바 기능을 각기 수행하고 있으면서도 상호의존적 관계를 유지하고 있다는 것이다. 또한 각 부분은 사회를 유지하고 발전시킨다는 대의명분을 가지며, 무질서나 혼란을 방지하기 위해 규제나 처벌을 가하기도 한다.

즉, 가족체계는 사회를 구성하는 하나의 하위단위로서 사회를 유지하는데 기여한다고 보았으며, 가족은 가족 구성원들이 질서를 유지하면서 조화롭게 연결되어 있는 구조이고, 개인은 이런 가족의 영향력 안에서 살아가는 부분적인 존재라는 것이다. 그러하기에 가족은 통합과 안정에 필요한 기능을 수행하고 이는 결국 사회의 안정과 연결된다는 관점이다.

구조기능주의의 대표적인 학자인 파슨스(Parsons)는 농경사회에서 산업화가 되면서 가족의 기능들도 매우 축소화되어 산업화의 요구에 가정 적합한 가족형태는 핵가족 제도라고 주장하였다. 산업화사회에서의 핵가족 중심의 가족 기능 중 아버지가 가족의 생계비를 벌어오거나 규율을 엄수하는 '도구적인' 역할을 수행하고, 어머니는 자녀양육과 애정을 책임지는 '표현적인' 역할을 수행하는 것이 기능적이라고 보았다.9) 구조기능주의 관점은 결혼 및 가족이 사회와 가족 구성원 개인에 대해 어떤 기능을 하며 사회와 어떻게 연계되어 있는지를 설명하는 데 기능하여 왔으며, 사회를 잘 유지하고 발전시키기 위해서 가족의 구조와 기능이 어떻게 변화되어야 하는지 초점을 두었다.

그러나 이러한 주장은 다양한 관점에서 비판을 받으며 한계점을 가지는데, 첫째로 성별에 따른 노동 분업이나 사회 질서의 유지를 지나치게 강조하는 것들은 보수적이며 성차별적이라는 비판을 받아왔으며, 둘째로, 가족 내에도 갈등이 존재할 수 있는데, 이러한 갈등과 사회적 변화에 대한 언급은 없이 현상유지만을 강조하였다는 점이다. 또한 부부 중심의 자녀를 가진 핵가족만을 '정상가족'으로 분류하고 다양한 형태의 가족은 '비정상적' 또는 '결손가족'이라는 낙인을 찍어 다양한 가족의 형태를 수용하지 못하였다는 비판을 받았다.

9) Parsons, T.(1966). Societies : Evolutionary and comparative perspective. NJ : Prentice Hall.

2) 갈등론적 관점

갈등이론은 사회적 갈등을 간과한 구조기능주의에 반대하면서 생겨난 이론이다. 핵심은 사회는 서로 다른 이해관계를 추구하는 개인과 집단으로 구성되어 있으며, 이들이 대립과 경쟁, 갈등과 변화의 관계에 있다고 주장하였다. 대표적으로 칼 마르크스(Karl Marx)나 조지 짐멜(Georgy Simmel) 등의 갈등이론가들은 인간은 자기중심적이며, 자신의 욕구를 우선시한다고 여겼다. 또한 자원의 희소성 때문에 사회 구성원 모두가 만족할 수 없고, 경쟁과 갈등이 있으며, 이것은 자연스러운 것이고 사회 발전을 위해서 필요한 것이라고 하였다.

더 나아가 가족 구성원 간에도 대립과 이익이 상충되어 가족도 갈등이 존재하는 집단으로 보았으며, 이러한 가족 갈등은 가족생활의 기본적인 요소라고 전제하였다. 또한 갈등이 반복된다고 해서 반드시 가족해체가 일어나는 것이 아니며 오히려 가족체계가 더욱 구조화될 수도 있다는 것을 강조하였다.

갈등이론의 주요 개념으로는 경쟁, 협상, 합의, 그리고 동의가 있다. 경쟁은 갈등과 유사한 개념으로 자신의 방식으로 타인을 희생시킴으로써 자신의 보상을 얻는 과정이라 할 수 있으며, 협상은 이해 당사자들 간에 자원을 조직적으로 교환을 함으로써 서로 간에 최대한 많은 자원을 획득하고 자신의 이익을 극대화하는 것을 말한다. 합의는 갈등 문제에 관련된 당사자들이 모두 동일한 의견에 이르는 것을 말하며, 동의는 특정한 사안을 두고 모든 당사자들끼리 같은 의견을 가지는 것이다. 가족 간의 관계가 평등적인 권위구조를 가지고 있다면 갈등을 조정하기 위해 협상을 자주 활용하게 된다.

갈등론자의 관점에서의 가족은 가족의 안정과 질서를 강조하는 구조기능론적인 관점에 의문을 제기하고 조화와 갈등이 공존하는 가족의 양면성과 가족갈등 문제를 공론화 하는 데 기여했다는 평가를 받고 있다. 하지만 가족의 애정, 친밀감, 희생 등의 정서들은 간과하고 갈등에만 초점을 둔다는 비판도 있다.

3) 체계론적 관점

가족체계 이론은 독일의 생물학자 베르탈란피(Bertalanffy)가 발표한 일반체계이론에 근간을 두고 있으며, 가족의 특성과 역동을 설명하는 데 체계라는 개념을 접목하여 가족의 복잡한 상호작용을 설명하는 데 유용하며, 가족학 분야에서 가장 영향력 있는 이론이기도 하다. 체계는 여러 개의 부분들이 모여 구성된 복잡한 전체를 의미하는데 가족체계 이론에서는 다음과 같은 기본 특징을 지닌다.

첫째, 체계는 전체성을 지닌다. 즉, 전체는 부분의 합보다 크다는 명제를 바탕으로 가족은 독립적으로 행동하는 개인들이 모인 단순한 집단이 아니며, 가족집단은 '전체'로 간주하며 하나의 단위로 본다는 것이다.

둘째, 체계는 항상성을 지닌다. 가족 체계 내의 가족 구성원들은 안정되고 평형 상태를 유지하려는 특성을 가지고 있다는 것이다.

셋째, 체계는 상호성을 지닌다. 체계 안에서 발생한 하나의 변화가 체계 내의 다른 부분에도 영향을 미쳐 연쇄적인 변화를 초래한다는 것이다. 즉, 가족 구성원 한 사람은 다른 가족 구성원 모든 사람에게 영향을 미친다는 것이고, 가족 구성원은 변화의 불균형에 대해 보상적 반응을 일으키며, 이에 대해 이전의 '균형 상태'로 되돌리려는 경향이 있는데 이는 먼저 설명한 체계의 항성성이다.

넷째, 가족체계는 부부하위체계, 부모하위체계, 형제자매체계로 구체화된다.

이러한 가족체계론적 관점은 가족 문제를 이해하는 데 있어 다차원적인 접근이 가능하며, 실천현장에서 가족상담 및 가족생활교육에 적용이 되고 있다. 가족 체계론적 관점에서의 가족문제는 전통적 가족 기능이 약화되고 가족 연대성이 파괴되거나 축소된 것으로 여기는 경향이 있으며, 지나치게 가족의 총체성을 강조하다 보니 가족 내 구성원들의 개별성을 간과하는 한계점을 지니고 있다.

4) 여성주의 관점

여성주의 이론은 1960년대 이후 여성해방운동이 활발히 전개되면서부터 시작되었다. 이는 기존의 남성주의적 시각에서 이루어진 부당성을 지적하고, 여성의 경험을 과학적으로 입증하는 것이 여성주의이론의 주요 핵심이라 할 수 있다. 가족은 노동과 분리된 사적인 장소로 가족 보호 논리가 가족의 성억압을 은폐하고 기존의 성별 분업 구조에 대해 기본적인 문제점을 제기한다. 이들은 현재의 가족제도가 여성들을 성적, 경제적, 심리적으로 억압한다고 주장한다. 그렇기 때문에 전통적인 가부장 중심의 권위적 가족관계를 벗어나 민주적이고 양성평등적인 관계로 가족이 변해야 가족의 행복이 가능하다고 주장하였으며, 여성의 가사노동은 '사적인' 영역으로 치부되는 등의 성별 불평등을 해소하기 위한 실천방안을 마련하고, 남성과 여성이 조화로운 환경을 조성할 수 있도록 하는 데 기여하고자 하였다.

여성주의적 관점은 여성의 경험을 바탕으로 한 다양한 가족형태를 인정한다. 파슨스(Parsons)가 주장한 '역기능적인 가족' 또는 '비정상적인' 가족이 아닌 한부모가족, 독신가족, 별거가족 등을 단지 형태가 다른 가족으로 받아들인다.

구조기능주의 관점에서의 가족은 사적인 영역으로 공적인 영역인 사회에서 받는 스트레스와 긴장을 완화시킬 수 있는 것이라고 여겼다. 즉, 남성이 임금노동을 지속할 수 있도록 가정은 재충전할 수 있는 안식처여야 하며, 여성은 정서적 지원과 휴식을 제공하는 역할이 바람직하다고 보았으나, 여성주의적 관점은 여성도 임금노동이 가능하며 또한 가사노동에 대해서도 가치를 인정해야 한다고 주장하였으며, 여성에게도 가족은 휴식의 장소가 되어야 한다는 것이다.

3. 가족 이데올로기

이데올로기란 사람이 인간·자연·사회에 대해 규정짓는 추상적이면서도 이념적인 의식의 형태를 가리킨다. 사회학적으로 비판적인 입장에서는 사회 내에 '상식적' 관념 및 널리 퍼진 신념으로서, 많은 경우 간접적으로 지배계급이나 지배 권력층이 자신의 이해를 도모하고 지배체제를 정당화하기 위하여 구성하고 발전시킨 것이다. 전통적인 가부장적 가족조직은 남성의 권력과 왕조시대의 사회질서를 유지하는 데 아주 효과적이었다. 이러한 가족 이데올로기는 특별히 여성에게는 억압의 굴레였다.

여성들이 경험하는 억압과 여러 문제들을 해결하기 위해서는 가족에 대한 이해와 다양한 가족이데올로기를 잘 알고 성평등적 시각에서 분석하는 일들이 필요하다. 이를 위해 대표적으로 결혼 이데올로기, 가부장 이데올로기, 현모양처 이데올로기, 정절 이데올로기, 그리고 효 이데올로기를 살펴보도록 하겠다.

1) 결혼 이데올로기

미혼녀, 미혼모, 미망인 등의 언어들의 중심은 결혼이다. 결혼을 했든 하지 않았든 결혼이 주는 압박은 결코 가볍지가 않다. 일반적으로 결혼적령기라고 부르는 일정한 연령에 도달하면 결혼을 하고 가족을 형성하는 것이 당연하고, 정상적이라고 생각하며, 비로소 성인으로서의 대접도 받게 된다. 특히, 여성은 보통 30세가 넘으면 결혼강박증에 시달리게 되고, 결혼을 안 하거나 더 나아가 출산도 하지 않을 계획이지만 출산을 당연히 한다는 생각에 노산은 위험하니 빨리 결혼을 하고, 빨리 출산을 하라는 주변 사람들의 눈총을 받게 된다. 남성도 결혼을 하지 않고 독신으로 있으면 어디가 안 좋아 아픈 사람, 뭔가 모자라는 사람, 성격이상자 등으로 짐작하는 경우가 있지만, 여성은 특히 소위 말하는 '임자가 없는 여자'로 간주되어 여러 가지 부당한 대우를 받는 경우도 있다. 따라서 자신이 원하지 않는 배우자 또는 원하지 않는 결혼임에도 불구하고 적당히 타협하여 결혼을 하게 된다. 비록 얼마 전까지만 하여도 결혼을 통하여 여성은 남편을 통해 사회생활과 연결고리가 맺어지게 되므로 결혼은 필수였으며, 결혼 이후에도 남성에게 의존적으로 살아갈 수밖에 없는 상황이었다. 최근에는 이런 결혼 이데올로기로부터 탈피하고자 하는 저항이 일어나기도 하였고 '비혼(非婚)'이라는 용어까지 등장하기도 하였다.

2) 가부장 이데올로기

가부장제(patriarchy)는 그리스어에 어원을 두고 있으며 문자적인 의미는 아버지의 지배를 뜻하지만 남성에 의한 여성 지배를 말한다. 밀레트(Millett)는 가부장제를 아버지의 지배가 아닌 남성의 지배를 의미하며, 그 자체로서 권력관계와 지배의 보편적인 양식으로 보았다.[10] 가부장제는 서로 다른 사회, 역사적 시기나 계급적 차이를 막론하고 전면적으로 퍼져있는 가장 오래된 기본적인 억압이다. 또한 하트만(Hartmann)에 의하면 가부장제는 물적 토대를 갖고 있는 남성들 사이의 계층적 관계와 남성으로 하여금 여성의 지배를 가능하게 하려는 남성들 사이의 상호종속성 또는 연대를 성

10) Millett, K.(1976). Sexual Politics(성의 정치학. 정의숙・조정호 공역). 서울 : 현대사상사.

립시키고, 창출시키는 일련의 사회적 관계라고 정의하였다.[11] 그리고 여성이 경제적으로 생산 활동에 참여하는 것을 배제시킴으로써 여성의 성적 기능을 통제할 수 있고, 가부장권은 유지된다고 보았다. 소콜로프(Sokoloff)도 가부장제를 남성으로 하여금 여성을 지배할 수 있도록 하는 사회적 권력관계의 총체라고 하였다.[12] 즉, 가부장제 아래 여성은 무엇을 하든, 여성 자신의 지위가 어떠하든 관계없이 남성의 지배 아래서 살게 되며, 가부장제 아래 여성은 남성의 허락한 범위 안에서만 특권과 영향력을 행사할 수 있다는 것이다.

한국에서의 가부장제가 확립된 것은 조선시대 후기로 알려져 있다. 조선시대 중기 이후로 강화된 부계직계가족은 혈통을 계승하고 재산을 상속하는 등 가문을 이어가는 것을 최대의 가치로 삼았으며, 남성의 가장에게 모든 권한과 권위를 부여하였다. 이와 반대로 여성은 종속적인 지위에 머무를 수밖에 없었고, 남성은 여성의 삶을 통제하기 시작하였으며, 여성을 통제하기 위해 정절, 출가외인, 열녀, 삼종지도와 같은 것을 중요시하였다. 이러한 가부장적인 성억압적 성격은 지속적으로 유지되어 왔으며, 특히 유교문화의 영향으로 남성우월주의, 남아선호사상, 남존여비사상 등은 이를 더욱 공고히 하는 역할을 하였다.

근대에 이르러서는 남성에게는 남편으로서, 여성에게는 아내로서 성 역할을 부여하고, 공적 영역(사회)과 사적 영역(가정)의 이분법적 대립구조를 가지며, 대중매체의 발달로 가부장 이데올로기는 지속적으로 재생산되며 남성지배를 정당화시키고 여성에 대한 억압을 지속시키고 있다. 이렇게 형성된 가부장 이데올로기는 전통적 가족 이데올로기의 핵심적 근간이 된다고 말할 수 있다.

---

11) Hartmann, H.(1981). Women and Revolution. South End Press.
12) Sokoloff, N. J.(1990). Between Money and Love : The dialectics of women's home and market work(여성 노동시장 이론. 이효재 역). 서울 : 이화여자대학교출판부.

3) 현모양처 이데올로기

유교 가부장제가 여성에게 요구한 기본 덕목으로 '삼종지도(三從之道)'가 있다. 즉, 결혼하기 전에는 아버지에게, 시집을 가서는 남편에게, 남편이 죽고 늙어서는 자식을 따라야 한다는 것이 여성이 평생 지켜야 할 도리라는 뜻이다. 이는 여자의 평생을 남성에게 종속되도록 규정한 것으로 볼 수 있다. 사실 현모양처론은 유교 가부장제의 덕목이 아니라 메이지 시대 일본에서 창안되었다. 일본 천황제 국민국가가 여성에게 부여한 역할은 남성이 일왕에게만 충성할 수 있도록 가정을 맡아 꾸리며 자식을 충성스러운 신민으로 기르는 것이었다.

우리나라에서는 을사늑약 직후 1906년 한성에 설립된 여자교육기관인 양규의숙에서 '현모양처 양성'을 설립취지로 내세우면서부터 '현모양처'라는 단어를 사용하였고, 이후 오랫동안 여성의 자아실현은 현모양처가 되는 것이라는 의식이 지배하게 되었다. 이렇게 현모양처의 의식은 '사회적으로 성공하는 남편'을 위해 내조하고, 더욱 순종하며, 의존하고, 다음 세대의 노동력인 자녀출산 및 양육에 희생과 헌신적으로 전념하며, 부모를 봉양함과 동시에 가족 구성원들이 치열한 생존경쟁의 사회로부터 받는 스트레스에 대해 가정이 도피처이고 안식처가 되기 위해 상당한 양의 가사노동을 감당하는 것이 미덕이라고 생각하는 것이라고 할 수 있다.

4) 정절 이데올로기

사회가 변화함에 따라 우리의 의식 속에 자리잡은 이데올로기의 변화가 있지만 아직까지 여전히 여성의 성에 대한 인식은 보수적이라고 할 수 있다. 2015년에 간통죄가 폐지가 되었기는 하지만 여전히 남녀, 부부 간의 정절에 대한 차별적이고 이중적인 잣대는 뿌리 깊이 박혀있다. 이러한 정절 이데올로기 역시 조선시대로 거슬러 올라간다. 백성들의 교육을 위한 일련의 조선시대 윤리·도덕 교과서라 할 수 있는 삼강행실도에서는 군신·부자·부부의 삼강의 모범이 될 만한 충신·효자·열녀의 행실을 이야기하고 있다. 조선경국전, 경제육전, 경국대전으로 이어지는 법전에서도 정절이 명문화된 법으로 존재하는 등 부부 사이의 정절을 국가가 관리를 하였다. 즉, 정절을 지킨 아내에게는 국가 차원의 보상이 이루어졌고, 반대로 정절을 해친 아내에게는 국가가 나서서 분노하고 응징하였으며, 정절을 어긴 실행녀(失行女)의 남성은 관직에서 물러나야 했고, 가족들 또한 관직 진입 자체가 봉쇄되기도 하였다. 또한 정절을 지키기 어려운 순간에는 스스로 목숨을 끊기까지 하면서라도 정절을 지키려고 하는 사례를 미화하는 분위기였다. 정절의 문제를 둘러싼 '개가 논쟁'에서는 현실적으로 과부의 개가가 필요한 상황이 있다는 주장도 있었고, 조선 후기에는 맹목적인 열녀 찬양론을 비판하기도 하였으나, 이러한 조선시대의 여성의 정절문제는 기득권을 가진 남성들에 의해서 거론됨으로써 역시 남성 자신들의 욕망을 반영한 것들이라고 볼 수 있다.

5) 효 이데올로기

전통적인 가족에서 부모를 봉양하는 것은 자식으로서 당연히 해야 할 일로 여겨졌다. 특히 장남은 부모봉양에 있어 의무와 책임을 지고 있고, 아들이 없는 경우에는 노후를 걱정하며 양자까지 들이는 경우도 있었다. 이러한 배경에서의 효 이데올로기는 남아선호사상을 부추기면서 남녀 성차별적인 시각도 심화시키는 것이 되어버렸다. 우리가 잘 알고 있는 '심청전'은 심청이의 효도를 칭송하고 미화하며 해피엔딩으로 끝나는 이야기이지만 오늘날의 시각에서는 부권중심사회에서 어린 딸 스스로 산 제물로 자신의 목숨을 바친 잔혹한 고소설이라 할 수 있다. 또한 자식이 아비를 위해 목숨을 버리는 심청이의 행위처럼 봉건 왕조시대에 자식인 백성이 아비인 왕을 위해 희생하며 충을 강요하기 위한 억압기제로 효가 이용되어 왔다고 볼 수 있다.

4. 가족 이데올로기의 해체

위에서 살펴본 다섯 가지 유형의 가족 이데올로기는 지배집단에 의해 그들의 욕구에 따른 권위적인 질서를 지속적으로 유지시켜 오는 데 긍정적인 기능을 하였다. 그러나 1960년대 산업화를 거치고 자본주의가 본 궤도에 오르게 된 1970년대 이후부터는 가족 이데올로기도 차츰 변하기 시작하였다. 1980년대부터는 가족의 전통성과 현대성이 공존한 혼돈 속에서 가족에 대한 다양한 담론들이 활기를 띠기 시작하였다. 가족의 해체에 대한 우려가 많지만 여성주의적 관점에서는 가족의 붕괴, 가족의 해체가 아닌 가족 이데올로기의 해체의 신호탄이라고 그 의미를 해석한다. 탈제도권적, 탈전통적인 가족형태들은 더욱 다양하고 자유로운 형태의 개념으로 변화를 겪고 있다. 즉, 혈연 중심의 가족이 아닌 혈연을 벗어난 생활공동체로서의 가족으로서 가족의 개념 또한 변화하는 것은 큰 변화라고 할 수 있겠다.

그 예로 결혼 이데올로기는 이제 결혼은 필수가 아닌 선택이라는 입장으로 변화하였다. 더불어 출산 또한 가문을 이어가거나 노후보장을 위한 방편으로 필수가 아니라는 것이다. 이는 지금 우리 사회가 겪는 저출산현상이 그것을 증명해 준다고 볼 수 있다. 결혼이라는 것은 자신에게 이득이 될 때, 내 삶을 풍부하게 만들어 줄 수 있을 때 원한다는 것이다. 이와 같이 결혼은 선택이라는 인식은 이혼에 대한 인식과도 밀접한 관계를 지니고 있다. 이미 결혼을 하였더라도 자아를 실현시킬 기회를 제한하는 결혼생활이라면 해체할 수도 있고, 더 나은 상대가 나타나면 재혼도 가능하다는 인식은 여성의 삶을 크게 바꾸어 놓았다.

가부장 이데올로기는 가부장에 의한 가족 구성원의 억압으로, 일반적으로 남성에 의한 여성의 억압으로 인식된다. 가부장제에 대한 잔재의식은 여전히 사회에 남아있지만, 여성의 인권의식향상과 가부장제의 법적 폐지에 따라 가부장제 이데올로기는 점차 약화되고 있다.

정절 이데올로기 또한 간통제가 폐지됨에 따라 남자는 그럴 수 있고, 여자는 그럴 수 없다는 식의 이중적인 의식도 변화되고 있다. 결국 여성에게만 억압적인 정절 이데올로기는 점차 파괴되고 있는 것이다.

효 이데올로기 또한 부모 봉양에 대한 책임과 의무가 사회적으로도 문제가 되는 부담으로 인식되면서 가정이 담당했던 기능이 대부분 사회화가 되었다. 또한 장남이 부모 봉양의 책임을 졌던 과거에 비해 아들, 딸 구분 없이 형편이 되는 자녀가 담당하는 형태 등 다양하게 변화되고 있다.

이처럼 가부장 이데올로기, 정절 이데올로기, 효 이데올로기 또한 해체되고 변화하는 과정을 겪고 있다. 이는 그만큼 가족에 대한 관심 또한 높아졌으며, 바람직한 가족모델을 생각하고, 가족의 개념, 가족의 유형 또한 다양해지고 있기 때문이라고 할 수 있다. 그리고 가족 내 남성과 여성의 역할 및 지위 또한 양성평등한 가족 문화를 이루기 위해 많은 제도적 노력으로 인해 변화함으로써 전통적인 가족 내 존재하였던 가족 이데올로기는 이제 새롭게 변화하고 신(新)가족 이데올로기를 만들어 가고 있다고 할 수 있겠다.

생각해 봅시다

(1) 여러분이 생각하는 가족의 정의와 주요 기능은 무엇인가요?

(2) 가족 이데올로기를 탈피하고자 한 실례를 찾아보시오.(문학작품, 영화, 방송, 광고, 만화 등)

Chapter

6

여성과 예술

1. 문학과 이데올로기
2. 문학과 성차별 의식
3. 페미니즘 문학
4. 페미니즘 미술
5. 페미니즘 예술가

Chapter

06 여성과 예술

1. 문학과 이데올로기

예술은 학문, 종교, 도덕 등과 같은 문화의 한 부문으로, 예술활동(창작, 감상)과 그 성과(예술작품)의 총칭이다. 그중에 문학은 언어라는 표현도구로, 음악은 소리라는 도구로, 미술은 형태로, 무용은 신체의 움직임으로, 연극과 영화는 복합적인 표현 방식을 가지는 종합예술로 구분할 수 있다. 본 저서에서는 다양한 예술 영역 중 대표적으로 문학과 미술의 영역에서의 나타난 여성의 모습에 대해서 살펴보고자 한다.

문학은 크게 두 가지 측면에서 이해할 수 있다. 하나는 지식인 또는 예술가의 활동이나 작품에 형상화된 것을 통하여 인간 정신과 창조성의 정수(精髓)를 확인함으로써 이해할 수 있다. 또 하나는 지식인과 예술가가 아닌 일반 대중들 사이에서 일상적 삶 가운데 공유되는 가치관이나 태도, 신념 체계, 이데올로기 등이 바탕이 되는 생활양식의 총체를 파악하는 것이다.

이러한 문학의 두가지 측면은 문학이 고정된 것이 아니고 끊임없는 과정을 거쳐, 의미를 산출하고 전파하며 변동한다. 문학적 현상은 사회 경제적 변화 속에서 끊임없이 변형되어 재생산으로 이어져 가는 연속성의 형태를 나타낸다.

문학은 우리 인간이 꾸려가는 삶의 모습을 비추는 거울로 인간의 삶의 모습을 담고 있다. 우리는 많은 경우 문학을 통해 우리 자신의 삶의 모습이 어떤지 또 우리가 함께 어울려 살아가는 사람들의 삶의 본질적 관계는 어떠한지를 느끼고 배우게 된다. 그러나 문학에 담겨진 삶의 모습과 본질은 항상 순수하거나 객관적이지만은 않다. 누가, 어떤 시각이나 패러다임을 가지고, 또 어떤 이데올로기로 삶의 모습을 그리는가에 따라 현실은 충분히 왜곡될 수 있기 때문이다. 그러므로 문학은 우리 삶의 현실을 반영하는 이데올로기의 한 형태라고 볼 수 있다.

문학에서의 왜곡은 한 사회의 지배적인 이념과 맥락을 거의 같이 한다. 봉건적, 보수적, 가부장적 관점을 가진 작가나 독자는 의식적이거나 무의식적으로 그들이 지닌 관점에 따라 삶의 모습을 표현한다. 따라서 그러한 작품들 속에 투영된 여성과 남성의 삶의 모습은 상당히 왜곡되어 순수성을 벗어날 뿐 아니라 객관적일 수 없고 또 온전한 전체를 그릴 수는 없는 것이다.

최근 남녀 간에 표출되는 문화적 긴장과 더불어 문학론에 대한 논란도 점차 증가하고 있다. 그것은 한 나라의 문학에는 다양한 계층의 가치관들끼리의 복합적인 작용으로 전체적인 문학의 패러다임이 형성되고, 동시에 성별, 사회계층별, 세대별로 하위 문학적 패러다임이 존재하며, 이들 사이에서도 서로 갈등과 긴장이 발생하기 때문이다. 문학에서 일반적으로 여성은 정서적이며, 의존적, 소극적인 성향을 지니고 가치관, 관념, 그로 인한 행위 양식에 있어서는 남성과는 현격한 차이가 있는 것으로 묘사되는 경우가 많다. 이런 측면이 문제가 되는 것은 문학의 특수성 때문이다. 즉, 문학은 그 사회의 지배적 이데올로기를 거쳐 현실을 반영하는데 이러한 이념성은 잘 드러나지 않고 은폐되는 속성을 지니고 있다. 왜냐하면 문학 작품의 일상적 삶 속에 스며든 지배적 이데올로기가 이념으로서의 본질은 드러나지 않고 보편적 현실의 모습인 것처럼 받아들여지기 때문이다.

사회적 관점에서 이러한 이념적 은폐성은 남녀 간의 차이를 논할 때 특별한 의미를 지닌다. 왜냐하면 남성과 여성은 살아가는 동안 사회적·정치적 · 경제적 환경을 다르게 경험하기 때문이다. 이로 말미암아 남녀의 역할이 구분이 되며, 역할 차이, 기대, 가치관이 삶을 살아가는 동기를 부여받는다고 믿기 때문이다. 사회적 · 정치적 · 경제적으로 구조화된 경우에 어떤 형태로든지 지배계급과 피지배계급으로 계층의 계급사회가 형성되고 계층 간의 갈등과 대립이 있게 된다. 이렇게 계층적으로 분화된 사회에서 삶에 지배적 영향을 미치는 이념은 실질적으로 지배계층의 이해나 가치관을 대변하게 되는 경향이 강하다. 이러한 지배적 이념이 드러나지 않기에 이러한 이념에 보편성을 부여하고 수용하게 되는 것이다. 여기서 여성과 남성의 관계와 역할에 성별 차이가 있다고 생각하는 근거는 우리 사회가 성 관념을 사회적 관점인 젠더(gender)를 기준으로 보는 것이 아니라 생물학적 기준인 성(sex)으로 보기 때문이다.

이러한 면에서 우리 사회의 성 관념은 남성은 사회를 이끌고 역사를 창조하는 존재이며, 여성은 남성에게 의존하는 존재라는 관념이 남녀 모두에게 자연스럽고 보편적인 현상인 것처럼 받아들여지는 것이다. 또한 이러한 성 관념의 왜곡은 남성이 지배 계층인 가부장적 사고와 긴밀하게 얽혀 남성에 의한 여성억압이라는 실제적 상황이 토대가 되기 때문이다.

문학에 대한 이해나 가치는 역사적 · 제도적 산물로 사회의 변동과 더불어 변하는 특성을 가지고 있다. 또한 문학적 인식은 사회적 · 문화적 측면을 바탕으로 하고 있기에 여성과 남성에 대한 인식을 문학적 의미에서 그 행위와 의식, 변화들을 관찰할 수 있다.

시대 변화에 따른 남녀 간의 차이와 갈등에 대한 논란은 많으나 진정 문학이 추구해야 할 여성과 남성의 관계 및 역할에 대한 담론은 제대로 이루어지지 않고 있다. 이런 시점에 여성문학의 본질을 살펴보는 것과 문학에서 남녀가 어떻게 묘사되는지, 더 나아가 그러한 문학적 성향이 사회에 미치는 영향과 의미하는 바가 무엇인지를 살펴볼 필요가 있다.

특히, 전환기적 시점에 지난 시기의 여성문학관을 정리하고 객관적으로 분석하는 작업은 양성평등을 지향하는 시대적 요구와 부합되는 일이다. 따라서 문학에 나타난 성차별 의식과 여성문학의 개념 및 작품에 반영된 대중 문학과 여성 문제의식, 그리고 문학의 사회적 역할에 대한 의미를 살펴볼 필요가 있다.

2. 문학과 성차별 의식

봉건시대의 윤리학은 하나같이 여성이라는 존재를 젠더 차원이 아닌 생물학적 차원에서 인식하고 있으며, 여성에 대한 심한 편견을 가지고 있었다. 시인 발레리(Valéry)는 '욕망과 갈망의 대상으로서의 여성 … 도구이며 장식인 여성 … 쾌락과 생식의 기구인 여성 …'으로 언급함으로써 전 세계 여성들에게 지극히 모멸적이고도 인권유린적인 수모감을 안겨주기도 하였다. 독일 시인 벤(Benn)도 자신의 시 「급행열차 D－Zug」에서 '여자는 단지 하룻밤을 위한 것'으로 표현하며, 여자는 남성의 울적한 스트레스를 씻어내는 수단에 불과하다는 극단적인 발언을 하였다. 이러한 언급들의 공통적인 문제는 모두 남성들에 의해 주도되었다는 것이다. 진정 그들의 말대로 여성이란 오직 남성을 기쁘게 하기 위한 '인생의 장식'에 불과한 도구적인 존재일까?

표면적으로 봉건시대는 이미 오래전에 몰락한 것처럼 보이지만 현대사회의 지금 이 시점에도 한국의 문학은 여전히 과거의 봉건적 여성관과 관습들이 남아있고, 많은 경우 그러한 관심이 비호되는 면도 없지 않다. 우리 사회에서 여성 문제에 대한 논의는 제반 정치적 모순과 결부되어 해결되지 못한 다른 여러 난제들과 무관심한 상태로 방기되어져 온 것도 부인할 수 없는 사실이다.

그러나 우리 주위를 둘러싸고 있는 무수한 봉건적 허상의 너울을 걷어내고 거듭나고자 하는 페미니스트 문학관을 가진 여성 작가들의 노력 또한 지속되고 있다. 문학에서의 여성관은 여러 유형으로 나타난다. 이 가운데에서 열등성과 관련된 신화를 우리는 찾아볼 수 있다. 여성 열등성의 신화는 해석의 과정에 있어서 다양한 변주를 겪는데, 그 구체적인 양상을 살펴보면 다음과 같다. 첫 번째로 여성의 수동성, 비현실성, 소극성, 순종성이 마치 여성의 본성인 것처럼 간주한다는 점이다. 이러한 주장은 여성의 열등성을 부각시키는 경우가 보편적이다. 또는 그 반대로 여성을 희생적이고 숭고한 가치를 가진 이상적 인물로 낭만화하는 경우도 있다. 예를 들면, 낭만주의 시에서 자주 등장하는 뮤즈의 여신을 들 수 있다. 이 경우 여성상은 대체로 타인을 위해 자신을 희생하는 모성으로 미화되어 나타난다. 이러한 표상은 우리가 문학작품에서 흔히 보는 여성상이다.[1)]

두 번째, 서구의 여성해방 비평가들은 지금까지 문학 작품에서 여성은 천사와 마녀의 이분법으로 나타난다고 주장한다. 그 주장을 분석해 보면 먼저 집안에서의 천사 이미지이다. 이 경우 여성의 활동 공간을 가정이라는 한 영역에 제한시키며, 그 영역 안에서 부드럽고 순종적인 여성을 길러내기 위한 이념적 장치로 기능을 해왔다. 두 번째로 남성들은 이런 순결하고 순종적인 집안의 천사 이미지를 이상화하였고, 이 때문에 그로부터 벗어난 여성들은 '마녀'로 파문한다. 남성의 권위에 도전하면서 주체성을 주장하는 여성은 마녀로 가차 없이 매장된다.

하지만 이러한 주장들이 가지고 있는 모순에 대해 우리는 주목할 필요가 있다. 남녀 모두 함께 해방된 세상을 꿈꾸는 사회에서 여성의 억압을 당연하게 여긴다면 여성 해방뿐만 아니라 남성 해방 역시 성취할 수 없는 것이다. 대다수의 여성 해방 문학가는 지금까지 보편적 기준으로 이해되었던

1) 한국여성연구소(2000). 새 여성학 강의. 경기 : 동녘.

작품의 평가 기준이 남성 중심적 이데올로기에 불과했다는 것을 발견한다. 그리고 이러한 표현되고 은폐되어 있는 이데올로기에 저항하는 독자가 되고자 노력한다. 여성 해방 문학의 역사적 임무가 시작되는 것은 바로 이러한 해방을 위한 문학적 실천을 떠맡는 데서 출발하는 것이다.[2)]

3. 페미니즘 문학

시대적 흐름에 따라 여성과 남성 그리고 남녀 관계를 그리는 문학의 지향점이 어떻게 변화되어 왔는지 살펴보고자 한다. 일반적으로 새로운 세기나 계기를 맞을 경우에 문학사는 기존의 낡은 전통, 낡은 사고방식 그리고 낡은 패러다임에 대한 비판적 사고를 창출함으로써 시대적 변혁을 이루기 마련인데 오늘의 시점에서 여성문학을 진단해 보면 문학의 본질에서부터 사람들 사이에 합의가 이루어지지 않고 있고, 특히 전문 학자들 사이에서의 이견도 좀처럼 좁혀지지 않고 있어 여성문학이 그리 바람직한 모습을 띠고 있지는 않다. 문학의 본질에 관한 논의에서는 당연히 그에 대한 정의가 우선되어야 한다.

문학의 본질은 그것이 가리키는 현상이 너무 많아서 정의하기가 어려운 개념들 중에 하나이지만 논의의 초점이 되는 것은 바로 작가의 문학적 가치관이나 의식 구조일 것이다. 대중들은 시나 소설을 읽고 공감하며 배우려고 한다. 이때 대중들이 공감하거나 배우려고 하는 것은 시나 소설의 기교라기보다 작품을 쓴 작가의 자아나 정신일 것이다. 그러나 최근의 여성문학은 대중의 요구를 충족시키지 못하고 있다. 그 이유는 문학이 새로운 시대나 세기에 맞는 새로운 인간적 이미지를 창조하지 못하고 있고 또 여성문학에 대한 사회적 요구를 충족시키지 못하고 있기 때문이다.

---

2) 한국여성연구소(2000). 새 여성학 강의. 경기 : 동녘.

정보화 사회에서 뉴미디어 환경이 일반화됨으로써 대중 소비문화가 보편화되고, 이로써 대중문학에 대한 요구도 날로 확대되고 있다. 여기서 문학론이 여성과의 의사소통을 위해 얼마나 고민했는가에 대해 의문을 가져볼 필요가 있다. 또한 그동안의 여성을 보는 폐쇄성에서 벗어나 문학 영역에서 중요한 양성평등성을 위해 얼마나 노력했는가에 대한 질문도 스스로 던져보아야 한다. 비평가들도 현대 문학의 취약성이 남녀를 보는 균형적 시각의 결여라는 점에 대해서 동의하고 있으나, 근본적으로 문학론이 균형적 시각으로 남녀에게 다가갈 수 있는 부분에 대해 구체적 논의가 이루어지지 않고 있다. 이러한 시점에 페미니즘 문학이 추구하는 이념을 중심으로 문학에 반영된 여성 문제의식을 살펴보고 양성평등을 지향하는 방향을 설정할 필요가 있다.

1) 포스트모더니즘과 여성 문제의식

20세기 후반 자본주의의 문화적 현상이라고 볼 수 있는 포스트모더니즘은 1970년대 초 프랑스를 포함한 유럽 및 영미에서 철학적 · 사상적 · 사회학적 측면을 포함한 문학과 예술에 대한 논의에서 본격적으로 등장하였고 그 이후 급속히 확산되었다. 합리화라고 하는 근대적 가치와 합리적 이성에 의한 가치로 인간다운 삶을 추구할 수 있는가에 대해 회의적이었고, 진정 인간다운 삶을 추구할 수 있는 토대는 탈근대화라고 하는 패러다임으로 보았다. 탈근대화에 대한 논의는 많은 사람의 관심을 불러일으켰고, 이러한 관심은 산업사회가 소비 중심의 후기 산업사회로 진입하면서 탈현대적인 경향으로 이어지는 줄기를 형성하면서 포스트모더니즘으로 발전하였다. 최근에는 이러한 포스트모더니즘이 세계적으로 의식적 전환을 초래하는 하나의 문예사조로, 또 보편적인 예술사조로 거의 모든 분야에서 적용되고 있다.

합리주의와 실용주의로 설명되고 획일성과 동일성을 띤 문화가 보편적이며 절대 진리 또는 유일선(唯一善)을 추구하던 모더니즘의 시대가 퇴조되고, 그 자리를 전위적이고 다원적이며 대중적인 특성을 지닌 포스트모더니즘의 예술과 문화가 채우는 시대가 된 것이다. 모더니즘 예술의 미학적 경계를 완전히 허물어 버린 이 혁신적인 사조는 절대성이 아닌 상대성을, 객관성보다는 주관성을 그리고 개별성과 다양성을 본질로 삼고 남녀 관계에 새로운 절충주의를 시도하였다. 포스트모더니즘에 반영된 여성의 특성을 살펴보면 나음과 같다.

첫째, 포스트모더니즘은 문학의 형식이나 체계, 규범 등을 인정하지 않고 장르 간 또는 범주 간 구분을 거부하며 오히려 장르들을 혼합하거나 장르 간의 경계선뿐 아니라 예술과 삶의 경계선까지 넘나들고 있다. 장르나 요소 간에 조화와 충동을 통해 새로운 것을 창조하며, 장르보다는 주제에, 구분보다는 관련성에 초점을 두고 있다. 따라서 획일화된 남성 중심적 사고를 인정하지 않고 다원화와 양성 중심적 사고를 지향한다. 특히, 양성 중에서도 남성보다는 여성이 중심에 위치하는 경향이 있다.

둘째, 고급문화를 추구하던 모더니즘과는 달리 포스트모더니즘은 미학적 대중주의 또는 대중예술을 지향함으로써 고급문화와 대중문화의 경계를 허물고 예술적 필요에 의해 상업주의 문화와의 경계마저 허물어뜨리는 경향을 나타낸다. 또한 모더니즘은 엘리트 계층에 의해 주도되는 남성 중심의 소수문화를 중시하였는데 포스트모더니즘은 이런 남성 중심의 소수 집단의 소리에 더 이상 귀를 기울이지 않을 뿐 아니라 남성들이 사회적 정서를 주도하는 것도, 남성에게만 부여된 권위와 사회적 표준을 결정하는 능력도 인정하지 않았다. 남성 중심의 소수 문화가 아닌 남성과 여성이 더불어 공유할 수 있는 대중문화를 선택한 것이다. 이러한 경향은 자본주의에 대한 긍정적인 시각과 자본의 가치를 인정하는 세계관에서 비롯된 것이라고 볼 수 있다. 포스트모더니즘은 예술의 상품화, 상품의 시장화를 달성하기 위해 남성뿐 아니라 여성을 중심으로 한 대중의 선호와 취향을 중시하고 있다. 이러한 측면은 예술의 다원화와 대중화를 기한다는 측면에서 그리고 획일적 남성주의를 지양하고 다원적 양성주의를 택했다는 데에 그 의의를 찾을 수 있다.

셋째, 포스트모더니즘은 전통과 봉건적 관념으로부터의 단절과 우연을 토대로 새로운 미학을 추구한다. 모더니즘은 남성을 중심으로 한 대상을 전제하고 전제된 대상을 중심으로 구상하고 적용시키는 데 반해 포스트모더니즘은 남성이 중심이 되는 세계는 사라지고 양성이 중심이 되는 순간적 우연만이 존재한다. 따라서 포스트모더니티는 미리 결정된 틀이나 관념과 만나는 것이 아니라 문학 작품과 만나는 순간의 우연에 의해서 문학 세계를 접하게 된다. 이러한 우연이라는 기법은 중심이 해체된 새로운 미학을 추구하는 데 적용된다. 우연의 기법은 작품에 대한 해석조차도 전적으로 독자에게 맡기게 된다.

넷째, 포스트모더니즘은 탈인간 중심주의에 초점을 두고 탈정치화, 탈역사화 등을 추구하면서 정치적·역사적 관심을 배제한다. 포스트모더니즘 작품 속에는 남성 중심의 전통적인 합리성과 절대 진리를 배격하고 자아의지나 감성적인 부분이 강하게 작용하므로 남성뿐 아니라 여성적 문학 형식이나 장르를 혼합하거나 절충하여 사용함으로써 독자적인 장르를 새롭게 만들어 나간다.

포스트모더니즘이 본격적으로 나타나기 시작한 것은 1990년대 초 한국의 자본주의가 후기 산업사회로 진입하던 시기였다. 그 당시에는 단지 일부의 예술가들이 산발적으로 전위예술이라는 이름으로 활동하는 정도였으나 1990년대 말에 들어 여성 문인들은 많은 반론과 우려가 제기된 가운데에서도 적극적인 활동을 펼치기 시작하였다. 즉, 모더니즘 시대의 문화와 사고방식을 거부하면서 순수 문학과 대중 문학의 차별화를 없애고, 남성과 여성의 벽을 허물어 혼합하여 남성과 여성의 문화양식과 이미지를 결합하는 양상을 보였다.

이러한 포스트모더니즘 문학의 특성에 대해 사회의 일각에서는 부정적인 시각과 우려의 소리가 높다. 규범적 전통성과 이성을 부정하고 배격하는 것은 인간의 존재 근거와 삶의 본질 및 지향을 해체한다는 것이다. 또 다른 한편에서는 다양한 실험을 통해 남녀 관계를 창조하는 것은 바람직하나 그러한 시도가 도덕적 향상을 기하고 통합된 시야에서 보는 것이 아니라 중심을 해체하고 분열시키는 관점에서라면 건강하지 못한 흐름이라고 생각하고 있나. 이러한 사회적 우려는 포스트모더니즘이 우리 사회에 들어와 정착하는 과정에서 의미 전달이 제대로 되지 못했거나 본질이 왜곡된 부분이 있기 때문에 형성된 것일 수도 있다.

그러나 이러한 사회적 우려에도 불구하고 포스트모더니즘은 20세기 말의 문화를 주도했고, 또 새로운 세기에도 여전히 비중 높게 작용하고 있다. 포스트모더니즘이 규범이나 관념의 벽을 허물고, 양성평등을 지향하는 다원주의 지향, 남성이 아니면 여성이라는 흑백 논리와 같은 이분법의 해제, 성의 이데올로기의 대립과 갈등 해소 등에 적용됨으로써 우리 사회가 안고 있는 문제를 해결하는 지침으로 활용될 여지도 있다. 특히 포스트모더니즘이 성의 이데올로기의 장벽을 극복하고 남녀 간에 좀 더 신선한 소통과 문화적 충격을 줄이며, 남성 중심의 고정관념의 벽을 허무는 데 기여할 수 있다면 이는 진정한 의미에서의 포스트모더니즘 문학의 정체성으로 자리잡을 수 있을 것이다.[3]

---

3) 윤여환. 포스트모더니즘시대. http://hanbat.chungnam.ac.kr

2) 페미니즘 문학과 여성주의

본격적인 페미니즘 문학은 1960년대부터 시작되었다. 남성의 관점이나 그들이 만들어 낸 사상과 다르며 삶에 있어 여성만이 겪는 특별한 경험이 있다는 인식에서 출발하여 남성의 지배 체제에서 성차별 경향을 문학 속에서 밝히며, 주목받지 못했던 여성 작가를 찾아내고 재평가하여 여성 문학의 전통을 세우려는 움직임이었다.

버지니아 울프(Virginia Woolf)를 우리가 페미니스트라고 부르는 것은 여성 작가로서 당시의 사회적 제약을 받고 있는 여성에 대한 인식과 남성의 지배적인 체제에 대한 불만을 그녀의 작품들에서 찾아볼 수 있기 때문이다. 그중에서 울스턴크래프트(Wollstonecraft)의 『여성의 권리옹호 A Vindication of the Rights of Women』와 버지니아 울프의 작품 『자기만의 방 A Room of One's Own』이 대표적이라고 할 수 있겠다. 울스턴크래프트(Wollstonecraft)와 버지니아 울프(Virginia Woolf)의 시대적 배경은 18세기 계몽주의 사상의 팽배와 함께 사람들은 왕과 귀족에게 침탈당했던 인권을 되찾기 위한 운동으로 물결치고 있었다. 수많은 진보적 지식인들이 인권의 기치 아래 사상적으로 이를 뒷받침할 이론들을 내놓기 시작하였고, 이들의 이론들은 세상으로부터 강력한 지지를 받으면서 전파되었다.

여성 작가들에게 나타나던 감수성이나 섬세함 등을 여성의 본질인 것처럼 호도하면서 '여류'라는 이름을 여성 작가에게 붙였는데, 이것은 본격 문학을 지향하는 여성 작가들에게는 벗어나야 할 한계와 족쇄의 또 다른 이름이었다. 여성의 소리는 언제까지나 억눌림, 침묵의 목소리로 문학의 주변을 배회하고 있었기 때문이다.

기존의 여류 문학으로부터 탈피한 새로운 여성해방 문학은 1980년대 후반에 본격적으로 대두되기 시작하였으며 지금까지 부정과 금기의 항목으로 간주되어 온 여성의 범주를 좀 더 적극적으로 검토해 보려는 문학 운동으로 해석될 수 있다. 여성을 최후의 식민지로 남겨두려는 지배 이데올로기의 실체를 규명하고, 남녀가 함께 해방된 미래상을 꿈꾸는 여성 해방 문학은 본질적으로 가치 지향적이고 실천적인 문학이라는 것이 일반적인 견해이다. 그리하여 여성 해방 문학은 보편적이고 객관적이라 간주되면서도 사실은 남성 중심적 이데올로기에 불과한 기존의 문학에 대한 여성들의 반란이며 혁명적 도전이라고 할 수 있다.

여성 작가는 자신이 여성이기에 여성의 현실을 민감하게 표현하기도 하지만 남성 지배 사회에서 인정받으려는 무의식적 노력으로 자기도 모르게 남성 중심적 세계관을 내면화함으로써 작품세계가 이중적으로 분열되어 나타나는 경향이 있다. 이러한 점을 서구의 일부 여성 비평가들은 여성 작가의 '의식'과 '무의식'으로 나누어 검토하기도 한다. 즉, 의식적으로는 가부장적 이데올로기를 받아들이면서도 그 이면에 가부장적 이데올로기에 저항하는 무의식적 노력을 보여주고 있으며 이와 반대로 의식적으로는 여성 해방적 가치를 내세우고 있지만, 작품의 심층 구조에서는 기본 가부장적 이데올로기를 내면화하는 작품도 있다는 것이다. 따라서 작품의 표면적 의미만으로는 작품 속에 내재된 저항의 의미를 읽어낼 수 없다는 것이다.

또한 글쓰기 행위 자체가 남성적인 것으로 규정되는 일반적인 관행을 저항하며 독창적 작업을 해온 여성 작가들의 힘든 상황을 고려하는 것은 여성 해방 문학의 숨겨진 역사를 이해하는 데 중요한 작업이 될 것이다. 이러한 활동은 매우 긴밀한 의미를 지니고 있다. 기존 남성 비평의 기준으로는 제대로 해명되지 못했거나 무시되어 온 여성 작가들을 재평가하는 일은 여성 문학사를 복원한다는 점에서도 필요한 작업이다.

여성 해방 문학의 초기 단계에서 여성 독자들이 이상화할 수 있는 강인하고 적극적인 인물에 대한 기대는 지금까지 여성 인물을 주변적 존재나 남성의 성적 대상으로밖에 그리지 못했던 기존 문학에 대한 반발로서 일정한 교육적 의미를 가지고 있다. 해방된 여성의 모델을 그리는 전망의 세계

역시 문학이 담당해야 할 중요한 몫인 것이다. 문제는 적극적 여성 인물을 그리느냐 희생적 여성 인물을 그리느냐가 아닌 여성억압 현실이 문제 상황으로 비치는지 해결의 전망이 작품 속에 구현되어 있는지가 중요한 것이다.

3) 리얼리즘과 가부장 문화

페미니즘은 포스트모더니즘과 더불어 오랫동안 건재해 온 문화적 권위에 도전하고 있다. 문학 작품에서도 가부장제 사회에서의 여성이 처한 현실을 인식시키고 오랜 세월 동안 지속되어 온 여성에 대한 차별 및 억압과 관련된 현상들을 사회적 모순과의 관계 속에서 그려 낼 뿐 아니라 그에 대한 해결 방안과 전망을 모색해 왔다. 여기서 사회적 모순이란 개인의 권리에 대한 인식, 제도의 문제, 관념 및 이데올로기, 문화 등에 내재된 불합리한 측면과 불평등에 대한 것을 의미한다.

이러한 페미니즘 문학은 본질적으로 가치 지향적이고 실천 문학적 특성이 있는 동시에 리얼리즘 성향을 띠고 있다. 페미니즘 문학에서 여성의 억압을 바라보는 시각이 사회 내에 규정된 계급이나 민족이라는 측면에 있다면 민족 또는 민중문학과도 같은 맥락에 있다고 볼 수 있다. 그러나 여성에 대한 인식이 노동하는 주체로서의 여성억압과 연결되면 노동문학과도 궤를 같이 한다. 가부장적 이데올로기에 대해 비판적인 시각을 가지고 평등한 사회에서 남녀 관계를 추구한다는 점에서 페미니즘 문학은 가치 지향적인 동시에 실천적인 문학적 성향을 지니고 있다. 민족과 민중 현실의 총체적 모순 구조 속에 특수한 형태로 내재되어 있는 문제를 리얼하게 포착해 낸다는 측면에서 또한 여성 문제를 현실의 구조적 모순 속에서 합리적인 방향을 제시한다는 점에서 리얼리즘 문학을 지향한다.

여성 문제를 리얼리즘 시각에서 바라볼 경우에 우리 사회에서 여성 문제의 본질이 무엇이며 그것이 문학 속에 표현되는 리얼리즘은 어떤 성격을 띠게 되는지에 대해 생각해 볼 필요가 있다. 만약 여성 문제를 노동 현실과 연결시킬 경우 노동문학은 임금과 승진에서의 남녀 차별과 단지 여성이란 이유만으로 노동 현장에서 겪게 되는 유형·무형의 성차별에 초점이 모일 것이다. 노동 문학의 여성 문제 인식은 노동 현실과 우리 사회의 구조적 모순, 가부장적 이데올로기가 노동 현장에서 작용되는 사례, 노동자와 여성의 역사적 운명을 한 고리 속에 파악하는 작품에서 잘 반영되어 있다. 실질적으로 1980년대의 노동 문학은 그 당시까지 우리 문학에서 찾아볼 수 없었던 노동하는 주체로서의 여성 인물을 부각시켜 주목을 받았다.[4] 그리고 성차별 의식은 노동 현실에 대한 관념적 의식을 동반할 뿐 아니라 민중의 절반으로서의 여성을 방기하는 실천적 오류를 범하게 될 것이라는 목소리도 높았다.[5]

4) 페미니즘 문학의 성과와 한계

페미니즘 문학의 초기에는 여성에 대한 기존 관념과 많이 다른 강인하고 자아의식이 뚜렷한 그러면서도 적극성을 띤 인물에 대한 요구가 컸다. 하지만 이러한 요구는 어느 사회를 막론하고 초기 페미니즘 문학에서 찾아볼 수 있는 일반적인 현상이다. 그 요구의 저변에는 여성을 주체적 위치에 두지 않고 남성의 보조적 존재나 성적 대상으로 인식되어 온 기존 관념을 거부하고 도전적으로 극복하고자 하는 욕구와 보상 심리가 깔려 있었다. 외국의 경우 페미니즘 문학은 1960년대를 거쳐 1970년대에 활발했던 여성 해방 운동에 직접 관여한 여성들이 자신의 체험과 좌절, 실태 등을 지면에

---

4) 이영호(1993). 여성해방문학. 여성학 강의. 경기 : 동녘.

5) 한국여성연구회 편역(1990). 여성 해방 문학의 논리. 경기 : 창작과 비평.

발표하면서 시작되었다. 이런 측면에서 여성 문학과 여성 운동은 유기적인 관계를 지녔다고 볼 수 있다.

초기를 지나 중기로 접어들면서 페미니즘은 좀 더 실천적인 경향을 띠게 되고 구체적 대안을 제시하기에 이른다. 즉, 여성의 억압 상태에 대한 인식을 깨우쳐 주고자 하는 목적의식이 표면화되었고, 여성억압이 사회의 구조적 문제와 밀접하게 연관되어 있으므로 그러한 구조적 모순을 타파하기 위해서 여성의 사회 참여가 요구된다는 점을 강조하기도 했다. 이러한 인식이 문학에 반영되어 여성이 문학적 소도구가 아니고 역사에서 주체적인 역할을 하는 모습을 그린 작품들이 발표되어 많은 여성들에게 영향을 미치기도 하였다. 그러나 이러한 노력에도 불구하고 아직도 상당수의 사람들에게 있어서 글쓰기가 남성의 창조적인 영역이라 생각하는 경향이 있다.

우리 사회에서 페미니즘이나 페미니즘 문학의 역사가 결코 짧지 않고 꾸준히 전개되어 왔으나 실질적인 성과에 대해 논의를 할 경우 긍정적인 부분도 크지만 회의적인 시각 또한 만만치 않다. 문학이 인간의 자유와 평등을 추구하면서도 그러한 추구가 실현되지 못한 것은 남성 중심적 이데올로기를 토대로 한 기존 문학이 여성의 예속적 위치를 고착시키는 역할을 하였기 때문이다. 페미니즘 문학은 이러한 문학적 추구와 현실 사이의 괴리와 모순을 비판하였고, 여성 주체적인 입장에서 문학의 본래의 기능을 회복해서 문학다운 문학을 정립하는 데 나름대로 기여한 바가 크다.

그러나 여성 문제의 본질과 원인을 규명한 성과에 비해 문제에 접근하는 방법 면에서 아직도 개선되어야 할 점들이 많다는 것이 일반적인 인식이다. 페미니즘 시각이 문학에 도입되는 과정에 성숙단계에 따라 고발 단계, 재해석 단계, 해방의 비전을 제시하는 단계로 구분할 경우, 우리 사회에서의 페미니즘 문학은 초기 단계인 고발 문학, 즉 남성 위주의 사회에서 여성이 억압과 차별을 받고 있다는 인식하에 억울함을 주장하는 단계에 머무르고 있다. 남성의 입장에서 설명되었던 세계를 새롭게 해석하는 재해석 단계와 가장 성숙된 단계인 여성 해방의 비전을 제시하는 단계로 진입하지 못하고 있는 것을 여러 가지 면에서 분석해 볼 수 있다.

문제의 성격을 문단의 구조적인 면에 둘 경우 마치 펜은 남자만의 도구인 것처럼 생각하는 남성 중심적인 편견에 대한 모순을 지적할 수 있다. 다수가 남성들로 구성된 기존 문학계는 기본적으로 여성의 경험을 소외시켜 왔으며 여성의 경험을 다룬 몇몇 작품들도 남성 비평가들에 의해 합당한 평가를 받지 못하였다. 이유는 문단의 남성 중심적인 편견이 여성적인 것을 지엽적이고 주변적인 것으로 간주해 왔기 때문이다. 경제 및 정치 영역과 마찬가지로 문학도 남성적인 것 또는 남성 지배적 영역으로 규정되어 왔기 때문에 여성 작가들이 이러한 관념에 저항하고 그 벽을 뛰어넘어 글쓰기를 한다는 것은 참으로 힘겨운 상황이다.

여성 작가가 남성 작가와 동등한 평가를 받기 위해서는 남성 작가보다 몇 배에 해당하는 작품 활동을 해야 할 것이고 또 작품 자체도 충분한 현실성을 가지는 상당한 수준에 도달하지 않으면 불가능할 것이다. 최근 서구의 페미니즘 문학론에서 여성적인 것에 대한 강조는 여성 비평에서 여성 중심 비평이라는 새로운 조류를 형성하여 남성 지배 문화에서 소외된 여성의 경험을 형상화한 문학을 하위 문학으로 설정하는 경향이 있었다.6)

이는 남성지배적 사회에서 여성의 삶과 생산성이 제대로 평가받지 못하고 주변부로 밀려나 버린 여성성을 기존의 문화적 잔재에서 벗어나 새로운 시각에서 복원해 내고자 하는 의도와 여성 글쓰기 개념을 정립하는 것이라 볼 수 있다. 최근에는 페미니즘이라는 용어를 복수형으로 정의하고 페미니즘 문학의 장르를 세분화하고 있다. 여성 글쓰기는 비교적 최근에 대두된 개념일 뿐 아니라 사회에서 엄연히 존재하는 또 하나의 성으로서 여성 자신의 목소리로 자신의 권리와 체험에 대해 이야기한다는 면에서 특별히 주

6) Kapoor, R. K.(1996). Feminism in Some Contemporary Women Writers. In R. K. Dhawan (Ed.), Feminism and American Literature. New Delhi : Mehra Offset Press.

목할 필요가 있다. 글쓰기가 남성적인 것으로 규정되어 온 사회에서 여성 작가들이 체험한 것을 남성들에 의해서가 아니라 여성 자신의 시각에서 규명하는 이러한 작업은 페미니즘 문학의 흐름과 본질 그리고 저변에 가려져 있는 역사를 이해하는 데 유용한 자료가 될 것이다. 그리고 여성 작가의 작품들이 기존 남성들의 편견으로 인해 그 문학적 가치를 제대로 평가받지 못한 부분을 객관적으로 성의 이데올로기에 치우치지 않는 시각에서 재평가할 필요가 있다. 이러한 일련의 작업들은 여성 문학사를 바로 정립하는 길이 될 것이며, 문학의 단계적 수준에서 가장 성숙된 단계인 여성 해방의 비전과 그에 합당한 패러다임을 설정하는 계기로 작용할 것이다.

문학이 사회 구성원들의 의식 형성에서 담당하는 역할은 막중하다. 그러나 지금까지 문학 작품들은 여성의 억압을 당연시하거나 은근히 조장하는 반여성성을 보여주었다. 건강한 사회의식을 마비시킨 채 여성을 사랑의 포로로 만들어 버리는 대중 문학 작품에서부터 중산층 여성의 소외와 갈등을 섬세하게 그리면서도 사회적 원인은 제대로 짚어내지 못한 작품들, 그리고 일하는 주체로 여성을 그리면서도 여전히 노동 현장에서의 여성 문제를 성적 문제로 일탈시키거나, 남편에 대한 의존성을 강하게 드러내는 노동 소설에 이르기까지 우리 문학에서 여성 해방 문학은 제대로 자리 잡지 못하고 있다.

새로운 시기에 접어들어 여성문학을 한 단계 더 발전시킬 좋은 작품들이 꾸준히 발표되고 있다. 이러한 경향은 여성문학이 점차 뿌리를 내리고 있다는 것을 보여주는 긍정적 모습들일 것이다.

4. 페미니즘 미술[7)]

페미니즘 미술의 시작은 페미니즘의 역사와 함께 한다. 1960~1970년대 여성의 참정권 운동과 함께 여성의 권리를 주장하는 첫 번째 물결이 시작되었을 때, 페미니즘 미술이라는 말은 등장하지 않았지만 여성 미술가들은 여성의 몸, 사적 경험들, 가정성(domesticity) 등을 다루면서 시각 언어를 확장시켰고, 여성의 사회적 지위와 역할 등 여성을 둘러싼 사회적 문제들을 제기하기 시작하였다. 여기서 여성적 경험을 다루는 페미니즘 미술의 제1세대가 등장했는데, 이들은 이제까지 표현 영역에서 금기시되었던 여성의 몸적 경험을 여성적 관점으로 재현하였다. 여성의 성기 이미지, 월경 피, 몸의 기관들을 새롭게 재현하고 의미를 재부여했다. 영국 왕립 아카데미는 20세기 이전까지 여성이 해부학 수업과 드로잉 수업에 참여하는 것을 막았다. 이는 구조적으로 여성의 이미지를 남성 미술가가 독점적으로 생산해낼 수밖에 없다는 것을 의미하기도 하였고, 당시 여성 미술가들은 모델을 살 수 있는 경제적 여력이 없었기에 스스로가 모델이 되어 자신의 몸을 그린 것이다. 이렇게 여성이 스스로의 몸을 그린다는 것은 전통 미술사에서 여성 이미지를 생산을 독점해 온 남성들과 그 이미지에 대한 저항의 표지였다고 볼 수 있다.

또한 1971년 린다 노클린(Linda Nochlin)의 논문 '왜 이제껏 위대한 여성 미술가가 없는가'의 발표는 여성 미술가들에게 큰 영향력을 끼쳤다. 즉, 왜 재능이 있는 여성 미술가들이 남자 미술가와 같은 위치를 성취하지 못하는가를 질문하면서 사회의 불평등한 성별관계가 미술사에도 지속적으로 반영된 결과라고 지적하면서 미술사에 더 많은 여성 미술가들이 포함되어야 함을 주장하였다.

7) 김은실. 페미니즘 미술 혹은 예술문화는 어떠한 기능을 갖는가. http://www.gokams.or.kr

1970년대 페미니스트 미술가들을 각성시키고 그들의 작업에 의미를 부여한 것은 페미니스트 이론과 페미니스트 비평이었다. 1960년대 말 페미니즘 운동의 슬로건이었던 “여성은 태어나는 것이 아니라 만들어지는 것이다”라는 보부아르(Beauvoir)의 말은 어떻게 여성이 사회문화적으로 구성되는지에 대한 페미니즘 제2의 물결의 가장 중요한 여성에 대한 섹스와 젠더이론화의 시작이었다. 즉, 페미니스트들은 ‘여성’이 사회문화적으로 종속되고 불평등한 지위에 처해있는 이유는 여성의 생물학적 특성 그 자체가 아니라 여성의 생물학적 특성에 의미를 부여하는 사회관계와 제도, 문화적·역사적 맥락, 상징과 의미 체계에 있다고 설명하였다. 즉, 여성의 사회적 위치, 정치적 관계 그리고 여성다움에 대한 의미를 구성해 내고, 그것이 여성의 삶 속에서 경험되는 것은 여성의 생물학적 특성인 섹스 때문이 아니라 사회문화적으로 구성되는 상징과 의미의 젠더 때문이다. 젠더는 기본적으로 성차별적인 불평등과 권력관계가 내포되어 있는 개념이다. 그래서 페미니스트들은 생물학적 특성인 섹스가 아니라 젠더 관계 속에 위치하는 복잡한 사회관계의 산물로 여성과 남성을 바라보았다.

이렇게 1960년대 말, 1970년대 초 페미니즘 제2의 물결과 함께 여성예술가들은 19세기의 여성예술가들이 가졌던 관심들을 확대시키면서 자신들의 예술을 성평등과 여성종속을 종식시키는 사회적 투쟁과 연결시키는 예술활동을 전개시키기 시작하였다. 초기의 페미니스트 예술가들은 페미니스트 운동과 깊이 연관되어 작품 활동을 하였다. 특히 페미니즘 제2의 물결에서의 예술이나 문화는 여성의 상징과 의미를 구축하고 재생산하는 중요한 사회적 텍스트로 간주되었다. 그래서 여성에 대한 가부장적인 재현, 상징, 의미화 등을 분석하고 비판하기 위해 예술 텍스트나 문화에 대한 급진적인 분석들이 시도되었다. 페미니즘 미술사의 등장이나 밀레트(Millet)의 성의 정치학과 같은 텍스트들이 중요한 시도이다.

5. 페미니즘 예술가

1) 19C 이전 여성 화가들 : 아카데미의 여성 화가

18세기 아카데미의 여성 화가의 대표적인 인물로 프랑스의 화가 엘리자베스 루이즈 비제－르브룅(Elizabeth Louise Vigée－Le Brun, 1755~1842)과 영국인의 초상 화가로 알려진 안젤리카 카우프만(Angerlika Kauffmann, 1741~1807)이 있다. 그녀들은 모두 화가의 딸이었으며, 비제－르브룅(Vigée－Le Brun)은 프랑스 왕립 아카데미의, 카우프만(Kauffmann)은 영국 왕립 아카데미의 회원이었다. 그 당시 여성이 아카데미에 소속되어 전문 화가로 활동한다는 것은 매우 이례적인 일이었는데, 당시 가부장적인 사회의 분위기로 직업 활동을 하는 여성들은 불쌍히 여기는 시선이 팽배했고, 여성들은 교육의 문제에 있어서 평등하지 않았기에 공적 교육 기관이었던 아카데미에 입학하는 것 또한 매우 어려운 일이었다.

이들은 모든 사회구조적 제약들로부터 벗어나 예술가로서 명성을 떨친 신여성처럼 보일수도 있지만 사회구조적으로 정형화된 여성의 틀을 완전히 벗어나지 못하였다. 비제－르브룅과 카우프만의 자화상을 보면 자기 자신은 붓을 들고 있는 화가의 모습으로 나타나고 있지만, 의복은 그 당시 사교계 여성의 복장을 하고 있는 것을 알 수 있다. 마치 일반 귀족 여성이나 양갓집 규수처럼 조신하게 표현하였는데 당시 남성 예술가들이 정신적·예술적으로 자신을 표현하며 예술가로서의 정체성을 드러냈던 것과는 대조적이라 할 수 있다. 이들은 일생 동안 예술가였으나 화가로서의 정체성과 사회가 요구하는 여성으로서의 정체성 사이에서 혼란을 겪으며, '여성'의 틀에서 벗어나기 어려웠다.

2) 천재 조각가였던 까미유 클로델

까미유 클로델(Camille Claudel)이라 하면 프랑스의 대표 조각가 오귀스트 로댕(Auguste Rodin, 1840~1917)의 연인 또는 뮤즈, 그리고 제자였던 여류 조각가로 알려져 있다. 그녀는 어려서부터 조각에 소질이 뛰어났으며, 예술가로서의 천부적인 재능과 열정도 있었지만 로댕(Rodin)의 그늘에 가리워져 제대로 된 평가를 받지 못하였다.

유년 시절 까미유 클로델(Camille Claudel)은 정식 미술 교육을 받지 않았지만 제작이 까다로운 나폴레옹 흉상이나 다비드와 같은 소조 작품을 만들기도 했는데, 일찍이 그녀의 천부적인 소질을 알아차린 그녀의 아버지는 그녀가 15세가 되던 해, 조각가 알프레드 부셰(Alfred Boucher, 1850~1934)에게 조각 기초 수업을 받을 수 있게 해주었다. 이후 그녀는 프랑스 국립미술학교에 입학하고 싶었으나 아무리 재능이 있어도 여성이라는 이유로 능력을 인정받지 못하고 학교 입학을 거부당하였다. 하지만 그녀는 자신의 능력에 대한 강한 자부심을 가졌으며, 사회적 제약과 장애에도 불구하고 오직 조각에만 전념했고, 결국 그녀의 재능을 알아차린 로댕(Rodin)은 그녀를 제자로 삼았다가 이후 정식 조수로까지 자신의 곁에 두게 된다. 까미유(Camille)의 탁월한 예술적인 영감과 재능은 로댕(Rodin)에게 많은 영향을 주었으며, 로댕(Rodin)의 작품 세계와 활동에 많은 영향을 미칠 만큼의 중요한 존재였다. 특히 로댕(Rodin)의 <지옥의 문 La Porte de l'Enfer>(1840~1917)과 <칼레의 시민 The Burghers of Calais>(1884~1895)은 제작 당시에 그녀가 큰 기여를 했다고 전해진다. 로댕(Rodin)과 연인으로까지 발전하게 된 까미유(Camille)는 <사쿤탈라 Sakuntala>(1886~1905)로 1888년 살롱에서 최고상을 받고 조각가로서 입지를 다지게 되었는데, 이는 스승과 제자의 관계를 넘어서 로댕(Rodin)과 동등한 위치에 선 예술가이자 선의의 경쟁자로 성장한 것이었다.

<사쿤탈라 Sakuntala>가 출품되었을 때 까미유(Camille)가 여성이라는 이유로 그 재능과 실력을 인정하지 않았으며 스승이었던 로댕(Rodin)이 그녀의 조각을 봐주었을 것이라 뒷담화도 많았지만 로댕(Rodin)은 까미유(Camille)를 유능한 동료 조각가로 인정해 주었다. 이후 로댕(Rodin)의 여성 편력으로 두 사람은 결별했지만 오히려 그 일은 그녀에게 작품 활동의 자유를 얻고 독자적인 예술 세계를 구축해 나가는 새로운 출발점이 되었다. 로댕(Rodin)과 결별 후에도 <중년 Maturity>(1898)과 <클로토 Clotho>(1893) 등의 역작을 완성하며 살롱의 호평을 받았다. 그러나 <클로토 Clotho>(1893)에서 로댕(Rodin)의 데생이 보인다는 평론에 대해 본인의 작품은 온전히 자신의 창작품이라고 잡지사에 직접 정정 기사를 요구하는 등 거센 항의를 하며 작품에 대한 애정과 자부심을 드러냈고 자신을 독립적인 예술가로 인정하지 않는 미술계의 시선을 바꾸고자 노력하였다. 스승이며 연인이었던 로댕(Rodin)은 당대 거장으로 칭송받았기에 미술계에서 기득권을 가지고 있었는데 로댕(Rodin)의 견제와 방해로 인해 그녀의 예술적 재능을 인정받지 못하다가 1980년대 들어서야 비로소 미술사적 평가가 이루어졌다. 그녀는 로댕(Rodin)의 제자, 연인이기도 하였지만 그렇게 남아있기를 거부하며 진정한 예술가이기를 위해 노력하였다.

3) 고통에 맞선 강인한 화가, 프리다 칼로

프라다 칼로(Frida Kahlo)는 20세기 페미니스트의 우상으로 대표되는 인물로 멕시코의 보물로 불린다. 그녀는 자화상을 주로 그렸는데, 어릴 때부터 척추성 소아마비가 있었고, 대학생 때 교통사로를 당해 하반신을 사용할 수 없게 되었다. 침대에 누워 있을 수밖에 없던 프리다(Frida)가 할 수 있는 것은 오로지 그림을 그리는 것뿐이었고, 침대에 누워서 거울에 비친 자신을 관찰하여 스스로의 모습을 그리기 시작하였다.

자화상 속에서 자신은 스커트, 리본, 보석과 같은 화려한 여성의 옷차림을 하고 있거나 때때로 남성의 복장을 하고 콧수염과 눈썹을 두껍게 강조하여 남성적 외양을 과장하여 묘사하기도 했다. 표현에 있어 성(gender)에 얽매이지 않았고 양성적인 면을 넘나들며 자유로웠다. 그 당시 유럽에서는 모더니즘 미술이 성행하였기에 초현실주의 미술의 영향을 받았다는 평에 대해서 자신의 작품세계는 유럽의 모더니즘의 영향을 받은 것이 아니며 멕시코적인 것에 뿌리를 둔 것이라고 자신의 예술적 정체성을 강하게 주장했다. 그녀의 작품은 자신의 내면 심리 상태를 표현한 것으로 어느 한 사조에 속해있는 것이 아닌 프리다 칼로(Frida Kahlo) 자신의 정체성에 대한 탐구이었으며 자신의 인생 그 자체였다라고 할 수 있다.

그녀는 멕시코의 국민화가 디에고(Diego)와 21살의 나이 차이를 극복하고 결혼하였지만 디에고(Diego)의 여성 편력으로 인한 갈등으로 8년 만에 이혼을 하게 된다. <두 명의 프리다 칼로 The Two Fridas>(1939)와 <짧은 머리의 자화상 Self-Portrait with Cropped Hair>(1940)는 이혼 직후의 작품으로 특히, <짧은 머리의 자화상 Self-Portrait with Cropped Hair>(1940)에서는 프리다(Frida) 자신은 짧은 머리를 하고 있으며, 짙은 까만 색깔의 남자 양복을 입고 있는데, 작품에 그려진 악보 위보 위의 글은 "이것 봐, 너의 머리카락 때문에 너를 사랑했는데, 이제 너는 머리카락이 없구나. 더 이상 널 사랑할 수 없지"라는 노래 가사이다. 이것은 ~의 연인, 사랑, 관습, 여성성 등 남성 중심 사회에서 여성이 억압되었던 전통적인 관습을 거부하고 그것들로부터 해방되어 독립하겠다는 의미를 강하게 표현하였다고 볼 수 있다. 이처럼 프리다 칼로(Frida Kahlo)는 20세기 페미니스트의 우상으로 대표되는 여성예술가로 뽑힐 수 있다.

4) 한국의 프리다 칼로

서양 미술사에 프리다 칼로(Frida Kahlo)가 있다면 한국 미술사에는 나혜석이 있다. 나혜석(1896~1948)은 일단 우리나라 최초의 여성 서양 화가로 알려져 있으며, 특별히 근대적 여성 인권 사상을 지닌 운동가였다. 그녀는 여성들의 지위와 권위가 낮았던 1900년대 초에 예술 활동을 펼쳤던 선구적인 신여성이었다. 변호사였던 남편과 이혼 후 조선미술전람회에 수차례 입선하고, 여자미술학사를 설립하는 등 사회의 시선에 아랑곳하지 않고 독립적이고 주체적인 예술 생활을 했다.

＜이혼고백장＞(1934)에서는 자신의 연애, 결혼, 이혼에 이르기까지 과정과 자신의 심리를 고백하며, 그 당시 식민지 조선사회의 가부장제에 대한 비판을 하였고, ＜신생활에 들면서＞(1935) 작품에서는 여성에게 정조를 요구하는 것에 대해 그러면 먼저 남성 자신부터 정조를 지켜야 된다고 하였고, 더불어 정조라는 것은 타인이 강요할 수 있는 것이 아닌 개인의 자유의지에 속하는 문제라고 주장한 여성주의 예술가였다.

생각해 봅시다

(1) 문학에 나타난 성차별 의식에 대해 토론해 보시오.

(2) 문학작품에서 흔히 보는 여성상은 어떤 것인지에 대해 정리해 보시오.

(3) 초창기 여성주의 예술에서 예술의 소재로 여성의 몸이 사용되었던 이유는 무엇일까?

(4) 현재 시점에서의 예술계 안에서 '여성'작가, '여성'예술을 계속 논의할 가치가 있는지 없는지, 그 이유는 무엇인지 토론해 보시오.

Chapter

7

대중매체 속의 여성

1. 대중매체의 기능과 역할
2. 대중매체와 성차별문화
3. 대중매체와 성문화

Chapter

07 대중매체 속의 여성

1. 대중매체의 기능과 역할

대중매체가 발달되기 전에는 주로 직접 대면이나 서신을 통한 의사전달이 전부였다. 이러한 의사전달 방법은 확산속도가 매우 느리며, 확산영역도 지역적으로 제한되었다. 그러나 현대 사회에는 기술혁신으로 인하여 대중매체가 발달됨에 따라 동시 다발적으로 대중들에게 의사전달이 가능한 대중 커뮤니케이션이 보편화되었다. 이로 인해 사람들은 사회와 세계 곳곳에서 일어나는 뉴스들을 접할 수 있게 되었다. 이러한 대중매체는 우리 사회와 생활 속에서 일어나는 일들에 관해 정보를 제공하고, 그 사회의 전통과 가치 및 규범을 드러냄으로써 직·간접적으로 가르치고 또한 오락을 제공하기도 한다. 따라서 우리 생활 속에 큰 비중을 차지하는 대중매체가 어떤 메시지를 전달하며, 그 메시지는 대중에게 어떤 영향을 미치는가, 특히 페미니즘 관점에서의 대중매체 속에서 여성과 남성은 각각 어떻게 그려지고 있는가, 그 속에서 묘사된 여성상과 남성상은 대중에게 어떤 영향을 미치는가를 분석해 볼 필요가 있다.

1970년대 이후 서구에서의 페미니즘의 등장은 여성의 삶 속에서 여성의 문화적 욕구나 표현, 그리고 통제가 어떻게 경험되고 이루어지고 있는지에 대한 관심이 증폭하게 된 계기가 되었다. 이러한 움직임을 제3의 물결이라고 불리는 여성문화운동이라고 한다. 1975년 멕시코시티에서 개최한 제1

차 세계여성회의의 행동강령에서 사회의 태도 변화, 여성의 평등한 사회참여와 사회통합을 위한 미디어의 잠재력을 인정하면서 더욱 구체적으로 논의되기 시작하였다. 1995년 제4차 세계여성회의에서는 그 분위기가 보다 고무되어 채택된 행동강령 중에 대중매체 관련 조항이 12개를 차지할 정도로 주목을 받았다. 예를 들어, 대중매체와 새롭게 등장한 다양한 커뮤니케이션 기술들을 통해 의사결정과 표현에 대한 여성의 접근권을 향상시킬 것과 여성상에 대한 보다 성 평등적인 시도를 할 것으로 제시하였다.

페미니즘에 대한 관심이 증폭되면서 남성의 편견과 남성이 여성을 억압하며 지배하려는 관점에서 벗어나려는 의식이 심어지게 되었고, 고정관념에 젖어 있는 대중매체들의 여성들이 경험하는 삶과 여성들의 생각과 행동에 대한 묘사에 대해 반론이 제기되기 시작하였다. 대중매체는 사회적 파급효과가 엄청남에도 불구하고 현실의 변화에는 민감하게 잘 반응하지 않고 여전히 전형적인 보수적 여성상을 지속적으로 보여준다는 것은 형평성에도 어긋나는 일이다. 페미니즘의 진정한 의미는 여성은 남성과 동등한 위치에 있다는 것이다. 그래서 여성이 하나의 인간으로서 완성되는 과정을 돕고, 남성에게 대항하기보다는 여성의 잠재능력을 스스로 일깨우기 위한 노력, 성차별 없이 성평등 아래 조화롭게 살기 위한 노력으로 인식되어야 한다. 이러한 인식을 바탕으로 한다면, 대중매체 속에서 여성과 남성의 관계설정에 있어서 상당한 변화가 이루어져야 할 것이다. 이를 위해서 대중매체 속에서 여성의 삶이 어떻게 묘사되며, 그 묘사에 대한 사회의 고정관념과 편견은 어떻게 반영되고 대중들의 인식을 강화시키는가에 대한 비판의식을 형성할 수 있어야 하겠으며, 더 나아가 여성문화운동 차원에서 성의 왜곡현상을 고쳐나가야 한다.

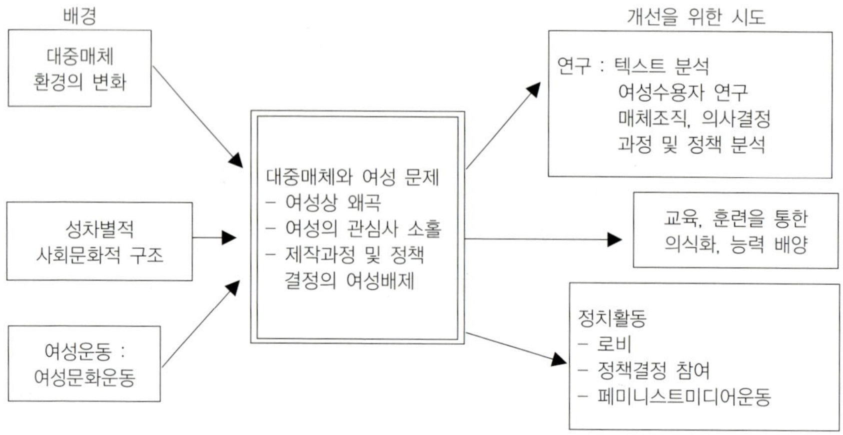

|그림 7-1| **대중매체와 여성 문제 : 배경과 개선을 위한 시도**

출처 : 한국여성개발원(1995). 여성의 대중매체 수용의식 개발 프로그램-텔레비전을 중심으로, p. 92.

2. 대중매체와 성차별문화

1) 대중매체에 나타난 여성상과 남성상

대중매체는 우리 사회의 현실적 변화를 직접적으로 반영할 뿐만 아니라 때로는 행동 및 의식개혁을 주도할 수 있는 막강한 영향력이 있다. 이런 대중매체가 여전히 여성 관련 문제에 있어서는 전근대적이며 보수적인 태도를 보여주고 있는 것은 대중매체가 올바른 현실반영을 하지 못하고 있음과 이에 따른 막강한 영향력에 대한 책임을 물을 수밖에 없다. 물론 최근에는 여성단체의 적극적인 모니터활동을 통하여 여성에 대한 부정적인 이미지를 쇄신하려는 움직임들이 전개되고 있지만, 이에 대한 체계적인 분석과 더불어 큰 관심과 변화는 아직까지 미비한 실정이다.

대중매체라고 하면 흔히 신문, 잡지, 방송, 연극, 영화, 만화, 비디오, 음반, 광고, 그리고 최근에는 사회적 필요에 따라 전자매체도 포함되면서 더욱 다양해지고 있다. 이러한 다양한 경로를 통하여 대중들에게 많은 영향을 미치고 있기 때문에 대중매체의 사회적 기능은 매우 중요하다. 우리 생활의 불가피한 요인이 된 대중매체는 그 속에서 남녀의 상과 역할에 대한 사회적 통념을 구축하게 되는데 이는 특히 발달기에 있는 아동에게 지대한 영향을 미친다.

(1) 텔레비전 속 드라마

대중매체는 현대사회에서 없어서는 안 될 의사전달 수단을 독점하고 있다. 최근에는 과거에 비해 그 영향력이 점차 감소하고 있으나, 저연령층과 고령층에게 있어서는 여전히 의사소통과 여가활동을 보내는 중요한 수단으로 그 영향력 또한 매우 중요하다고 할 수 있다. 특히 텔레비전은 다른 매체에 비해 언어, 소리, 그리고 화면 등을 통한 종합적인 방법으로 일반인에게 무한한 영향력을 가지고 있다. 과거보다 그 영향력이 감소하긴 하였지만, 여전히 스마트폰을 통하여 막대한 영향력을 미치고 있다. 스마트폰을 통하여 시간, 공간의 제약을 넘어서 텔레비전을 접할 수 있어 과거에 비해 시청시간도 상당히 길다고 할 수 있다. 따라서 텔레비전의 드라마나 광고, 예능, 뉴스 등에 나오는 남녀 인물에 대한 차별화는 시청자들에게 직접적인 영향을 미치게 된다. 특별히 드라마는 스토리의 소재 자체가 우리의 사회의 현실을 반영하는 경우가 대다수이므로 그 속에 나타나는 여성의 가정과 사회 속에서 규정되는 역할과 가치를 인식하는 데 있어서 그 영향력이나 파급력이 매우 크다고 할 수 있다.

한국양성평등교육진흥원[1]에 따르면 TV 드라마에 대한 모니터링을 실시한 결과 드라마 속 성차별적 내용은 성평등적 내용의 3배 이상으로 나타났

1) 한국양성평등교육진흥원(2017). 2017대중매체양성평등 모니터링 보고서.

다. 시청률 상위 프로그램을 분석한 결과 '성역할 고정관념을 조장하거나 여성의 주체성을 무시하고 남성에 대한 의존성향을 강조하는 내용이 대부분'이라고 하였다.

텔레비전 드라마에 나오는 여성들의 모습은 대부분 20~30대의 젊고 아름다운 여성들이며, 대부분의 등장인물은 날씬한 몸매를 자랑하고 있기 때문에 여성은 반드시 젊고 아름다워야 한다는 그릇되고 비현실적인 여성상을 보여주고 있다. 또한 쉽게 가부장적인 관습이 바탕인 가족의 모습으로 남성 우월주의를 표방하며, 여성을 남성의 종속적인 존재로 은연 중에 내포하고 있기도 하며, 성적대상으로서의 여성상, 현모양처상을 그리면서 정치나 경제 등의 사회적 일과는 다소 격리되어 관심이 없거나 정보나 지식조차 없는 것으로 묘사된다. 언어 사용에 있어서 여성이 남성에게 존칭어를 사용하는 것이나 행동유형에 있어서는 남성이 상대적으로 여성보다 높은 지위에 있는 듯 군림하는 장면들, 여주인공에게 강제키스를 하거나 손목을 잡아 이끄는 장면, 여성의 거부하는 몸부림에도 신체접촉을 하는 장면 등의 성폭력적인 장면들도 어렵지 않게 볼 수 있다. 여전히 여성을 성적대상으로 보거나 은연 중 성폭력을 미화하는 장면들은 성의식이 높아진 사회 분위기와 현실을 대중매체가 잘 반영하지 못하는 부분으로 아직도 대중매체의 문제들이 부분적으로 존재하고 있다.

드라마 속 나타나는 여성상의 비중들을 살펴보면 낮은 사회경제적 지위나 직업을 가진 비율이 높다.[2] 또한 등장인물 중 여성의 비율이 남성보다 낮고, 주요 역할은 남성이 차지하는 경향이 높으며 연령은 여성은 대부분 젊은 배우들에게 집중되어 있지만 남성은 연령의 폭이 상당히 융통성이 있는 편이다. 직업에 관해서 살펴보면 직업 유무뿐만 아니라, 취업여성의 경우 직업의 종류, 직업 내에서의 위치 등이 성불평등을 반영하고 있다. 또한

---

2) 박정숙(2001). TV미디어에 반영된 한국여성의 성역할에 대한 고찰. 여성연구논총, 16, 143-171.

여성들은 성적으로 매력적이기는 하지만 문제해결의식이 부족하며 무능해 보이고, 그렇기 때문에 늘 수동적이고 남성 의존적이며 야망이 없고 감정이 앞서는 상으로 비치는 경우가 많고, 이에 반해 남성은 강하고 합리적이며 지적인 이미지에 미래 지향적으로 야망을 가지며 성공을 추구하는 인물로 묘사되고 있다. 남성에 비해 여성을 비하하는 묘사를 통해 부정적이고 무기력한 여성상이 우리의 일상생활에 깊이 침투하게 되어 아무런 비판의식 없이 자연스럽게 받아들여지며 인식되는 것은 매우 심각한 문제이다. 따라서 여성들은 이를 거부하고 비판함과 더불어 새롭게 수정된 대안적 여성 문화를 창조해 내야 한다.

<표 7-1> 드라마 속 성차별의 예

	〈당신은 너무합니다〉(MBC) "안주인 되려면 식구들 끼니는 챙겨야지, 분만 뽀얗게 바르고 입술만 빨갛게 칠하고 있으면 되는 줄 아니?" 예비 시어머니(정혜선)는 며느리(엄정화)에게 가사노동을 강요하고, 며느리의 화려한 외모를 지적합니다.
	〈완벽한 아내〉(KBS2) "진욱이는 특히 오빠고 남자니까, 엄마한테 든든한 아들 됐으면 좋겠어" 이혼 후, 오랜만에 자녀들을 만나는 자리에서 아빠(윤상현)은 유독 아들의 역할만을 강조합니다. 엄마를 지키는 건 아들만의 역할일까요?
	높은 사회적 지위와 재력을 가진 남성과 평범하거나 가난하지만 희망을 잃지 않는 여성

출처 : 서울YWCA 홈페이지.
http://www.seoulywca.or.kr/bbs/board.php?bo_table=board0302&wr_id=124&page=14

최근 여성운동이 활발해짐에 따라 성평등한 콘텐츠들이 생산되기도 한다. 페미니즘 도서인 '미스 함무라비'를 드라마화한 '미스 함무라비', 여성에게 아름다움을 강요하는 사회적 현상을 고발한 웹툰을 드라마화한 '내 아이디는 강남미인' 등의 콘텐츠가 그 예이기도 하다. 보다 현실적인 여성상의 재현과 평등과 민주적인 성역할의 정립을 위해 드라마의 이야기 구조는 다음과 같이 수정되어 가야 할 것이다.[3)]

첫째, 드라마의 가족 배경을 다양화해야 한다. 주말드라마에 주로 등장하는 대가족은 현실적인 한국 가족의 모습이 아니다. 핵가족, 한부모 가정, 독신, 노부부 세대 등 가족의 다양한 모습을 반영해야 한다. 둘째, 가족 간의 갈등과 화합뿐 아니라 다른 유형의 인간관계와 주제를 다루어야 한다. 사랑과 결혼이라는 주제의 편중에서 벗어나야 한다. 셋째, 두 개의 대립적 요소, 선과 악 등의 구조에서 벗어나 복잡한 인간성과 인간관계를 사실적으로 표현하여야 한다. 넷째, 드라마의 배경을 확대해서 다양한 사회적 장을 포함시켜 직장 등에서의 여성의 사회적 역할과 성취를 보여주어야 한다. 다섯째, 현모양처로서의 여성의 바람직한 역할과 이미지에서 벗어나 다양한 여성 역할과 이미지를 창조해야 한다.

(2) 광고

텔레비전 드라마가 성역할의 보수적 경향을 고착화시킨다는 문제점이 있는 반면, 광고는 여성을 하나의 상품으로 포장하여 시선을 끌기 위한 수단으로 이용한다는 문제점이 있다. 광고에 나타난 남성과 여성의 이미지는 자본주의의 논리가 압도적으로 지배하는 경향을 보인다. 실제로 광고는 대중에게 짧은 순간에 전할 메시지를 각인하는 효과적인 방법을 강구하므로 텔레비전의 드라마보다 더 많은 문제점을 안고 있다. 최근에는 유튜브 같

3) 황혜선(2002). 주말 TV드라마의 이야기 구조와 가부장적 이데올로기. 여성이론, 7, 226–244.

은 신생 플랫폼은 텔레비전에 비해 규제가 헐거워 선정적인 광고도 쉽게 노출되고 있는 실정이다.

우리나라의 광고는 전통적 성역할 고정관념을 답습하고 있다. 구체적인 역할을 묘사할 경우에는 여성은 주로 현모양처, 남성에게 의존적이거나, 아니면 사치스러운 이미지를 보여준다. 여전히 광고 속에서의 여성은 육아와 가사를 담당하는 모습이 주를 이루고, 남성에게 뭔가를 사달라고 요구하는 사람으로 표현되고 있다. 서울YWCA에 따르면 2019년 8월 24일~9월 24일 간 방영된 TV광고 482편을 모니터링한 결과, 광고 속 돌봄노동과 가사노동을 하는 인물은 여성이 94%를 차지하는 것으로 나타났다.

또한 광고 속에 나타난 여성의 이미지는 성적대상이거나 육체적인 아름다움을 강조하는 경우가 가장 많다. 주로 남성에 의한 성적 대상으로서의 섹시한 몸짓이나 표정, 심한 노출, 날씬한 몸매, 윤기나는 머릿결과 백옥같은 피부 등 육체적인 아름다움을 경쟁적으로 나타내고 있다. 마치 선전하는 그 제품을 구입하면 육체적인 아름다움을 갖게 되어 남성에게도 성적 대상으로 어필할 수 있을 뿐 아니라 여성으로서의 만족과 행복을 누릴 수 있는 것처럼 느끼게 한다. 그렇다고 광고 속 여성들이 이 시대가 요구하는 여성상을 제시하고 있는 것은 아님에도 불구하고 현실의 우리 사회의 여성상에 적지 않은 영향을 미친다. 유튜브 광고 경우 여성의 몸을 성적으로 부각하는 선정성이 가장 심각한데 모두 게임・어플리케이션 광고이다. '팬덤시티 : 극실사 미녀 게임'의 광고에는 여성의 가슴 위에 음식을 올려는 장면과 이를 노골적으로 젓가락으로 가리키는 장면이 나온다. 또 다른 게임 '염왕이 뿔났다'의 광고에서는 여성 신체 대부분이 노출되는 비키니를 입고 가슴과 엉덩이를 드러내는 포즈를 취하고 있다. 이러한 유튜브 광고는 10대 청소년의 시청률이 높고, 쉽게 접근할 수 있는 데 비해 한국광고자율심의기구가 '방송불가'로 심의한 광고가 유튜브에 나오는 등 규제는 헐겁기에 문제의 심각성은 크다고 볼 수 있다. 자칫 성역할의 사회화 과정

중 부정적인 영향을 줄 수 있기 때문이다.

그 밖에 광고는 가족의 다양한 모습보다는 정상가족이나 중상층 이상의 가족, 화목한 가족 등 가족의 한 측면만 강조된 전형적인 이미지를 재현하고 있다. 현실에서 경험하는 가족의 다양한 모습과 갈등적 요소를 무시하거나 은폐하기도 한다. 광고는 이러한 가족이데올로기를 굳건히 함으로써 부부간의 권력, 역할 갈등, 자녀세대와의 갈등, 부양의 문제 등이 사회적인 문제가 아닌 개인적인 차원에서 해결하도록 강요하게끔 한다.4)

<표 7-2> 광고에 나타난 여성의 모습

"여자요, 여름엔 유혹을 느끼죠. 파도, 바람의 유혹… 유혹에 약하다고요. 여자니까요." "커피와 여자는 부드러워야 하는 것 아니에요? 저도 알고 보면 부드러운 여자예요." "아내 덕분입니다. 남편 힘찬 건강" "그이에게 빨리 보여드리고 싶어요." "미인은 잠꾸러기" "여자의 변신은 무죄" "남편 사랑은 가끔씩 확인해 봐야 해요. 남편은 여자하기 나름이에요."

출처 : 부산여성사회교육원(2003). 여성, 지역, 문화. 서울 : 신정출판사.

이와 같은 광고 속의 여성 이미지도 시대에 따라 차이를 보인다. 1960년대 여성운동이 미비하던 시기에는 여성을 주로 성적 대상으로 묘사하거나 아니면 지적인 직업여성으로 묘사하였다. 경제발전이 급속하게 진행되면서 남성의 사회적 역할이 더욱 강조되고 생계책임자로서의 가부장적인 위치가 더욱 확고히 되던 1970년대에는 여성을 장식물 혹은 성적 대상물

4) 김선영(2004). 텔레비전 광고에 재현된 가족이데올로기 연구 - 텍스트분석 및 수용자분석을 중심으로. 이화여자대학교 대학원 박사학위논문.

로 집에서 가사노동에 전념하거나 남편에게 의존하는 종속적 이미지를 강조하였다. 따라서 광고 속의 여성은 전통적인 고정관념의 모습을 보여주었다.

1980년대부터 본격적인 페미니즘 운동이 이루어지면서 여성의 역할이 개방적이고 진취적인 방향으로 변모하기 시작하였다. 전통적인 주부 또는 어머니의 역할에서 탈피하여 다양한 역할을 소개하기 시작하였다. 1990년대에는 비전통적인 활동 영역에서의 여성의 역할이나 전문직 여성의 비율이 증가하기는 하였으나, 이와 동시에 여성의 육체적인 매력에 관심을 갖는 전통적인 이미지도 함께 증가하였다. 이러한 경향은 자본주의적 산업화가 본격적으로 시작됨에 따라 성의 상품화가 더욱 심화된 것으로 볼 수 있다. 2000년대에는 여성의 사회적 진출에 따른 새로운 이미지를 담은 광고가 급격히 증가하였고, 커리어 우먼이나 가사노동을 분담하는 배우자의 모습을 실은 광고들이 고정관념을 깨뜨리는 데 일조를 하였다.

최근에는 광고 콘셉트에 성차별적 이미지 및 요소가 상당히 배제되고 있으나 아직도 광고 콘셉트가 성차별적 요소, 여성과 남성의 역할에 대한 고정관념, 여성에 대한 성적 상품화 등이 문제로 지적되고 있다. 영국의 비평가 존 버거(John Berger)는 '광고는 소비사회의 문화이며, 광고는 그 이미지를 통하여 그 사회의 본질적 통념을 선전한다'고 주장하였다.[5] 이는 광고가 전하는 사회문화적 의미가 절대적이라는 것을 말해준다.

완벽한 몸매의 여성 모델은 노출이 심하거나 화려한 옷을 입고 선전하는 제품을 구입하면 행복이 찾아올 것처럼 대중에게 메시지를 쏟아내고 있다. 그러하지만 오늘날의 여성은 남성 중심적 가치관에서 벗어나 양성평등한 사회에서 여성의 가치를 스스로 인식하는 주체성을 지향하고 있다. 이러한 지향이 우리 사회의 가치관으로 자리 잡으려면 여성에 대한 사회문화적 의

5) 여성가족부(2009). TV 광고 속 여성들의 여성상은? http://blog.daum.net/moge-family/1473

미를 형성하는 데 파급적인 영향을 미치는 광고의 시각에서부터 성차별적 요소가 배제되어야 할 것이다.

2) 대중매체가 전통적 여성상을 강조하는 이유

대부분의 대중매체는 다소곳하고 순종적이며 보수적이고 전통적인 여인상을 부각시키고자 하는 경향이 있다. 앤더슨(Andersen)[6]은 대중매체에서 전통적인 여성상이 자주 등장하는 이유를 다음과 같이 설명하였다.

(1) 현실반영론

대중매체에서 여성의 모습을 가족 속에서 그리고, 외적인 미모와 소극적인 행동을 하는 것으로 묘사하는 이유는 여성에 대한 일반인들의 인식을 그대로 반영할 뿐이라는 것이다. 즉, 현실의 모습이 그대로 투영된 것이라고 주장하는 이론이다. 따라서 여성들을 포함한 많은 사람들이 전통적 여성상을 선호하는 현실이 문제이지, 결코 대중매체가 왜곡하는 것이 아니라고 주장한다. 이러한 주장은 소설이나 드라마에서뿐만 아니라 뉴스를 전달하는 과정에서도 나타난다. 대중매체 중 뉴스진행에 나타난 남녀역할의 차이를 살펴보면, 시청률이 높은 공중파 방송의 저녁 뉴스 프로그램의 경우 뉴스 진행방식에서 남성 앵커에게는 주도적인 역할이 주어지는 데 비해 여성 앵커에게는 보조적인 역할이 주어지고 있음을 볼 수 있다. 뉴스 프로그램의 시작과 끝에서 남성 앵커 혼자 주요 멘트와 인사를 한다. 초반부의 남성 앵커가 주요한 뉴스를 소개한 뒤 여성 앵커는 남성 앵커를 도와 보조적인 역할을 하는 순으로 진행이 된다.

주요 공중파 방송 모두 남자 앵커는 40~50대 기자 출신이며, 여성 앵커는 젊은 미모의 30대 아나운서가 대부분이다. 남녀 앵커가 담당하는 뉴스

---

6) 박충선 · 정영숙(2004). 대학생의 광고에 반영된 성상품화에 대한 사회적 인식과 소비주의 성향의 관계. 대한가정학회지, 42(3), 79-90.

의 영역 수를 살펴보면, 남성 앵커가 여성 앵커보다 보도량이 더 많고, 보도내용도 정치, 경제, 사회와 관련된 중요하고, 비중 있는 뉴스는 남성 앵커가 진행한다. 이에 비해 여성 앵커는 건강, 환경, 교육, 문화 등 가벼운 뉴스를 담당하고 있다. 또한 남성 앵커의 위치는 차장 이상의 기자 출신 간부급으로 보도국 뉴스를 선별할 수 있는 권한과 함께 뉴스편집회의 참석권도 가진다. 이에 반해 여성 앵커는 아나운서로 근무하면서 뉴스 이외에 방송사가 필요로 하는 교양, 문화, 스포츠, 오락 프로그램 진행자로 근무하면서 남성 앵커보다 전문성에서 다소 뒤떨어지는 느낌을 주기도 한다.

앵커를 선택할 때에도 남성 앵커의 경우 기자로서의 이력을 중요시하여, 전문성을 우선으로 선택을 하고, 여성 앵커의 경우 남성에 비해 전문성보다 외적 이미지에 치중하는 경향이 있다. 뉴스앵커 교체와 관련된 보도기사를 보면, 남성 앵커의 경우 보도경력이나 사회적 신뢰도를 소개하는 반면, 여성 앵커의 경우 외모, 학벌 등 외적 이미지를 중점적으로 소개하는 경향이 있다.

(2) 남녀불평등 조직이론

대중매체의 프로그램을 제작하는 권한을 가진 분야에서 여성 수가 적기 때문에 여성의 새롭고 다양한 모습을 보여줄 생각을 하지 못하고 여전히 전통적이며 성역할이 이분법적으로 구분되어 있는 것에만 머무르고 있거나 제작자나 감독자 자신이 보수적이어서 여성에 대한 표현 또한 보수적이라는 것이다.

성별에 따른 대중매체 종사자 현황을 살펴보면 중앙지를 비롯한 신문관련 종사자수는 남성에 비해 여성이 1/5 정도밖에 되지 않는다. 인터넷 신문의 경우 여성 종사자수가 남성 종사자수의 1/4 수준이다. 주요 공중파 방송의 경우 남녀 종사자수의 차이는 더욱 커진다. 케이블 및 위성 텔레비전의 종사자수는 남녀 비율이 2:1 정도이다. 성별에 따른 대중매체 종사자

현황은 전반적으로 여성 종사자가 남성 종사자에 비해 월등히 낮은 비율을 차지하고 있다는 것을 말해준다.

여성 종사자 가운데 핵심부서인 제작팀에 관여하거나 관리할 수 있는 분야의 비율은 매우 낮고 남성에 비해 상대적으로 하위직에 편중되어 있는 경향이 있다. 이와 같은 남성 편중적 제작진이나 고위 결정권자에 의해 여성성이 조직적으로 부각되는 부분이 크다.

(3) 대중매체의 자본주의 이론

상업화에 치우쳐 있는 대중매체는 자본주의 논리와 결합하여 최대의 이익을 추구하게 된다. 따라서 일반인들의 소비를 부추길 수 있는 방법이 된다고 판단되면 성 자체도 상품화시키는 과정에서 여성을 노골적인 상품대상으로 이용한다. 이는 경제적 권한을 가진 남성들을 대상으로 여성의 여성다움을 드러내어 하나의 눈요기로 포장하는 것이다.

3. 대중매체와 성문화

1) 사회적 규범으로서의 성문화

성문화는 성본능이 사회제도에 의해 규제되고, 사회관계와 규범에 의해 특정지어지며, 사회화의 과정을 통해 사회 구성원에게 학습된다. 그러하기에 사회의 변화에 따라, 시·공간에 따라, 세대, 계층, 성별에 따라 차이가 나타난다고 볼 수 있다.

역사적으로 볼 때, 한 때는 성과 사랑을 별개의 것으로 인식하였다. 성은 인간의 재생산을 위한 단순한 생식적 도구일 뿐, 그 밖의 목적으로 사용하는 것은 비자연적이고 비도덕적이라고 규정지었다. 가령, 성의 자연스러운 표현을 억압하였던 빅토리아 왕조시대(1839~1901)에는 정액을 함부로 낭비하는 행위조차 죄악시하고, 심지어는 남편일지라도 부인에게 생식의 목적이 아닌 성관계를 요구하는 것조차 금기시하였다. 그러나 19세기 말에서 20세기 초에 이르러 성개방의 시대가 열렸다.

성이 인간의 쾌락과 행복을 위한 필수적 요건으로 부각되면서 혼전·혼외성관계가 증가하고 성 쾌락주의가 만연하였다. 이러한 사회적 변화 속에서 1960년대를 기점으로 하여 제2의 성 혁명이라고 할 수 있는 피임기술의 발달과 여성의 성적 자율권, 낙태 등이 허용되었다. 이와 더불어 남녀관계에서 성(육체적 측면)과 사랑(정신적 측면)은 동일한 것이며, 성이 없는 사랑은 불완전하다고 인식하기 시작하였다. 또한 사랑이 결여된 성도 역시 진정한 남녀관계가 될 수 없다는 주장이 일어났다.

하지만 오늘날 성은 사랑보다 더욱 쉽게 즐기게 되었다. 성 그 자체를 중요시하다 보니, 성과 사랑의 보완적 관계를 도외시하거나 성과 사랑을 혼동하기도 하면서, 성생활이 곧 사랑이라고 단순히 믿는 사람들도 상당히 있다. 성은 사랑의 표현적 도구며 사랑은 성을 활성화시키는 촉진제이다. 상대편에 대한 애정, 배려, 따스함, 헌신, 존경심이 수반된 성행위야말로 인간에게 자신을 내어줌으로써 얻게 되는 즐거움의 경지에 도달하게 만든다. 진정한 성은 건강한 자존심을 키워주고, 인격의 표현이 될 수 있다.

2) 성문화의 이중구조

성에 대한 개념, 인식, 성 행태 등의 성문화는 사회변화에 따라 다양한 관행에 맞추어지며 끊임없이 변화하기 마련이다. 한 시대에 금기시되었던 행동이 다음 시대에서는 수용되고 격려되기도 하는 이유가 여기에 있다. 우리나라에서도 성의 의미는 사회적 변화와 비례하여 변화되어 왔다. 남성에게는 적극적으로 소유하고 지배하는 것이라면, 여성에게는 소극적으로 바쳐야 하는 것으로 인식되는 성은 우리의 역사적 배경 속에서 그 기원을 찾을 수 있다. 조선시대의 성규범은 엄격한 유교적 문화 속에서 여성차별적인 성윤리가 지배적이었다. 남성과 여성은 성적 주체와 객체로 나뉘고 여성은 주로 남성의 성욕의 배출구를 제공하는 역할에 길들여져 왔다.

따라서 여성의 성행동은 독립적인 존재로서의 성행동은 인정되지 않고, 남성과의 관계적 구도에서만 허용된다. 특히 조선 중기 이후에는 여성의 성을 철저하게 통제하였다. 여성의 정절문화를 이루기 위한 열녀제도가 있는가 하면, 가문의 혈통을 잇기 위한 축첩제도, 남성의 쾌락을 충족시켜 주는 기녀제도도 함께 존재하였다. 즉, 여성에게는 엄격한 성행위의 기강을 확립하고자 하고, 남성은 자유로운 성의 이중구조를 엿볼 수 있다. 이러한 남성 중심의 가부장적 틀 속에서의 성규범은 여성들에게 차별적이었으며, 성적 쾌락을 추구하거나 경험한 여성들은 죄의식을 느끼게 되었다. 즉, 여성의 성은 쾌락을 위해서가 아니라 생식의 기능으로만 그 가치를 인정받을 수 있었다. 남성과 여성은 동등한 인격체로서 인정받지 못하게 되고, 따라서 남녀 간의 진정한 의미의 성적 교류란 불가능하였다.

전통적인 사회에서 벗어나 산업화되면서 여성의 지위가 향상되고, 사회적 참여도 활발해지기는 하였지만, 우리 사회에서의 성에 대한 담론은 여전히 이중적인 성의식 구조 속에서 다루어져 왔다. 남성의 성은 어려서부터 공공연히 다루어지고 때로는 자랑거리로까지 간주되기도 하였다. 남성의 성적 욕구는 억누르고 숨기기보다는 자연스럽고 당당하고, 심지어는 남성다움으로 인식되었다. 이러한 성 태도는 우리나라에서는 남성들의 군대문화, 그리고 기업의 접대문화 속에서 더욱 강화되어 가고 있다. 반면에 여성의 성욕은 불결하고 수용될 수 없으며, 은폐되어야만 하고 순결은 절대적인 이데올로기로 자리 잡도록 사회화 과정 속에서 진행되어 오는 등 전통사회에서의 성규범을 그대로 답습하고 있는 수준이다. 세부적인 내용은 성역할 사회화에서 다룬 내용과 일맥상통하다.

3) 성의 상품화

최근 우리 사회에서는 자본주의 사회로 본격적인 발전을 거듭하면서, 성 문화도 단순히 문화적 차원이 아닌 상품으로 다루어지는 현상이 만연해 있다. 이러한 성의 상품화현상은 소비 전략적 도구로 되면서, 퇴폐적인 향락업소의 증가라는 사회적 분위기에 편승하여 우리 주변에서 흔히 볼 수 있는 현상이 되었다.

성의 상품화란 인간의 성을 직접 혹은 간접적으로 이용하여 이윤추구를 목적으로 상업 문화에 이용하는 것으로 정의할 수 있다. 성 그 자체 또는 성과 관련된 것을 판매하거나, 특정 제품에 성적인 이미지를 부여함으로써 그 제품의 판매를 촉진하는 행위까지 포함한다.[7][8] 다시 말해서 인간의 성적 욕구를 충족시키기 위하여 성을 사용하고 버리는 한낱 물건으로 전락시키는 행위이다.

일반인들의 성규범이 완화되고, 여러 가지 규제 장치가 해제되고 상품화된 성을 다루는 일들이 더욱 빈번하게 되면서, '성'은 돈벌이가 잘되는 상품으로 자리 잡게 되었다. 실제로 자본주의 사회에서 성적 욕구를 충족시키는 사업을 벌인다는 것은 무한정한 수요를 창출할 수 있다는 점에서 매우 매력적인 영역이기도 하다. 성을 이용한 이득확대 및 자본축적은 제조업이나 기타 산업부문에 비하여 손쉽게 돈을 벌 수 있는 사업이기 때문이다. 최근 우리나라에서도 도심에 섹스 숍이 출현하였는데, 이에 대하여 성개방 혹은 성문란을 부추긴다는 부정적인 시각과 열린 마음으로 성을 바라보아야 한다는 양극단의 논쟁을 불러일으키기도 하였다.

성의 상품화는 공급자와 수요자의 어느 한쪽의 책임이라기보다는 둘의 합작품이다. 즉, 모든 것을 상품화하려는 소비자본주의적 속성이 공급의

7) 김규원(1997). 대중매체와 전자매체에 의한 성 상품화. 아산사회복지사업재단 I, 현대사회와 성 윤리. 제8회 사회윤리 심포지엄. 서울 : 정문출판.

8) 교육인적자원부(2004). 성매매 예방교육 프로그램 및 지도모형 개발연구.

확대를 유발하는 구조적인 요인이라면, 성 구매에 대한 끊임없는 수요도 성 상품화를 팽창시키는 보다 직접적인 이유가 되는데, 남성 중심적인 가부장적 사회에서 성에 대한 통제력이 없는 여성 쪽이 강요된 상황에서 상품으로 전락하는 경우가 많다. 이러한 성의 상품화 현상은 대중매체를 통하여 날개 돋친 듯 확산되면서, 심지어는 여성들 스스로도 '돈이 된다'는 이유로 과감하게 상품화되기를 원하는 경우도 있다. 신문, 방송, 광고, 영화, 비디오 혹은 연극 같은 영상물, 출판물 등의 대중매체뿐만 아니라, 컴퓨터게임, 각종 미인대회, 조건만남, 애인대행, 원조교제, 유흥주점, 키스방, 안마방, 출장마사지, 인터넷 성매매 등을 통하여 그야말로 성의 상품화 추세는 막강하게 증가하기만 한다. 단편적인 예로 2016년 실시한 성매매 실태조사(여성가족부)에 의하면 일반 남성의 약 50.7%는 평생 동안 한 번 이상 성구매를 한 경험이 있으며, 1인당 평균 성구매 횟수는 8.46회로 3년 전보다 증가하였다고 보고하였다. 이러한 추세 속에서 사회는 말초적, 감각적, 본능적인 모습만을 강조하게 되어, 인간적인 생활을 누리는 데 기본적인 에너지 제공원이 되어야 할 '성'이 제 기능을 발휘하지 못하고 있다.

이제 우리 사회의 성도 더 이상 '감춤의 대상'이 아닌 것은 사실이다. 문제는 이러한 성이 개방되는 과정에서 성 자체를 건전하게 수용하는 태도보다는 왜곡된 혹은 상품화하는 사례가 더 많다는 것이 문제이며, 게다가 이러한 왜곡된 성의 대상, 상품화된 성의 희생물은 대부분 여성이라는 점에서 여성의 성적 노예화현상은 심각한 사회문제를 야기시킨다. 성의 상품화를 어떠한 관점으로 보아야 할 것인가? 자본주의 사회에서 돈으로 교환되지 않는 가치란 없기에 성도 상품화될 수 있다는 논리가 성립할 수도 있지만, 문제는 왜 여성만이 상품화의 대상이 되어야 하는가 하는 것이다.

4) 대중매체에 나타난 성의 상품화

대중매체 속에서의 성차별 문화 못지않게 심각한 문제는 바로 성의 상품화현상이다. 대중매체 속에는 시각적 효과를 높이고, 관심을 끌며, 충격을 주기 위하여 여성을 상품화시킨 내용을 자주 접하게 된다. 흔히 대중매체는 현실을 투사하고 반영하는 거울이라는 관점에서 본다면, 이러한 성의 상품화는 결국 우리의 현실이 여성을 상품화하여 이익을 남기는 일에 앞장서고, 나아가서 남성들의 눈요깃감으로 전락하고 있는 것이 현실이라는 논리가 성립된다. 그러나 지난 20년 동안 여성의 사회참여와 활동범위는 상당히 넓어졌으며, 다양한 형태의 삶을 살아가는 여성들이 상당히 많은 현실을 비추어 볼 때, 여성을 남성의 성적인 대상으로만 묘사하는 대중매체는 우리들의 사회적 현실을 정확히 투사하는 최소한의 기능조차 상실한 것이 아닌가 하는 생각에 우려가 된다.

(1) 광고

현대 자본주의 산업 사회에서 광고는 대중에게 막강한 영향력을 발휘하는 기능을 가진 제도이다. 흔히 광고를 일컬어 '자본주의의 꽃', '대중문화의 마지막 형식'이라고 말하는 것은 사회 속의 광고의 위상을 단적으로 보여주는 표현이다. 광고는 하나의 문화 창조 활동이다. 따라서 사회적 책임을 도외시할 수는 없다. "광고는 필요하고, 눈에 띄기 위해서는 자극적이어야 하는데, 그러기 위하여서는 선정적인 것이 가장 효과가 있다. 자본주의 사회에서 상품을 많이 판매하기 위한 방법일 뿐인데 무슨 문제가 있을까?" 하는 생각은 대중매체의 사회적 역할을 무시한 생각이다.

1980년대 들어와 경제적 안정기에 접어들었던 우리 사회에 광고의 위용이 드러났다. 소비를 부추기는 상업적인 광고의 발달로 인하여 때로는 판매하려는 물건보다 광고내용 자체에 더욱 집착을 하는 기현상도 나타났다. 우리는 원하든 원하지 않든 수많은 광고에 노출되어 있다. 광고가 갖는 비중은 점차 확대되면서 이에 대한 규제의 틀도 점검해 보아야 할 과제로 남게 되었다.

섹스어필하는 성적 광고는 어느 나라에서나 논란이 되고 있다. 우리 주변에서도 보면 성 관련 광고가 상당한 비율을 차지하고 있다. 텔레비전이나 신문, 그리고 잡지 등에 실린 광고를 보면, 약 10% 정도가 성을 소재로 하였다는 연구결과도 있다. 이 중에서 상품과 무관한 상황 설정으로 성을 상품화한 것이 34%, 남녀 간의 성관계 암시 등의 선정적인 표현이 32%, 모델의 과잉노출이 23%로 나타났다. 그리고 이러한 성적 광고의 모델은 대부분이 여성이고, 여성을 성적인 대상으로 공공연하게 묘사하는 여성의 상품화 내지 비속화현상이 주목된다.[9)]

최근의 성개방적인 분위기에 편승하여 여성의 성적 이미지를 이용한 광고들이 차츰 증가하면서, 광고문안도 더욱 성적인 이미지를 연상시키는 경향이 나타났다. 예를 들어, '못생겨도 맛은 좋아', '촉촉해요' 등은 감각적인 에로티시즘에 근거한 문안으로 소비자에게 노골적인 성적 암시를 유발하기도 한다. 광고의 선정적인 측면을 부각시키고, 여성의 고정관념을 고착화시킴으로써 마치 여성의 모든 가치는 성적 매력에 있는 것으로 착각하게 만들어 버리는 오류를 범하게 된다.

(2) 전자매체

전자매체의 대표적인 인터넷은 정보의 바다라고 할 만큼 막강한 정보력을 지니고 있다. 이제 인터넷의 정보 전달기능은 기존의 대중매체와 연계되어 절대적인 경쟁력을 갖추게 되었다. 인터넷은 초기에는 주로 학술용이나 학자 간의 정보교환을 주목적으로 하였으나 www의 등장 이후 인터넷이 빠른 속도로 대중화되면서부터 다양한 용도로 사용되기 시작하였고, 이에 따라 상업용도의 비율도 급격히 증가하고 있다. 상업용도 증가는 인터

9) 정영숙 · 박충선(2014). 성과 사회. 경북 : 대구대학교출판부.

넷상에서의 성의 상품화를 급격히 확산시키고 있는 것이다.

인터넷의 다양한 정보 중에 10% 정도가 성에 관한 것이라고 한다. 우리나라와 같이 성에 대한 이중적인 인식이 보편화되어 있는 경우에는 통신상의 익명성으로 인하여 확산속도가 더욱 가속화될 것이다. 실제로 인터넷의 성에 관한 정보는 다양하고 전문화되어 있으며, 대부분의 정보들은 상업적으로 연결되어 엄청난 포르노 산업 같은 성 관련 시장을 형성하고 있다. 인터넷상에서 성을 사고파는 일은 초연령적, 초공간적, 초윤리적 성격을 띠며 무서운 속도로 일반인에게 침투되고 있다. 게다가 장사가 잘되는 성 관련 사업은 번창일로에 있다.

인터넷은 우리들이 경험해 왔던 그 어떤 매체보다 정보의 양이나 질로 보아서 단연 우위이다. 그러나 이러한 인터넷을 잘못 이용하면 자신도 모르게 필요 이상의 성적 쾌락에 몰두하게 되고, 인간성을 가진 인간을 단순히 성적 대상물로 단순화시키는 위험한 행동을 하게 되며, 나아가 기본적인 가치관까지 흔들리게 될 위험을 안고 있다. 성의 상품화가 만연된 사회에서는 인간이 인간적일 수 없는 극단적인 소외현상이 일어난다. 이러한 비인간화를 재촉하는 성의 상품화는 남성들의 반성과 여성들의 의식의 전환이 동반되어야만 사라질 수 있을 것이다.

생각해 봅시다

(1) 우리 주변의 '성의 상품화' 현상의 실례를 찾아보시오.
(신문, 방송, 광고, 영상물, 만화, 오락게임, 전자매체 등)

(2) 대중매체에 나타난 여성과 남성의 고정관념 유형을 살펴보시오.

(3) 정보화 사회의 성 고정관념 고착화 과정에서 대중매체의 역할은 어떠할 것인가?

Chapter

8

성과 일탈행동 I

1. 가정폭력
2. 성폭력
3. 성희롱

Chapter

08 성과 일탈행동 I

1. 가정폭력

모든 것이 급속도로 변화하는 현대사회에서 건강하고 행복한 가정을 유지 발전시키자는 뜻에서 유엔은 지난 89년 제44차 총회에서 1994년을 '세계 가정의 해'로 결정했으며 매년 5월 15일을 가정의 날로 정했다. 또한 2004년에는 '건강가정기본법'을 제정하여 가정의 중요성을 다시 한번 재확인하고, 가정의 건강성 향상을 위한 국가의 책무성에 대해 표명하였다.

가정은 사회의 기본 단위이자, 가족 구성원이 건강하게 성장, 발달하는 생활안식처로서의 기능을 수행하는 중요한 장소이다. 그러나 오늘날 가정은 과거 동반자살로 표현되었던 가족존속살해, 아동학대, 부부폭력, 노인학대 등으로 인하여 멍들고 있다. 한나 아렌트(Hannah Arendt)가 말한 20세기의 특징인 『폭력의 세기 On Violence』는 21세기 들어서도 여전히 유효하다고 할 수 있다. 1차, 2차 세계대전을 비롯하여 베트남 전쟁과 같은 굵직한 폭력사는 없지만 과거보다 우리는 오늘날 더 많이 폭력에 노출되고 따라서 더 많이 무감각해지고 있다. 사회에서 일어나는 각종 폭력이 너무나 평범한 일상의 한 부분이나 영역쯤으로 여겨지는 것은 아닌지 모른다.

오랜 세월 동안 가정폭력은 사회에 존재해 왔으며, 가정폭력에 대해서 지극히 사적인 입장, 즉 가사불개입(家事不介入)의 원칙을 고수해 왔다. 그러나 여성주의 운동이 발전함에 따라 가정폭력의 문제가 공론화되기 시작하였다. 한국사회에서도 1983년 한국 여성의 전화가 창립되면서 구타당한 아내를 보호하기 위한 단체 활동이 전개되었으며, 1987년에는 서울 마포에 구타당한 아내를 보호하기 위한 '매 맞는 아내의 집'이 개설되어, 가정폭력에 대한 사회적 관심을 이끌어 내었다. 가정폭력에 대한 사회적 관심의 증가에 따라 1997년 7월 「가정폭력 범죄의 처벌 등에 관한 특례법」과 「가정폭력방지 및 피해자보호 등에 관한 법률」을 제정하였다. 그럼에도 불구하고 한국사회는 기본적으로 가정폭력의 심각성과 손실에 대한 사회문화적 인식이 상당히 부족하다. 가정폭력을 범죄가 아닌 가정 내 불화나 갈등 정도로 인식하고, 사건이 발생하더라도 이를 축소, 무마시키는 전근대적인 사고방식과 선입관이 여전히 지역사회에 남아 있다.

1) 가정폭력의 개념

가정폭력(domestic violence)은 가정폭력(family violence), 친밀한 관계에서의 폭력(intimate−partner violence), 여성에 대한 폭력(violence against women), 아내구타(wife batter), 아내학대(wife abuse), 아내폭력(wife violence), 가부장적 테러리즘(patriarchal terrorism) 등이 혼용되어 사용되고 있다. 가정폭력은 가정 내에서 이루어지는 아내에 대한 폭력을 의미하는 용어들이 흔히 사용된다. 그러나 가정폭력이란 가정에서 발생하는 모든 종류의 폭력으로, 비단 아내에게만 행해지는 폭력뿐만 아니라, 남편에게 행해지는 폭력, 부부 쌍방이 행하는 폭력을 포함한 부부폭력, 자녀에게 이루어지는 폭력인 아동학대, 그리고 부모 및 노인들에게 이루어지는 폭력인 노인학대 등으로 구분될 수 있다. 「가정폭력 범죄의 처벌 등에 관한 특례법」에 따르면 가정폭력(제2조 제1호)을 가정 구성원 사이의 신체적, 정신적 또는 재산상 피해를 수반하는 행위로 정의하고 있으며, 가정 구성원에 배우자(사실혼 포함), 배우자였던 사람, 자기 또는 배우자와 직계존비속 관계에 있거나 있던 사람,

계부모와 자녀의 관계 또는 적모와 서자의 관계에 있었던 사람, 동거하는 친족까지 매우 다양한 대상군을 포함하고 있다.

2) 가정폭력의 유형

가정폭력의 유형은 기준에 따라 매우 다양하게 구분될 수 있다. 가정폭력은 합법성과 목적성에 따라서 크게 네 가지로 구분될 수 있으며, 가정폭력의 내용에 따라서 신체적 폭력, 정서적 폭력, 언어적 폭력, 경제적 폭력, 성적 폭력, 방임이나 유기 등으로 구분할 수도 있다. 또한 가정폭력의 대상에 따라 배우자폭력, 아동학대, 노인학대, 기타 등으로 구분될 수도 있다.

(1) 합법성과 목적성 측면에 따른 구분

가정폭력의 합법성 측면은 합법성 측면과 비합법성 측면으로 살펴볼 수 있다. 이는 전통적 시각에 따라 합리적인 처벌이나 합법적인 교정을 가할 권리가 용인되고 있으며, 일부 국가들의 경우에는 이들의 권리를 인정하는 정당한 근거가 존재하거나 법으로 명시되어 있기도 하다. 한국사회에서는 민법 제915조에 징계권을 명시하고 있다. 반면 그런 법률적 규정이 없음에도 불구하고 많은 사회에서는 폭력이 용인되고 있다. 또한 폭력을 타인에게 고통과 상처를 주는 것 자체가 목적인 표현적 폭력 측면과 어떤 행위를 유도하거나 교정시키기 위한 수단적 폭력 측면으로 나누어 볼 수 있다. 이러한 기준에 따라서 총 네 가지의 가정폭력 유형을 도출할 수 있다.[1)]

- 합법적－표현적 폭력 : 합법적인 공격행위는 긴장과 분노를 완화시키는 카타르시스 작용을 하므로, 어느 정도의 공격행위를 인정하는 것이다. 예를 들어, 자녀들이나 배우자의 행동에 무작정 화를 참기보다는 가벼운 공격행위로 분노를 해소시키는 것이 더욱 격렬한 폭력행위를

1) Gelles, R. J., & Straus, M. A.(1988). Intimate Violence. New York : Simon & Schuster.

유발시키지 않게 된다.

- 비합법적－표현적 폭력 : 상대방에게 과도한 고통이나 상처를 주는 심각한 형태의 폭력으로 아내구타, 아동구타, 노인학대 등이 있다. 이러한 유형의 폭력은 유기, 학대, 살인으로까지 이어져 사회적 문제가 된다.
- 합법적－수단적 폭력 : 가정 내에서 빈번하게 볼 수 있는 유형으로 어떤 바람직한 행동을 유도하기 위하여 행사하는 폭력이다. 일반적으로 자식이 잘되라고 때리는 부모의 체벌 등이 이에 속한다.
- 비합법적－수단적 폭력 : 부모나 형제, 부부간의 폭력이 인정된다 할지라도 지나치게 심한 고통이나 상처를 주면 학대로 이어지는 비합법적 폭력이 된다. 선의의 의도로 행해진 폭력행위라 할지라도 지나치면 교육적이거나 교화의 목적에서 떠나 권력이나 권위의 남용으로 간주될 수 있다.

(2) 내용과 대상에 따른 구분

가정폭력의 내용에 따라서 신체적 폭력, 정서적 폭력, 언어적 폭력, 경제적 폭력, 성적 폭력, 방임이나 유기 등으로 구분할 수도 있다. 가정폭력의 내용에 따른 유형을 정리하면 아래 <표 8－1>과 같다.

이와 같은 폭력의 내용들이 아내나 남편 혹은 쌍방 간에 적용되면 배우자학대이고, 노인에게 적용되면 노인학대, 자녀에게 적용되면 자녀학대라 할 수 있다. 또한 이러한 가족 구성원 외의 기타 가족 구성원(친인척 등)에게 적용되는 학대행위는 기타 가정폭력행위로 분류할 수 있다. 가정폭력은 일반적으로 성인남성에 의해 아내, 부모, 자녀에게 행해진다고 보지만, 손자녀로부터 조부모에게 행해지는 학대행위도 가정폭력에 해당한다. 즉, 가족 구성원 내의 주체자에 의해서 다른 가족 구성원에게 행해지는 학대행위는 모두 가정폭력이라 볼 수 있다.

<표 8-1> 가정폭력 내용의 유형

구 분		내 용
신체적 폭력	경한 폭력	• 물건을 집어던지는 행동 • 밀치거나 어깨나 목 등을 꽉 움켜잡는 행동 • 손바닥으로 뺨이나 몸을 때리는 행동
	중한 폭력	• 목을 조르거나 고의로 화상을 입히는 행동 • 칼이나 흉기 등으로 배우자를 위협하거나 다치게 하는 행동 • 주먹으로 때리거나, 맞으면 다칠 수 있는 물건으로 때리는 행동 • 사정없이 마구 때리는 행동
정서적 폭력		• 두려움, 불안, 공포로 몰아넣는 행위 • 잠을 못 자게 하기 • 가족이나 친구로부터 고립시키기 • 무시하거나 사람들 앞에서 창피주기
언어적 폭력		• 경멸하는 말투로 모욕감 주기 • 열등하고 무능력하다고 비난하는 말 • 큰소리로 소리 지르거나 강압적으로 말하는 등의 행위
경제적 폭력		• 강제적으로 돈을 가져가거나 통제하기 • 일을 못하게 하고 경제권을 통제하기 • 생활비를 주지 않는 행위 • 동의 없이 재산을 임의로 처분하는 행동 • 수입과 지출을 독점하는 행동
성적 폭력		• 폭행 후 강제적으로 성관계 갖기 • 물건이나 흉기를 사용한 강제적인 성적 학대 • 원하지 않는 성적 행동을 강제하는 행위
방임, 유기		• 치료가 필요할 때 치료를 해주지 않는 것 • 제때 밥을 챙겨주지 않는 것
통 제		• 친구들을 만나지 못하게 하는 행동 • 친정식구(또는 본가)와 연락하거나 만나지 못하게 하는 행동 • 항상 어디에 있는지 꼭 알려고 하는 행동 • 무시하거나 냉담하게 대하는 행동 • 이성과 이야기를 하면 화를 내는 행동 • 바람을 피운다고 자꾸 의심하고 비난하는 행동 • 병원에 가야 할 때에 허락을 받도록 하는 행동

출처 : 송성자 외(2013 : 3)와 이인선 외(2016 : 12－13)의 연구를 참조하여 재구성함.

3) 가정폭력 가해자 특성 및 발생원인

(1) 가정폭력 가해자 특성

엘보우(Elbow)[2]는 아내를 학대하는 남편의 특성을 네 가지 유형으로 분류하였다. 첫째, 통제형(controller)은 아내의 욕구와 감정을 무시하고, 아내를 통제해야 할 대상으로 본다. 따라서 통제할 수 없거나, 자신의 지배력에 위협을 느낄 때 아내에게 폭력을 사용하는 유형이다. 둘째, 방어형(defender)은 자기보다 약해보이는 여성을 좋아하며 위협받는 것을 두려워하고 자신의 강함을 인정받는 것을 좋아하는 유형이다. 따라서 아내가 자신에게 의존하게 만들며, 아내가 독립적이 되거나 자신을 떠나려 할 때 이를 막기 위해 폭력을 행사한다. 셋째, 인정추구형(approval seeker)은 자기 자신의 정서적 보호와 지지 욕구를 가지지만 충족되지 않고 또한 상대방도 이러한 욕구를 충족시키기 힘들어한다. 따라서 이런 감정을 만회하기 위하여 가족 구성원을 학대하는 유형이다. 넷째, 결합형(incorporation)은 남편이 아내를 자신의 일부로 여긴다. 따라서 자신의 자아와 아내의 자아를 혼동하고 상대편의 개체성을 인정하지 못하며 아내를 통해 자신의 존재를 확인하려는 유형이다. 다른 유형에 비해 상대적으로 폭력의 강도가 가장 높고, 약물중독이나 자녀학대를 동반하는 경우가 많다.

이 외에도 시저(Caesar)[3]는 가정폭력 가해자를 세 가지 유형으로 분류하였다. 첫째, 폭군형(tyrant)은 정신병리적이고 적대적인 집단으로 협박과 학대를 통해 아내를 통제하며 자신의 폭력에 대해 별다른 가책을 느끼지 않는 유형이다. 둘째, 노출된 구조자형(exposed rescuer)은 만성적인 분노를 가

2) Elbow, M.(1977). Theoritical Considerations of Violent Marriages. Social Casework, 58, 515−526.

3) Caesar, P. L.(1986). Men who Batter : A Heterogeneous Group. In The Male Batterer : Characteristics of a Heterogeneous Population by L. K. Hamberger(Chair) Symposium conducted at the 94th Annual Convention of the American Psychological Association, Washington, DC.

지고 있으며, 알코올을 심하게 남용하고 아내가 자신에게 의존하기를 바라는 유형이다. 셋째, 노출되지 않은 이타주의형(unexposed altruist)은 자기 주장성이 낮고 분노를 감추며 아내의 기분을 맞추고자 노력하는 집단으로 의존에 대한 양가적 감정을 지니고 있다.

(2) 가정폭력의 발생원인

가정폭력의 발생원인은 개인적 차원과 사회적 차원으로 나누어 볼 수 있다. 개인적 차원은 흔히 정신병리학적 관점으로 보고 있다. 가정폭력을 유발하는 결정요인으로 가해자의 개인 내적 특성, 즉 정신병이나 알코올 그리고 약물남용을 비롯한 개인 내적인 비정상적인 심리적 특성과 요인들을 그 원인으로 보는 것이다. 햄버거와 헤이스팅스(Hamberger & Hastings)[4]는 가정폭력과 관련한 세 가지 성격요인을 발견하였다.

첫째, 수동－의존/강박적(passive－dependent/compulsive) 성격이다. 이 집단은 자존감이 낮고, 소수의 중요한 사람들에게 의존한다. 그들은 타인의 환심을 사기 위해 노력하며 그러한 욕구가 충족되지 않을 경우 적대감과 공격성을 나타낸다. 둘째, 경계선/정신분열성(borderline/schizoidal) 성격이다. 이 유형은 사소한 다툼에도 폭력적으로 과잉반응하며, 우울과 불안 수준이 높고 알코올 문제를 보인다. 셋째, 자기애/반사회성(narcissistic/antisocial) 성격이다. 이 유형은 자신이 원하는 것을 얻기 위해 다른 사람을 이용하는 극도의 자기중심적 집단이다. 이 집단은 자신은 무조건 옳고 다른 사람으로부터 당연히 대접받아야 한다고 생각하기 때문에 그렇지 않은 상황에서 폭력을 사용하게 된다.

4) Hamberger, L. K., & Hastings, J.(1988). Characteristics of male spouse abusers : Consistent with personality disorders. Hospital and Community Psychiatry, 39(7), 763－770.

가정폭력을 설명하는 사회적 차원의 관점은 가부장적, 보수주의적 관점과 사회학습문화의 관점, 체계이론적 관점 등이 있다. 가부장적, 보수주의적 관점은 기본적으로 남성과 여성, 성인과 아동 간에는 권력과 권위가 따르며, 남성에게는 아내나 자녀를 지배하고 통제할 권리가 있다는 것이다. 가정을 유지하기 위해 아내나 자녀에게 지배와 통제의 수단으로 가정폭력이 사용될 수 있다고 합리화되는 것이다.

사회학습적 관점은 폭력 행위를 하나의 관찰 학습된 현상으로 설명한다. 개인은 타인의 폭력 행위를 관찰하고 모방함으로써 새로운 공격 행위의 기술을 습득하고 공격 행위를 사용함으로써 좌절된 욕구에 대처하거나, 혹은 욕구를 충족하는 것이다. 특히 성장 과정에서 부모나 의미 있는 타자(significant other)가 폭력행동을 통해 스트레스나 좌절된 욕구를 해결하는 것을 보고 성장한 아동의 경우 폭력을 정당화할 뿐만 아니라 문제해결의 수단으로 학습하기 때문에 성인기에 폭력을 행사할 가능성이 높다는 것이다.

체계이론적 관점은 가정폭력은 가족 구성원 간의 갈등이 표출되는 과정으로, 가족 구성원 간 서로 유기적으로 연결되어 서로에게 영향을 준다는 것이다. 구체적으로 가족 구성원이 폭력의 발생을 유발했고, 다른 구성원이 그에 대한 반응을 하지 않았다면 폭력이 나타나지 않았을 것이지만, 그에 따른 반응을 보임으로써 폭력을 행사했다고 보는 관점이다. 따라서 체계이론적 관점은 폭력의 발생에 있어서 가족 구성원 쌍방이 책임을 진다는 의미를 포함하고 있다.

4) 가정폭력 실태[5)]

(1) 부부폭력 실태

① 지난 1년간 부부폭력률

여성이 지난 1년간 경험한 배우자로부터의 폭력 피해율은 28.9%였고, 남성이 지난 1년간 경험한 배우자로부터의 폭력 피해율은 26.0%였다. 폭력 유형별로 발생률을 살펴보면, 전반적으로 통제의 발생 비율이 가장 높았으며, 다음으로 정서적 폭력 순이었다.

② 첫 폭력 행사시기

배우자에게 폭력을 행사한 경험이 있는 여성을 대상으로 배우자에게 처음 폭력을 가한 시기를 조사한 결과, 폭력 가해가 처음으로 발생한 시기 역시 '결혼 후 1년 이상 5년 미만'이 30.0%, '결혼 후 5년 이후'가 46.0%로 가장 많았고, '결혼 후 1년 미만'이 20.6%, '결혼 전 교제 기간'이 3.3%였다.

③ 폭력에 대한 대응

배우자로부터 폭력 피해를 경험한 여성들을 대상으로 배우자의 폭력행동이 있었을 때 어떻게 대응했는지 조사하였다. 응답자의 48.3%는 별 다른 대응을 한 번도 한 적이 없다고 응답하였고, 배우자의 폭력행동 당시 주위에 도움을 요청했다는 응답은 1.5%에 불과한 것으로 나타났다. 배우자 폭력 행동 시 '별 다른 대응을 한 번도 한 적이 없다'고 응답한 여성을 대상으로 그 이유에 대해 조사한 결과, 1순위 응답은 '배우자이기 때문에' 25.3%, '대응해도 달라질 게 없어서' 18.5%의 순이었다.

---

5) 가정폭력 실태에 대한 내용은 여성가족부의 2019년 가정폭력 실태조사를 축약한 내용임.

2. 성폭력

1) 왜곡된 성문화로서의 성폭력

2018년 한국을 강타한 주요 이슈는 바로 '미투(me too · 나도 당했다)운동' 이다. '미투운동'이 활발해짐에 따라, 정치계, 교육계, 체육계, 예술 · 문화계, 종교계, 연예계 등 한국사회에 곳곳에서 만연해 있는 성폭력의 문제가 사회문제로 부각되었다. 성폭력 피해 고발 운동인 '미투'는 지난해 10월 할리우드 거물 영화 제작자 하비 와인스타인(Harvey Weinstein)의 성추문으로 촉발되어, 미국 할리우드를 중심으로 대대적으로 일어났다. 한국에선 2018년 1월 창원지검 통영지청 소속 서지현 검사가 검찰 내 성폭력에 대해 방송을 통해 폭로한 것이 계기가 됐으며, 미투 운동과 더불어 용기를 낸 피해자들을 지지하는 '위드유(#withU)'운동도 일어났다.

성폭력의 피해는 젊은 여성뿐만 아니라, 어린 여아에서 여성노인에 이르기까지 대상을 가리지 않고 발생하고 있다. 그뿐만 아니라 성폭력은 때와 장소를 가리지 않고, 가해 대상자도 어떤 특정인에게 국한되지 않는 무차별적이고 익명적이며, 우발적이기까지 한 현대사회의 범죄적 특성을 모두 갖추고 있다. 또한 성폭력 유형도 점차 다양해지고 있다. 여성을 대상으로 한 강간이나 성추행은 공적 · 사적 영역의 구분이 없이 저질러지고 있으며, 그 밖에 대중교통 수단 내에서의 성추행, 직장에서의 성적 괴롭힘, 그리고 대중매체 및 전자매체를 통한 음란전화, 과학기술의 발달에 따른 불법 촬영범죄, 사이버성폭력 등과 같은 새로운 형태의 성폭력이 나타나 새롭게 문제화되고 있다.

이와 같이 성폭력의 증가와 다양화는 일반인, 특히 여성으로 하여금 성폭력의 직접적 피해대상이나 잠정적인 피해를 당할지도 모른다는 위기감을 유발시킨다. 이에 대한 대응으로서 서울, 대전, 평택, 파주, 시흥, 순천, 안산, 보령, 의성, 순천, 괴산 등 각 지역에서 화장실 불법 촬영 카메라 합동 점검 등을 실시하고 있으나, 사람들의 위기감은 쉽게 사그러들지 못하고 있다. 서울시에 따르면 서울시와 나무여성인권상담소가 지난달 23~29일 만 19~59세 서울 시민 1천 500명을 설문 조사한 결과 69%인 1천 31명이 불법 촬영으로 일상생활에서 불안감을 느낀다고 답했다. 여성의 80%, 남성의 57%가 불안하다고 응답했다.[6] 또한 여성가족부(2017)의 성폭력 실태조사[7]에 따르면 범죄피해 발생에 대한 두려움을 9개 문항으로 조사한 결과(1점 : 전혀 그렇지 않다~4점 : 매우 그렇다, 점수가 높을수록 범죄 피해에 대한 두려움이 크다고 볼 수 있음), 전체 응답자 평균은 2.0점(여성은 2.5점, 남성은 1.6점)으로 나타나 여성이 느끼는 범죄피해에 대한 두려움이 남성에 비해 큰 것으로 나타났다. 구체적으로 여성의 경우, '밤늦게 혼자 다닐 때 성폭력을 당할까 봐 무섭다' 76.3%, '집에 혼자 있을때 낯선 사람의 방문(수리기사, 택배 등)이 무섭다' 65.3%, '택시, 공중화장실 등을 혼자 이용할 때 성폭력을 당할까 봐 두렵다' 64.5%, '평소에 폭행, 강도, 절도 등의 피해를 입을까 봐 두렵다' 61.5%, '길거리를 지날 때 남자들이 모여있으면 무슨 일이 생길까 봐 두렵다' 52.0%, '성별을 이유로 범죄의 표적이 될까 봐 두렵다' 50.9% 등 상당 부분 범죄 피해에 대한 두려움이 높은 것으로 나타났다.

이와 같이 성폭력 현실은 생활 속에 깊숙이 만연되어 있고 심각한 수준에 이르렀으나 법적 대응책은 여전히 미온적이고 비체계적이다. 심지어 이런 문제들은 개인적 차원에서 해결하기를 원하는 경향 또한 없지 않다. 실제 불법 촬영 범죄가 증가하는 주된 이유(이하 복수 응답)로 '처벌 부족'(67%)과 '범죄라는 인식 부족'(62%)을 꼽았다. 대책 역시 '처벌 강화'(71%)를 가장 많이 선택했다.[8] 여성가족부의 실태조사에서도 성폭력 감소를 위한 정책

6) 고현실(2019. 6. 17). 서울시민 3명 중 2명 "몰카 불안"…모텔・목욕탕 점검 확대(종합). 연합뉴스. https://www.yna.co.kr/view/AKR20190616041551004

7) 여성가족부(2017). 2016 전국 성폭력 실태조사.

8) 고현실(2019. 6. 17). 서울시민 3명 중 2명 "몰카 불안"…모텔・목욕탕 점검 확대(종합). 연합뉴스. https://www.yna.co.kr/view/AKR20190616041551004

수요(1+2순위) 중 가해자 처벌 강화가 47.0%로 가장 높게 나타났으며, 여성의 경우도 47.1%로 가장 높게 나타났고, 남성의 경우도 46.8%로 가장 높게 나타났다.

강력범죄는 검찰통계사무규정이나 검찰예규 등에 의하면 형법범 중 살인, 강도, 강간, 방화, 폭행, 상해, 협박, 공갈, 약취·유인, 체포·감금과 폭력행위 등 처벌에 관한 법률위반을 지칭하는데, 2008년부터 2017년까지의 강력범죄 중 성폭력은 최소 64.3%에서 91.1%에 이를 정도로 절대적인 것으로 나타났다. 이렇게 성폭력 발생비율이 급격히 증가한 이유는 성폭력에 대한 사회적 인식변화로 인해 신고하는 비율과 적발되는 비율이 높아졌기 때문이기도 하지만 실제 성폭력 사건이 증가하고 있기 때문이다.

2) 성폭력 개념

(1) 성폭력의 개념

성폭력(sexual violence)이란 타인의 자유로운 성적 결정권을 침해하는 행위, 즉 상대방의 의사에 반하여 힘의 차이를 이용하여 상대방에게 행해지는 모든 성적 행위를 말한다. 보통 강간, 강제추행 등을 의미하지만 강간뿐 아니라, 원하지 않는 신체적 접촉이나 추근거림, 불쾌한 성적 언어, 음란한 눈빛으로 바라보는 것 등 성적으로 가해지는 신체적, 언어적, 정신적 폭력도 성폭력으로 본다.

성폭력과 유사한 개념으로 성추행과 성희롱의 개념들이 있다. 성폭력은 좁은 의미로는 성폭력 관련 법에 의해 가해자를 형사처벌할 수 있는 강간, 강제추행 등의 범죄행위를 의미한다. 성추행은 상대방의 의사에 반하여 성적인 수치심이나 혐오감을 유발하는 성적행위로, 간음 이외의 성적 가해 행위들을 말한다. 성폭력과 성추행은 형사처벌 대상이다. 성희롱의 경우 행위자가 성적인 언동 등으로 피해자에게 성적 굴욕감, 혐오감을 느끼게 하는 모든 행위이며 일반적으로 성희롱이라 하면 직장 내 성희롱을 의미한다.

(2) 성폭력의 유형

- PC, 핸드폰 등을 이용한 음란 메시지 등 : PC, 핸드폰, 일반 전화 등을 통해 원하지 않는 성적 메시지 혹은 음란물을 받거나, 성적으로 희롱·비하·공격하는 댓글, 쪽지, 문자 등을 받은 행위(단, 다수의 사용자에게 일방적, 대량으로 전달되는 광고성 스팸문자, 메일 제외)
- 몰래카메라 : 카메라 등을 이용해 수치심을 유발할 수 있는 신체 일부 또는 성행위를 몰래 촬영하거나, 동의하에 촬영했더라도 무단으로 유포하거나 유포하겠다고 협박하는 행위
- 스토킹 : 상대방의 의사에 반하여 지속적 또는 반복적으로 접근, 미행, 연락 등을 하며 정신적·신체적 피해를 입히는 행위
- 성희롱 : 직접적인 신체적 접촉 없이 말이나 몸짓으로 상대방을 성적으로 괴롭히거나 모욕을 주는 행위
- 성추행(폭행·협박 미수반) : 상대방이 고의로 나의 가슴, 엉덩이 등을 건드리거나 일부러 몸을 밀착시키는 등의 성추행을 하는 행위
- 성추행(폭행·협박 수반) : 나의 뜻을 무시하고 폭행이나 협박을 하며 키스, 성기 접촉, 애무 등 강제로 성추행을 하는 행위
- 강간 미수 : 상대방이 나의 뜻을 무시하고 강제로 성관계를 하려고 했으나 실패한 경우
- 강간 : 상대방이 나의 뜻을 무시하고 강제로 성관계(성기 삽입)를 하거나 구강, 항문 등 신체 내부(성기 제외)에 성기를 넣거나 성기, 항문에 손가락 등 신체 일부 혹은 도구를 넣는 행위

3) 성폭력에 관한 원인

성폭력의 발생원인은 개인적 차원과 사회적 차원으로 나누어 볼 수 있다. 개인적 차원은 흔히 정신병리학적 관점으로 보고 있다. 정신병리적 특히 정신분석학적 관점에 따르면 성폭력은 성적 욕구충족이라는 목표(접근권)과 수단의 괴리로 인하여 신경증적인 성격이 유발되고 그것이 성폭행으로 나타난다는 것이다. 실제 미국에서 성폭력 가해자 113명을 대상으로 한 연구에 의하면 성폭력 가해자의 85%가 하나 이상의 정신장애 진단 범주를 만족시키는 증상을 보였고, 그중 성도착증(parapilia)의 유병률은 58%로 보고[9]된 바 있다. 또한 스웨덴에서 성폭력 가해자 8,495명과 일반 인구 19,935명을 비교한 연구에 의하면 성폭력 가해자 군이 일반 인구에 비해 정신과적 입원 과거력이 6배 많은 것으로 나타났다.[10]

사회적 차원의 관점은 가부장적, 보수주의적 관점과 사회 하위문화의 관점이 있다. 흔히 가부장적 관점은 성폭력을 가하는 남성의 잘못이라기보다 성폭력을 당한 피해자인 여성이 그럴 만한 이유가 있는 것으로 여겨왔던 것이다. 남성은 모든 여성을 성폭력의 대상으로 삼는 것이 아니라, 성폭력을 해도 좋을 만한 여성들을 대상으로 성폭력을 행사한다는 것이다. 흔히 정숙하지 못한 여성을 대상으로 한 성폭력은 특별히 비난받을 일도 아니며 사회문제로 인식할 필요도 없다는 것이다. 대표적인 예가 여성이 처신을 잘해야지 여성이 짧은 치마를 입고 남성을 유혹하였기 때문에, 일찍일찍 다니면 될 것을 밤늦게 돌아다녔기 때문에, 알지도 못하는 남자의 차를 얻어 탔기 때문에 성폭력에 당했다고 보는 것이다.

---

9) Dunsieth, N. W. Jr, Nelson, E. B., Brusman-Lovins, L. A., Holcomb, J. L., Beckman, D., Welge, J. A., et al.(2004). Psychiatric and legal features of 113 men convicted of sexual offenses. The Journal of Clinical Psychiatry, 65, 293-300.

10) Fazel, S., Sjöstedt, G., Långström, N., & Grann, M.(2007). Severe mental illness and risk of sexual offending in men : A case-control study based on Swedish national registers. The Journal of Clinical Psychiatry, 68, 588-596.

하위문화 관점은 성폭력도 일종의 하위 문화체계 속에서 학습되고 강화되는 문화적인 생활양식의 일부로 간주된다고 본 것이다. 이와 관련한 구체적인 조사로 최경화, 박 경과 정숙정[11)]의 연구에서 대학생들의 성과 관련된 경험 연구에서 이중적 성규범을 자연화하는 경험으로 '야동 보기'가 나타났다. 학교 공동체 등을 중심으로 음란물을 접하는 경험, 그리고 이를 공유할 수 있는 능력이 남성의 능력 중 일부로 취급되어 성적 행위를 통해 지위를 인정받고 싶은 인정 욕구를 발생시키는 것이 남성 성 경험의 일부를 차지한다는 것이다. 이러한 특성은 군대 문화를 통해서 더욱 강화가 된다.[12)] 여성 배제가 핵심인 군대 공간에서 남성의 우월성을 확인하고, 공감대를 형성하며, 남성성 성취 수준을 정하고 우열을 다투는 기본 요소로 성이 활용되는 것이다.

정부가 '서버 네임 인디케이션(SNI : Server Name Indication) 필드차단 방식'을 이용한 웹사이트 차단 기술을 도입함에 따라 유명 국외 성인 사이트 등 정부가 불법으로 규정한 웹사이트 접속이 차단되었다. 이에 유튜버 '자위왕 찬우박' 등은 집회시위를 진행하였으며, 이 시위에 참여한 일부는 "다 큰 성인이 왜 성인물을 못 봅니까. 이상하지 않습니까. 다른 소리 주절거리지 말고 포르노 합법화하라"라고 하였으며,[13)] 일부 남성 중심 커뮤니티에서는 '딸 칠 권리의 침해'라고 주장하기도 하였다. 이처럼 성이라는 것은 남성의 하위 문화 중 하나로서 중요하게 다루어지고 있고, 성폭력도 일종의 하위 문화의 하나로 해석할 수 있다고 보는 것이다.

---

11) 최경화 · 박 경 · 정숙정(2019). 남자 대학생의 섹슈얼리티에 대한 근거이론적 연구. 사회과학 담론과 정책, 12(1), 55-83.

12) 권인숙(2009). 군대 섹슈얼리티 분석. 경제와 사회, 82, 38-65.

13) 이준희 · 이주빈(2019. 2. 17). '인터넷 검열 금지' 앞세운 "야동 허하라" 남성들 시위 가보니. 한국일보 인터넷 기사.
http://www.hani.co.kr/arti/society/society_general/882437.html

4) 성폭력 실태[14)]

오늘날 성폭력 발생건수는 지속적으로 증가하고 있는데, 이는 직접적인 성폭력의 발생에 따른 피해 증가도 있으나, 기존에는 성인식의 부족으로 성폭력이라고 인지하지 못했던 부분들이 많이 개선됨으로써 의식수준이 높아졌기 때문이라고 볼 수도 있다.

(1) 성폭력피해 실태

여성의 경우 인구사회학적 특성에 따른 평생 동안 성폭력 피해율은 전반적으로 연령이 낮을수록, 교육수준이 높을수록, 가구소득수준이 높을수록, 비취업 중이거나, 미혼인 경우 평생 동안 성폭력 피해율이 높았다.

여성의 성폭력피해실태의 경우 폭행과 협박을 수반하지 않은 성추행 0.7%, 음란전화 등 수신 2.0%, 불법 촬영 0.1%, 성기노출 0.6%, 성희롱 0.8%로 나타났다.

(2) 성폭력 가해자 유형 및 피해자와의 관계

대검찰청(2019)의 범죄분석에 따르면 성폭력 피해자와 가해자의 관계를 살펴보면, 타인에 의해 발생하는 경우(62.3%)가 가장 높은 것으로 나타났으며, 다음으로 이웃·지인(14.1%), 친구 등(7.9%), 기타(6.0%), 친족(3.4%), 고용관계(2.1%) 순으로 나타났다.

(3) 성폭력 피해 대응

성폭력에 대응하는 방법으로 자리를 옮기거나 뛰어서 도망침(64.1%)이 가장 높은 것으로 나타났으며, 소리를 지름(22.1%), 화를 냈음(17.6%), 몸을 빼거나 화제를 돌림(13.7%), 받는 영상이나 문자를 바로 삭제(11.1%), 카톡

---

14) 성폭력 실태에 대한 내용은 여성가족부(2019)의 2019년 성폭력 안전실태조사를 축약한 내용임.

방이나 채팅방을 나갔다(4.6%), 신고하겠다고 상대방에게 말했다(3.1%) 등으로 나타났다.

성폭력 피해 당시 대응하지 못한 경우(44.0%), 당시에는 성폭력인지 몰라서(23.9%), 어떤 행동을 해도 소용이 없을 것 같아서(18.5%), 공포심에 몸이 굳어서(11.1%), 소리 내면 남이 알까 봐(7.8%), 불이익·보복을 당할 것 같아서(6.5%) 등의 순으로 나타났다.

5) 2차 피해 예방

2차 피해라는 용어를 처음 사용한 것은 범죄학자 윌리엄스(Williams, J. E)로, 그는 1984년 그의 논문 「2차 피해 : 성폭력 피해에 대한 대중의 태도 Secondary Victimization : Confronting public attitudes about rape」에서 '성범죄 피해자를 대상으로 한 부정적인 처우'를 2차 피해라고 정의했다. 2차 피해는 2차 가해라고 불리기도 하는데, 2차 가해는 범죄행위로 1차 피해를 입은 피해자에게 피해 사실과 관련해 2차적 피해를 입히는 행위를 말하며, 주로 피해자를 비난, 불신함으로써 '피해를 입어도 마땅하다'고 단정 짓는 행태로 나타나게 된다. 단적인 예가 무고와 꽃뱀 프레임이다.

이러한 2차 피해는 수사과정이나 재판과정에서도 발생할 수 있다. 성폭력의 정황을 자세하게 그리고 반복적으로 진술하게 하여 피해자를 피해를 주는 것이다. 이를 예방하기 위하여 「성폭력범죄의 처벌 등에 관한 특례법」에서는 제24조(피해자의 신원과 사생활 비밀 누설 금지), 제31조(심리의 비공개) 등의 내용을 그리고 「특정 강력범죄의 처벌에 관한 특례법」 제8조(출판물 게재 등으로부터의 피해자 보호), 「정보통신망 이용촉진 및 정보보호 등에 관한 법률」 제44조의2(정보의 삭제 요청 등)의 내용을 담고 있다.

3. 성희롱

1) 성희롱의 개념

유엔의 여성차별철폐협약 이행 감시기구인 '유엔 여성차별철폐위원회'는 직장 내 성희롱과 같은 성에 기인한 폭력이 노동시장에서의 여성의 역할에 심각한 폐를 가져온다는 점에 주목하고 성희롱을 방지하고 제재할 수 있는 법률 제정의 필요성을 강조하였다. 성희롱(sexual harassment)이란 용어는 1974년에 '원하지 않는 성적 관심'에 대한 사회적 논의가 일어나면서 미국의 여성단체와 여성 관련 학자들이 관심을 갖게 되었다. 성희롱은 단순한 언어적 희롱에서부터 포옹이나 신체적 접촉, 강간에 이르기까지 다양한 행위들을 모두 포함한다. 다시 말해서 성희롱이란 관련 행위가 상대방이 원하지 않는 행위로서 신체적 접촉 및 접근, 성적 성격을 띠는 언급, 외설적 출판물을 보여주는 행위, 언어나 행동 등에 의한 성적 요구를 포함하는 행위를 의미한다. 그리고 직접적인 신체적 접촉은 없으나 말, 몸짓 등으로 상대방을 성적으로 괴롭히거나 모욕을 주는 행위도 포함된다. 여기서 핵심적인 사안은 성희롱이 단순히 성적 욕구에 기초한 행위가 아니라 가해자와 피해자 간의 불평등한 사회적 관계를 이용하는 행위라는 점이다.

성희롱의 개념은 국가인권위원회법과 「남녀고용평등과 일 · 가정 양립지원에 관한 법률」(이하 "남녀고용평등법"이라 함) 및 양성평등기본법에서 찾아볼 수 있으며, 제한적이나마 아동복지법에서 아동에 대한 성희롱 금지, 노인복지법에서 노인에 대한 성희롱 금지, 공무원 징계령 시행규칙, 교육공무원 징계양정 등에 관한 규칙 등에서 성희롱을 언급하고 있다. 국가인권위원회법 제2조 제3호 라목에서는 성희롱을 업무, 고용 그 밖의 관계에서 공공기관의 종사자, 사용자 또는 근로자가 그 직위를 이용하거나 업무 등과 관련해 성적 언동 등으로 성적 굴욕감 또는 혐오감을 느끼게 하거나 성적 언동 그 밖의 요구 등에 대한 불응을 이유로 고용상의 불이익을 주는 것으로 정의하고 있으며, 남녀고용평등법 제2조 제2호에서는 사업주・상급자 또는 근로자가 직장 내의 지위를 이용하거나 업무와 관련하여 다른 근로자에게 성적 언동 등으로 성적 굴욕감 또는 혐오감을 느끼게 하거나 성적 언동 또는 그 밖의 요구 등에 따르지 않았다는 이유로 고용에서 불이익을 주는 것으로 정의하고 있다. 양성평등기본법 제3조 제2호 및 동법 시행령 제2조에서는 성희롱을 업무, 고용, 그 밖의 관계에서 국가기관・지방자치단체 또는 각급 학교 및 공직 유관 단체의 종사자, 사용자 또는 근로자가 지위를 이용하거나 업무 등과 관련하여 성적 언동 등으로 상대방에게 성적 굴욕감이나 혐오감을 느끼게 하는 행위 또는 상대방이 성적 언동 또는 요구에 대한 불응을 이유로 불이익을 주거나 그에 따르는 것을 조건으로 이익 공여의 의사표시를 하는 행위 중의 어느 하나에 해당하는 행위를 하는 경우를 말한다고 정의하고 있다.

1993년 발생한 '서울대 조교 성희롱 소송' 사건은 우리 사회에서 성희롱이 얼마나 만연해 왔는가를 단적으로 보여주는 계기가 되었다. 최고의 지성인 집단에서 행해진 성희롱사건은 한 남성교수의 장난의 차원이 아니라 타인에게 정신적, 육체적, 심리적 고통을 주는 불법행위임을 입증하는 사건이 되었다. 또한 롯데호텔노조는 여직원 382명을 대상으로 성희롱 실태를 조사한 결과 이 가운데 70% 이상이 각종 성희롱을 경험한 것으로 나타났으며, 성적인 농담이 77%, 신체 일부 접촉이 46%, 일방적인 포옹이 22%였고, 3%는 성폭행이나 성폭행 미수를 당했다고 주장하며 이에 따라 롯데호텔 여성노동자 183명은 집단 소송을 제기했다.[15] 또한 방직공장 ㈜대원의 생산직 여성 노동자 66명은 공장장과 과장을 성추행 및 성희롱 혐의로

15) 김준호(2000. 7. 5). '성희롱' 집단소송. KBS NEWS.
http://mn.kbs.co.kr/news/view.do?ncd=94791

집단소송을 제기[16]함으로써 직장 내 성희롱에 대한 사회적 관심을 불러일으켰다.

2) 성희롱의 유형[17]

(1) 육체적 성희롱

상대의 의사와 상관없이 신체적으로 접촉하거나 특정 신체부위를 만짐으로써 피해자에게 성적 굴욕감이나 혐오감을 주는 행위를 말한다. 구체적으로 다음의 행위를 말한다.

- 입맞춤, 포옹 또는 뒤에서 껴안는 등의 신체적 접촉행위
- 가슴·엉덩이 등 특정 신체부위를 만지는 행위
- 안마나 애무를 강요하는 행위

이 외에도 법원 판례나 국가인권위원회 결정례에서 다음의 행위 사례들도 성희롱으로 인정되었다.

- 허리에 손 두르기와 함께 손으로 엉덩이를 툭툭 치는 행위
- 허리를 잡고 다리를 만지는 행위
- 블루스를 추자고 허리에 손을 대고 쓰다듬는 행위
- 안마를 해준다며 어깨를 만지는 행위
- 테이블 아래에서 발로 다리를 건드리는 행위
- "노래방 가서 술도 한잔하고 놀자"며 팔짱을 끼고 억지로 차에 태우는 행위

---

16) 황순구(2000. 6. 7) 회사간부 상습성추행 여직원 66명 집단소송. http://www.newscham.net/news/view.php?board=news&id=13494
17) 여성가족부(2018). 직장 내 성희롱·성폭력 사건 처리 매뉴얼, 15-16.

- 업무를 보고 있는데 의자를 끌어와 몸을 밀착시키는 행위
- 가슴을 스치고 지나가는 행위 등

(2) 언어적 성희롱

상대의 의사와 상관없이 음란하고 상스러운 말을 하거나, 외모에 대한 성적인 비유나 평가를 하거나, 성적인 사생활을 묻거나 유포하는 등의 행위를 말한다. 구체적으로 다음의 행위를 말한다.

- 음란한 농담, 음담패설 등을 하는 행위(전화통화, 통신매체, 인터넷 매체-카카오톡, 블로그, 트위터, 인스타그램 등 포함)
- 외모에 대한 성적인 비유나 평가를 하는 행위
- 성적인 사실 관계를 묻거나 성적인 내용의 정보를 의도적으로 퍼뜨리는 행위
- 성적인 관계를 강요하거나 회유하는 행위
- 회식자리 등에서 무리하게 옆에 앉혀 술을 따르도록 강요하는 행위

또한 법원 판례나 국가인권위원회 결정례에서 다음의 행위 사례들도 성희롱으로 인정되었다.

- 딱 붙은 옷 입으니까 섹시하고 보기 좋은데? 항상 그렇게 입고 다녀. 회사 다닐 맛 난다.
- 여자가 들어갈 데 들어가고 나올 데 나와야 하는데 넌 말라서 안 섹시해.
- 여자가 그렇게 뚱뚱해서 어떤 남자가 좋아하겠어?
- ○○씨도 여잔데 미니스커트나 파인 옷 같은 것도 입고 다녀.
- 술집 여자같이 그런 옷차림이 뭐야?
- 아가씨 엉덩이라 탱탱하네.
- 술 먹고 같이 자자.

- 자신의 성생활을 이야기하거나 상대방의 성생활에 대해 질문하는 행위
- 어제 또 야동 봤지?
- 남자는 허벅지가 튼실해야 하는데, 좀 부실하다.
- 운동하고 왔어? 어깨 한번 만져보고 싶다.
- 우리는 여직원이 많아서 여자 나오는 술집은 갈 필요가 없어.
- 술은 여자가 따라야 제맛이지. ○○씨가 부장님 술 좀 따라드려.
- 우리 ○○씨~ 우리 이쁜이~ 우리 애인 어제 잘 들어갔어?

(3) 시각적 성희롱

상대방의 의사와는 상관없이 눈으로 인지가 가능한 행동을 통해 성적 혐오감이나 불쾌감을 주는 것을 말한다. 구체적으로 다음의 행위를 말한다.

- 음란한 사진・그림・낙서・출판물 등을 게시하거나 보여주는 행위(컴퓨터통신이나 팩시밀리 등을 이용하는 경우를 포함)
- 성과 관련된 자신의 특정 신체부위를 고의적으로 노출하거나 만지는 행위

이 외에도 법원 판례나 국가인권위원회 결정례에서 다음의 행위 사례들도 성희롱으로 인정되었다.

- 성기 모양으로 조각한 당근을 개수대에 담가놓은 행위
- 컴퓨터 모니터로 야한 사진을 보여주거나 바탕화면, 스크린세이버로 깔아놓는 행위
- 야한 사진이나 농담시리즈를 카카오톡, 메신저 등을 통해 전송하는 행위
- 다른 직원들 앞에서 자신의 바지를 내려 상의를 바지 속으로 넣는 행위
- 원하지 않는 윙크를 계속하는 행위
- 음란한 시선으로 빤히 쳐다보는 행위 등

(4) 기타 성희롱

사회통념상 성적 굴욕감 또는 혐오감을 느끼게 하는 것으로 인정되는 언어나 행동을 말한다. 법원 판례나 국가인권위원회 결정례에서 인정된 기타 성희롱 행위들은 다음과 같다.

- 원하지 않는 만남이나 교제를 강요하는 행위
- 좋아한다며 원하지 않는 접촉을 계속 시도하는 행위
- 사적인 내용의 문자를 보내서 보내지 말라고 했더니 동료들 앞에서 인격적으로 무시하는 행위
- 직장 내 성희롱의 피해를 제기하거나 거절의 의사를 표시하였더니 불이익을 주는 행위
- 퇴폐적인 술집에서 이루어진 회식에 원하지 않는 근로자의 참석을 강요하는 행위
- 거래처 접대를 해야 한다며 원하지 않는 식사, 술자리 참석을 강요하거나 거래처 직원과의 만남을 강요하는 행위 등

3) 성희롱 실태[18)]

여성가족부에서 민간사업체의 업무담당자와 일반직원을 대상으로 실시한 지난 3년간(2015. 8.~2018. 7) 성희롱 실태조사 결과는 다음과 같다. 응답자 중 성희롱 피해 경험이 있다고 응답한 비율은 8.1%였으며, 성별로 보면 여성은 14.2%였고, 남성은 4.2%로 여성이 높았다. 고용형태별로는 비정규직 9.9%, 정규직 7.9%으로 비정규직이 더 높았다. 성희롱 행위자와 피해자와의 관계는 성희롱행위자가 상급자라고 응답한 비율이 61.1%로 다수를 차지하였다. 그 다음은 동급자 21.2%, 외부인(고객, 민원인, 거래처 직원 등)

---

18) 성폭력 실태에 대한 내용은 여성가족부(2018)의 2018년 성희롱 실태조사를 축약한 내용임.

9.3% 순으로 나타났다. 성별에 따라 성희롱 행위자를 살펴보면, 남성의 경우 상급자, 동급자, 하급자, 외부인 순으로 나타났다. 여성의 경우 상급자, 다음으로 동급자, 외부인, 하급자 순으로 나타났다. 상급자에 의해 성희롱이 발생하는 비율은 남성보다 여성이 더 높았으며, 하급자에 의해 성희롱이 발생하는 비율은 여성보다 남성이 더 높았다. 성희롱 피해 경험이 있다고 응답한 경우에 대해, 성희롱 발생 장소가 어디였는지를 조사한 결과, '회식장소'(43.7%), '사무실 내'(36.8%) 순으로 나타났다.

성희롱 피해에 대해 어떻게 대처했는지 주된 대처방법에 대해 조사한 결과, '참고 넘어감'이라고 응답한 비율이 81.6%로 대다수를 차지했다. 그 다음은 '동료에게 알리고 의논함' 8.6%, '성희롱 행위자에게 사과를 요구하는 등 개인적 처리' 6.9% 순이었다. 이외에 '상급자에게 알리고 조치를 상의함' 1.1%, '사내기구를 통해 공식적으로 신고함' 0.8%, '외부기관을 통해 공식적으로 신고함' 0.0%였다. 남성과 여성 모두 참고 넘어가는 경우가 가장 많았으며, 여성에 비해 남성이 참고 넘어가는 경우가 더 많은 것으로 나타났다. 이러한 결과로 미루어 볼 때 성희롱에 대한 대처는 현재 대부분 미진한 상황이며 상대적으로 남성에 비해 여성이 적절하게 대응하고 있는 것으로 보인다.

참고 넘어간 이유(복수응답)에 대해 조사한 결과, '큰 문제라고 생각하지 않아서'라는 응답이 49.7%로 가장 많았고, 그 다음은 '문제를 제기해도 해결될 거 같지 않아서' 31.8%, '행위자와 사이가 불편해질까 봐서' 30.2%, '소문, 평판에 대한 두려움 때문에' 12.7% 등으로 나타났다. 특히 큰 문제라고 생각하지 않아서의 경우 남성이 68.3%로 나타나, 여성의 40.0%보다 높은 응답률을 나타냈다.

성희롱 가해자 특성은 다음과 같다. 전체 성희롱 가해자의 경우 남성이 68.5% 여성이 31.5%로 남성이 여성보다 배 이상 높은 것으로 나타났다. 성별에 따른 가해자 특성을 살펴보면 남성의 경우 남성에 의한 성희롱 발생비율이 68.5%, 여성에 의한 성희롱 발생비율이 31.5%로 여성보다 남성에 의해 성희롱이 더 많이 발생하는 것으로 나타났다. 여성의 경우도 남성과 동일하게 남성에 의한 성희롱 발생비율이 90.5%, 여성에 의한 성희롱 발생비율이 9.5%로 남성에 의한 성희롱 비율이 절대적인 것으로 나타났다. 고용형태별 가해자 특성을 살펴보면 정규직의 경우 남성에 의한 성희롱 발생비율이 83.3%로 나타났고, 여성에 의한 성희롱 발생비율이 16.7%로 남성에 의한 성희롱 발생비율이 상당히 높은 것으로 나타났다. 비정규직의 경우도 정규직과 동일하게 남성에 의한 성희롱 발생비율이 85.4%로 나타났고, 여성에 의한 성희롱 발생비율이 14.6%로 남성에 의한 성희롱 발생비율이 상당히 높은 것으로 나타났다.

생각해 봅시다

(1) 가정폭력, 성폭력, 성희롱의 인식개선 개입방안에 대해 논하시오.

(2) 가정폭력, 성폭력, 성희롱에 대한 사회적 개입방안에 대해 논하시오.

(3) 바람직한 성문화 형성을 위한 대상별(아동·청소년, 대학생, 성인 초년기생, 성인 중년기생, 노인 등) 실천방안에 대해 논하시오.

Chapter

9

성과 일탈행동 II

1. 데이트 폭력
2. 성매매
3. 동성애

Chapter

09 성과 일탈행동 Ⅱ

1. 데이트 폭력

1) 데이트 폭력의 개념

2004년 '미안하다, 사랑한다'라는 드라마가 전국적으로 선풍적인 인기를 끌었다. 드라마의 선풍적인 인기와 함께 유행했던 대사가 있는데 바로 주인공 차무석(소지섭 분)이 했던 대사로 송은채(임수정 분)에게 "밥 먹을래, 나랑 뽀뽀할래?", "밥 먹을래, 나랑 잘래?", "밥 먹을래, 나랑 살래?", "밥 먹을래, 나랑 같이 죽을래?"이다. 그 당시 죽을 만큼 사랑한다는 의미를 가지며 이 대사는 수많은 사람들, 특히 연인들의 입에 오르내렸었다. 그러나 지금 생각하면 이 대사는 상당히 끔찍한 데이트 폭력에 해당하는 행위이다.

2018년 방영된 '최신유행프로그램'에서는 '그때는 맞고 지금은 틀리다'라는 코너를 통해 '미안하다, 사랑한다'를 다음과 같이 패러디하고 있다. 차무석(권혁수 분)이 "밥 먹을래? 나랑 죽을래?"라고 말하자 송은채(이세영 분)는 "너나 죽어, 내리겠다는데 난리야. 네가 한 건 데이트 폭력이야"라고 답변한다.

'데이트 폭력(dating violence)'이라는 말은 외래어와 한자어의 합성어로서 서양에서 먼저 유래된 말이다. 굳이 우리말로 표현하자면, '연애폭력', '구애폭력', '치정폭력', '교제폭력' 정도로 말할 수 있다. 데이트 폭력은 기혼자 남녀 사이에 일어나는 가정폭력과 달리, 미혼인 남녀 사이에서 일어난다는 뜻으로 종종 사용된다.[1] 경찰청에서는 데이트 폭력을 '부부 사이가 아닌 남녀 간에 발생하는 폭행 · 상해 · 약취유인 · 협박 · 명예훼손을 행하는 행동'으로 정의하고 '연인 간 폭력'이라는 명칭으로 사용한다.[2] 그러나 경찰실무에서 사용하는 정의에는 남녀라고 명시하고 있어, 동성 연인 간에 발생하는 데이트 폭력은 포함되지 않는 문제를 가지고 있다. 2016년 2월 19일 박남춘 의원 등에 의해 발의되었던 「데이트 폭력 범죄의 처벌 등에 관한 특례 법안」에서 데이트 폭력은 '데이트 관계에 있는 성인 또는 미성년자가 서로 간의 합의 없이 한 사람이 일방적으로 상대방에게 해를 끼칠 의도를 가지고 하는 신체적, 정신적 또는 재산상의 피해를 수반하는 행위를 의미한다'라고 정의하고 있다. 이 개념에서는 앞선 경찰청과 같이 이성 간의 관계만을 연인으로 상정하지 않았다는 점에서는 개념이 다소 확장되었으나 '상대방에게 해를 끼칠 의도를 가지고'라는 점에서 데이트 폭력의 개념적 정의를 제한하고 있다. 그러나 연인관계에서 발생하는 폭력적 행위가 반드시 상대방에게 해를 끼칠 의도를 가지고 있다고 보기는 어렵다. 가령 매니아적 사랑을 하는 경우 상대방을 행동을 통제하거나 제약할 수 있으나 상대방에게 해를 끼칠 의도를 반드시 가진다고 보기는 어렵기 때문이다. 자신의 소유욕이 그 무엇보다 우선시됨에 따라 상대방을 감금, 납치를 하기도 하며 그 가운데에 상대방에게 해를 끼치기도 하지만 해를 끼치기 위하여 그러한 행위를 하는 것은 아니기 때문이다. 따라서 이러한 개념도 다소간에 제약이 있다. 김도연, 이기은과 이종현[3]의 연구에서는 데이트 폭력을 데이트 상황에서 발생하는 모든 유형의 폭력을 통칭하는 말로, 데이트 기간뿐만 아니라 이별 상황 및 폭력 경험 후 지속되는 후유증 상태를

1) 홍미영 · 박지영(2018). 부산지역 데이트 폭력실태 및 예방체계 구축방안. 부산여성가족개발원.

2) 경찰청(2017). 데이트 폭력 현장대응 강화계획.

3) 김도연 · 이기은 · 이종현(2017). 데이트 폭력 피해 및 실태조사 결과. 한국데이트폭력연구소.

포함하는 것으로 정의하였다.

데이트 폭력이 가지는 문제는 일반적으로 심각한 폭력이 일어나기 전까지는 그 행위가 데이트 폭력에 해당하는 상황임을 인식하지 못한다는 것이다. 연인관계에서 발생하는 폭력은 폭력이 아니라 일반적인 다툼, 사랑의 행위 혹은 연인 간의 사소한 갈등으로 간주하기 때문이다. 실제 홍미영과 박지영[4]의 연구에서 데이트 폭력에 대한 인식은 주로 성적 폭력과 신체적 폭력 관련 항목에 대해 데이트 폭력이라고 인식하는 비율이 높게 나타난 반면, 상대방의 행동을 통제하거나 집착하는 등의 행위에 대해서는 데이트 폭력이라고 인식하는 비율이 상대적으로 낮게 나타났다. 병원에 가서 치료를 받을 정도가 아니라면 폭력이라 할 수 없다(92.7%), 신체적 폭력만이 데이트 폭력이다(90.2%)라고 인식하는 경향이 높아 데이트 폭력에 대한 인식 자체 수준이 상당히 낮은 것으로 나타났다. 한때 '이별살인'이라는 말이 만들어지기도 하였고, 이는 실제 2000년대 평균 121.4건, 2011년부터 2017년까지는 평균 103.4건의 살인(미수 포함)이 이루어졌기 때문이다.[5] 따라서 데이트 폭력은 그 정도가 심각할 정도의 문제에 노출된 후에서야 인식되는 경우가 많다. 그러나 데이트 폭력은 방치할 경우 그 강도가 점점 세질 수 있고 범죄재발 가능성이 크다는 점, 보복이 두려워 신고를 잘 하지 않는다는 점에서 범죄 초기 경미한 단계에서부터 적극적으로 개입할 필요가 있다.[6] 그러나 박우현과 최응렬[7]의 연구에 따르면 2005년부터 2014년까지 10년 동안 살인범죄 피해를 당한 총 10,283명 중 피해자가 연인인 경우는

4) 홍미영 · 박지영(2018). 부산지역 데이트 폭력실태 및 예방체계 구축방안. 부산여성가족개발원.

5) 최현호(2018. 11. 21). 애인 간 살인 · 폭력, 최근 급증?…10년 전 더 많았다. 뉴시스. https://news.joins.com/article/23143563

6) 박선영 외(2016). 여성폭력 사각지대 해소방안 연구. 한국여성정책연구원.

7) 박우현 · 최응렬(2017). 스토킹 · 데이트 폭력 피해예방법의 제정방안－제20대 국회 의원 입법안 검토를 중심으로－. 치안정책연구, 31(1), 199－232.

1,059명으로 전체의 10.3%나 차지하는 것으로 나타났다.

데이트 폭력이 여타의 범죄와 다른 특성은 크게 세 가지로 유형화할 수 있다.[8] 첫째, 일반 폭력범죄와 다른 점은 일회성에서 끝나지 않는다는 것으로 상습·지속적 폭력이 유지될 수 있는 가능성이 높다는 것이다. 둘째, 밀접한 관계가 유지되기 때문에 신고율이 낮다는 측면에서 일반 범죄에 비해 보이지 않은 범죄가 많다고 볼 수 있다. 셋째, 다른 범죄와 달리 피해 및 가해 당사자 간 공유하는 부분이 많기 때문에 신고와 처벌 이후 보복범죄의 가능성이 높다는 측면에서 위험성, 불안감, 공포감 등 2차 피해가 발생한다는 것과 보복범죄의 경우에는 더 잔인하고 흉포한 행태를 보인다는 것이다.

2) 데이트 폭력의 유형

(1) 신체적 데이트 폭력

신체적 폭력은 상대방에게 힘이나 도구를 사용하여 폭력을 행사하는 것을 의미한다. 누르기, 밀치기, 주먹으로 치기, 발로 차기 등의 신체를 활용한 물리적 폭행을 비롯하여 흉기나 도구 등을 사용하여 직접적인 물리적 폭행을 말한다.

(2) 정서적·언어적 데이트 폭력

욕설이나 소리 지르기 등의 언어적 폭력과 비난이나 무시하기 등의 비언어적 폭력을 의미한다. 화를 낼 것처럼 해서 상대방이 데이트 요청을 거절하지 못하게 하거나, 망신을 주거나 수치심을 느끼게 하는 경우, 상대방이 나를 무시하거나 모욕하는 경우, 큰소리로 고함을 치거나 욕을 하는 경우,

---

8) 박현정·정순형(2017). 데이트 폭력범죄에 대한 독자적 형사제재의 필요성에 관한 고찰. 인문사회21, 8(3), 583-603.

무언가를 던지거나 부수거나 나에게 신체적 위해를 가하겠다고 하는 경우, 싫어하는 별명을 부르거나 외모·성격 등을 비하하는 것, 가해자 자신의 자해위협 등으로 인하여 피해자에게 고통을 주는 경우 등이 포함된다.

(3) 성적 데이트 폭력

비언어적 위협이나 신체적 압력을 가해 상대방의 성적 자율성을 박탈하거나 상대방의 동의 없이 성행위 및 유사 성행위를 하거나 강요하는 모든 행동을 말한다. 구체적으로 원하지 않는 성관계나 성적 행동을 강요하는 등의 간접적인 성적 압력부터 신체부위를 만지거나, 혹은 원하지 않음에도 직접적인 성적 관계를 하는 경우를 포함한다. 이 외에도 피임도구 사용을 막거나 성관계에 따르는 임신, 감염 등의 부작용에 대해 책임지지 않는 경우 등도 데이트 폭력에 해당한다.

(4) 행동통제 데이트 폭력

행동통제 데이트 폭력은 흔히 스토킹과 같은 행위로 설명된다. 스토킹은 데이트 폭력에서 상당히 중요한 위치를 차지하는데, 정부에서 발행한 폭력 피해방지 종합대책의 경우도 스토킹·데이트 폭력으로 제시하고 있다. 스토킹은 당사자의 의사에 반하여 정당한 이유 없이 지속적 또는 반복적으로 접근하거나 미행하는 행위, 주거지·근무지 등에서 지켜보거나 통행로에 서있는 행위, 전화 등 정보통신망을 이용하여 자신의 의사를 전달하거나 특정한 사진·그림·문자를 보내는 행위, 본인이나 제3자를 통하여 특정 물건·그림·사진 등을 보내는 행위를 말한다.

또한 행동통제 데이트 폭력의 극단적인 경우에는 감금 및 납치 등도 포함될 수 있다. 스토킹 관련 행동통제 데이트 폭력은 일상적이고 만성적으로 나타나는 반면, 상대적으로 감금 및 납치와 같은 행동통제 데이트 폭력의 경우에는 다소 우발적으로 발생할 수 있는 위험성이 있다. 구체적으로 상대방이 갈등상황에서 강제로 차에 태우고 다니거나 집에 끌고 들어가거나, 이와 같은 심각한 수준의 행동통제 데이트 폭력 외에도 특정 친구나 가족을 못 만나게 하고, 옷차림이나 외모 등에 지나치게 간섭하는 경우, 또한 일상적인 스케줄을 강제적으로 파악하려고 하는 경우 등도 행동통제 데이트 폭력에 해당한다.

(5) 기타 데이트 폭력

앞서 제시한 신체, 정서·언어, 성적, 행동통제 데이트 폭력 이외에도 디지털 데이트 폭력이나 경제적 데이트 폭력도 있다. 디지털 데이트 폭력은 오늘날 가장 급증하는 형태로 일종의 사이버 폭력의 형태와 유사하다. 상대방이 원하지 않는데도 이메일이나 메신저 등을 이용하여 야한 사진이나 동영상을 보내는 것, 혹은 상대방이 원하지 않음에도 불구하고 상대방과의 성적 관계 등을 사진 및 영상 기록으로 남기는 것, 또한 이러한 사진 및 영상물을 타인에게 유포하겠다고 협박하는 것 등이 포함된다.

또한 경제적 피해[9]는 상대방의 경제적 피해를 야기하는 모든 수준의 행위를 의미하며, 미미하게는 '나의 물건을 허락 없이 함부로 가져다 쓰고 잘 돌려주지 않거나 망가뜨린다'부터 '상습적으로 돈을 빌려달라 요구하며 갚지 않아 빚을 진 적이 있다' 등 범죄 수준의 가해 행동을 포함한다.

3) 데이트 폭력의 실태

(1) 데이트 폭력 실태

손문숙과 조재연[10]의 연구에서는 데이트 폭력 경험이 있는 경우가 61.6%로 나타났으며, 언어·정서·경제적, 신체적, 성적, 통제의 데이트 폭력 경

---

9) 이화영(2015). 데이트 폭력을 경험한 여성의 관계 중단 과정에 대한 연구. 한국 여성의 전화 부설 한국여성주의상담실천연구소, 제14회 논문발표회.

10) 손문숙·조재연(2016). 데이트 폭력 피해 실태조사 결과와 과제. 한국 여성의 전화.

험이 모두 있는 경우도 11.5%에 달하는 것으로 나타났다. 구체적으로 통제가 62.6%로 가장 높게 나타났으며 다음으로 성적 폭력 48.8%, 언어・정서・경제적 폭력이 45.9%, 신체적 폭력 18.5% 순으로 나타났다.

김도연, 이기은과 이종현[11]의 연구에서 데이트 폭력 유형별 발생비율을 살펴보면, 전체 응답자의 67.9%가 스토킹 유사 폭력을 경험하였다고 보고하고 있어 가장 많이 발생한 폭력 형태인 것으로 나타났다. 다음으로 성적 폭력이 63.8%로 많은 응답자들이 경험한 것으로 보고되었으며, 이어 정서적 폭력(언어적, 비언어적 포함)이 54.8% 전체 응답자 중 절반 이상이 경험한 것으로 조사되었고, 신체적 폭력은 16.8%로 상대적으로 낮은 응답률이 나타났다.

(2) 데이트 폭력 경험 후 조치 여부

손문숙과 조재연[12]의 연구에서는 폭력의 피해를 입었던 응답자들 대다수(데이트 폭력 피해별 57.6%~75.5%)가 '별다른 조치를 취하지 않았다'고 대답했다. 반면에 친구・선배에게 알렸거나(데이트 폭력 피해별 16.7%~37.7%), 헤어지는 등(데이트 폭력 피해별 16.1%~28.7%)의 조치를 취했다는 응답도 뒤를 이었다. 이처럼 친밀한 관계에서 발생하는 폭력의 경우 대부분 조치를 취하지 않고 넘어가거나 개인적 차원에서 주변에 알리거나 헤어지는 방식으로 대응하는 경우가 많았다. 폭력을 경험하고 나서도 관계를 유지했던 이유에 대한 질문에 '헤어질 만큼 심하지 않아서(데이트 폭력 피해별 33.9%~52.0%)'라는 응답이 가장 높은 비율로 나타났다. 폭력 행위들이 관계를 정리할 이유는 되지 않는다는 것을 의미하는데, 이는 통제 피해와 관련한 응답에서 '사귀는 사이에서는 자연스러운 일이므로(데이트 폭력 피해별 8.9%~

---

11) 김도연・이기은・이종현(2017). 데이트 폭력 피해 및 실태조사 결과. 한국데이트폭력연구소.

12) 손문숙・조재연(2016). 데이트 폭력 피해 실태조사 결과와 과제. 한국 여성의 전화.

26.4%)'라는 응답이 높게 나타난 것에서도 엿볼 수 있다.

김도연, 이기은과 이종현[13]의 연구에서는 데이트 폭력을 경험한 대상을 20대와 30대로 나누어 살펴보았다. 데이트 폭력을 경험한 후 조치를 취한 적이 있는지 응답하도록 한 결과, 20대에서는 조치를 하지 않은 경우가 53.0%였고, 30대에서는 조치를 취하지 않은 경우가 61.0%로 조사되었다. 조치 방법으로는 구체적으로 '하지 말라고 경고하였다'가 20대 75.7%, 30대 72%로 가장 많이 활용한 것으로 보고하였고, '파트너에게 헤어지자고 말했다'의 이별 요청이 모든 연령대에서 60%로 사용되었다. 데이트 폭력을 경험하였음에도 특별한 조치를 취하지 않았던 이유에 대해 20대에서는 '피해 정도가 심각하지 않아서'가 42.5%로 가장 많았고, 30대에서는 '수치심과 부끄러움 때문에'라는 응답이 43.6%로 가장 많이 나타났다. 데이트 폭력을 경험한 후 조치를 취했다고 응답한 피해자들 중 34.7%가 관계를 다시 유지하였다고 보고하였다. 관계를 다시 유지한 피해자들 중 63.6%는 이후 반복 폭력 경험에 노출된 것으로 나타났다. 데이트 폭력에 대해 조치를 취한 후에도 파트너와 지속적인 관계를 유지했던 이유에 대해 20대에서는 '헤어질 만큼 폭력이 심하지 않아서'와 '노력하면 변할 것이라 믿어서', '여전히 사랑했기 때문에'라는 응답이 46.2%로 가장 많았다. 30대에서는 '헤어질 만큼 폭력이 심하지 않아서'와 '좋게 해결하고 싶어 단호하게 끊지 못해서'라는 응답이 57.1%로 가장 많았고, '나도 갈등의 원인일 수 있어 한쪽에만 책임을 물 수 없어서'라는 이유도 42.9%인 것으로 조사되었다.

---

13) 김도연・이기은・이종현(2017). 데이트 폭력 피해 및 실태조사 결과. 한국데이트폭력연구소.

2. 성매매

1) 성매매의 이해

(1) 성매매의 개념

성매매란 불특정인을 상대로 금품이나 그 밖의 재산상의 이익을 수수(收受)하거나 수수하기로 약속하고 다음 각 목의 어느 하나에 해당하는 행위를 하거나 그 상대방이 되는 것을 말한다. 성매매방지법 시행 전인 2002년 형사정책연구원이 조사한 '성매매 경제규모 전국조사'에 따르면 전국 성매매 알선업체 수는 7개 업종에 5만 여개 업소에 달한다. 종사여성의 수는 최소 33만 명으로 20~30대 여성인구의 4.1%를 차지했다. 성매매 산업 연간 매출 규모는 유흥업소, 전업형 성매매 집결지, 비업소형까지 모두 합쳐 24조 원 규모로 추정됐다. 이는 2002년 국내 총생산의 4.1%에 해당하는 수치로, 당시 농림어업의 비중이 4.4%였던 것으로 비추어 보면 실로 대단한 규모라 할 수 있다.[14)]

미국의 암시장(black market) 전문 조사업체인 하보스코프 닷컴(Havocscope)의 2015년 발표에 따르면 한국의 성매매 시장은 중국, 스페인, 일본, 독일, 미국 다음으로 세계 6위 규모로 나타났다. 시장 규모는 120억 달러, 12조 9천억 원으로 세계 5위인 미국보다 3조 원 정도 적고, 7위인 인도보다 3조 원 정도 많은 것으로 나타났다.[15)] 그러나 형사정책연구원[16)]에서 발간한 조직범죄 단체의 불법적 지하경제운영실태에 따르면 한국의 성매매 시장

14) 김진방(2014. 9. 16). '성매매방지법 10년' 무엇이 달라졌나. 연합뉴스. https://www.yna.co.kr/view/AKR20140916187200055

15) 권지윤(2018. 3. 31). [마부작침] 2018 성매매 리포트 ① 세계 6위 성매매 시장…"한국 남성 절반 성매매 경험 有". https://news.sbs.co.kr/news/endPage.do?news_id=N1004676372

16) 한국형사정책연구원(2015). 조직범죄단체의 불법적 지하경제 운영실태와 정책대안연구(Ⅰ)-불법사행산업을 중심으로.

은 앞서 언급한 하보스코프 닷컴에서 추산한 12조 9천억 달러의 2~3배에 이르는 30조~37조 6천억 원으로 추정하고 있다.

성매매 방지법 시행 3년 뒤인 2007년 한국여성정책연구원과 한국갤럽조사연구소가 '전국 성매매 실태조사'에 따르면 전국 성매매업소는 4만 6천여 곳으로 줄었으며, 성매매여성수 26만 여명, 연간 매출 규모도 약 14조 원으로 감소했다. 2010년 서울대여성연구소의 조사에 따르면 성매매산업 규모는 6조 8천 600억 원으로 줄어들어 국내 총생산에서 차지하는 비중 역시 0.65%로 감소했다. 규모의 감소는 성매매방지법이 제정되면서 성매매가 '범죄'라는 인식이 높아진 데에도 그 원인이 있다. 이 같은 사회적 인식 변화는 전체 성매매 규모에 전반적인 감소로 이어졌으며, 전업형 성매매 집결지 폐쇄와 여성종사자의 감소라는 가시적인 성과를 가져왔다.[17)]

한국사회에서는 특이한 남성들이 성매수를 하는 게 아니라 정상적인 남성이 성매매를 하고 있다고 지적하며, 한국 남성의 성매수는 정상적인 남성 발달과정 가운데 있어서 군대갈 때 성매매 업소 보내주고, 회식 때 성매매 업소 같이 가는 걸로 이루어진다고 지적하였다. 즉, 성매매를 통해 남성들 간 함께하는 문화, 소위 '남자되기'의 실천이 이루어진다고 보았다.[18)]

(2) 성매매와 관련된 몇 가지 이슈

① 성적 자기결정권

2012년 12월 13일 서울북부지법 형사4단독 오원찬 판사는 13만 원을 받고 이모(23)씨와 성관계를 한 혐의로 기소된 김모(41 · 여)씨가 「성매매알선 등 행위에 처벌에 관한 법률」 제21조 1항에 대해 낸 위헌법률심판제청신

---

17) 김진방(2014. 9. 16). '성매매방지법 10년' 무엇이 달라졌나. 연합뉴스. https://www.yna.co.kr/view/AKR20140916187200055

18) 박소영(2019. 10. 2) "한국사회에서는 남성들이 성매매를 정상으로 봐…결국 성차별 · 성상품화 문제". 한국일보. https://www.hankookilbo.com/News/Read/201910010906736309

청을 받아들여 헌재에 위헌 제청을 했다(2012초기1262). 돈을 받고 성매매를 한 여성을 처벌하는 성매매처벌특별법이 헌법에 위반될 소지가 있다는 법원의 첫 판단이었다. '착취나 강요가 없는 한 성매매는 개인의 자기결정권 영역에 해당한다'는 명제에서 출발한다. 합의에 의한 성행위는 개인이 스스로 결정할 수 있는 권리에 해당하며, 여기에 국가가 개입해서는 안 된다는 논리다. 이에 대해 "형벌은 최후 수단으로 사용해야 한다. 미성년자를 대상으로 한 성행위 등을 제외하면, 개인의 사적 영역에 대한 국가의 개입은 자제해야 한다"라는 주장이 있었으며, 이는 혼인빙자간음죄나 간통죄에 대한 위헌 논리와 일맥상통한다. 헌법재판소는 2009년 "성인의 성적 자기결정권을 부정하고 사생활의 자유를 침해한다. 성적 행위에 국가가 개입하는 것은 억제되어야 한다"며 혼인빙자간음죄에 대해 위헌 결정을 내렸으며, 간통죄는 2008년 헌법재판소에서 합헌 결정이 났다.

이후 2015년 간통행위를 처벌하도록 한 형법 241조에 대해 재판관 7 대 2 의견으로 위헌 결정함에 따라, 간통죄는 제정 62년 만에 폐지되어 역사 속으로 사라지게 되었다. "간통죄 조항은 혼인제도 보호라는 공익을 달성하기 어려운 반면 국민의 성적 자기결정권 등 기본권을 지나치게 제한하기 때문에, 간통죄가 비도덕적 행위라도 본질적으로 사생활에 속하고 사회 해악이 그다지 크지 않으면 국가권력이 개입해서는 안 된다는 게 현대 형법의 추세"라고 하였다.[19] 반면 현행 성매매특별법에 대해서는 성적 자기결정권을 침해하고 성 착취 환경을 악화시킨다며 제기된 위헌법률심판에 대해 '그렇지 않다'고 판결했다. 성매매 합법화와도 연관된 이번 재판에서 헌법재판소는 '건전한 성풍속과 성도덕'의 공익적 가치를 우선시했다.[20]

---

19) 이경미(2015. 2. 26). [속보] 헌재 "간통죄 위헌"…62년만에 역사속으로. 한국일보. http://www.hani.co.kr/arti/society/society_general/679846.html

20) 손동준(2016. 3. 31) 헌재, "성매매 특별법은 합헌" 6대 3으로 결정. 아이굿뉴스. http://www.igoodnews.net/news/articleView.html?idxno=49044

② 공창제 도입

성매매 노동자들에 대한 착취는 상당히 심각하다. 성매매 노동자들을 구하기 위하여 상대적으로 합법적인 경로를 통해 성매매 노동자들을 구인하기도 하지만, 납치 및 유인 그리고 매매와 같은 방법으로 성매매 노동자들을 구인하기도 한다. 이러한 환경 속에서 성매매 산업을 사회의 수면 위로 올리자는 의견들도 제시되고 있다. 그것이 바로 공창제의 도입이다.

공창제란 국가가 성매매를 합법화하고 이를 관리하는 제도를 말한다. 공창제의 도입은 일본과 밀접한 관련이 있는데, 일본에서는 일찍부터 교통의 요지나 신사 근처의 마을 등에서 지나가는 사람들을 대상으로 매춘업이 성행하고 있었으며, 1585년 오사카에서 창녀들이 생활하는 구역인 '유곽'을 만들고 매매춘을 공인하였다. 1876년 강화도조약 이후 부산, 원산, 인천 등지에 일본인이 거주하는 개항장이 마련됨에 따라, 매춘업자와 매춘 여성들이 이주해 오게 되었다. 1904년에 들어 서울에서도 창기와 매춘업을 공식적으로 허가하는 규칙을 만들었으며, 자연스레 조선에서도 여성들의 성은 합법적인 공간에서 거래되는 상품이 되어버렸다. 그 후 조선총독부가 1916년 3월에 각지마다 조금씩 달랐던 규칙과 명칭 등을 통일하여, 조선 전 지역에서 조선인과 일본인을 모두 포함한 매춘업자와 창기, 예기(기생), 작부 등 매춘에 관련된 여성에게 적용되는 공창제도가 최초로 확립하였다.[21)]

이후 민군정 시기에도 공창제도가 운영되었으나, 결국 1947년 11월 14일 공창제도 등 폐지령이 공포됨에 따라 공식적으로 공창제는 사라지게 되었다. 뒤이어 1961년 「윤락행위 등 방지법」이 제정되었으나, 성매매 산업이 사라진 것은 아니었다. 오히려 단속조차 제대로 되지 않았으며, 설사 단속이 시행되더라도 오히려 좀 더 음지로 숨어들어갈 뿐이었다. 성매매 단

21) 이정희(2008). 허가받은 매매춘 공창 : '성매매산업' 시초가 된 일제의 '근대적' 공창. 민족 21, 85, 154-159.

속이 강화될수록 점차 음지화되는 현실, 그리고 '키스방', '귀청소방', '안마방' 등 다른 변종 업소들이 더 많이 생기고 있는 현실 속에서 오히려 성매매 여성들은 감금과 노동착취 등의 인권 사각지대에 놓여있게 된다는 것이 공창제를 주장하는 사람들의 주요 의견이다. 공창제가 도입되면 성매매 여성들은 정부 규제 아래 철저한 위생검사와 보호를 받을 수 있기 때문에, 정부는 안전한 법의 테두리 안에서 성매매 노동자들을 관리할 뿐만 아니라, 사회적 안정의 보장과 더불어 삶의 안정과 향상이라는 목표가 달성가능하다고 주장한다. 특히 이러한 공창제 도입을 주장하는 대표적 인물로 대한민국의 첫 여성 경찰 총경이자 미아리 포청천으로 불리었던 김강자 전 총경(한남대학교 경찰행정학과 교수)가 있다.

그러나 여성가족부[22]는 성매매 허용은 성산업의 확장을 가져올 뿐만 아니라, 여성의 빈곤 심화, 인신매매 활성화와 성범죄 증가, 성폭력 대처에 대한 사회적 비용 증가 등의 문제가 발생한다고 주장한다. 성매매 산업 자체는 기본적으로 인간의 존엄성을 훼손하기 때문에, 공창제와 같은 의견이 수용되어서는 안 되며, 공창제가 도입될 경우 성산업의 양성화를 가져오고 이는 윤락업소의 번창을 도모하여 청소년과 기혼성인들의 탈선을 조장하고, 외도를 부채질하게 될 위험이 있다. 그리고 세금을 추가적으로 거둘 수는 있겠으나 반대로 오히려 음성적인 성매매가 활성화되고, 세금회피의 문제도 발생할 수 있다. 종국에는 성도덕의 문란을 넘어 가정의 파괴 등을 가져올 수 있기 때문에 공창제 도입에 대해 반대의견이 한국사회에서는 더욱 중론이라 할 수 있다.

---

22) 여성가족부(2010). 성매매에 반대하는 이유 21 Q&A.

2) 성매매 시장의 구성요소, 성매매업 유형과 변화

(1) 성매매 시장의 구성요소

성매매 시장은 성구매자, 성구매 조장세력, 상품으로 공급되는 여성, 성매매를 용인하고 조장하는 사회문화 등으로 구성되어 있다. 성 구매자들은 수요를 창출하며, 성매매 시장에서 상업적 성적 서비스를 구매하는 사람을 말한다. 성구매 조장세력은 성매매를 통해 직·간접적으로 이득을 얻는 모든 개인과 집단으로, 성매매 수요에 맞추어 피해자를 상품처럼 시장에 공급하여, 성매매가 이루어지도록 관리한다. 일반적으로 성구매 조장세력은 포주(pimp, 핌프)만을 생각하기 쉬우나, 포주를 비롯하여, 구매자나 성매매 여성을 실어 나르는 택시 운전기사들, 성매매 알선행위를 암암리에 묵인하는 호텔, 숙박업소 업주와 운영자, 건물주 등이 포함된다.

혹자[23]들은 범죄 집단과 유착, 결탁하여 성매매 업소에 대한 단속 책임을 방기하고, 알선업자의 불법 행위를 묵인하는 부패공무원, 그리고 성매매를 합법화하여 성매매 업주로부터 세금을 받는 정부, 성매매가 불법임에도 불구하고 법을 엄격하게 적용하지 않는 지방정부도 포함된다고 주장한다. 그리고 성매매를 용인하고 조장하는 사회문화가 있다. 성매매를 용인하고 조장하는 사회문화는 법과 제도, 성매매 시장에의 접근성 등에 영향을 끼쳐 수요를 유발하는 요인으로 작용한다. 기본적으로 남성 중심의 왜곡된 성문화를 가지고 있는 한국사회는 남성의 성적 욕구와 배설을 본능으로 여기고, 성매매를 필요악으로 인식해 왔다. 그뿐만 아니라 남성들이 소외감이나 갈등의 해소방법으로 다양한 오락문화, 특히 여성의 성을 상품화하고 성적 도구로 삼는 문화가 있다. 그리고 사회에 흔한 접대 관행 역시 문제이다. 기업행위의 중요한 부분을 차지하고 있는 접대관행 속에서 성매

23) 울산성매매피해상담소(2012). 나는 자랑스런 성매매 방지 활동가(My Best action).

매가 이루어지고 있기 때문이다. 여성가족부의 성매매 실태조사에서도 성매매 구매 동기는 호기심, 군입대, 술자리 후 순으로 나타난다. 이는 주변 사람들의 성구매에 대해 허용적 인식이 작용하였을 가능성이 높다.

(2) 성매매 여성

① 성매매 여성의 모집

성매매자는 성을 파는 사람이 여성이 될 수도 있고, 남성이 될 수도 있다는 점에서 젠더 중립적인 용어이지만, 일반적으로 성매매자는 성을 파는 사람의 대부분이 여성이기 때문에 성매매 여성을 지칭하는 경우가 많다. 성매매 여성의 모집[24)]은 크게 스마트폰이나 인터넷을 이용한 채팅, 인터넷 구인사이트, 지인이나 소개, 직접 물색, 기타 등의 방법이 있다. 성매매 여성을 모집하기 위해 스마트폰 채팅 어플리케이션이나 인터넷 채팅사이트에 직접 참여하여 조건만남을 구하는 성판매 여성에게 영업을 같이 할 것을 제안한다. 혹은 인터넷 구인사이트나 구직사이트를 활용하기도 하며, 구인사이트를 통해 면접 이후 성매매영업을 제안한다. 이외에도 지인이나 다른 사람에게 소개를 받아서 성판매자를 모집하기도 한다.

② 성매매 여성의 착취

성을 사고 파는 성매매 자체는 법으로 금지한 범법행위이지만, 그에 앞서 성매매 자체가 문제시되는 이유가 또 있다. 성매매의 출발은 바로 인신매매에서 시작되기 때문이다. 2017년도 신문기사[25)]에 따르면 성매매를 위한 인신매매로 인한 사건접수는 2,469명으로 나타났다. 성매매를 위한 인

---

24) 강석구 · 김민영 · 조성현 · 조병인 · 박형아 · 송봉규 · 최성락(2015). 조직범죄단체의 불법적 지하경제 운영실태와 저액대안 연구(Ⅱ) : 전통적 소득원을 중심으로. 한국형사정책연구원.

25) 서송희(2017. 10. 14). 윤상직 “성매매 목적 인신매매 최근 5년간 2469명…처벌은 32.5%” News1뉴스. http://news1.kr/articles/?3123544

신매매는 어제 오늘의 일이 아니다. 한국형사정책연구원이 1985~1991년 인신매매 형사 사건을 분석한 결과 여성 피해자의 84%가 성 산업에 매매(성매매 업소로 팔려갔다는 의미)됐으며 1980년대 전두환 정부의 유흥·향락 산업에 대한 규제 완화로 업계 규모가 커지면서 여성을 공급하기 위한 인신매매가 증가했다고 보았다.[26] 이러한 연구결과는 차종천 외[27]의 연구에서도 확인할 수 있다. 인신매매자의 구매 및 구인목적은 포주업(49.7%)이 가장 높았으며, 주점접대부(33.1%), 다방종업원(4.0%) 등으로 나타나 전체의 86.8%가 유흥 및 성매매 업에 이용하기 위하여 구매 또는 구인하는 것으로 나타났다.

문유경[28]에 따르면 성매매 피해여성의 경우 자살시도율이 48.0%에 이르는데 이는 일반인 자살시도율인 2.1%에 비해 23배나 높은 것으로 나타났으며, 이로 인한 사회적 비용은 2,319억 원에 이르는 것으로 나타났다. 또한 상담소의 상담내용을 분석한 결과 탈성매매 관련이 27.5%로 가장 높고, 그 다음이 빚 문제 24.4%, 질병 11.6% 외에 구타·감금·성폭행·위협 등 생존에 관한 문제들로 곤란을 겪고 있음을 보여준다.

---

26) 최은경(2019. 2. 4). "한 명 데려오면 200만 원" … 성매매 시작은 인신매매. 중앙일보. https://news.joins.com/article/23346901

27) 차종천·김익기·김은경·진수명(1993). 인신매매의 실태에 관한 연구. 한국형사정책연구원.

28) 문유경(2016). 성매매피해자 지원성과분석. 성매매 피해자 지원 성과분석과 강화방안 모색 토론회 자료집. 여성가족부·한국여성인권진흥원.

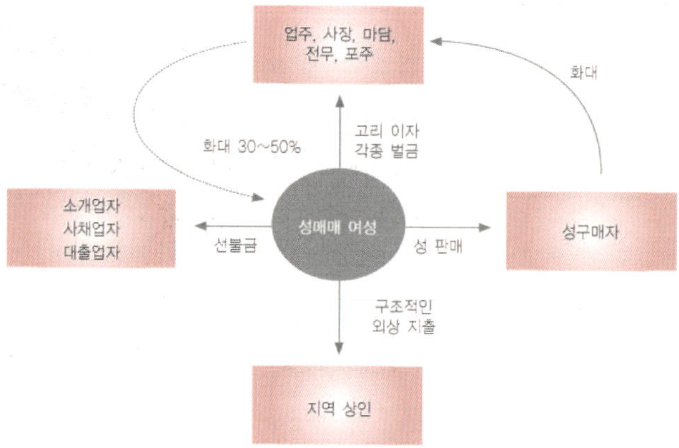

|그림 9-1| **성매매 시장의 구성요소**

출처 : 여성가족부·한국양성평등교육진흥원(2009). 성매매 없는 세상 공공기관 성매매 예방 교육 가이드북, p. 28.

성매매 노동자들은 탈성매매를 하고 싶어도, 쉽게 탈출할 수 없는 상황이다. 몸이 아파서 하루 쉬겠다고 하거나 병원을 가면 벌금을 매겨서 빚을 올리고, 실제 성매매 노동을 하더라도 차비, 손님알선비 등을 떼어가고 나면 남는 돈이 적은 상황에서 약값 등으로 인한 지출로 인하여 지속적으로 빚이 늘어나는 상황이 된다. 또한 성매매 여성들과 성구매자들, 그리고 업소를 관리하는 남성들(일명 부장)이 어울려 유흥을 즐길 때마다 마약이 공급되기도 하며, 마약을 하지 않더라도 수면장애로 인해 프로포폴에 중독되는 경우도 많다.

(3) 성매매 업소 유형

① 전업형 성매매 업소

전업형 성매매업은 성매매가 영업의 1차적이고 주된 목적인 업소를 의미한다. 주류를 판매하고 있으나 성매매가 주된 목적이라면 전업형 성매매 업소로 분류된다. 구체적으로 유리방, 맥양주·방석집, 여관·여인숙, 기지촌, 쪽방·판잣집, 기타 등이 주점형 전업형의 유형이 있다.

<표 9-1> **전업형 성매매 업소 정의**

전업형 성매매 (업소형)	• 성매매가 일차적 업종인 경우(주류 판매를 할 수 있지만 성매매가 주된 목적이라면 이에 해당됨) • 특정 성매매 밀집지역으로 가시화 • 여성은 성매매를 통해서만 생계유지 • 업주와 종사여성 간에 법률적 성격이 모호함. 근로계약의 성립불가능	대규모 성매매 집결지	서울 용산, 청량리 588, 영등포, 미아리텍사스, 부산완월동, 인천 학익동, 대구 자갈마당 및 용주골 등 기지촌
		소규모 성매매 업소	순소 규모의 윤락장소로 널리 알려지지 않는 지역들(흔히 판자집 또는 벌집, 펨푸집이라고 알려진 장소들)

출처 : 김은경 외(2002). 성매매 실태 및 경제규모에 관한 전국조사, p. 21.

② 겸업형 성매매 업소

겸업형 성매매업은 유흥접객 서비스업에서 본래 업종의 서비스와 더불어 2차 서비스 형태로 성매매를 제공·알선하는 영업 형태를 의미한다. 일반유흥주점업, 무도유흥주점업, 간이주점업, 다방업, 노래방업, 이용업, 마사지업, 기타미용 관련 서비스업 등이 있다.

(4) 성매매 영업의 변화

성매매와 관련한 가장 큰 특징 중의 하나는 바로 인터넷, 스마트폰을 이용한 성매매의 증가이다. 성매매방지법의 제정 이후 성매매에 대한 불법성 인지의 확산과 경찰의 지속적인 단속으로 일부 성매매, 특히 전통적인 성매매집결지는 각 지자체에 의해 폐쇄되거나 단속이 강화되어 감소하고 있지만 인터넷 등의 다른 매체를 통한 성매매가 급증하고 있다.

또한 기존의 성매매가 별도의 집결지를 구성하고 운영되는 형태가 많았다면 오늘날에는 오피스텔 성매매 업소가 증가하고 있다. 또한 변종 성매매 업소가 증가하고 있는데, 성매매 업소들이 단속을 피하기 위해 오피스텔이나 모텔 등으로 숨어들고 있으며 출장안마라는 이름으로 찾아가는 성매매를 하고 있으며, 초기 비용이 적기 때문에 수익이 좋아 점차 확대되고 있는 추세이다. 또한 '립카페', '페티시방', '귀청소방', '이미지클럽' 등 변종 형태도 다양화되고 있다.

또한 오늘날에는 해외 성매매도 증가하고 있다. 흔히 기생관광, 섹스관광, 황제관광 등으로 표현되며, 해외 성매매를 주로 하는 국가는 대표적으로 캄보디아, 필리핀, 태국, 인도 등 동남아시아에 집중적으로 분포되어 있다. 과거 60년대나 70년대의 개발도상국 시기의 한국의 관광사업은 섹스관광이 관광업계 수입의 대부분을 차지하면서 외화 획득의 주요 수단이었으나, 최근에는 섹스를 목적으로 한 해외관광들이 증가하고 있다. 최근 들어 한국인들의 성매매에 대한 단속이 시작되었으며, 2015년에는 해외 여행을 가장해 필리핀에서 성매매 관광을 한 남성 207명이 경찰에 붙잡힌 사건도 있다.

3) 성매매의 실태

여성가족부[29]에서 실시한 성매매 실태조사는 모집단의 불법성, 조사 및 추정의 한계 등에 기인한 통계의 신뢰도 부족 등으로 통계법에 따른 승인을 받지 못했다. 따라서 일반인들에게 공개되지 못하고 있다. 그러나 성매매와 관련한 실태조사가 거의 전무하며 2007년부터 3년 주기로 지속적으로 보고서를 발간하고 있으므로, 제한적이나마 여성가족부에서 발표한 성매매 실태조사 자료의 보도자료를 기반으로 성매매실태에 대해서 파악해 보고자 한다.

(1) 성매매 경험 실태

① 성구매 실태

여성가족부의 성매매 실태조사에 따르면 성인남성 1500명 중 631명(42.1%)이 평생 동안 한 번 이상 성구매를 경험한 적이 있는 것으로 나타났

29) 여성가족부(2019). 2019 성매매 실태조사 보도자료.

다. 한국 남성들의 최초 성구매 연령은 20세 이상이 53.9%로 가장 많았고 25세 이상(26.8%), 30세 이상(10.3%) 순으로 나타났다.

② 성판매 실태

전업형 성매매업소에서 일하는 여성은 총 3,592명으로 조사되었다. 대부분의 성매매 업소는 여성이 성매매 노동자이지만, 남성이 성매매 노동자인 경우도 있다. 흔히 '호스트바'라고 불리우는 여성전용바이다. 호스트바는 보통 3개월 안에 단속이 들어오기 때문에 길어야 6개월 정도 운영되며 여성 성노동자와 달리 성매매 가격이 더 높으며, 성매매 수익 같은 경우 대부분 남성 성판매자가 다 가져가는 경우 등이 있어 여성 성매매 노동자와의 차이점이 있다.30)

3. 동성애

동성애는 일반적 성지향성이자 관계로서 일탈행동으로 분류하지 않는다. 그러나 성과 관련된 이슈들을 다룸에 있어서 통합적으로 다루기 위하여, 본 장에 같이 언급하고자 한다.

1) 동성애의 이해

(1) 동성애의 개념

우리나라에서 동성애를 비롯한 성소수자 문제가 공공 담론으로 등장하기 시작한 것은 1990년대 중반 이후 성소수자 인권을 위한 단체들이 생겨나면서부터이다. 동성애를 호모섹슈얼(homosexual)이라고 부르거나 앞글자

---

30) 강석구・김민영・조성현・조병인・박형아・송봉규・최성락(2015). 조직범죄단체의 불법적 지하경제 운영실태와 정책대안 연구(Ⅱ) : 전통적 소득원을 중심으로. 한국형사정책연구원.

를 따서 호모라고 부르기도 하였으며, 오늘날에는 흔히 성 소수자(sexual minority), 퀴어(queer), LGBT 혹은 이반(二般 혹은 異般)이라고 지칭하기도 한다. 그러나 정확히 말하면 성적 소수자의 한 부류로 동성애자가 포함된다고 볼 수 있다.

각 개념들을 구분해 보면 퀴어(queer)는 '동성애의' 라는 뜻을 가지고 있어서, 동성애자들이 사용했다. LGBTQ는 레즈비언, 게이, 바이섹슈얼, 트랜스젠더와 퀴어의 첫 글자를 따서 사용하는 용어이며, 최근에는 인터섹스(Intersex)와 에이섹슈얼(Asexual)을 포함해서 LGBTQIA로 표현하기도 한다. 이반의 어원은 불확실하지만 흔히 종로의 게이 커뮤니티에서 동성애자들이 자생적으로 만들어 낸 스스로를 가리키는 단어로 보고 있다. 흔히 일반적인 이성애자인 일반과 비교하여 구분하기 위해 이반으로 사용되고 있다. 초기에는 二般으로 사용하였으나, 동성애 인권 운동가들에 의해서 異般으로 사용되고 있으며, 異般은 동성애자를 비롯한 성적 소수자를 말한다.[31]

(2) 동성애의 구분

성적 소수자는 흔히 말하는 게이, 레즈비언, 범성애자, 무성애자, 이성애자, 트랜스젠더, 간성 등을 폭넓게 이르는 말이다. 사람을 흔히 생물학적 성(sex)에 따라서는 남성과 여성 그리고 간성으로 분류할 수 있다. 또한 성 정체성(gender identity)에 따라서는 시스젠더(cisgender)와 트랜스젠더(transgender)로 구분할 수 있다. 또한 성지향성(sexual orientation)에 따라서는 이성애자, 양성애자, 동성애자, 무성애자, 범성애자 등으로 구분할 수 있다.

---

31) 한겨레 홈페이지. "이반이 뭐예요?"
http://legacy.www.hani.co.kr/section-005000000/2004/05/005000000200405151434001.html

① 생물학적 구분

생물학적 성(sex)에 따라서는 남성과 여성 그리고 남성과 여성의 전형적인 이분법으로 분류되지 않는 간성(intersex)이 있다. 간성은 보통 남성과 여성의 성기를 모두 가지고 태어나는 경우를 말하며 세계에서 약 1.7%의 신생아가 간성으로 태어난다고 한다.[32] 그러나 간성의 경우 보통 어릴 때 부모의 동의하에 강제로 한쪽 성의 생식기를 제거하는, 흔히 말하는 정상화 수술을 시행하기 때문에 보통 간성들을 만나는 것은 어렵다.

② 성정체성에 따른 구분

성정체성(gender identity)에 따라 구분하면 생물학적인 성별과 자신이 지각하는 정신적 성별이 일치하는 시스젠더(cisgender)가 있고, 생물학적인 성별과 자신이 지각하는 정신적 성별이 불일치하는 트레스젠더(transgender)가 있다. 이외에도 바이젠더(bigender), 안드로진(androgyne), 뉴트로이스(neutrois), 에이젠더(agender), 젠더플루이드(genderfluid) 등의 개념이 있다. 접두사 'cis-'는 같은 쪽을 의미하며 'trans-'는 다른 쪽을 의미함에 따라 자신의 생물학적 성과 지각하는 성이 같은 경우 시스젠더라고 부르게 되었고, 자신의 생물학적 성과 지각하는 성이 다른 경우 트랜스젠더라고 불리게 되었다. 트랜스젠더(transgender)는 생물학적인 성별과 자신이 지각하는 성별이 다르기 때문에 성전환 수술을 하는 경우도 있으며, 이에 따라 흔히 트랜스젠더는 성전환수술을 한 사람을 의미하게 되었다. 그러나 트랜스젠더가 반드시 수술을 한 사람만을 뜻하는 것은 아니다.

안드로진(androgyne)은 그리스어 단어에서 유래한, 남성을 의미하는 접두사 andro와 여성을 의미하는 gyne이 합쳐진 용어로, 자신을 남성과 여성이 모두 있는, 남성성과 여성성이 결합되어 있는 양성이나 중성으로 본다. 바이젠더(bigender)는 남성과 여성 두 가지의 성별 정체성을 각각 개별적으

---

32) 국제앰네스티 홈페이지. https://amnesty.or.kr/campaign/intersex

로 가지고 있는 사람으로, 상황이나 필요에 따라 성별 정체성이 전환될 수 있다. 에이젠더(agender)는 접두사 에이(a-)가 명사나 형용사, 부사 앞에 올 때 '부정'의 의미를 덧붙이는 역할을 함에 따라, 자신을 어떤 성별로도 인식하지 않는 사람이며, 굳이 분류하자면 성별이 없다고 생각하는 쪽이다. 뉴트로이스(neutrois)는 자신을 남성도 여성도 아니라고 느끼며, 남성이나 여성과는 다른 제3의 성정체성을 가지고 있는 사람이다. 팬젠더(pangender)는 접두사 팬(pan-)이 '모든, 모두'를 의미함에 따라, 남성, 여성, 안드로진, 에이젠더 등 모든 젠더의 특성을 가졌다고 인식하는 사람이다. 젠더플루이드(genderfluid)는 성별 정체성이 고정적이지 않고 유동적으로 전환되는 젠더이다. 일정한 패턴이 없으며, 젠더의 개수가 한 개일 수도 있고 많을 수도 있다. 미국의 배우이자 가수인 마일리 사이러스(Miley Cyrus), 메가로돈 등에 출연한 영화배우 루비로즈(Ruby Rose), 신비한 동물사전, 저스티스리그 등으로 유명한 배우 에즈라 밀러(Ezra Matthew Miller)는 자신이 젠더플루이드라고 커밍아웃했다.

③ 성지향성에 따른 구분

성지향성(sexual orientation)은 단순한 성적 취향과는 다르다. 성적지향은 단순히 성행위에만 관련된 것이 아닌 애정적인 이끌림, 사랑이라고 부를 수 있는 감정상태와 그에 따라 자연스럽게 수반되는 성적인 이끌림 등을 의미한다. 성적지향에 따라서 구분하면, 자신의 성과 반대되는 성을 사랑하는, 가장 보편적인 성지향성인 이성애가 있고, 자신과 동일한 성을 사랑하는 동성애(gay, lesbian), 그리고 자신의 성과 반대되는 성과 자신의 성과 동일한 성을 사랑하는 양성애(bisexual)가 있다. 이 외에도 무성애(asexuality)과 범성애 그리고 다성애자(폴리섹슈얼) 등도 있다.

무성애(asexuality)라는 용어는 아이돌그룹 탑독 멤버 한솔이 자신의 인스타라이브에서 에이섹슈얼이라고 이야기함에 따라 알려졌다. 무성애는 영어로 표현하자면 에이섹슈얼(asexual)인데, 무성애(=에이섹슈얼)는 섹슈얼한 끌림을 느끼지 않는다는 의미를 가지고 있다. 범성애는 영어로 표현하면 팬섹슈얼(pansexual)인데, 범성애는 모든 대상, 즉 상대의 성이나 성적정체성 그리고 성지향성에 구애를 받지 않는 것을 말한다. 다성애자는 영어로 표현하면 폴리섹슈얼(polysexual)인데, 접두사 폴리(poly-)는 '많은'을 의미함에 따라, 다성애자는 양성애가 두 성별에 대한 끌림을 의미하던 시절 둘 이상의 성별에 성적 끌림을 느끼는 것을 의미하였으나, 양성애의 개념이 확장된 지금은 거의 비슷한 의미로 사용된다.

2) 동성애를 둘러싼 몇 가지 이슈

(1) 동성애의 원인

오래전부터 동성애의 원인을 밝히고자 하는 연구는 수없이 이루어져 왔으나, 최근 들어서는 동성애의 원인에 대한 연구는 찾아보기 힘들다. 그 이유는 무엇인가? 그리고 동성애의 원인에 대한 연구는 왜 이루어졌을까? 동성애 원인에 관한 연구들은 동성애의 원인을 밝힘으로써 동성애를 이성애와는 다른 문제적 성행위로 규정하고, 나아가 치료를 통하여 성 지향성을 전환하고자 하는 것이 대부분이다. 동성애를 이성애로 만들기 위한 여러 치료방법들이 사용되어 왔는데, 그 내용으로 정신치료, 행동치료, 특히 동성애적 장면을 보이면서 전기 자극으로 고통을 주는 '회피조건화' 방법 그리고 극단적으로는 거세술, 자궁절제술, 뇌전두엽절제술등이 시행되어 왔다.[33)]

그러나 이성애의 경우 자연적이며 지극히 정상적인 것이므로 이성애의 원인에 대한 연구는 찾아보기 힘들다. 이성애의 원인을 찾지 않는 것처럼 동성애의 원인을 찾는 것은 너무나 어색한 일이다. 그럼에도 불구하고 지

---

33) 민성길(2015). 최신정신의학. 서울 : 일조각.

금까지 연구된 동성애 원인론을 발견하면 결국 동성애 탄압으로 이루어질 수 있으므로, 일부 운동가들은 동성애의 원인론을 탄압론이라 부르기도 한다. 지금까지 연구된 동성애 원인론은 흔히 선천적 원인론과 후천적 원인론으로 나뉜다. 선천적 원인론은 생물학적 원인론이 가장 대표적이며, 후천적 원인론은 정신분석 원인론, 학습원인론, 양육원인론 등이 있다.

① 선천적 원인론

동성애의 선천적 원인론으로 가장 보편적으로 주장되는 원인은 생물학적 원인론이다. 구체적으로 유전설, 호르몬설, 뇌구조설 등으로 나누어 볼 수 있다.

유전설은 쌍둥이 연구에서 많이 유래되는데, 일반성 쌍생아에서는 한쪽이 동성애자인 경우 다른 형제에서도 동성애 발생확률이 높다는 연구를 근거로 제시하고 있다. 최초의 연구는 미국의 칼만(Kallman)[34]의 연구로 한쪽이 동성애자이면 다른 한쪽이 동성애자일 가능성이 100%라는 연구 결과를 발표했다. 그러나 그 표본이 교도소 및 정신 병원 수감자들을 대상으로 한 연구였기 때문에 그 결과를 일반화할 수 없으며, 또 일란성 쌍둥이라는 진단에 대한 설명이 부족한 상태에서 연구되었다는 비판을 받았다. 이후 미국 노스웨스턴대의 베일리와 필라드(Bailey & Pillard)[35]는 161명의 남자 동성애자를 조사한 결과, 일란성 쌍둥이의 경우 한 명이 동성애자면 나머지 쌍둥이 형제가 동성애자일 확률이 52%나 된다는 연구결과를 발표했다.[36] 그에 비해 이란성 쌍둥이의 경우는 그 확률이 22%, 입양된 형제의 경우는 11%에 불과했다. 그러나 발생 정도가 연구결과에 따라 다르며, 표

---

34) Kallmann, F.(1952). Twin and sibship study of overt male homosexuality. American Journal of Human Genetics, 4, 136.

35) Bailey, J. M., & R. Pillard(1991). A genetic study of male sexual orientation. Archives of General Psychiatry, 48(12), 1089–1096.

36) 이성규(2014). 동성애는 유전일까 학습일까. The Science Times. https://www.sciencetimes.co.kr/news/동성애는–유전일까–학습일까/

집집단이 광범해지면 그 차이도 줄어드는 것으로 나타났다. 일란성 쌍생아의 동성애 일치율이 100.0%가 아닌 이상 유전적 원인론은 동성애의 결정론이 될 수 없다.

다음으로 호르몬설이 있는데, 흔히 남성 동성애자는 여성적 성향을 가지기 때문에 테스토스테론 수준이 낮다는 것이다. 따라서 호르몬 치료를 통하여 동성애 문제를 해결할 수 있다고 보는 것이다. 그러나 동성애 남성에 있어서 테스토스테론 레벨이 감소되어 있고, 동성애 여성에서는 증가되었을 거라는 가설은 근거 없음이 밝혀졌으며, 브로디 등(Brodie, et al, 1974)[37]의 연구에서는 오히려 동성애집단에서 테스토스테론의 수준이 높다는 결과가 나타났다.

뇌 구조설의 경우, 뇌의 기능이나 구조에 있어 이성애자와 동성애자 간에 차이가 있을 것이라는 주장이다. 영국 출신 신경과학자 르베이(Levay, 1991)[38]는 동성애 남자와 이성애 남자의 뇌 구조 및 기능에 차이가 있다고 주장하였다. 그의 연구에 따르면 에이즈로 죽은 동성애자 19명의 뇌를 검시한 결과 성욕을 관장하는 시상 하부의 간핵 4개 중에서 세 번째 것의 크기가 현저하게 작다고 하였다. 그러나 AIDS로 사망한 동성애자들을 대상으로 하였기 때문에, 연구에 한계(AIDS 균인 HIV가 주로 뇌 세포를 파괴함)가 있으며 이후 뇌 기능이나 구조에 대한 연구 결과 역시 동성애와 이성애자 사이의 일관된 차이가 밝혀진 바 없다.

② 후천적 원인론

후천적 원인론의 경우 흔히 정신분석적 이론과 학습이론적 원인으로 구분되고 있다. 정신분석 이론의 창시자인 프로이드(Freud)는 인간은 원래 양

---

37) Brodie, H.K., Gartrell, N., Doering, C., & Rhue, T.(1974). Plasma testosterone levels in heterosexual and homosexual men. America Journal of Psychiatry, 131(1), 82–83.

38) LeVay, S.(1991). A difference in hypothalamic structure between heterosexual and homosexual men. Scienc, 253(5023), 1034–1037.

성적 존재로 태어나며, 성장 중 자연스레 이성애적 성향으로 발전하게 된다고 보았다. 그러나 동성애자들은 자라는 도중 부모와의 갈등과 가족의 상호작용이 잘못되어 동성애적 성향에 고착된다고 본 것이다. 3~5세상의 경험에 의하여 성적이 발달이 이루어지거나 정지할 수 있는데, 성역할을 학습하는 이 시기에 해결되지 않는 오이디푸스 콤플렉스가 사춘기 이후 비정상적인 성행동으로 나타나는 것이다.[39] 또한 어머니의 젖을 먹는 시기에 너무 만족이 커서 동성에게 고착되는데 이때 다른 남성들의 성기가 어머니의 젖을 상징하게 된다는 것이다. 학습이론적 원인은 동성과의 만족스러웠던 경험이나 성추행, 혹은 이성과의 불만족스러웠던 경험과 같은 사건들을 제시하고 있다. 어린 시절의 성추행을 당한 경험을 남에게 털어놓기가 어려우며, 이들은 동성과의 성관계만이 성적인 흥분을 가져다준다고 착각하게 될 확률이 높다. 성적 학대를 당한 희생양 경험이 있는 사람은 동성애자가 될 확률이 높다.[40]

(2) 동성애와 정신병리

1952년 정신장애 진단 및 통계 편람 제1판(DSM－1 : Diagnostic and Statistical Manual of Mental Disorders－1)에서 동성애는 사회병질적 인격장애(sociopathic personality disorder)로 기재되어 있다가 1968년에 개정된 DSM－II에서는 성도착 범주 내의 성지남장애(sexual orientation disorder)의 하나로 포함되었다. 1973년 미국정신의학회(APA)가 DSM－Ⅲ에서 동성애를 제외하기로 하였는데, 일부 회원들이 반대하며 전 회원 투표로 결정하자고 주장하였다. APA 회원 중 1/4 정도가 투표에 참여하여 58% 찬성으로 제외가 결정되었다. 결국 1973년 동성애는 DSM－III에서 제외되었다. 이 결정을 미국 심리

39) 윤가현(1997). 동성애의 심리학. 서울 : 학지사.
40) 뉴스윈 코리아(2016. 6. 16). 동성애의 원인들. NewsWINKorea. http://www.newswinkorea.com/news/article.html?no=562

학회도 받아들였다. 즉, 협의 끝에 73년에 성도착증 범주에서 빠지게 되었다. 그러나 동성애를 정신장애 분류에서 제외하는데 찬성하지 않은 정신과 의사들의 의견을 존중하여, '자아-이질적 동성애(ego-dystonic)'라는 병명을 두어 원하는 동성애자들이 치료를 받게 해주었다. 자아-이질적이란 '심증 고통을 야기하는 각종 증상들'을 지칭하는 임상심리학 용어이다. 이는 '달리 분류되지 않은 성적 장애'의 한 부분으로 포함되어 '성적지향에 대한 지속적이고 현저한 고통'을 받는 이들을 치료대상으로 보았다.[41] 그나마 이마저 1987년 DSM-III-R에서 빠졌으며, 이후 미국에서는 동성애는 정신장애가 아니게 되었다. 즉, 과학적 입장에서 동성애는 장애나 혹은 원인을 발견해서 치료를 해야 될 문제가 아닌 것이다.

오히려 동성애가 진화적으로 안정된 전략일 수 있다는 가설도 있다.[42] 구체적으로 살펴보면 다음과 같다. 첫째, 사회적 결속, 즉 우정이나 복종심의 표현으로 동성애가 나타난다는 것이다. 둘째, 연습, 이성 관계를 미리 훈련한다는 것이다. 셋째, 친족 선택, 동성애를 통해 친족의 포괄적합도가 향상된다는 것이다. 넷째, 성적 대립 선택, 이성에서 유리한 유전자가 다른 성에서는 동성애로 발현된다는 것이다. 다섯째, 과지배성, 이형접합에서는 유리한 유전형질이 동형접합에서 동성애로 나타난다는 것이다. 이외에도 간접적으로 정액을 옮긴다는 가설이나 보다 약한 성으로 위장한다는 주장, 성적 불균형이나 진화적 부산물 등에 의한 것이라는 주장도 있다.

(3) 동성애의 역사와 한국사회

성소수자 증오와 차별, 편견은 우리 사회에 뿌리 깊이 박힌 병폐이다. 특히 일부 종교 단체는 동성애를 죄악으로 규정하고 몰매를 때린다. 기독교

---

41) 윤가현(1997). 동성애의 심리학. 서울 : 학지사.

42) 박한선(2017. 10. 2). 동성애는 죄악인가? 질병인가? 동아사이언스. http://dongascience.donga.com/news.php?idx=19933

계열의 대학에서는 성소수자 강연회를 개최한 학생에 대해서 무기정학을 처분하고, 신학대학교 학생이 성소수자혐오반대의 날에 무지개색 옷을 입고 채플에 참석했다는 이유로 정학과 근신처분을 받기도 했다. 학교에서는 동성애 관련 교육을 하지 말라고 하고 있으며, 국회의원들은 '성적(性的) 지향'이라는 문구를 지우는 국가인권위원회법 일부개정안을 공동발의하였다. 동성애로 인하여 집단차별을 당하고 있으나, 이에 대해서 학교는 책임을 회피하고 있다. 예전의 이야기가 아니라, 바로 오늘날의 한국사회의 이야기이다.

동성애는 언제부터 시작되었는가라는 질문은 무척 어리석은 질문일 수밖에 없다. 인류의 역사와 함께 동성애는 시작되었기 때문이다. 다만, 오늘날과 같이 분리적 관점에서의 동성애 용어의 사용은 그 기원을 1860년에 찾을 수 있다.

① 서양의 동성애 역사

고대 그리스 시절에는 동성애는 현대와 달리 관용적이며 수용적인 사회문화를 가지고 있었다. 동성 간의 사랑은 미성년 남성의 사회화를 위한 의례나 지적 훈육(ritual)을 위한 우애의 관계(philia)가 핵심이었다. 그리스의 남성 동성애는 대체로 성인과 소년 간의 관계였으며, 소년과의 신체접촉을 통해 성적 쾌락을 얻으려는 성인 남성의 욕망을 정상적이고 자연스러운 것으로 간주하였다. 플라톤(Platon)은 저서 『향연 Symposion』에서 동성애를 미화하기도 하였다. 또한 그리스에서는 남성 커플로 이루어진 신성부대를 만들었으며, 신성부대는 모든 전쟁에서 돌격대 역할을 한 최정예부대로 알려져 있다. 아테네에서는 오히려 소년애를 명예롭고 찬양할 만한 것으로 여겼다.[43] 남성 동성애는 아르카익기(BC 8~6세기)에 귀족을 중심으로 성행

43) 김경현(2001). 고대로마의 동성애. 역사와 문화, 4, 34-76.

하다가 고전기(BC 5~4세기)에 이르러 시민계급으로 확산되었으며, 고대 그리스를 대표하는 아테네, 스파르타, 테베, 크레타 등 거의 전 지역에 걸쳐 만연된 것으로 드러난다.[44] 이러한 특성은 신화에서도 나타난다. 그리스 신화의 제우스는 가니메데를 사랑했으며, 아폴로는 히아킨투스, 자킨두스, 키니라스, 포르바스, 오르페우스 등을 사랑했고, 디오니소스는 라오니스, 암펠루스, 히메나이우스, 아킬레우스 등을 사랑했다. 비단 이러한 특성을 그리스나 아테네에서만 발견할 수 있는 것은 아니다. 고대 근동 지역에서도 동성애가 널리 행하여졌다. 이는 이집트의 신화에서의 동성애적 관계를 언급할 수 있다. 정확히 말하면 동성애라기보다는 행위에 집착한 성관계이지만 세트와 호루스는 서로 우위에 있음을 증명하기 위해 성관계를 했다는 내용이 기록되어 있다.

여성 동성애자에 대한 기록은 여류시인 사포(Sappho)에게서 찾을 수 있다. 기원전 650년경 고대 희랍의 여류시인 사포는 고향인 에게해(Aegean sea)에 있는 레스보스(Lesbos)섬에 기숙사를 세워 시를 배우는 여성을 함께 살게 했다. 사포(Sappho) 자신이 레즈비언이라는 설도 있고, 기숙사의 여성들 사이에 동성애가 퍼진 데서 여성 동성애자를 레즈비언이라고 불렀다는 설도 있다.[45]

이후 동성애는 중세 이후 18세기까지 범죄로 취급되었으며, 실제 레오나르도 다빈치(Leonardo da Vinci)는 제자 살라이(Salaì)와 사랑을 나누다 1476년 체포되었다. 19세기에 들어와서 동성애는 근대의학 분야에서 정신질환의 일종으로 여겨지기 시작하였다. 또한 히틀러(Hitler)는 1936년 동성애를 방지하기 위한 제국 중앙사무국을 설립하고 홀로코스트(동성애자들을 포함하여 유태인, 장애인, 정치범들을 대량학살한 사건)를 벌였다. 그리고 지금까지도 극

44) 윤일권(2009). 고대 그리스 사회와 신화 속의 동성애. 유럽사회문화, 3, 5-27.
45) 김경현(2001). 고대로마의 동성애. 역사와 문화, 4, 34-76.

단주의 무장단체 이슬람국가(IS)는 동성애자라는 이유로 무참하게 살해를 하고 있다.

미국의 역사에서 동성애와 관련된 몇 가지 사건이 있다. 우선 스톤월 항쟁이다. 1969년 6월 28일, 뉴욕의 그리니치 스톤월(Stonewall) 술집에서 성소수자들이 돌과 술병을 던지면서 싸워 단속 경찰을 물리쳤다. 경찰은 이날의 굴욕적 퇴각을 만회하려고 매일 밤 거듭했지만 성소수자들은 6일 동안 충돌을 벌이며 스톤월을 지켜낸 사건이다. 이후 스톤월에서 벌인 항쟁을 기념하기 위하여, 1970년 6월 28일 미국 역사 최초의 퀴어 퍼레이드인 성소수자들의 자긍심 행진(pride parade)이 진행되었다.

1990년대에 이르면 성소수자 운동은 좀 다른 특성을 나타낸다. 1990년대 이후 핑크경제(pink economy)라는 개념이 나타났는데, 이는 성소수자들은 일반적으로 중산층 이상의 부유한 경제상황을 누리고 있을 뿐만 아니라 사회적 지배력이 높고, 따라서 더 큰 구매력과 사회적 접근능력을 갖춘 것을 의미한다. 따라서 성소수자와 그 지지자들을 겨냥해 상품을 파는 '핑크경제'가 크게 성장했다. 성소수자 운동에서 "동성애자는 이성애자보다 소득이 더 많다"는 주장이 공공연하게 제기됐고 관련 마케팅 보고서들이 쏟아져 나옴에 따라, 성소수자들에 초점을 맞춘 다양한 상품과 서비스들이 개발되었다.

또한 미국 남성 동성애자들의 핵심 아이콘인 매튜 세퍼드(Matthew Shepard)가 있다. 매튜 셰퍼드(Matthew Shepard)는 1998년 10월 7일 동성애자라는 이유로 호모포비아 인 러셀 핸더슨(Russell Henderson)과 아론 맥킨니(Aaron McKinney)에게 구타를 당한 채 와이오밍 주 라라미의 외각지역 울타리에 묶여, 과다출혈로 사망했다. 이때 매튜(Matthew)는 눈물이 흐른 자리를 제외하고는 얼굴이 완전히 피로 덮혀 있었다고 보고 되었다. 이들은 살해 동기에 대해 동성애자인 것을 알고 충격을 받아 비이성적인 상태에서 살인을 저질렀다고 핑계를 댔다. 매튜(Matthew)와 관련된 드라마가 2002년 매튜 셰퍼드 스토리(The Matthew Shepard Story)라는 이름으로 만들어졌으며, 2012년 내 친구 매튜 셰퍼드(Matt Shepard Is a Friend of Mine)라는 영화가 제작되었다. 또한 이를 희극으로 만들기 위해 라라미 프로젝트(The Laramie Project)가 제작되었으며, 추후 이는 다시 라라미 프로젝트라는 영화로 제작되었다. 라라미 프로젝트(The Laramie Project)는 2007년 한국에서도 낭독극으로 개최되었다. 인상 깊은 것은 살인도 살인이지만 프레드 팰프스(Fred Phelps)라는 반동성애 운동가이자 목사가 그들의 신도와 함께 시위를 벌였는데, 그들은 "신은 동성애자들을 혐오한다", "매튜 셰퍼드는 지옥에서 불타 버려라", "게이를 위한 법은 없다", "게이가 죽으면 신은 웃는다"라는 등의 피켓을 들고 있었다. 강경한 호모포비아가 시위에 나서자 매튜와 가까운 사이였던 마을 주민들이 천사의 옷을 입고 시위대 주위를 둘러싸는 일명 '천사의 행동(angel's act)'을 하면서 갈등이 격화되기도 했다. 미국은 1968년 마틴 루터 킹(Martin Luther King) 목사 피살을 계기로 증오범죄 피해자보호법을 운영하고 있었으나, 그 안에는 인종, 피부색과 종교 등만 인정되었고 성소수자는 제외되어 있었다. 따라서 증오범죄로는 고소되지 못하였고, 이를 보완하고자 2007년 매튜 세퍼드법(Matthew Shepard Act)제정이 추진되었으나, 당시 대통령 조지 부시(George W. Bush)의 거부권 행사로 무산되었고, 2009년이 되어서야 세퍼드-제임스 버드 주니어증오범죄 금지법(Matthew Shepard and James Byrd Jr. Hate Crimes Prevention Act)이 통과되었다. 또한 매튜의 부모는 1998년 12월 매튜 세퍼드 재단(Matthew Shepard Foundation)을 설립하여, LGBT 청년들이 겪은 어려움의 고충을 들어주고 조언하며, 사회에서의 차별과 증오 범죄를 없애기 위한 운동을 지원하고 있다.

② 한국의 동성애 역사

한국사회에서 동성애 담론이 형성된 것은 비교적 최근의 일이다. 그러나 동성애의 역사가 한국사회에서 없었던 것은 아니다. 역사 속의 동성애는 신라시대의 화랑제도에서 그 기원을 찾을 수 있다. 하지만 이에 대한 객관적인 증빙자료를 구하기 쉽지 않은 상황이라 추측만 할 뿐이다. 조선의 실학자 이익선생은 신라 화랑도가 동성애 집단일 것으로 의심했다. 또한 신라의 36대 국왕 혜공왕은 여자 모습하기를 좋아했다는 기록이 있다. 동사강목(東史綱目)에 '왕이 여자로서 남자가 되었으므로 어렸을 때 항상 여자의 놀이를 하였다 하니, 우습도다!'라는 기록이 있어 생물학적 성과 인지적 성이 불일치하는 트랜스젠더가 아니었을까 하는 유추가 가능하다.

또한 고려 공민왕은 부인 노국공주가 죽자, 궁중의 기강을 문란하게 했다고 전해진다. 공민왕이 '꽃미남' 경호부대 자제위(子弟衛)를 설치하고 홍륜(洪倫) 등과 동성애를 나눴다는 기록이 있다. 그러나 노국공주와의 일을 고려한다면 공민왕은 정확히 말하여 양성애자라고 보는 것이 타당하다.

조선시대의 경우 유교사상에 의해 동성애가 상당히 탄압되었으나, 여전히 동성애에 대한 기록은 찾아볼 수 있다. 세종18년(1436) 음력 10월 26일 기록을 보면 문종이 세자시절에 맞은 두 번째 부인 봉(奉)씨와 궁중의 여종 소쌍(召雙)과의 스캔들에 대해 기록되어 있다. 이후 궁중에서 시녀와 종들이 서로 좋아하여 동침하면 곤장 70대를 치게 했으나 없어지지 않아, 100대를 치게 했더니 없어졌다는 기록을 볼 때 궁중 내에서 동성애가 이루어졌던 것으로 볼 수 있다.[46)]

현대사회에서 동성애 담론은 1990년대 이후에야 형성되었다. 1990년 이전에는 동성애가 사회적 수면 위에 떠오른 적이 거의 없으며, 따라서 크게 논의된 적이 없고 기록조차 찾기가 힘들다. 다만 한국퀴어영화사를 통해 동성애에 대한 기록들을 간략하게 찾아볼 수 있다.[47)] 1960년 한형모 감독의 '질투'라는 영화는 한국영화에서 최초로 동성을 사랑하는 사람으로서

46) 윤가현(1997). 동성애의 심리학. 서울 : 학지사.

47) 나원정(2019. 11. 17). 한국 최초 퀴어영화는? 여성 사랑한 여성의 광기어린 멜로. 중앙일보. https://news.joins.com/article/23634596

자신을 정체화하는 동성애자가 주인공으로 나타났다. 주인공이 성소수자인 영화로, 책에 언급된 가장 빠른 작품은 1931년 4월 조선일보에 기록된 '명일의 여성'이다. 감독 겸 배우 홍개명이 이 영화를 연출할 예정이란 기사가 실렸으나 이후 실제 제작됐다는 근거나 자료가 없다. 또한 1988년에는 간성을 다룬 영화 '사방지'가 제작되었다. 남성 동성애를 다룬 영화로는 핵심적 소재나 갈등은 아니지만 김수용 감독의 '시발점'(1965), 신상옥 감독의 '내시'(1968), 하길종 감독의 '화분'(1972)이 거론될 수 있다.

1990년 들어서 동성애가 사회적 담론으로 떠오르게 되고 다양한 형태의 동성애 운동이 나타나기 시작했다. 1993년 최초의 동성애자 인권단체인 초동회가 생겼으며, 초동회는 이후 1994년 남성 동성애자 인권단체인 '친구사이'와 여성 동성애자 인권단체인 '끼리끼리'로 분리되었다. 그리고 대학 동성애자 단체들인 연세대학교의 '컴투게더'나 서울대학교의 '마음001(QIS, Queer in SUN의 전신)', 고려대학교의 '사람과 사람' 등이 만들어지면서 성소수자들은 사회에 자신들의 존재를 알리기 시작하였다. 또한 남성 동성애자를 핵심적 소재로 다룬 영화로는 박재호 감독의 '내일로 흐르는 강'(1996)이 제작되었고, 1998년경에는 최초의 동성애 잡지 '버디'가 창간되었다.

이후 2000년경 연예인 홍석천씨가 커밍아웃(coming out : 자신의 성 정체성을 스스로 밝히는 행위다. 반대말로 타인에 의해 성정체성이 밝혀지는 outing이 있음)을 하면서 사회에 파장을 불러일으켰다. 2001년에는 국내 최초의 트랜스젠더 연예인 하리수가 데뷔하였으며, 그해 5월 성적 지향이라는 단어가 포함된 국가인권위원회법이 제정, 11월에 시행되었다. 또한 2000년에는 서울퀴어문화축제(SQCF : Seoul Queer Culture Festival)가 열렸으며, 이후 2009년 대구, 2017년 부산, 제주, 2018년 전주, 광주, 2019년 경남까지 점차 확대되고 있다. 그리고 2004년에는 민주노동당에 동성애 관련 기구인 성소수자위원회가 설립되었으며, 현재는 정의당에서 성소수자위원회가 운영되고 있다.

점차 동성애에 대한 사회적 관심과 차별이 점점 사라짐에 따라 다양한 퀴어영화들이 활발히 제작되고 있다. 예를 들어, 김남길, 이영훈, 김동욱이 출연한 <후회하지 않아>, 황정민, 정찬의 <로드무비>, 이이경, 원태희의 <백야>, 배종옥, 이원근의 <환절기>, 박성웅의 <메소드>, 김민희, 김태리, 하정우, 조진웅의 <아가씨>, 곽시양, 이재준의 <야간비행>, 김혜성의 <소년, 소년을 만나다>, 공명의 <이것이 우리의 끝이다>, 이제훈, 연우진의 <친구사이> 등의 퀴어 영화는 인디(독립영화)배우가 아닌 메이저(상업영화)배우들의 참여가 두드러지게 나타났다.

2010년 <인생은 아름다워>라는 SBS 드라마에서 양태섭 역(송창의)과 경수 역(이상우)의 동성 간의 사랑을 담아냄으로써 사회적으로 큰 파장이 일었다. 이로 인하여 조선일보에 SBS <인생은 아름다워>의 '동성애 커플'을 비난하는 광고가 실려 논란이 되었다. 광고를 낸 '국가와 자녀들의 앞날을 걱정하는 참교육 어머니 전국모임'과 '바른 성문화를 위한 전국 연합'은 성명서 형식의 광고를 통해 동성애자의 AIDS 감염확률이 일반인에 비해 730배이며 동성애는 선천적인 것이 아니고 문화적 요인으로 확산되고 있다고 밝혔다.[48] 그러나 이는 상당히 어리석은 이야기라 할 수 있다. 동성애 드라마를 보고 아들이 동성애가 된다면 이성애 드라마를 보고 이성애로 전환하면 될 것이다. 특히 이성애 드라마가 절대 다수인 점을 고려한다면 이들의 주장은 너무나도 형편없는 것이다. 이는 동성애에 대한 이해 부족, 몰지각한 발언에 지나지 않는 것이다. 이 해에는 지방자치단체별로 학생인권조례들이 속속들이 제정되었는데, 일부 지자체의 학생인권조례에는 성적 지향 등의 단어가 포함되었다. 그리고 2015년에는 서울대학교 학생회장과 고려대학교 동아리연합회 부회장에 커밍아웃한 레즈비언이 당선되는 등 동성애자들의 사회적 영역과 지위가 점점 확대되었다.

---

48) 정철운(2010. 9. 30). '인생은 아름다워' 보고 게이 되면 책임져라?. Pd Journal. http://www.pdjournal.com/news/articleView.html?idxno=29048

(4) 동성애자의 정체성 형성단계

동성애자들의 정체성 형성단계는 민감화, 정체성 혼란, 정체성 가정, 몰입의 4단계로 나누어 볼 수 있다. 각 단계별 특징을 정리하면 아래 표와 같다.

<표 9-2> 동성애자의 정체성 형성 단계

1단계 민감화	사춘기 이전에 아이들은 중성적이거나 특정 성역할을 따르지 않는다는 측면에서 자신이 친구들과 뭔가 다르다라는 것을 느끼게 된다. 그러나 12세 이전에 자신을 성적으로 다른 사람이라고 보는 아이는 거의 없다.
2단계 정체성 혼란	사춘기 이후 청소년들은 점차 동성을 향한 생각과 감정을 깨닫게 된다. 그러나 동성애에 대한 부정적 고정관념이 인지적 부조화와 혼란으로 이끌고 청소년들은 자신의 정체성을 통합하기 위해 노력한다. 동성애에 대한 정보부족과 긍정적 역할 모델이 없어서 고립과 혼란은 더욱 증가한다. 그래서 청소년들은 대처행동을 발달시키고 자신의 성정체성을 숨기거나 자신이 양성애자라고 생각한다.
3단계 정체성 가정	청소년 후기나 성인 초기가 되면 청소년들은 자기 정체성을 만들고 다른 동성애자에게 커밍아웃한다. 시간이 지남에 따라 그들은 동성애자 친구들을 사귀고 자아존중감을 높이는 긍정적 경험을 하고 부정적 고정관념을 없앤다. 동성애자 커뮤니티에서 사회화와 관계를 발달시키고 긍정적 역할 모델을 찾는다. 그리고 스티그마가 있는 정체성을 관리하기 위한 다양한 전략을 배운다.
4단계 몰입	보통 성인이 되면 삶의 모든 측면에서 성정체성을 통합해 자기 수용이 최고조에 이른다. 그래서 성정체성을 이성애자 친구와 가까운 가족에게도 알린다. 그러나 모든 동성애자들이 정체성을 통합하는 것은 아니다. 그것은 지지체계, 긍정적 역할 모델, 강점과 약점, 차별 경험들에 달려있다.

출처 : Troiden(1988, 강병철·김지혜, 2006 재인용). 청소년 성소수자의 생활실태 조사, p. 17.[49)]

49) 강병철·김지혜(2006). 청소년 성소수자의 생활실태 조사. 한국청소년개발원.

3) 동성애와 관련된 실태조사

(1) 성소수자들의 조사[50)]

① 커밍아웃

커밍아웃은 상대에게 더 이상 자신을 감추지 않고 앞으로 있는 그대로의 '나 자신으로서 살겠다'는 선언적 의미를 가지며, 드러내는 행위로 그치는 것이 아니라 상대가 그 정체성을 받아들임으로써 완성된다. 또한 이러한 받아들여짐은 곧 사회적 관계망을 형성하고, 사회적 관계망을 통해 자신에 대한 보호가 가능해진다. 따라서 커밍아웃은 성 소수자들에게 매우 중요한 이슈이다.

성소수자들을 대상으로 한 커밍아웃과 관련한 설문조사에서 인생에서 중요한 사람들이 정체성을 알고 있는지에 대해 어느 정도 알고 있다(32.9%)가 가장 높게 나타났으며, 거의 모른다(27.6%), 아무도 모른다(20.3%), 모두 혹은 상당수 알고 있다(19.3%) 순으로 나타났다. 직장동료들이 정체성을 알고 있는지에 대해서는 아무도 모른다(57.7%)가 가장 높게 나타났으며, 거의 모른다(23.4%), 어느 정도 알고 있다(13.4%), 모두 혹은 상당수 알고 있다(5.5%) 순으로 나타났다. 커밍아웃 후 부모님과의 관계변화에 대해서, 어머니의 경우 말하기 전과 후에 변화가 없음(47.0%)이 가장 높았으며, 더 돈독해짐(18.1%), 더 소원해짐(13.9%) 순으로 나타났다. 아버지의 경우 말하기 전과 후에 변화가 없음(56.2%)이 가장 높았으며, 더 소원해짐(14.7%), 더 돈독해짐(10.2%) 순으로 나타났다.

② 한국사회에 대한 인식

현재의 한국사회는 LGBTI들과 살아가기에 어떠합니까?라는 질문에 대해 별로 안 좋음(54.3%)이 가장 높게 나타났으며, 매우 안 좋음(39.1%)이 그

50) 나영정 · 김지혜 · 류민희 · 이승현 · 장서연 · 정현희 · 조혜인 · 한가람(2014). 한국LGBTI커뮤니티 사회적 욕구조사 주요결과. 한국게이인권운동단체 친구사이.

다음으로 나타나, 성소수자들 절대 다수가 한국사회는 LGBTI가 살아가기에 좋지 않다고 여기는 것으로 나타났다. 또한 응답자들은 한국사회에서 LGBTI가 혐오, 차별, 폭력의 대상이 된다고 느끼고 있었다. 공공장소에서 LGBTI를 향한 증오와 혐오발언이 표출되는 일이 '종종' 또는 '자주' 일어난다고 한 응답자가 87.3%이고 응답자 중 55.2%가 공공장소에서 LGBTI를 대상으로 한 물리적 폭력 및 괴롭힘이 '종종' 또는 '자주' 발생한다고 하였다. 미디어에 의한 조롱이나 왜곡 차별적인 묘사가 '종종' 또는 '자주' 일어난다는 응답자도 83.7%에 달하는 것으로 나타났다.

LGBTI에 대한 혐오와 차별은 정치인이나 공공기관도 다르지 않다고 보고 있다. 응답자 중 84.2%는 정치인이나 공공기관이 LGBTI에게 모욕적인 언어를 사용하거나 차별적인 대우를 하는 일이 '종종' 또는 '자주' 일어난다고 하였으며, 학교 안에서 LGBTI에 대한 조롱과 차별 폭력이 '종종' 또는 '자주' 일어난다는 응답도 84.1%에 달하는 것으로 나타났다. 그뿐만 아니라 의료기관에서 LGBTI를 차별하거나 배제하는 일이 '종종' 또는 '자주' 일어난다는 응답도 47.1%에 달하는 것으로 나타났다. 더불어 응답자들은 일상생활공간이라 할 수 있는 직장에서도 LGBTI에 대한 조롱, 차별이나 폭력이 발생한다고 하였다. 구체적으로 직장 내에서 조롱과 차별, 폭력이 '종종' 또는 '자주' 발생한다고 응답한 비율이 67.7%에 달하는 것으로 나타났다.

LGBTI에 대한 비우호적인 특성은 종교계도 마찬가지이다. 응답자들은 종교계에서도 개신교는 비우호적이라고 느끼는 사람이 86.8%로 매우 높았으며, 천주교 56.7%, 불교 40.4%로 나타났다.

성소수자들이 한국사회에 대한 인식이 부정적인 것처럼, 국제간 비교에서도 성소수자 인권지수는 상당히 낮은 것으로 나타났다. ILGA－Europe Rainbow Map에 설명된 기준에 따라 한국의 성적지향·성별정체성 관련 제도의 유무를 표로 정리하고 지수를 계산하여 성소수자 인권지수를 비교한 결과는 다음과 같다. 한국의 경우 2018년 지수는 11.7%로 2017년 11.85%보다 0.15%포인트 감소한 것이다.－한국의 경우 2014년 이래 개별 항목상 어떠한 변화도 보이지 않아, 한국의 성적지향·성별정체성 관련 제도 개선이 이루어지지 않고 있는 것으로 나타난다. 상대적 순위 면에서는 2017년에는 44위를 기록한 산마리노(12.32%)보다 낮은 수치로 나타났다. 한국보다 낮은 지수를 보인 국가는 러시아(10.9%), 모나코(9.76%), 터키(8.6%), 아르메니아(7.2%), 아제르바이잔(4.7%)이다. 상위국가로는 몰타(94.04%), 벨기에(78.76%), 노르웨이(77.74%), 영국(73.48%) 등으로 나타났다.

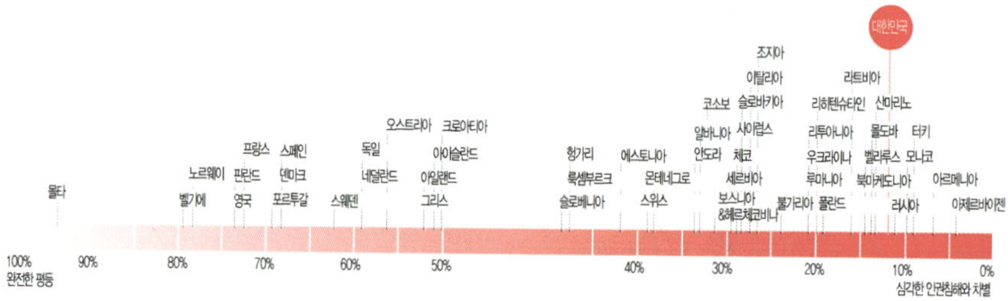

|그림 9-2| **성소수자 인권 지수**

출처 : SOGI법정책연구회(2018). 한국LGBTI인권현황 2018. SOGI법정책연구회 연간보고서, pp. 16－17.

③ 중요한 사회정책

응답자들은 차별금지법 제정(53.2%)이 가장 중요한 사회적 이슈라고 응답하였으며, 뒤이어 동성커플에 대한 법적 결혼 인정(45.5%), LGBTI에 대한 올바른 정보를 제공하는 교육과정 마련(38.6%), 결혼이 아닌 동성커플을 위한 파트너 관계 법적 인정(35.9%), 동성커플에게 입양 허용(22.1%), 10대 LGBTI를 위한 일을 하는 기관과 단체 지원(18.9%), 트랜스젠더의 법적 성별 변경을 위한 법률 제정(16.6%) 등으로 나타났다.

(2) 일반인들의 조사

① 여성정책연구원[51]의 조사

성정체성에 대한 고민을 한 청소년은 여학생 31.7%, 남학생 20.8%로 나타났으며, 성적 지향에 대한 고민은 여학생 37.0%, 남학생 24.9%로 나타났다. 또한 여학생의 12.1%, 남학생의 4.1%가 자신의 성별이 같은 상대와 연애를 하고 있는 것으로 나타났다.

② 한국행징연구원[52]의 사회통합실태조사

동성애자를 포용할 수 없다는 비율은 57.1%로 나타났으며, 북한이탈주민(25.5%), 외국인 이민자, 노동자(11.3%), 장애인(5.1%) 등에 비하여 월등히 높은 수치로, 이는 전과자(68.0%) 다음으로 높은 비율이라 할 수 있다.

집단 구성원 포용 정도는 연령이나 학력 수준에 따라 차이가 있다. 연령이 적은 경우 많은 경우에 비해 포용 정도가 높고, 학력이 높은 경우 낮은 경우에 비해 포용 정도가 높은 것으로 나타났다.

생각해 봅시다

(1) 데이트 폭력과 성매매 등을 근절하기 위한 개입에 대해 논하시오.

(2) 남성 중심적인 성문화를 개선하기 위한 방안에 대해 논하시오.

(3) 동성애에 대한 사회적 인식 개선방안에 대해 논하시오.

---

51) 조영주·김동식·남궁윤영·이혜경(2018). 청소년 성교육 수요조사 연구 : 중학생을 중심으로. 한국여성정책연구원.

52) 한국행정연구원(2019). 사회통합실태조사.

Chapter

10

여성과 법 그리고 정치

1. 여성과 법
2. 여성과 관련된 법
3. 여성과 정치
4. 여성의 정치 참여 필요성과 확대방안

Chapter

10 여성과 법 그리고 정치

1. 여성과 법

법은 국가와 사회의 질서를 유지하고 정의를 실현하기 위해 국가의 강제력을 수반하는 사회적 규범 또는 관습이라 할 수 있다. 이러한 사회적 규범과 관습이 강제력을 가진다는 것에서 여성과 남성은 평등해야 하지 않겠는가? 이러한 법을 만드는 입법, 적용하는 사법, 집행하는 행정, 그 법을 해석하고 교육하는 법학까지 국회의원, 대통령과 공무원, 판사, 검사, 변호사, 법학 교수 등 이들은 사회 구성원을 위해 정의롭고 공정해야 하고, 다수의 복리를 위하여야 한다. 하지만 실제로는 이들의 가치관, 경험, 이해관계에 의해서 좌우되고 있으며, 그러한 사람들의 절대다수가 남성이었다. 그러한 측면에서 어떻게 보면 법은 남성 중심적인 사회구조에 맞추어져 있다고 볼 수 있다. 특히, 우리나라에서 법과 정치, 행정 부분의 남성 편중 정도는 OECD 국가 중에서도 심하다.

1970년대 후반 세계적으로 페미니즘 운동이 싹을 틔우기 시작하였고 우리나라에서는 80년대를 지나 90년대에 들어가며 극대화되어 여성 정치인의 등장, 여성기업가, 사회운동가, 교수 등 활발한 활동을 통해 여성의 인권을 보장하고 남녀평등을 구현시키기 위한 많은 노력을 해왔으며, 법은 그러한 목적이자 더 나은 상태로 이끄는 수단이 되었다. 이러한 과정을 통하여 우리나라의 법과 정치는 많은 발전을 거듭해 올 수 있었다.

2. 여성과 관련된 법

1) 국제협약

국제협약은 국제기구에서 여러 국가가 공통적으로 이행할 사항을 정한 국제법이다. 협약에 비준하게 되면 국내법과 같은 효력을 가져 그 협약 내용에 따라 국내법과 정책을 정비하고 따라야 한다. 국가마다 다소 차이는 있겠지만 남성 중심적 사회구조에서 여성은 전쟁, 빈곤, 차별과 폭력의 주된 대상 내지는 피해자였다. 제2차 세계대전 직후 세계평화와 인권보장을 위한 국제협력인 유엔이 1945년에 설립된 후 세계인구의 반을 차지하는 여성들이 전 세계적으로 오랫동안 성차별을 받았다는 것을 직시하고 '성차별이 없는 모든 사람의 인권과 기본적 자유 존중'을 유엔의 기본 원칙으로 유엔헌장에 천명하였다.

이후 1646년 6월, 별개의 여성지위위원회를 설치함으로써 유엔의 남녀평등권 실현을 위한 활동들을 주도하였으며, 여성차별문제만 별도로 다룬 여성차별철폐선언을 1967년에 유엔 총회에서 만장일치로 채택하였다. 유엔은 1975년을 '세계여성의 해'로 선포하였고, 1976~1985년까지 '여성발전 10년'으로 설정하기도 하며 꾸준히 인권보장과 국제적 차원에서의 양성평등을 위해 노력해 왔으나 여전히 여성에 대한 차별이 계속되고 있는 현실에 정치적·경제적·사회적·문화적·국제적 활동, 교육, 고용 등 다양한 분야에서 여성에 대한 차별을 철폐하고 여성과 남성의 동등한 권리 부여를 촉진하기 위하여 '여성차별철폐협약'을 제정하였다. 이 협약은 여성의 권리장전이라고도 불리는데, 1979년 유엔 제34차 총회에서 채택되었으며 우리나라는 1984년에 비준하였고 협약당사국으로서 협약이행을 위한 노력을 꾸준히 해오고 있다.

[여성차별철폐협약]

➤ 전문과 30개 조항으로 이루어져 있음
➤ 성평등과 여성차별금지를 폭넓게 보장하고 있음
➤ 여성차별이란?

정치적, 경제적, 사회적, 문화적, 시민적 기타 모든 영역에서 결혼 여부에 상관없이 인권과 기본적 자유의 인식, 향유, 행사에 지장을 초래하거나 그러한 목적을 가진 성에 기반을 둔 모든 구별, 배제, 제한을 의미(협약 제1조)

➤ 여성차별철폐는 국가의 의무임

모든 형태의 여성차별을 없애는 것은 국가의 의미(제2조)

- 헌법이나 법률에 성평등 원칙을 명시하고, 성평등을 실현해야 함
- 모든 여성차별을 금지하는 조치(처벌 포함)를 취해야 함
- 차별당했을 때 구제조치 제공
- 여성차별적인 법과 규칙, 관습과 관행은 폐지하거나 수정
- 여성차별적인 형법의 조항은 폐기

그 외 비엔나 세계인권대회(1993년 6월)와 12월 유엔 총회에서 채택된 '여성폭력철폐선언'은 여성폭력을 남녀 간 불평등한 힘의 관계를 단적으로 나타냄과 동시에 여성의 종속적 지위를 고착하며, 여성인권을 침해하는 중대한 문제로 선언하였다. 또한 유엔은 1975년, 1980년, 1985년, 1995년 총 4차례의 세계여성회의를 개최하여 각 국가가 이행해야 할 남녀평등실천전략을 발전시켜 나갔으며, 그중 제4차 세계여성대회에서는 '베이징 행동강령'이 채택되었다. 베이징 행동강령은 비록 법적 구속력이 있는 국제협약은 아니지만 세계 각국의 여성 관련 법과 정책에 큰 영향을 주고 있다. 그 내용으로는 여성에 대한 차별과 폭력은 여성만의 문제가 아니라 인권의 문

제이고, 사회 정의를 위한 조건임을 명시하고, 국가와 지방자치단체, 민간기구, 국제기구, 사용자와 노동조합, 미디어가 이행해야 할 정책과제와 실행전략을 구체적으로 명시하고 있다.

2) 헌 법

헌법은 국가의 기본법이자 최고의 법이다. 헌법에 위배되는 법은 모두 무효이기 때문이다. 우리나라 헌법에서는 '모든 국민은 인권을 가지고 국가는 개인이 가지는 인권을 보장할 의무가 있다', '모든 국민은 법 앞에 평등하며, 성별, 종교 또는 사회적 신분에 의하여 정치적·경제적·문화적 생활의 모든 영역에 있어서 차별을 받지 아니한다'고 규정하고 있다.

'평등'이란 법을 적용받는 모든 인간, 즉 남녀는 원칙적으로 공평하게 다루어진다는 의미로 '치우지지 않고, 한결같고, 동등함'이라는 의미가 내포되어 있다. '법 앞에 평등'이란 성문법과 불문법, 국내법과 국제법을 불문한 헌법, 법률, 명령, 규칙 등 모든 규범이 포함되며, 법을 적용할 때뿐만 아니라 입법하는 과정에서도 불합리하게 차별하는 내용을 규정해서는 안 된다는 의미이며, 절대적 평등이 아닌 합리적이고 근거가 있는 차별은 허용되는 상대적 평등을 의미한다. 쉽게 말해 남녀는 분명한 육체적 차이를 가지고 있기 때문에 그 차이를 인식하고 그에 따른 차별을 인정하는 것은 상대적인 평등이며 이러한 합리적인 차별이 바로 진정한 평등이라 할 수 있겠다.

헌법에서의 실질적인 남녀평등을 위한 여성 관련 특별규정은 다음과 같다.

> ❍ 모든 국민은 인간으로서의 존엄과 가치를 가지며, 행복을 추구할 권리를 가진다. 국가는 개인이 가지는 불가침의 기본적 인권을 확인하고 이를 보장할 의무를 진다.(제10조)
>
> ❍ 모든 국민은 법 앞에 평등하다. 누구든지 성별·종교, 또는 사회적 신분에 의하여 정치적·경제적·사회적·문화적 생활의 모든 영역에 있어서 차별을 받지 아니한다.(제11조 제1항)
>
> ❍ 여자의 근로는 특별한 보호를 받으며, 고용·임금 및 근로조건에 있어서 부당한 차별을 받지 아니한다.(제32조 제4항)
>
> ❍ 국가는 여자의 복지와 권익 향상을 위하여 노력하여야 한다.(제34조 제3항)
>
> ❍ 혼인과 가족생활은 개인의 존엄과 양성의 평등을 기초로 성립되고 유지되어야 하며, 국가는 이를 보장한다.(제36조 제1항)
>
> ❍ 국가는 모성의 보호를 위하여 노력하여야 한다.(제36조 제2항)
>
> 이 외에도 제31조에서의 교육의 기회균등 보장, 제11조, 제41조 제1항, 제67조 제1항, 제116조 제1항에서의 참정권 보장 규정 등을 들 수 있다.

3) 모자보건법

모자보건법은 모성과 영유아의 생명과 건강을 보호하고 건전한 자녀의 출산과 양육을 도모함으로써 국민보건 향상에 이바지하기 위하여 제정되었다. 그러나 1973년 제정 당시, 국가적으로 가족계획사업을 촉진할 목적으로 만들어졌기에 모자보건 관련 내용이 빈약하였으며, 1986년 법이 개정되면서 좀 더 모자보건 관련 내용이 비중이 있게 되었다. 최근에는 출산장려를 위하여 불임수술명령 제도, 수태조절 등의 규정이 삭제되었고, 임신 및 출산 신고제도, 임산부의 산전·후 건강관리, 미숙아 등의 치료 지원, 난임 극복 지원, 산후 조리업 관리 등의 내용들이 추가되었다.

그러나 낙태 허용 범위가 좁아 현실과 괴리가 크다는 비판이 있다. 태아의 다발성 기형과 심각한 기형이 태아의 생존에 영향을 미치는 경우 또는 미성년자의 원하지 않는 임신 등에 대하여 낙태가 가능한 허용 사유의 범위를 확대해야 할 필요성이 제기되고 있다.

4) 남녀고용평등과 일·가정 양립 지원에 관한 법률

이 법의 국내외 배경을 살펴보면 1979년 유엔이 '여성차별철폐협약'을 채택하고, 우리나라는 1984년에 비준하였다. 이 협약의 내용 중에서 남녀고용평등을 위한 입법조치를 국가가 의무적으로 이행하여야 한다는 것을 규정하였는데 이와 함께 국내에서는 여성노동자의 취업이 매년 증가하면서 노동자로서뿐만 아니라 여성으로서의 권리의식도 많은 관심을 가지게 되었다. 기존의 헌법이나 근로기준법에 차별금지가 규정되어 있음에도 불구하고 여성이 평등한 대우를 받지 못하고 있는 현실 가운데서 특별히 고용 부분에서 나타나는 성차별을 폐지하며 모성보호 등의 실질적 평등과 헌법상의 여성기본권에 관한 실효성 확보 차원을 위한 목적으로 1988년 '남녀고용평등법'이 제정되었다.

남녀고용평등법은 남녀평등과 모성보호에 입각하여 여성의 근로권 보장을 목적으로 하며 성차별 철폐를 통한 실질적인 평등을 실현하고자 했다는 점에서 큰 의미를 지닌다. 이후 2007년 「남녀고용평등과 일·가정양립지원에 관한 법률」로 개정되었으며, 직장 내 성희롱 금지, 여성의 직업능력개발 및 고용촉진, 적극적 고용개선조치, 모성보호, 일·가정양립지원에 관한 내용들을 다루고 있다. 법 제정 당시에는 남녀차별 금지에 중점을 두었으나, 일과 가정의 균형을 중요시하는 근로자들의 의식 변화에 대한 대응과 저출산·고령화 시대에 여성의 경제활동 참여를 활성화하기 위한 다양한 제도(출산전후휴가급여, 육아기 근로시간 단축, 육아휴직, 직장어린이집, 가족돌봄휴직 및 근로단축 등)를 포함하고 있다는 것이 특징이다.

5) 양성평등기본법(구 여성발전기본법), 공무원임용시험령, 정당법(정치·행정)

우리나라 여성에게 처음으로 국회의원의 선거권과 피선거권을 인정한 법은 1948년 제정된 국회의원선거법이며, 모든 선거에서 여성의 참정권을 인정한 법은 1948년 제정된 헌법이다. 하지만 실제로 여성이 국회의원으로 당선되는 비율은 극히 낮았고, 공무원으로 채용되는 경우도 극히 드물었다. 이러한 배경 속에 여성발전기본법, 공무원임용시험령, 정당법 등의 제정은 여성의 정치·행정의 참여를 명시함으로써 여성의 발전에 기여할 수 있다고 볼 수 있다. 이를 하나씩 살펴보면 다음과 같다.

1995년 제정된 '여성발전기본법'은 헌법의 남녀 평등 이념을 구현하기 위하여 국가와 지방자치단체의 책무에 관한 기본적인 사항을 규정함으로써 정치·경제·사회·문화의 모든 영역에서 남녀평등을 촉진하고 여성의 발전을 도모하는 것이 목적이다. 2002년 개정된 주요 내용으로는 공무원 채용 및 공천 할당에서 여성의 비율을 강제하도록 하는 '적극적 조치' 도입, 고용에서의 남녀평등 및 모성보호 강화, 인적자원 개발과 활용, 권익증진과 인권보호, 여성정책의 수립·추진의 촉진 등의 내용으로 양성평등을 실질적이고 효과적으로 추진하였다.

특히, '적극적 조치'를 도입한 법령은 '공무원임용시험령'으로 1996년부터 2002년까지 여성채용목표제로 여성 합격자 수가 매년 책정되는 여성채용 목표율(1996년 10%, 1997년 13%, 1998년 15%, 2000년 이후 20%)에 미치지 못하는 경우 합격선을 낮추어서 목표 비율만큼 여성을 정원외로 합격시키는 제도로 여성공무원 비율이 확대되는 데 큰 영향을 미쳤다.

여성발전기본법은 정당법에도 영향을 미쳤다. 2000년 개정된 '정당법'은 여성의 정치참여 기회를 확대하기 위해 각 정당의 국회의원과 시도의회 의원(광역의회 의원) 비례대표 후보자의 비율을 30% 이상 추천하도록 하는 여성공천할당제를 도입하였고, 2002년 개정 때는 비율을 50%로 강화하였다. 2004년에 다시 개정이 되어 비례대표 국회위원의 여성 공천 비율을 30%에서 50%로 높였다.

그 밖에도 여성발전기본법은 국공립대학교 여성교수의 임용 확대 및 여성기업인, 여성과학기술인 등에 대해서도 적극적으로 채용의 기회를 늘리는 법적 근거로 작용하였으며, 2004년 폐지된 호주제 역시 제도적 성차별 해소에 대한 법적 근거로 큰 영향을 미쳤다고 볼 수 있다. 또한 「성매매알선 등 행위의 처벌에 관한 법률」과 「성매매방지 및 피해자보호 등에 관한 법률」이 제정된 것도 여성발전기본법의 성과로 꼽을 수 있다.

이러한 여성발전기본법은 2015년 '양성평등기본법'으로 개정되었다. 이는 여성에 대한 형식적 차별이 일정 부분 해소되었다고 생각하였고, 정치, 경제, 사회를 포함한 전 영역에서 남녀의 동등한 권리와 책임, 참여기회를 보장해야 한다는 방향으로 개정되었다. 여성 차별에 방점이 있었던 여성발전기본법과는 달리 양성평등기본법은 남성 또한 성별 분리나 성적 고정관념으로 인해 불이익을 받을 수 있다는 것에 바탕을 두고 있다. 따라서 '모성보호'에 집중되었던 시책도 '부성보호'까지 포함하여 확대되었고, 남성의 육아휴직 등에 대한 내용도 규정하고 있다.

6) 성폭력 · 성매매 관련 법

성폭력은 상대방의 의사에 반하여 이루어지는 성적인 성질의 언어나 행동으로 정신적, 육체적 손상이나 고통을 주는 폭력행위를 말한다. 성폭력은 여성이 피해자가 되는 경우가 대부분이며, 그래서 성폭력은 여성폭력 문제의 대표적인 유형이라 할 수 있다. 이러한 성폭력의 문제에 대한 여성인권운동의 성과로 1994년 1월에 「성폭력범죄의 처벌 및 피해자보호 등에 관한 법률」이 제정되었다. 이 법은 성폭력 범죄를 예방하고, 성폭력 범죄의 피해자를 보호하며, 성폭력 범죄의 처벌과 그 절차에 관한 특례를 규정하고 있다. 이 법은 각 사항에 대한 효율적 대처에 한계가 있다는 점에서 2011년에 폐지가 되고, 「성폭력범죄의 처벌에 관한 특례법」과 「성폭력방지 및 피해자 보호 등에 관한 법률」로 제정되어 시행되고 있다.

성매매는 성을 사고파는 행위를 말하는데, 주로 여성의 성을 상품화하여 이루어지며, 여성의 인권이 훼손되는 문제를 초래한다. 우리나라는 1961년 「윤락행위 등 방지법」을 제정하여 윤락행위에 대해 처벌하며, 선도하고자 하였으나 당시 '성을 파는 사람은 도덕적으로 타락한 여성'이라는 인식으로 인하여 이들 여성의 선도에 초점을 맞추고 법을 거의 집행하지 않았으며 혹 단속 시에는 윤락여성만을 대상으로 하여 업주 및 성구매자는 제외가 되는 등 사실상 큰 실효성이 없었다. 또한 외국인 여성을 고용한 성매매가 국제적으로 문제가 됨에 따라 여성부, 법무부, 성매매 여성인권 보호 단체 등 성매매대책추진단을 발족하여 법을 정비하기에 이르렀다. 그 결과 2004년 「성매매알선 등 행위의 처벌에 관한 법률」과 「성매매방지 및 피해자 보호 등에 관한 법률」이 제정되면서 「윤락행위 등 방지법」은 폐지되었다.

그 결과 성매매 알선행위, 성매매를 위한 인신매매, 고용, 모집 등의 행위들에 대한 처벌이 강화되었으며, 성매매 피해자와 성을 파는 자의 보호와 자립을 지원하기 위한 시설 및 프로그램 등이 마련되는 근거가 되었다.

7) 가족법

민법의 제4편(친족편), 제5편(상속편)을 흔히 '가족법'이라고 칭한다. '가족법'의 내용은 혼인이나 이혼, 부모-자녀와의 관계, 친족관계, 입양, 상속 등에 대하여 구체적으로 규정하고 있다.

1958년에 제정되어 1960년 1월부터 시행되었는데, 제정되기 전부터 많은 논란이 있었다. 기본법인 헌법에서는 혼인에 대하여 남녀동권을 규정하고 있었다. 그러나 호주제도와 동성동본금혼제 등 유교적 가족제도가 상반되는 문제였다. 우리나라도 국제협약과 헌법에 맞추어 호주제 폐지 등을 주장하였으나 당시 개혁론자들은 힘이 매우 약했고, 여성 국회의원도 단 한 명도 없었다. 결국, 향후 점진적으로 평등한 가족제도를 바꾸자는 쪽이 강하여 유교적 가부장제 가족제도를 기반으로 한 '가족법'이 제정되었다.

'가족법'으로 인하여 이를 개정하기 위한 여성운동이 활발하게 전개되었다. 그리하여 1990년에 헌법의 조항들이 신설되며, 여성들의 정치적·사회적 힘과 여성운동이 강화되는 등 변화가 있었고, 유엔의 여성차별철폐협약에 비준할 때 유보하였던 조항들도 철회되었다. 그러나 1990년 개정 '가족법'에 상충되는 규정이 있었으니 대표적인 것이 호주제였다. 호주제는 가족 관계를 호주와 그의 가족으로 구성된 가(家)를 기준으로 정리하는 호적제도를 말한다. 즉, 호주를 중심으로 가족집단을 구성하고 아버지에서 아들로 이어지는 남계혈통을 대대로 영속시키는 제도를 말한다. 딸은 결혼을 하면 남편의 가에 입적을 하게 되므로 가족법상 남(이른바 출가외인)이 되어 호주승계가 되지 않는다. 아들이 없으면 소위 '대를 잇지 못하고 끊겼다'고 하는 것이 바로 이것이다. 그래서 호주제는 남성중심주의와 아들 선호사상, 성차별을 조장·유지하는 문제가 있었던 것이다. 그야말로 '가족법'은 우리나라의 대표적인 여성차별법이었던 것이다.

그러함에도 불구하고 호주제와 동성동혼금혼제가 우리나라의 미풍양속이고 차별적이지 않다는 주장도 법과 정치, 사회에 큰 영향력이 있는 사람들이 강하게 주장함으로써 '가족법'이 개정되지 못하였다. 그런데 헌법재판소가 동성동본금혼 규정에 대해 1997년 7월에, 호주제는 2005년 2월에 헌법에 불일치한다는 결정을 내렸다.

이러한 배경에는 2001년 여성부가 출범되고, 2003년에 호주제 폐지를 공약으로 내세운 참여정부가 출범하였으며, '가족법'의 주무부처인 법무부에 여성장관이 취임하고, 2004년 17대 국회의원선거에서 여성국회의원이 사상 유례없이 40명이나 당선된 점, 그리고 여성단체들의 지속적인 연대와 '가족법' 개정운동이 작용하였다고 본다.

8) 건강가정기본법

건강가정기본법은 2005년 제정된 법으로, 여성에 관한 별도의 규정을 포함하고 있지는 않다. 그러나 전통적으로 여성이 전담하던 가사노동에 대한 가치 평가와 사회적 인식 개선의 내용을 비롯하여 가족 구성원의 부양, 자녀양육을 비롯 가사노동 등의 가정생활의 운영에 함께 참여하도록 하는 등의 내용을 포함하고 있다는 점에서 그 의의가 있다.

3. 여성과 정치

정치에 대한 정의가 다양하겠지만, 대표적으로 막스 베버(Marx Webber)는 정치를 '국가의 운영 또는 이 운영에 영향을 미치는 활동'이라고 정의한다. 결국 정치는 국가에 속한 개인의 생활에 대한 기획 또는 결정을 하는 행위라고 할 수 있다. 하지만 오랫동안 가부장 문화가 지배해 온 사회에서 여성의 지위는 낮았고, 역할은 당연히 미비할 수밖에 없었다. 따라서 여성의 정치참여 또한 불가능했었다. 그래서 근대 초기의 시민사회에서 정치에 참여할 수 있는 권리가 가장 늦게 주어진 것도 여성이었다.

오랫동안 여성의 참정권을 획득하기 위한 운동이 있었고, 이러한 여성 참정권 운동을 통하여 여성 인권 향상에도 밑거름이 되는 결과를 낳았다고 볼 수 있다. 프랑스혁명이 일어났던 해인 1789년 국민의회가 '인간과 시민의 권리선언'을 통해 인간평등과 주권재민의 원칙을 선포했었지만 여성의 선거권과 피선거권 문제는 여전히 논의조차 되지 않았다. 여성은 공적 영역이 아닌 사적 영역에 머무르는 존재였을 뿐이었다. 이 선언은 '시민권'에서 배재된 여성, 노예, 유색 자유민들의 불만을 일으키게 되었다. 1791년 헌법은 민법상 성인 연령 규정과 여성의 독립성을 인정하였으나 여전히 남성에게만 주어진 정치적 권리에 대해 당시 정치평론가로 활동 중이었던 구즈(Gouges)는 '여성의 권리'를 주장하였다. 구즈(Gouges)는 루이 16세(Louis XVI)와 왕비인 마리 앙투아네트(Marie-Antoinette)에게 '여성의 권리', '여성과 여성시민의 권리선언', '여성과 남성의 사회계약 형태'의 세 가지 내용을 담은 장문의 편지를 제출했다. 그러나 이는 받아들여지지 않았고 구즈(Gouges)는 "여성이 단누대에 오늘 권리가 있다면 여성은 연단에도 오를 권리를 가져야 한다"라는 유명한 말을 남기고 단두대에서 이슬로 사라졌다.

결국 여성 참정권은 좌절되고 한 세기가 지난 1846년에야 법률상 참정권이 인정됐다. 하지만 보통선거의 실시로 여성의 직접적인 참정권을 쟁취하게 된 때는 1894년 뉴질랜드였고, 이어 1902년 호주에서도 여성참정권이 보장되었다. 영국은 1918년에서야 30세 이상의 여성들의 참정권을 허용하였으며, 미국은 1919년에 관련법이 통과되어 1920년에 실질적으로 시작이 되었으나, 연방법뿐만 아니라 주법도 개정을 해야되는 오랜 기간을 걸쳐 1984년 미시시피 주가 여성보통선거에 관한 법을 인정하면서 마무리가 되었다.

이런 일련의 과정을 거쳐 서구 민주국가에서는 비중 있는 여성정치인들도 나왔다. 대법원장과 총독이 여성인 캐나다는 여성 국회의원이 30%에 달한다. 뉴질랜드는 여성총리, 여성 야당당수 등 여성들의 참여와 영향력이 크다고 할 수 있다.

우리나라는 대한민국 임시정부가 수립된 1919년 초창기부터 임시헌장에 남녀평등을 표방해 여성의 참정권을 보장하였으며, 해방 후 1948년 제정 헌법에서 여성참정권을 전면적으로 보장했다. 그러나 여성의 정치적 역할은 세계적 추세에 비해 아주 미미한 행보를 띠고 있다.

국민을 대표하여 우리 일상생활에 필요하고 유용한 법을 만드는 국회의원 중 여성 국회의원은 2018년 1월 기준 전체 국회의원 300명 중 51명으로 17.0%에 불과하다. 이는 여전히 국제순위 116위로 정치적 대표성이 낮은 수준이나 20대 총선에서 지역구의원(26명)이 비례대표의원(25명)보다 더 많은 여성이 선출된 것은 매우 의미있는 결과라고 할 수 있다. 참고로 17대 국회부터 비례대표의 50%를 여성에게 할당하는 '공천할당제'를 추진하기 위해 정당법을 개정(2002년, 2004년)하였고, 그 이후 여성의원 비율이 16대 국회는 5.9%에서 17대 국회는 13.0%로 급격히 증가한 것도 큰 변화라고 할 수 있다. 앞으로 비례대표뿐만 아니라 지역구에서도 많은 당선자를 낼 수 있도록 제도적 뒷받침이 필요한 시점이라 할 수 있겠다. 더불어 여성 정치인이 단순한 구색을 맞추기 위한 도구가 아니라는 자각과 더불어 적극적인 정치적 참여가 여성 스스로 있어야 한다.

주요 선진국의 경우를 살펴보면, 스웨덴은 별도의 법 제정 없이 각 정당이 자발적으로 당헌, 당규 속에 의원선거에 여성공천 비율을 꾸준히 높이고 있으며 그 결과 2019년에는 여성의원 비율이 46.1%를 보이고 있다. 프랑스의 경우는 각종 선거에서 남녀후보의 수가 같게 되도록 하는 남녀동수법이 2001년도 시행됨으로써 여성의원 비율이 점차 향상되고 있으며, 2008년 개정된 헌법 제1조에는 '법은 여성과 남성이 직업과 사회에서 책임과 선출직에 진출하는 것에 있어서 동등하게 참여할 수 있도록 한다'라고 명시하고 있다.

아프리카의 경우에는 범아프리카의회에서 각 회원국의 대표 중 여성의 비율을 3분의 1로 구성한다는 의정서를 채택하였고, 르완다는 2003년 헌법 제정 시 조직의 의사결정구조에 있어 여성의 비율을 최소 30% 이상으로 구성한다는 할당제 규정을 포함하고 있다.

이러한 여성국회의원의 비율은 정치·경제 분야의 중요한 정책결정의 행사에서 여성참여 정도를 지표화함으로써 여성권한을 측정하는 지표로 해석할 수 있다. 그 밖에 법을 집행하는 공무원의 비율과 법을 해석하고 판단하여 적용하여 법질서를 유지하는 여성 법조인을 살펴보면 다음과 같다.

2018년 전체 공무원 중 여성의 비율은 46.7%로 점차 증가하고 있다. 특히 행정부 소속 국가직 공무원의 여성비율은 2018년 50.6%로 남성보다 여성이 더욱 많은 것으로 나타났다. 또한 2018년 일반직 국가공무원을 기준으로 4급 이상 공무원 중 여성의 비율은 14.7%로 매년 증가하고 있다. 2018년 판사, 검사 등의 법조인 중 여성이 차지하는 비율은 28.7%로 역시 점차 증가하고 있으며, 법조인 종류별 비율 또한 판사 29.7%, 검사 30.4%, 변호사 28.5%로 모두 증가하는 추세이다.

4. 여성의 정치 참여 필요성과 확대방안

1) 여성의 정치 참여 필요성

인구의 절반은 남성, 그리고 절반은 여성이라고 할 때, 여성의 정치, 경제 등 중요한 의사결정에 있어서 여성의 의견이 반영되지 못한다면 대의민주주의의 대표성은 왜곡될 수밖에는 없다. 민주주의에 있어서 다양한 이해관계를 지닌 집단과 계층 간에 서로 이해관계를 조정하는 과정에 여성 정치인이 극소수라면 여성의 입장과 이해관계를 대변하기 어려울뿐더러 이는 대의민주주의가 제대로 구현된다고 할 수 없는 것이다. 이에 여성 정치인의 참여가 무엇보다도 중요하다고 할 수 있겠다.

우리가 겪어온 과거를 돌아보아도 여성들이 겪는 어려움들은 정치적 의제가 되기 어려웠고 또한 의제화가 되었다 하더라도 여성만을 위한 것처럼 여겨지기도 하였다. 그래서 여성을 비롯한 가족, 사회, 공동체 차원의 문제로 의제화되는 것을 가로막히거나 의제화되더라도 덜 중요하고 덜 시급한 문제로 여겨 우선 순위에서 소외되기도 하였다. 이러한 점에서 여성의 정치 참여는 가장 기본적으로 여성에 대한 어려움과 문제를 해결시킬 수 있는 방안이다. 즉 여성의 생존, 복지가 정치 참여를 통하여 결정되며, 여성의 정치권력 획득은 모든 차원에 걸친 여성의 사회적 지위와 삶의 질을 향상시킬 수 있다는 것이다.

더 나아가 여성의 정치참여는 기존의 정치판에 단순히 끼어들거나 인원만 늘어나는 참여를 하자는 것은 아니다. 여성을 비롯한 정치적 소외집단들의 원하는 새로운 정치에 대한 욕구를 적극적으로 대변하고, 해소시키는 등 기존의 정치판과 정치문화에도 변화를 일으켜 더 나은 미래 사회발전에 이바지하는 데 기여할 수 있어야 한다.

2) 여성의 정치참여 확대방안

여성의 정치참여는 여성 국회의원들의 비율을 살펴봄으로써 지속적으로 늘어나고 있음을 알 수 있었다. 이렇게 된 배경에는 여성의 의식과 적극적인 정치참여도 있겠지만 결정적으로 이를 뒷받침하였던 정당법 등 정치·선거와 관련된 법의 신설 및 개정이 있었다고 본다.

먼저 2000년 2월에 여성의 정치참여 기회 확대를 위한 정당법의 개정이 있었다. 각 정당에 국회의원 및 시·도 의원 비례대표 후보자의 30% 이상을 여성으로 추천하도록 하는 여성공천할당제를 도입하였고, 2002년에 한 번 더 개정을 하여 지방의회의원 선거에서의 여성공천비율을 30%에서 50%로 올렸으며, 선거후보자 명부 순위에 2인마다 여성 1인이 포함되도록 하였다. 그리고 한 번 더 2004년에는 국회의원 비례대표의 여성공천비율을 30%에서 50%로 높여 여성공천할당제를 강화하였다.

이러한 여성공천할당제를 뒷받침하기 위해 2002년 「공직선거 및 선거부정방지법」이 개정되면서 정당에서 시·도의회 의원 선거의 비례대표 후보를 추천할 때 정당법에 규정된 여성추천비율과 순위를 위반할 경우 선거관리위원회가 후보등록을 받지 않거나 등록을 무효로 할 수 있도록 하였다. 2004년에는 「정치자금에 관한 법률」이 개정되어 국고보조금을 받은 정당은 그 보조금의 10%를 여성의 정치발전을 위하여 쓰도록 하는 규정이 신설되었다.

두 번째는 여성정치인의 양성과 발굴이 무엇보다도 중요하다. 정치적 전문지식과 소양을 가르기 위한 교육 프로그램이 필요하며 이에 여성의 참여를 활성화할 수 있어야 하겠다. 지방정치의 경우 생활정치의 연장임과 동시에 여성들의 정치적 경험의 축적이 가능한 영역으로 여성정치인의 확장이 가능한 영역이기에 후보발굴과 장기적인 계획으로 선출직의 폭을 넓혀야 할 것이며, 중앙정치에 있어서도 선출직으로 당선이 가능한 여성을 우선 공천하는 등 차별화된 전략이 필요하다.

과거에 비해 정치는 국민들의 일상생활의 문제가 정치의 핵심과제로 부각되고 있다. 즉 환경, 교육, 보건, 복지 등 우리의 일상적인 삶과 직접적으로 연관이 되는 부분에 대한 것으로 이러한 문제를 해결하고자 하는 정치가 요구되고 있다. 이러한 우리의 일상적인 삶의 영역에 있어서 무엇보다 양성평등하고 다양한 집단과 계층, 더 나은 사회통합을 이루어 내기 위해서 여성의 정치참여를 통하여 해야 할 일들은 아직도 많기에 여성의 적극적인 정치적 참여가 무엇보다도 중요하다고 하겠다.

생각해 봅시다

(1) 여성과 관련하여 개정 또는 신설할 필요가 있는 법(조항)에 대해 논해보시오.

(2) 여성국회의원의 입법활동에 대해 알아보고, 여성국회의원의 정치참여의 중요성에 대해 토론해 보시오.

Chapter 11

여성과 경제

1. 경제활동참가 동향
2. 직업환경

Chapter

11 여성과 경제

1. 경제활동참가 동향

1) 경제활동인구와 참가율

여성경제활동인구 및 참가율은 여성경제활동의 활성화 정도를 반영하고 국제간 비교를 위한 대표적인 지표이다. 여성경제활동인구란 만 15세 이상의 여성 인구 중 취업자와 실업자를 합한 개념이며, 여성경제활동참가율은 만 15세 이상의 여성 인구 중 여성경제활동인구가 차지하는 비율(%)을 의미한다.

여성경제활동참가율 추이를 살펴보면 지난 수십 년간 50% 정도에 머무르다가 2005년에 처음으로 50%를 넘었고, 2009년에 경제위기로 다시 49%로 하락하였으나 2012년에 소폭 상승세를 이어 50%를 넘어섰으며 2018년 52.9% 수준을 나타내었다. 이러한 수치는 취업자와 실업자를 합한 것으로 경제활동인구 증가가 곧바로 여성 취업자의 증가를 의미하는 것은 아니다. 그리고 참가율 추이를 살펴보면 여성경제활동인구 증가분 다수가 중장년층 이상의 노동시장 재진입자 위주로 구성되어 있다는 점을 고려해야 한다.

통계청 자료에 의하면 우리나라의 경제활동인구(15~64세)는 증가하고 있으나 증가폭이 둔화하고 있으며 2026년부터 감소할 것으로 내다보고 있다. 인구 증가는 둔화하지만, 경제성장으로 인력 수요가 증가하면서 15~64세의 경제활동참가율은 높아질 것으로 예상하고 있다. 여성경제활동참가율은 고학력화 및 고용환경 개선 등으로 2018년의 52.9%에서 2028년에는 53.7%로 높아질 것으로 예측되는 반면 남성은 73.7%에서 73.0%로 소폭 낮아질 것으로 전망되고 있다.

여성의 연령대별 경제활동참가율을 살펴보면 M자형을 나타낸다. M자형은 출산과 육아로 대표되는 30대 전·후반 여성들이 경제활동을 그만두고 노동시장에서 퇴장하는 경력단절 현상을 반영하며 이로 인해 연령대별 고용률 분포가 M자형 곡선 형태를 띠게 된다. 이러한 현상은 그만큼 우리 사회에서 일하는 여성으로 살기가 쉽지 않고 일·가정 양립 문제는 여성들이 직면한 가장 시급한 문제라는 것을 반영한다.

능력과 경력을 갖춘 여성이 경제활동에 대한 수요가 있는데도 불구하고 참여하지 못하는 것은 사회적으로 인적자원의 손실이라는 면에서 관심을 가져야 한다. 실제로 자녀출산 및 양육으로 경력단절을 경험한 여성 다수는 재취업을 희망하고 있다. 그러나 재취업 길목에서 여성들이 직면해야 하는 현실은 만만치 않다. 사회적으로 재취업 장벽이 높고, 직장 내 존재하는 선입견 등으로 인해 복귀가 쉽지 않은 상황이다.

여성의 노동 곡선이 M자형을 보인다는 점을 고려하여 융통성 있는 출퇴근 시간, 파트타임 및 재택근무 등의 정착을 통한 일자리 확대에도 관심을 가져야 한다. 그러기 위해 여성 파트타임 일자리 정보망, 재택 근로 네트워크 등을 활성화하여 취업 정보가 필요한 여성이 이러한 연결망을 통해 여성 친화형 및 일·가정 양립형 일자리를 찾을 수 있도록 해야 한다.

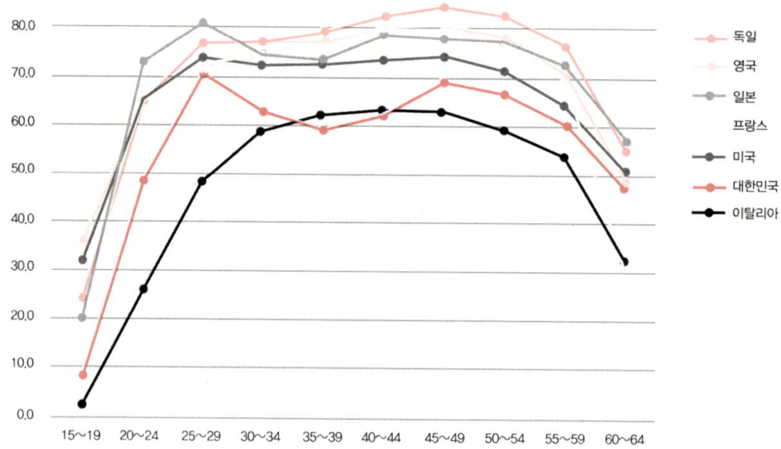

|그림 11-1| **여성경제활동인구 및 참가율**

출처 : 한국경제연구원. http://www.keri.org & OECD Stat

M자형과 관련된 추이를 국제 지표를 기준으로 비교하면 독일, 영국, 프랑스, 미국, 이탈리아 등의 여성경제활동인구의 고용률은 15~19세가 가장 낮고, 20~40대까지 증가하다가 50대 이후에 다시 낮아지는 ∩자 포물선형을 띠고 있다. 그러나 한국과 일본은 출산·육아기로 대표되는 30대 전·후반 여성이 노동시장에서 대거 퇴장하는 경력단절 현상이 나타나며 연령대별 고용률 분포가 M자형 곡선을 띠고 있다. 그리고 한국의 여성경제활동참가율은 국제적으로 낮은 수준에 머물러 OECD 국가 중 하위권을 기록하고 있다.[1] 따라서 여성경제활동참가율을 OECD 평균 수준으로 달성하기 위해 여성인력활용 극대화를 위한 정책과 계획이 수립되어야 한다.

1) OECD의 여성경제활동 참가율은 15~65세 미만 인구를 대상으로 하므로 우리나라 통계청에서 발표하는 수치보다 약간 높은 경향이 있다.

2) 여성 취업자의 학력별 · 직종별 특성

경제활동참가율을 학력과 성별로 비교하면 학력이 낮은 경우에는 여성의 경제활동참가율이 더 높으나 학력이 높은 경우에는 남성의 경제활동참가율이 더 높은 경향이 있다. 이러한 경제활동참가율은 결혼 여부에 따라 다른 모습을 보인다. 즉, 미혼여성의 경우 학력이 높은 여성이 학력이 낮은 여성보다 경제활동참여율이 더 높으나 결혼 후에는 학력이 낮은 여성이 오히려 경제활동에 더 많이 참여한다. 그 이유를 추론하면 다음과 같다.

첫째, 일반적으로 학력이 높은 여성은 배우자 수입도 높기 때문에 소득효과가 작용하여 여성의 경제활동참가율을 낮추는 방향으로 작용한다. 이러한 결과는 궁극적으로 기혼여성의 경제활동참여율은 여성 자신의 능력뿐 아니라 배우자의 경제적 능력도 영향을 미친다는 것을 시사한다.

둘째, 우리나라의 노동시장에서 학력이 낮은 여성은 학력이 높은 여성보다 재취업 기회가 많다. 학력이 낮은 여성은 주로 여성지배직종인 단순생산직이나 서비스직을 중심으로 일자리를 찾는 경향이 있다. 특별한 기술 및 기능이 필요한 것도 아니므로 재취업이 비교적 쉬운 편이지만 학력이 높은 여성은 전문직 또는 관리직에 재취업하기를 원하는 경향이 있어 재취업 장벽이 높다. 이런 현상은 고학력 졸업자인 경우 노동시장에서 여성의 기대에 부응하는 직종이 절대적으로 부족하다는 것을 말해준다.

여성 취업자의 직업 분포를 살펴보면, 최근 많은 변화가 있는데도 불구하고 여전히 서비스 종사자 비율이 가장 높고 전문기술 및 행정 관리직 종사자 비율은 상대적으로 낮다. 직종별 변화 추이를 비교해 보면 농림직과 판매직에 종사하는 여성의 비율은 감소하고 있으나 생산 관련직, 서비스직, 사무직, 전문기술 및 행정 관리직에 종사하는 비율은 점진적으로 증가하고 있다.

학력별 남녀임금 격차는 저학력에서 고학력으로 올라갈수록 줄어드는 특징이 있다. 최근 여성에게 고학력을 요구하는 전문직의 문호가 넓어졌을 뿐 아니라 여성의 학력 상승과 더불어 전문 직종을 선호하는 경향이 강해지고 있다. 그러나 아직도 남성보다 여성의 고학력 취업자 비율은 상대적으로 인력 활용의 비효율을 초래하고 있다. 이러한 점을 고려할 때 사회적으로 고학력 여성이 전문 직종에 종사할 수 있도록 배려해야 한다. 그리고 무엇보다 여성 스스로 적극적이고 진취적인 자세로 자기 계발을 하여 사회적 요구에 부응할 수 있어야 한다.

3) 남녀 임금 격차

남녀 임금 격차의 원인이 성차별인지 아니면 생산성 차이인지는 다음 장에서 구체적으로 살펴보기로 하고, 여기서는 임금 격차 수준과 우리나라 임금 격차가 다른 국가에 비해 어느 정도인지를 비교하고자 한다. 남녀 임금 격차는 여성의 경제적 지위와 여성권한 척도를 나타내는 주요 지표이며 여성 인력의 경제활동 참여 촉진 및 지위 향상을 위한 정책의 기본 자료로 활용된다. 남녀 임금 격차는 남성 대비 여성임금 비율로 알 수 있다. 남녀 임금비율은 남성의 임금을 100으로 볼 때 여성의 임금이 차지하는 비율을 의미한다.

남성 대비 여성 임금비율의 변동 추이를 살펴보면 2010년에 62.6%였으나 2018년에는 66.6%로 4%포인트 증가하였다. 그러나 실질 임금 수준은 그동안 누적된 남녀 임금 격차로 인해 남성이 더 높은 것으로 나타났다.

<표 11-1> 남성 대비 여성 임금비율

(단위 : 천 원, %)

구 분		2010	2011	2012	2013	2014	2015	2016	2017	2018
여성	월급여액	1,477	1,548	1,654	1,705	1,742	1,781	1,869	1,946	2,087
	남성대비비율	62.6	63.3	64.4	64.0	63.1	62.8	64.0	64.7	66.6
남성	월급여액	2,361	2,444	2,569	2,664	2,761	2,837	2,918	3,010	3,135

주 : 월급여액＝정액급여＋초과급여(상여금, 특별급여는 제외)
출처 : 고용노동부. 고용형태별 근로실태조사(1인 이상 기준).

<표 11-2> OECD 국가별 남녀 임금 격차(%)

OECD 평균	호주	캐나다	덴마크	핀란드	프랑스	독일	일본	한국	영국	미국
14.5	13.0	18.6	5.8	18.1	9.9	17.1	25.7	37.2	17.1	18.9

주 : OECD 남녀 임금 격차는 남녀 평균임금이 기준이므로 우리나라 고용형태별 근로실태조사와 차이가 있음
출처 : OECD Employment Outlook.

OECD 국가별로 남녀 임금 격차를 비교하면 우리나라의 임금 격차가 상대적으로 가장 크며, 여성은 남성보다 임금을 37.2% 적게 받는 것으로 나타났다. OECD 평균은 14.5%이며, 상대적으로 덴마크의 임금 격차가 5.8%로 가장 적었고 그다음이 프랑스로 남녀 임금 격차가 9.9%인 것으로 파악되었다. 영국과 미국은 각각 17.1%와 18.9%이며, 일본은 25.7%로 우리나라 다음으로 임금 격차가 크다.

남성보다 여성의 임금이 낮은 것은 출산·육아 등으로 인한 경력단절 후 재취업이 쉽지 않고 또 재취업을 하더라도 종사상 지위가 낮으며 고용 안정성이 떨어지기 때문이다. 따라서 여성의 경력단절을 예방하고 고용의 질을 제고할 수 있는 정책이 필요하므로 여성 인력개발계획을 지속해서 추진하여 여성 인력이 경제활동에 참여할 수 있도록 촉진하고 효율적으로 활용될 수 있도록 해야 한다. 그리고 여성의 경력단절을 예방하고 경력단절 여성의 재취업 및 고용의 질 제고를 위한 정책을 추진해야 한다. 무엇보다

경력단절 여성을 위해 가족 친화적 기업문화를 조성하고 그러한 문화가 확산될 수 있도록 지원해야 한다.

4) 여성 친화형 및 일·가정 양립형 일자리

여성 근로자 가운데 기혼여성의 비율은 매년 조금씩 증가하고 있다. 그러나 다른 선진 사회와 비교하면 아직도 그리 높은 편은 아니다. 우리 사회는 아직도 기혼여성의 취업에 대한 정책적 배려가 충분하지 않은 편이다. 여성의 학력이 향상되었고, 자녀 수 감소, 여성인력에 대한 사회적 수요 증대 및 여성을 필요로 하는 직종이 많이 생기고 있다. 또한 여성에게 있어 경제적 필요와 더불어 자아실현이 중요한 취업 동기로 작용하고 있으므로 학력이 낮은 여성뿐 아니라 학력이 높고 배우자의 수입이 있는 여성도 자기 일을 갖고자 하는 자아실현 욕구가 강하게 작용하고 있다. 이러한 추세는 더욱 가속화될 것이므로 가사노동 경감을 위한 기술개발과 일·가정양립에 대한 정책적 요구가 더욱 높아질 것이다.

여성의 연령별 경제활동참가율이 M자형을 나타내는 것은 결혼 후 임신, 출산, 육아 등으로 인해 경제활동을 중단하고 경력단절을 경험한다는 것을 말해준다. 경력단절은 가족 형성 및 생애주기와 밀접한 관련이 있고 주로 여성이 직면하게 되는 현상이다. 이유는 남성이 도와준다고 할지라도 여성은 생물학적으로 자녀출산 및 양육과 좀 더 직접적으로 연결되어 있기 때문이다. 그러나 다수 여성은 자녀가 어느 정도 성장하면 노동시장으로 재진입하기를 희망하고 있다. 경력단절이 여성의 자발적 선택이기보다 출산, 양육 등 환경적 조건에 의해 불가피하게 노동시장을 이탈할 수밖에 없는 상황이라는 것은 다수의 통계가 명백히 보여주고 있다.

능력과 경력을 갖춘 여성이 경제활동에 대한 욕구는 있으나 참여하지 못하는 것은 사회적으로 중요한 인적자원의 손실이다. 자녀출산 및 양육으로 경력단절을 경험한 여성 중 다수는 재취업을 희망하고 있지만, 재취업 길목에서 직면하는 현실은 만만치 않다. 재취업 장벽이 높고, 직장 내 존재하는 보이지 않는 선입견으로 인해 사실상 복귀가 쉽지 않다.

따라서 기혼여성의 M자형 노동 곡선을 고려하여 파트타임 확산을 통한 일자리 확대에 관심을 가져야 한다. 그러기 위해 파트타임 정보망, 재택근로 네트워크 등을 활성화하여 필요한 정보를 제공하고 여성들이 이러한 연결망을 통해 여성 친화형 일자리, 일·가정 양립형 일자리를 찾을 수 있도록 해야 한다. 여성 친화형, 일·가정 양립형 일자리가 되기 위해서는 먼저 돌봄과 안전 등의 문제 해결이 전제되어야 한다. 구체적으로 여성 친화 및 일·가정 양립형 일자리를 확대하는 방안을 제시하면 다음과 같다.

<표 11-3> 여성친화 및 일 가정양립형 일자리 확대 방안

1. 여성 친화형 일자리 확대	
여성 친화형 일자리 창출	• 여성고용 친화적 사회적 기업 육성 • 사회서비스 일자리 창출 및 지원 • 잠재적 사회적 기업을 발굴하여 일자리 창출 • 돌봄서비스(가사, 보육 등)의 제도화 • 공공복지 분야 일자리 확대 • 여성유망분야 창업지원 및 교육, 컨설팅, 마케팅 교육
파트타임 일자리 확대	• 공공기관 시간제 근무 확산 • 파트타임 활성화를 위해 기간제 사용제한 특례 확대 • 육아기 신축적 근로시간 도입기업 인센티브 지원 • 파트타임 일자리 정보망 구축 • 일·가정 양립형 파트타임 일자리 개발 • 파트타임 근로자 임금 차별 관행 시정
2. 여성 직업능력개발	
지역별 여성 인력 수요에 부응한 교육 시행	• 지역 특성에 맞는 여성 친화형 취업 교육 시행 • 지역대학 연계 및 지역사회 맞춤형 교육 시행
경력단절 여성을 위한 전문교육 시행	• 경력단절 여성 특화 교육 시행 • 중소기업 직종 등 여성 유망진출 분야 교육 확대 • 여성 취업 e-Learning 교육 지원

3. 고학력 및 경력단절 여성 취업 촉진	
경력단절 여성 재취업 지원	• 경력단절 여성을 위한 취업지원센터 활성화 • 경력단절 여성을 위한 전담상담원 제도 도입 • 인턴제 도입 • 직업상담 프로그램 시행
고학력 여성 취업 지원	• 대학 내 전문직업 상담 프로그램 운영 • 대학 내 커리어개발센터 활성화
여성 취업 지원 인프라 확충	• 보육 및 돌봄시설 등 취업지원 인프라 강화 • 여성 조직의 기능 개편 (문화교육 중심→취업지원) • 여성인력개발센터의 취업지원 기능 전문성 강화 • 여성 일하기 지원센터 확충 • 여성 working net 및 자조집단 강화
4. 일·가정 양립형 일자리 확대	
일·가정 양립형 일자리	• 가족돌봄휴직제 도입 • 탄력근무제, 파트타임제 등의 일자리 개발 • 재택근무 활성화 • 일·가정 양립기업 세금 감면 등 인센티브 내실화
출산·육아에 따른 기업·근로자 부담 완화	• 육아휴직 시 '대체인력채용 네트워크' 운영 • 육아휴직급여 지원 조정으로 직장 복귀 촉진 • 직장보육시설 설치 확대 및 컨소시엄 구성 • 국공립 보육시설 확대 • 취학아동의 방과후서비스 내실화 • 아이돌보미 서비스 지원대상 확대
통계적 차별 해소	• 통계적 차별이 발생하지 않도록 고용개선조치 • 표준화된 면접 가이드 개발 및 보급

5) 취업 태도 및 동기

여성고용 확대를 위한 정책과 제도를 정립하는 것 못지않게 여성의 취업 태도 및 동기가 통계적 차별과 선입견에 토대를 둔 여성관을 해소하는 데 중요한 역할을 한다. 취업 태도에 대해 살펴보면, 과거에는 여성들이 결혼 전과 결혼 후 자녀가 성장한 다음 직업을 가지는 것이 바람직하다고 생각하였으나 현대에는 대부분 여성이 결혼이나 가정과 관계없이 직업을 가져야 한다고 인식하고 있으며, 이러한 인식은 젊은 연령층일수록 더 강하다.

결혼 후 자녀가 어려서 양육에 집중해야 할 시기에도 전업주부만 하겠다는 여성은 감소했고 결혼보다 직업이나 커리어가 우선이라고 인식하는 비율은 급격히 증가하고 있다. 이제는 여성도 취업에 대해 적극적이고 긍정적인 인식을 하고 있다. 이렇게 인식전환이 급격히 이루어지고 있는 배경은 출산율 감소, 핵가족화, 기술 발달로 인한 가사부담 경감을 비롯하여 여성의 고학력화, 결혼에 대한 인식 및 가치관 변화 등이며 앞으로 이런 추세는 더욱 가속화될 것으로 예상한다.

여성의 취업 동기에 대해 과거에는 가계경제에 보탬이 되기 위해, 생계유지, 적성 및 시간 활용, 사회적 경험 쌓기 등의 순으로 나타났다. 이러한 결과는 대부분 여성이 취업하고자 하는 이유가 가계경제에 보탬이 되거나 생계유지 및 가정적 동기를 충족하기 위함이라는 것을 시사한다. 그러나 적성 및 자기 일을 갖고자 하는 욕구, 사회적 경험 활용, 사회적 기여 등 자아실현이나 사회참여 등의 동기로 일하는 경우는 소수에 불과했다.

그러나 최근 들어 자아실현이나 사회참여가 취업 동기라고 생각하는 여성이 급격히 증가하고 있고 경제력 또한 중요한 취업 동기로 작용하고 있다. 단순히 가계경제에 보탬이 되는 차원을 넘어 직업과 경제력 자체에 대한 욕구가 증가하고 있는 것은 가계지출 중 교육비 부담과 더불어 자아실현 및 문화적 욕구와 맥락을 같이 한다고 볼 수 있다. 이러한 욕구는 여성의 학력이 높을수록 더 강한 경향이 있다.

여성의 취업 동기를 학력별로 비교하면, 일반적으로 학력이 낮은 여성은 가계경제 보탬이나 생계유지가 주된 동기가 작용한다. 이에 비해 고학력 여성은 적성을 활용하고 자기 일을 통한 자아실현을 위해 직업을 가진다고 인식하는 경우가 상당히 많고, 사회경험, 시간활용, 사회참여 등에 대한 동기가 저학력 여성보다 더 높은 경향이 있다.

2. 직업환경

여성의 직업환경이 어떻게 변화하고 있는지를 경제환경, 사회환경, 가족환경 측면에서 살펴볼 필요가 있다.

1) 경제환경

(1) 기술혁신과 새로운 직종

과학기술의 발달로 대부분 직업이 높은 지식수준을 요구할 뿐 아니라 정확함과 섬세함, 감각, 통찰력, 분석력 등을 필요로 하므로 성별에 따른 남녀차이가 큰 의미를 지니지 않는 환경이 조성되고 있다. 기술혁신에 따라 새로운 분야가 개척되고 새로운 직종이 출현하고 있으며 여성성이라는 특성이 필요한 직종도 다양하게 대두되고 있어 고용기회가 확대되고 있다. 그러나 이러한 환경에서도 사회가 필요로 하는 지식과 기술 등의 인적자원을 보유하지 못한 여성에게는 여전히 채용의 문턱이 높을 수밖에 없다. 역으로 말하면 사회가 요구하는 인적자원을 갖추고 필요한 정보를 수집하고 분석할 능력이 있는 여성은 오히려 남성보다 더 유리한 조건에서 채용될 수 있다.

(2) 여성인력 수요에 대한 인식과 여성정책

우리나라는 인력 부족 현상에 처해있으며 저출산·고령화 현상으로 인해 인력 부족 문제는 더욱 심각해지고 있다. 인력 부족 문제를 극복하기 위해 정부는 여성인력 활용이 국가 경쟁력을 강화할 뿐 아니라 국민경제 재도약의 필수요건이라는 점을 인식하여 생산성을 극대화할 수 있도록 여성인력 정책을 적극적으로 추진하고 있다. 유엔의 여성지위위원회(Commission on the Status of Women)는 각 나라에서 정책을 수행할 때 남녀평등 관점에서 제도적, 재정적 방안을 구축할 것을 촉구하고 있다. 위원회의 주요 의제는 양성평등과 여성의 역량 강화를 위한 사회보장체계, 공공서비스 및 지속 가능한 인프라 접근 등이다.

우리나라도 여성의 사회참여 확대를 위한 여성정책 우선과제를 선정하고 이를 추진하고 있다. 정부에서 추진한 주요 정책과제는 여성발전기본법을 비롯하여 일·가정 양립 지원, 공공분야의 여성참여 확대, 공직채용 목표제, 공기업 여성 인센티브제, 정부위원회 여성 참여율 목표제, 여성 경제활동 확대, 양성평등 확산 등이 있다. 조사에 의하면, 우리 사회의 성차별 문제는 20대 남녀 모두의 공통 관심사이며, 10명 중 여성은 8명, 남성은 7명이 성차별 문제에 관심 있는 것으로 나타났다. 그러나 여성의 경제활동과 인력 문제에 대한 고정관념과 차별의 심각성에 관한 인식에는 여성과 남성 간에 상당한 격차가 있다. 즉, 여성의 경제활동 확대 및 양성평등 확산을 우선 정책과제로 인식하고 있는 비중이 10명 중 여성은 8명이지만 남성은 4명에서 그치는 것으로 파악되었다. 이러한 결과는 우리 사회에서 남녀 간에 여성인력 수요와 여성정책에 대한 인식 차이가 크다는 것을 말해준다.

세계여성회의(World Conference on Women)는 각 나라에서 양성평등과 성차별 해소의 중요성에 대한 일반인의 인식과 여성 스스로 긍지를 높이는 계기를 마련하기 위해 양성평등과 여성지위 향상을 위한 행동강령 이행계획을 채택하고 실질적인 후속 조치 방안을 모색하였다. 세계여성회의에서 주로 다룬 의제는 다음과 같다.

- 여성의 교육 및 직업훈련
- 여성과 경제
- 정치 및 정책결정 과정에서의 여성의 역할
- 여성과 환경

여성의 직업훈련을 위해 차별 철폐 의정서를 채택하고 고용과 채용에서 양성평등 실현이 전제될 수 있도록 추진하고 있다. 그리고 여성의 경제적 지위에 대해서는 빈곤이 여성의 지위 향상 및 양성평등을 가로막는 장애 요소라는 점과 빈곤의 여성화 퇴치를 위해 정부와 민간단체와의 협력관계를 구축하고 여성에 대한 사회서비스, 경제지원 등을 확보하기 위해 주력하고 있다. 특히 제반 정책결정 과정에 여성의 참여를 확대하고 여성 문제를 중점과제로 다룸으로써 여성 문제가 정책 수립 및 이행과정에 핵심적인 문제로 다루어져야 한다는 점을 강조하고 있다.

(3) 새로운 근무제 도입

기업에서는 정보 분석의 효율화와 조직개발 및 직무설계 등 일련의 경영기법의 도입으로 직무 다양화와 경영 민주화가 이루어지고 있다. 그와 더불어 유연근무제, 탄력근무제, 근무시간 연동제, 파트타임 근로제, 재택근무제 등 새로운 근무제가 시행되고 있어 여성의 사회참여 여건이 더욱 유리해지고 있다. 예를 들면, 출근 시간이 정해져 있는 것이 아니라 근로자가 작업이 가능한 시간대에 집에서 컴퓨터로 직장의 중앙서버에 연결하여 일할 수 있다. 작업은 집에서 하지만 결과물은 개인 컴퓨터가 아닌 직장 서버에 저장된다. 그리고 직장 내 각 팀 또는 분야에서 요청한 작업을 게시판을 통해 확인하고 가상 공간에서 의사소통을 통해 처리할 수 있으므로 장소에 구애받지 않게 된다. 고용주는 메신저로 컴퓨터 접속과 작업 여부를 체크할 수 있다. 최근 이러한 재택근무를 하는 근로자가 늘고 있다.

파트타임 근로제는 범세계적 이슈로 경기 활성화를 위한 방안으로 간주하고 있는데 이러한 경향은 주로 경쟁력을 강조하는 국가에서 대두되고 있다. 파트타임 노동의 특징은 여성의 비중이 높다는 것이다. 최근에는 산업구조의 변동과 노동시장 구조의 유연화로 인해 남성고용에서도 파트타임 노동자 수가 늘어나는 추세이고 증가 속도가 여성보다 빠른 경향을 보이나 아직 파트타임 근로자의 대부분은 여성이다. 이는 자녀출산 및 양육, 일·가정 양립 문제와 밀접한 관계가 있다.

탄력근무제 또한 기혼여성이 선호하는 대안이다. 예를 들어, 출근 시간을 자유롭게 정하고, 정해진 근로시간 동안 일한 후 퇴근하는 제도이다. 본사 대신 집과 가까운 거점별 사무실로 출근해서 일하는 근로 시스템도 있다. 이러한 제도가 시행되는 직장은 여성 퇴직률이 낮고 우수 여성 인력이 중간에 회사를 그만두는 경력단절도 방지할 수 있다. 앞으로 통신시스템과 가상공간을 활용하여 물리적으로 출근하지 않고 일할 수 있는 재택근무 또는 유연근무제가 확산될 전망이다. 여성이 일하기 좋으면 궁극적으로 남녀 모두에게 긍정적으로 작용하게 될 것이다.

재택근무나 유연근무제가 확산이 되면 여성의 고용유지 효과와 함께 새로운 일자리 창출도 가능하다. 한국노동연구원에 따르면 근로시간을 10% 단축할 경우 고용은 13% 늘어난다. 경제협력개발기구(OECD)는 시간제 근로 비중이 1%포인트 늘어나면 여성의 경제활동참가율은 약 0.5%포인트 증가해 여성 친화적인 일자리 나누기 효과가 있다고 밝히고 있다.

따라서 정부는 새로운 근무제 도입을 활성화할 수 있는 제도적 기반을 마련하여 다수 여성이 직면하고 있는 불안정한 지위와 불리한 여건을 개선하고 생산적 복지 차원에서 정책 및 입법 추진을 서둘러야 할 것이다.

2) 사회환경

(1) 사회서비스 및 여성복지사업 체계의 발달

각 분야에 여성인력에 대한 수요가 증대되면서 정부차원에서 여성의 가사노동 및 자녀양육 문제를 해결하기 위해 일·가정양립 지원시설을 확충하고 있으며, 가사노동 경감을 위한 조치를 하고 있다. 보육시설 확충을 위해 정부 예산의 상당 부분을 투입하여 국고보조시설을 확충하고, 국민연금기금을 지원하여 직장 및 민간보육 시설을 확충하고 있다. 동시에 보육의 질적 내실화를 위해 농어촌 소재 보육시설에 대한 운영지원을 강화하고, 보육교사의 교육 강화를 통해 전문성을 제고하며, 보육 프로그램을 개발·보급하고 있다.

또한 아동의 방과 후 시간을 안전하게 보호하고 지도함으로써 여성의 안정된 취업 활동을 지원하기 위하여 방과 후 지도 프로그램을 전면적으로 실시하고 있다. 방과 후 지도는 기존의 아동복지법을 개정하여 방과 후 아동지도에 관한 조항을 삽입하였고, 사회복지사, 청소년지도사, 보육교사, 건강가정사 등이 소정의 교육과정을 이수한 후 다양한 프로그램을 개발하여 방과 후 지도를 하고 있다.

(2) 교육수준의 향상

여성은 직업의식이 약하고 특히 생애 직장의식을 갖지 못하는 경향이 있다는 통념이 있다. 직장에서 흔히 노출되는 현상, 예를 들면 직장에서 여성이기 때문에 무언가는 안 해도 된다는 생각, 사적인 일로 공적 업무를 소홀히 하는 태도 등은 여성의 직업의식과 관련된 문제이다. 양성평등을 추구하면서도 일부 여성의 행동이 그에 수반되지 못한 이런 현상은 교육수준이 향상되면서 점진적으로 개선되고 있다.

여성의 교육수준이 향상되면서 의식에 많은 변화가 이루어져 사회참여를 통한 자아실현을 위해 다양한 경제활동에 종사할 수 있는 능력을 갖추고 각 분야에 진출하여 남성과 동등한 조건에서 일하고 있다. 과거에는 배우자가 벌어온 돈으로 살림하는 여성이 복이 있고, 직장생활을 하는 여성들은 팔자가 세다고 생각했었다. 그러나 이제는 여성들이 직업과 경제력에 대한 강한 욕구와 함께 각종 사회교육 프로그램이나 평생교육을 통해 자기계발을 하고, 기회가 있으면 노동시장에 참가하고 있다.

이러한 경향은 앞으로 더욱 강화될 것이며 특히 개인주의 문화를 배경으로 가치관을 형성한 신세대 여성의 경제관과 양성평등 의식이 어느 세대보다 강할 뿐 아니라 노동시장에서 이들 세력이 점차 커지고 있어 가까운 시일 내에 여성에 대한 전통적 사회통념은 빠르게 퇴색될 것이다.

3) 가족환경

(1) 출산율 감소

제2차 세계대전 이후의 베이비붐 같은 일시적 현상을 제외하고 출산율은 지속해서 감소하고 있다. 우리나라의 경우 합계출산율이 1960년에는 6명이었으나 1983년 이후부터 인구 대체수준(2명 이하)으로 감소한 후 회복되지 못하고 현재까지 초저출산 현상이 지속되고 있다. 이제 저출산 문제는 개인이나 가족의 문제가 아니라 국가적 위기로 인식되고 있다.

남녀가 결혼하고 가족을 이루는 목적은 다양하지만 주된 목적은 친자 생산과 자녀 양육이다. 그러나 여성의 학력 향상과 더불어 임금상승 및 취업기회 증가로 경제활동 참가율이 늘어나면서 가사노동 시간이 급격히 감소하고 있다. 여성의 임금상승은 자녀출산을 포함한 가계생산의 기회비용을 증가시킨다. 왜냐하면, 취업 여성의 경우 가사노동 시간이 부족하고, 부족한 만큼 시간의 가치가 증가하기 때문이다. 따라서 여성의 취업률 및 경제력 향상은 저출산으로 이어져 가족 규모를 감소시키는 요인으로 작용하고 있다.

부부는 자녀를 언제 가질 것인지 또 몇 명을 낳을 것인지에 대해 결정한다. 이런 결정은 자녀출산 및 양육에 드는 비용과 소득수준이 영향을 미친다. 자녀출산 및 양육에는 부모 시간, 특히 어머니의 시간이 절대적으로 필요한데 이러한 시간가치는 부모의 학력, 취업 여부와 직종, 임금수준 등에 따라 다르고, 그로 인해 자녀 양육비 또한 다르게 평가된다. 일반적으로 어머니의 학력이 높고 전문 직종에 종사하며 임금수준이 높은 경우 자녀 양육에 필요한 시간의 가치가 높게 인식되어 자녀의 수보다 교육투자 등을 비롯한 질에 대한 수요가 더 높아지는 경향이 있다.

여성에게 있어서 자녀출산과 양육은 중요한 일인 동시에 부담을 주는 요인이다. 앞서 살펴본 경제환경과 사회환경, 즉 기술혁신과 새로운 직종, 여성인력 수요에 대한 인식과 정책, 새로운 근무제 도입, 사회서비스 및 여성복지사업 체계의 발달, 교육수준의 향상 등은 육아로 인한 부담에서 자유로워지면서 경제활동참가율의 증가를 가져왔다. 그러나 사회적으로 여성의 경제활동참가율은 출산율 감소라는 새로운 사회적 이슈와 연결되어 있다.

(2) 가사노동의 감소

가사노동 부담과 보수적 관념에 얽매인 여성에게 법률로 보장된 양성평등이 큰 의미를 지닐 수는 없다. 양성평등 구현을 위한 사회제도가 공허한 것이 되지 않도록 하려면 여성이 무거운 가사노동에 시달리지 않아야 하며 그렇게 하는 데는 가사부담을 줄여주는 기술이 필요하다. 인간의 삶을 빠르게, 근본적으로 바꾸는 지식과 기술에 대한 이해는 여성운동에도 크게 기여하고 있다.

최근의 기술발달은 가정용 기기 보급을 확대하고 가사노동을 신속하고 쉽게 처리할 수 있게 하며 배우자와 자녀의 협력을 얻기가 쉬워져 가사부담이 가벼워지고 취업 가능 시간을 좀 더 확보할 수 있게 되었다. 이렇게 보면, 여성운동의 역사는 가사노동에서부터 시작되며, 가사부담으로부터의 해방은 남성의 도움에서 시작된 것이 아니라 기술이 발달하면서 확대된 것이다. 페미니즘 역사는 가사노동으로부터의 해방의 역사라고 주장하는 학자들도 있다. 그리고 그것은 남성이 가사를 분담해서가 아니라 기술혁신의 도움으로 이루어졌다고 본다. 이러한 시각은 인간의 삶을 근본적으로 바꾸는 것은 과학과 기술이며, 이렇게 발달한 과학과 기술이 양성평등에 큰 영향을 미치고 있다는 것을 말해준다.

4) 미래지향적 자세

이제는 직업도 육체노동의 중요성은 줄고 지식과 정보를 창출하는 지적 노동의 중요성이 커지고 있다. 이러한 변화는 여성에게 유리한 환경으로 작용하고 남성과 동등한 조건으로 일할 수 있는 여건을 제공하고 있다. 이런 환경 속에서 일부 여성은 자신의 잠재력을 활용해 무언가를 실현하고, 적성에 맞는 직업을 선택하여 남성과 동등한 위치에서 사회적 인정을 받고 있다.

그러나 여전히 일부 여성의 직업의식 수준은 낮은 것으로 평가되고 있으며 전문인으로서의 인식과 직무능력 수준이 낮은 부분 또한 없지 않다. 한 가지 우려되는 점은 일부에 대한 평가가 다수에 대한 차별 논리로 이어지는 것은 합리적이지 않다는 것이다. 우리 사회에서 능력 있는 여성의 사회 진출을 막는 장벽 또한 만만치 않다. 무한경쟁 속에서 세계화를 지향하는 이 시점에 이런 사정은 시급히 제고되어야 한다.

제도의 역할은 중요하다. 그러나 제도를 설정하는 것만으로 문제가 해결되는 것은 아니다. 그것을 떠받치는 힘이 더욱 중요하다. 우리는 많은 경험을 통해 양성평등 문제가 제도만의 문제가 아니라 그것을 떠받치는 힘이 없으면 공허해질 수밖에 없다는 것을 배웠다. 따라서 정부는 제도가 제 기능을 다할 수 있도록 하고, 그렇게 할 때만이 복지국가로서의 면모를 갖출 수 있다. 그리고 여성도 경제력의 원천인 지식과 정보의 중요성을 인식하고 사회가 요구하는 수준을 갖출 수 있도록 자기 계발에 충실해야 한다.

한 조사에 의하면, 기업경영자의 자질을 평가하는 30여 개 항목에서 여성이 25개 이상의 영역에서 남성보다 우위에 있음이 증명되었다. 이러한 조사결과는 여성이 사회생활에 필요한 능력과 자질은 갖추고 있으나, 사회적 관념과 산업 환경, 그리고 가사부담으로 인해 능력을 발휘하지 못한 것이라는 점을 시사한다. 그러나 이제는 사회 전반이 여성에게 유리한 방향으로 흐르고 있으므로 이러한 흐름에 능동적으로 대처하고 미래지향적 사고 및 자세를 가져야 한다.

미래지향적 사고 및 자세는 여성뿐 아니라 경영자에게도 적용된다. GM의 최고경영자인 애커손(Akerson)[2]의 직장 여성에 대한 인식 및 태도는 어머니와의 유년기 경험이 기반이 되어 형성되었다. 그는 유년기 경험이 개인의 태도를 형성한다고 주장한다. GM에서는 최고직위 중 여성이 20~25%를 담당하고 있으며, 이사 중 3분의 1은 여성으로 구성되어 있다. 이는 자동차업계에서 이례적으로 높은 비율인데 애커손은 지속해서 여성 고위임원 비율을 높여왔다. 그는 자신의 결정이 '의식적이라기보다 재능을 인정한 것'이라고 주장하였다.

애커손(Akerson)은 어린 시절 어머니의 재능이 낭비되는 것을 목격하였다. 1세대 독일 이민자인 어머니는 재능이 있었고 일에 대한 높은 열정을 가지고 있었으며 사회적 성향이 강했다. 애커손(Akerson)이 11세일 때 취업전선에 뛰어든 어머니가 구할 수 있었던 일자리는 낮은 임금으로 장시간 근무해야 하는 슈퍼마켓 계산 담당이었다고 한다. 그의 어머니는 슈퍼마켓에서 10년 넘게 근무했으나 보조관리자 자리에 머물러야 했고 관리자로 마땅히 승진되어야 했으나 그렇지 못했다. 이러한 어머니의 사례에 대한 기억은 최고 관리자로서 태도 및 고용 결정에 상당히 중요한 영향을 끼쳤다.

미래학자로 알려진 앨빈 토플러(Alvin Toffler)는 미래사회에는 여성의 경제적 역할이 부각될 것이라고 주장한다. 세계는 지식기반 경제로 이행하고 있으며 남녀관계도 변화하고 있는데 지식사회에서는 두뇌의 힘이 중요하

2) The Wall Street Journal(2012. 8. 6). Dan Akerson, General Motors CEO : Lessons Learned from Mom. Careers, At Work.

므로 여성에게 많은 기회가 주어질 것이라고 예견하고 있다. 따라서 여성이 기존 사회의 틀 밖에서도 권익 신장의 기회를 포착해야 한다고 조언하고 다수의 사회단체도 여성이 설립·운영하게 될 것이며 이런 조직은 정치계에서도 주목하게 될 것으로 보고 있다. 그리고 다양한 사회단체를 통해 영향력을 행사할 기회는 많아질 것이라고 주장한다. 앨빈 토플러(Alvin Toffler)는 '여성과 남성의 역할이 분명히 구분되던 시대는 끝났다'고 단언하고 있다.

생각해 봅시다

(1) 남성과 여성의 취업률 차이의 원인에 대해서 토론해 보시오.

(2) 여성의 취업률 향상 방안을 논해보시오.

(3) 앞으로 여성 노동력이 부각될 경제현장에 대해 논해보시오.

Chapter

12

여성과 시장노동

1. 성차별 개념과 유형
2. 성불평등 이론
3. 여성의 고용환경

Chapter

12 여성과 시장노동

1. 성차별 개념과 유형

1) 성차별 개념

차별이란 같은 학력, 경력, 생산성 등을 가진 근로자에게 정당화될 수 없는 이유로 차등을 두는 것을 말하며, 차등의 유형이 임금의 형태로 나타날 경우 임금차별이라 한다. 그러면 어떤 요인으로 인해 임금 격차가 발생하는가? 일반적으로 노동시장에서의 임금 격차는 두 가지 원인에서 기인한다. 첫째는 생산성 차이이고 둘째는 성차별이다. 그러면 생산성 차이를 결정하는 요인은 무엇이며, 여성이 받는 낮은 임금의 어느 정도가 성차별로 인한 것인가? 임금차별을 유발하는 주된 요인으로 노동의 질과 생산성에 영향을 미치는 학력, 경험, 경력단절 여부, 직업교육 및 훈련, 직업의식 등을 들 수 있다.

그러나 이런 요인과 임금과의 관계가 반드시 일방적이지 않다. 즉, 근로자의 직업의식이 생산성에 영향을 미치고 임금수준이 근로자의 직업의식에 영향을 미치는 한, 생산성은 임금을 결정하는 데 있어서 독립적 요인으로 작용하지 않는다. 오히려 생산성과 임금은 상호 밀접한 관계를 맺고 작용하는 것이 일반적 현상이다.

차별에 대한 예를 들면, 남녀가 같은 학력을 가지고 신규로 임용될 때부터, 즉 그들이 보유하고 있는 노동의 질이나 생산성이 작업장에서 검증되기 전부터 직급과 호봉 등에 차이가 날 뿐 아니라 기업체에서 남녀근로자에게 부여하는 직업훈련의 내용도 다른 경우이다. 남녀의 임금은 차이가 날 수 있다. 그러나 차이가 날 때는 남녀가 제공하는 노동의 질과 양이 달라야 하며, 여성의 생산성이 낮으므로 고용주가 여성고용을 피하는 것을 성차별이라 볼 수는 없다.

성차별이란 남녀가 같은 생산성을 가지고 동일노동을 하더라도 고용주의 편견이나 취향에 의해 여성보다 남성을 선호하고 남녀를 채용하되 직급과 호봉에 차이를 두는 것을 말한다. 이런 경우 임금 차이는 시초부터 발생하고 그러한 차이는 근속연수가 지나도 좁혀지지 않으며 심화하는 경향이 있다. 근로자가 똑같이 생산·판매한 제품의 이윤으로 지급하는 임금을 남성 또는 여성이라는 이유만으로 차등 지급하는 것은 합리적이지 않다. 이렇게 보면 우리 사회에서 남녀에게 주어지는 기회의 불평등이 임금구조를 형성하는 데 있어 큰 영향을 미친다고 볼 수 있다.

2) 차별 유형

지금까지 여성의 노동문제는 주로 윤리적 측면에 초점을 두고 정의와 형평이라는 가치를 내세운 남녀평등과 기회균등을 주장해 왔다. 그러나 윤리적 주장은 효율을 내세운 현실적 논리에 밀렸으며 차별에 대한 문제를 근원적으로 다루지 못했다. 차별은 근본적으로 노동시장 이전의 차별과 노동시장에서의 차별로 나눌 수 있다. 노동시장 이전의 차별은 어릴 때 가정에서 시작되며, 가정에서의 차별은 학교 교육으로 이어지고, 종국에는 노동시장에서의 차별을 낳는다.

(1) 노동시장 이전의 차별과 노동시장에서의 차별

노동시장 이전의 차별이란 남녀 간 자질이나 자격을 갖출 기회가 동등하게 주어지지 않음으로써 생기는 차별을 의미한다. 이러한 차별의 원인은 가정과 학교 교육에서 찾아볼 수 있다. 우리 사회는 남녀에 대해 고정된 관념과 가치관을 가지고 여성은 남성과 본질적으로 다르다고 본다. 이러한 시각은 최근에 많이 완화되었으나 여전히 가정과 학교 주변에 남아있다.

노동시장 이전의 차별은 노동시장의 차별을 낳고 있으나 그로 인한 불이익은 눈에 잘 띄지 않으며 차별에 대해 논할 때는 언제나 생산성의 개념을 적용하여 노동시장에서의 차별만을 문제시한다. 여성의 저임금은 사회적 열등의식을 낳으면서 성별 분업을 더욱 강화하는 경향이 있다. 노동시장의 차별은 고용 및 임금차별을 낳고 그러한 차별은 다시 노동시장 이전의 차별로 이어져 여성을 가사전담자로 몰아낸다. 이처럼 가정, 학교, 노동시장이 상호 작용하는 가운데 악순환이 계속된다.

(2) 임금차별과 생산성 차별

차별은 임금에 차등을 두는 임금차별과 생산성을 고려하지 않은 생산성 차별로 구분할 수 있다.

임금차별이란 노동의 질이나 생산성이 같은데도 임금에 차이를 두는 경우를 말한다. 임금차별은 시초부터 발생하기도 하지만 직종 차별이나 승진 차별과 같은 간접차별로 인해 발생하는 때도 종종 있다.

생산성 차별은 근로자 간의 생산성이 다른데도 모든 근로자에게 동일 임금을 지급하는 경우 생산성이 높은 쪽이 차별을 받게 되는 것을 의미한다. 만약 여성이 남성보다 생산성이 낮으므로 임금을 적게 받는다면 그러한 소득 격차는 차별이 아니라 차이이며 합리화될 수 있는 불평등이다.

임금차별과 생산성 차별의 결과를 살펴보면 생산성이 각기 다른 두 근로자가 같은 임금을 받는 경우와 생산성이 같은 두 근로자가 각기 다른 임금을 받는 경우의 두 종류의 차별은 성격상 다르나 같은 결과를 초래한다. 예를 들면, 갑의 생산성과 을의 생산성이 같은데도 갑의 임금이 을의 임금보다 낮은 경우 갑은 임금차별을 받은 것이다. 이번에는 갑의 생산성이 을

의 생산성보다 높은데도 불구하고 갑과 을이 동일 임금을 받는다면 갑이 생산성 차별을 받은 것이다.

임금차별이나 생산성 차별의 공통점은 노동의 질이나 생산성보다 상대적으로 낮은 임금을 받게 된다는 것이다. 따라서 임금 격차가 단순히 차별로 인해 발생할 수도 있지만, 생산성 차이로 인해 발생할 수도 있으므로 임금차별을 측정하는 데 있어 생산성 차이로 인한 부분은 차별이 아니므로 분리해야 한다.

2. 성불평등 이론

미국의 여성 운동가이자 경제학자인 바바라 버그만(Barbara Bergman)[1]은 수요자 시각과 공급자 시각을 포괄적으로 고려하여 남녀평등과 여성의 경제적 독립을 가로막는 요인으로 다음의 세 가지 점을 지적하였다.

① 여성의 낮은 생산성
② 여성의 고용과 승진에 대한 차별
③ 여성 자신에 의한 고용영역의 제한

세 가지 요인 중에 첫 번째와 두 번째 요인은 고용주의 인식 때문에 발생한 결과로 볼 수 있으나, 세 번째 요인은 여성의 자발적 선택의 결과로 해석될 여지가 있다. 이 장에서 설명할 성불평등 이론은 기본적으로 세 가지 요인에 대한 논의를 함축하고 있다. 남녀의 임금 격차를 설명하는 이론을 주류경제학파와 마르크스학파로 나누어 살펴보면 다음과 같다.

---

1) Barbara R. Bergmann(1990). Feminism and Economics. Women's Studies Quarterly, 18(3/4), 68-74.

1) 주류경제학파 이론

(1) 인적자원이론

우리 사회에서 학력에 따른 소득 격차가 광범위하게 존재하고 학력과 경력이 높은 사람일수록 소득수준도 높은 현상에 대해 새삼 언급할 필요가 없을 정도로 자연스럽게 받아들이고 있다. 이런 현상은 우리나라뿐 아니라 경제이념 및 경제발전단계를 초월한 세계적인 현상이기도 하지만 우리나라는 학력에 따라 소득 격차의 폭이 큰 나라에 속한다. 학력과 경력에 따른 소득 격차를 설명하는 이론 중 인적자원이론(human resource theory)은 생산성 개념에 중점을 두고 있다.

베커(Becker), 민서와 폴라첵크(Mincer & Polachek) 등에 의해 정립된 인적자원이론은 인간이 가지고 있는 지식, 정보, 기술, 창의성 등은 중요한 자원이며, 개인이 이러한 자원을 보유하고 있는 정도에 따라 노동의 질이나 생산성에 차이가 난다고 보고 있다. 따라서 인적자원이론에 의하면 노동의 질과 생산성 차이가 임금 격차를 초래한다고 간주한다. 인적자원은 교육, 경험, 훈련 등을 통해 축적되며, 자원축적 정도는 개인의 선택으로 결정된다. 교육을 인적자원에 대한 투자로 볼 때 사람들이 대학에 진학하는 것은 교육이 인식체계를 확대하고 지식, 기술, 기능 등을 습득함으로써 노동의 질과 생산성을 높이기 위함이다.

교육은 장래의 고소득을 목적으로 투자자 스스로 생산성을 높이기 위한 과정이며 졸업 후 받는 고임금은 높은 생산성에 대한 대가이다. 따라서 학력이나 경력이 높은 사람은 생산성이 높으므로 당연히 고임금을 받는다고 봄으로써 학력과 경력에 따른 소득 격차가 사회적 정당성을 지닌 것이라고 간주하는 것이 인적자원이론의 핵심이다.

남녀 간 인적자원 투자는 크기뿐 아니라 투자의 연속성에도 차이가 있다. 여성은 출산과 자녀 양육으로 남성보다 노동시장에 참여하는 기간도

짧을 뿐만 아니라 경력이 단절될 확률이 높고, 단절 기간에 인적자원의 축적 중단과 상실로 인해 생산성이 떨어진다고 생각하므로 인적자원에 대한 투자를 중단하거나 적게 하는 경향이 있다. 결국, 인적자원이론은 여성의 낮은 임금은 차별이 아니라 낮은 생산성 때문이며, 이로 인해 고용과 승진에도 불이익을 받게 된다는 것을 시사한다.

그러나 이 이론이 고려하지 않은 점이 있다. 인적자원이론은 노동시장이 완전경쟁 상태에 있으므로 남녀는 모든 상황에서 동등한 기회가 있다고 가정한다. 실제로 노동시장은 이론과 달리 완전경쟁 체제를 갖추지 못하고 있어 개인의 생산성보다 학연, 지연, 혈연, 성별 등이 더 큰 영향을 미칠 수 있으므로 모두가 동등한 기회와 조건을 가지고 있다고 볼 수 없다.

(2) 통계적 차별

통계적 차별은 펠프스(Phelps), 아이그너(Aigner), 케인(Cain) 등이 발전시킨 이론으로 개인에 대한 평가를 개인이 속한 집단의 개연성에 두고 있다. 만약 고용주가 여성을 평가할 때 근로조건이 안정적이지 못하다고 믿거나 그것을 뒷받침하는 통계자료가 많다면 개별 여성은 실질적 검증 없이 집단의 개연적 근거에 의해 평가받게 된다.

고용주는 생산성이 높은 사람을 채용하기를 원한다. 그러나 근로자의 생산성, 훈련비용, 회사 내에서 장기 체류할 확률 등에 대한 정보가 부족할 뿐 아니라 관련 정보를 수집하는 데 비용이 많이 들기 때문에 자신의 경험이나 소문 또는 통계 같은 것에 의존하게 된다. 성별은 비용이 들지 않는 정보를 제공한다. 통계적으로 생산성이 낮거나 직장을 그만둔 사람 중에 여성이 더 많거나 사회가 요구하는 수준을 충족시키지 못하는 경우가 더 많다고 인지하면 여성보다 남성에 대한 수요가 높을 것이다.

통계적 개연성은 사회적 인식을 낳고 그러한 인식은 고용주에게 여성관을 형성하게 하여 여성고용을 피하게 만든다. 고용주는 근로자를 채용할 때 채용기준으로 통계에 의존한다. 남자보다 유능한 여자도 많고, 남자와 동등한 조건에서 일하는 여성도 적지 않다. 그러나 다수 여성이 고용주의 통계적 판단을 벗어나지 못하고, 통계적 판단을 상회하는 유능한 여성을 식별하는 데 드는 정보비용이 만만치 않으므로 다수 여성은 통계적 차별을 받게 된다. 즉, 개인은 자신의 능력과 생산성을 알지만, 고용주는 그것을 모르는 '정보의 비대칭성'이 존재하기 때문에 개인을 고용한다는 것을 일종의 불확실한 투자라고 간주한다.

따라서 고용주는 다년간의 경험을 통한 통계적 정보에 기초하여 어떤 지표나 신호를 가진 사람이 어느 정도의 생산능력을 가질 것이라는 '조건부 기대치'를 가지게 된다. 따라서 고용주에게 성별은 개인의 능력, 성취동기, 인지력, 창의성 등과 같이 사회가 가치 있게 생각하는 자질과 밀접한 관계가 있고 또 개인의 생산성과 연관이 깊다고 보기 때문에 여성보다 남성에게 더 많은 임금을 주더라도 남성을 채용하는 것이 이익이라고 판단하게 된다. 비록 일부 여성의 능력이 남성보다 월등히 높다 할지라도 고용주가 능력 있는 여성을 찾는 데 드는 정보비용이 많이 들 뿐 아니라 능력을 객관적으로 평가하기도 어렵고, 그런 만큼 평가비용이 들기 때문에 고용주는 남성을 더 선호하게 된다.

(3) 밀집가설과 이중노동시장론

이 이론은 존 스튜어트 밀(Mill)이나 에드워드(Edwards) 등에 의해 일부 여성이 저임금직종에 집중되어 있다고 주장하면서 인식되기 시작하였고, 그 후 고든, 몬타그나, 버그만(Barbara Bergmann) 등이 발전시킨 이론이다. 이 이론은 노동시장에서의 여성의 열악한 상황을 잘 설명하고 있으며 저임금 노동시장이 어떻게 구조화되는가에 대해 논의하고 있다. 이론의 논점은 노동시장에서 남녀가 같은 조건에서 경쟁하는 것이 아니라 각각 분리된 직종 및 노동현장에서 일하고 있다는 것이다.

차별이 고급직종에서 여성을 배제하는 형태를 띤다는 것으로 발전한 이 이론은 차별의 결과로 밀려난 여성은 나머지 직종에 밀집되어 공급과잉을 일으키고, 저임금을 초래하는 가져오는 악순환을 겪고 있다는 것이다.

버그만(Barbara Bergmann)이 여성들 스스로가 고용영역을 제한한다고 본 이유는 남성에게 적합한 직업이라고 인식하는 분야에 여성 스스로 취업을 포기하기 때문이다. 이러한 현상은 노동시장을 구조적으로 이중화시키게 된다. 즉, 노동시장은 시간이 지남에 따라 일차시장과 이차시장 또는 남성 지배직종과 여성 지배직종으로 분절되어 구조화된 시장을 의미한다. 일차시장과 이차시장에서 고용주와 노동자는 기본적으로 다른 규칙에 따라 움직이며, 불리한 노동자가 많은 집단이 이차시장으로 귀결된다.

이차노동시장 또는 여성 지배직종이란 한 직종 내에 여성의 비율이 높은 시장 및 직종을 말한다. 노동시장이 이렇게 계층화되면 직종 간 이동은 잘 이루어지지 않으나 동일 직종 내 이동은 활발하며, 직종 내 여성의 비율은 임금수준에 영향을 미친다. 만약 고용영역 제한이 여성 자신으로부터 비롯된 것이라면, 남녀 간 임금 불평등은 부분적으로 여성의 자발적 선택의 결과라고 볼 수 있다. 즉, 개인적 선택으로 취업 분야가 제한되고 저임금직종에 밀집되면 노동시장은 남성 직종과 여성 직종으로 계층화되는 구조적 문제를 초래하게 된다. 이런 상황에서는 여성이 취업할 수 있는 분야가 한정되어 있으므로 여성은 처음부터 구조적으로 분절된 노동시장에 진입하게 된다.

일차영역 또는 남성 지배직종은 직업의 안정성이 보장되고 경력이 인정되며, 높은 임금, 좋은 근로환경 및 승진기회, 공평한 근로 규칙이 보장된다. 근로자를 위한 인적자원 투자가 활발하여 기업훈련이 제공되며, 그러한 직업훈련은 승진으로 연결된다. 반면 이차영역 또는 여성 지배직종은 불안정성이 존재하는 비구조화된 시장으로, 저임금, 열악한 근로환경, 학력과 노동경험에 대한 수익률이 영(零)에 가까운 장래성이 없는 영역이다.

일단 두 영역이 구조화되어 개인이 일차영역이나 이차영역에 속하게 되면 생산성의 높고 낮음을 떠나 두 영역 간의 이동은 제한되며, 이차영역에 밀집된 여성은 일차영역에 밀집된 남성보다 낮은 사회적 인식 속에 있을 뿐 아니라 생산성에도 다른 보상체계가 적용된다.

건축사, 경영자, 관리자, 공학자, 법률가 대부분이 남성인 현상에 우리는 익숙해져 있다. 다수 여성이 간호사, 사무직, 판매직, 은행원, 교사 등의 직종에 모여있는 것도 쉽게 관찰할 수 있다. 이러한 현상은 노동시장에서 직종 밀집이 형성된 단면을 보여주는 것이다.

그러나 밀집 자체에 대한 것은 쉽게 관찰할 수 없는 특성이 있다. 즉, 여성이 처음부터 특정 직종을 선호해서 밀집이 형성된 것인지 아니면 차별로 인해 특정 직종으로 밀려난 것인지에 대한 부분은 논란의 여지가 있다. 분명한 것은 밀집 현상이 우리 사회에서 성불평등을 심화시키는 메커니즘으로 작용하고 있다는 점이다.

노동생산성 차이가 한 직종 내에서는 임금에 반영된다고 하더라도 전 직종, 전 산업에서 생산성 차이가 임금에 반영되는 체계가 일정하지 않기 때문에 학력과 경력에 따른 보상체계가 집단마다 다를 수 있다. 특히 여성의 수가 많은 직종은 처음부터 저임금에서 출발할 가능성이 있으며, 이런 경우 임금 차이는 학력, 경력, 생산성으로 설명할 수 있는 것보다 크다.

이 이론은 노동시장에서 여성의 불리한 위치를 체계적으로 제시하는 데 있어 나름대로 이바지한 바가 크다. 그러나 이론의 전체적 논의가 노동시장이 성별로 분절되어 있다는 현상에 관해서는 설명하고 있으나 그러한 구조가 처음에 어떻게 형성되기 시작했는지는 설명하지 못하고 있다. 그뿐만 아니라 노동시장에서의 여성의 위치를 이해하는 데 있어 가정에서의 여성의 역할을 간과하여 통합적 시각을 제시하지 못하였고 여성의 시장 활동에 대해 부분적 언급만 하고 있다.

(4) 취향가설

사람들이 특정 집단에 대해 나름의 취향을 가지고 차별한다고 주장하는 이론이다. 즉, 고용주나 소비자가 특정 집단을 싫어하는 취향이 있으므로 차별이 발생한다고 보며 이러한 차별은 주로 편견에서 비롯된다는 것이다. 직장 내 성별에 따른 편견적 시각을 살펴보면 같은 상황인데도 남성에게 적용할 경우와 여성에게 적용할 경우 인식에 차이가 있다. 남성이 결혼하면 안정된 생활이 보장되어 생산성도 향상될 것으로 기대하는 반면 여성이 결혼하면 출산 및 자녀 양육으로 인해 직장 일에 소홀할 것이므로 생산성이 떨어질 것으로 기대한다.

이러한 편견이 형성된 원인은 가정과 학교 교육이며, 그렇게 형성된 인식이 노동시장에도 적용되어 직장과 사회에서 성차별적 관행을 낳게 된다. 베커(G. Becker)는 남녀 간 임금차별은 편견 때문이며 고용주가 의식적 또는 무의식적으로 여성에 대한 편견이 있거나 동료근로자와 소비자가 개인적 차별기호로 여성을 기피할 때 성차별이 발생한다고 보았다.

① 고용주의 차별

고용주의 차별은 고용주가 특정 집단의 노동자에 대해 부정적일 때 발생한다. 즉, 특별한 차별기호를 가지고 있는 고용주는 남녀가 동등한 능력을 소유하고 있더라도 남성을 선호하고 상대적으로 높은 임금을 지급한다. 고용주가 여성을 고용하면 손실을 본다고 인지한다면 여성고용을 기피하게 된다. 이런 환경에서 여성이 직업을 갖기를 원한다면 남성보다 상대적으로 낮은 임금수준에서 머물 수밖에 없게 된다. 그러나 이러한 편견적 차별에 대해 낙관적 시각을 가진 학자도 있다. 애로우(Arrow)는 고용주가 여성에 대한 편견이 있더라도 노동시장에 자유경쟁 원리가 작용하면 왜곡된 편견도 오래가지 못할 것이라고 보았다.

② 근로자의 편견

근로자 간에 특정 집단을 기피하는 경향으로 인해 일어나는 차별이다. 직장에서 남성이 여성과 함께 일하기를 싫어하면 고용주는 여성을 기피하고 그 대가로 남성에게 더 높은 임금을 보장하게 된다. 이런 경우 여성의 생산성이 하락할 뿐 아니라 직업훈련이나 기술 및 지식 전수에서 배제되고 따라서 여성은 낮은 기술 수준으로 인해 생산성이 더욱 하락하는 환경에 직면하게 된다. 이런 결과 때문에 고용주는 여성을 고용하는 것 자체가 손실을 초래한다고 생각하기 때문에 여성을 기피하게 된다. 우리는 근로자의 편견으로 인한 성차별을 쉽게 볼 수 있다. 예를 들면, 남성은 여성을 보조직이나 부하로서 함께 일할 수 있다고 생각하지만 동등한 위치나 상관으로 함께 일하기를 꺼리는 경향이 있다는 것은 널리 알려진 사실이다.

③ 소비자의 취향

소비자가 여성보다 남성의 서비스를 선호하고 좀 더 신뢰한다면 고용주는 임금을 더 지급하더라도 남성을 선호하고, 여성을 고용할 경우 낮은 임금을 지급한다. 소비자의 취향에 의한 차별은 서비스 산업에서 두드러지게 나타난다. 예를 들면, 소비자들이 패션 매장이나 미장원 같은 곳에서는 여성으로부터 서비스받기를 원하지만, 자동차를 사거나 증권투자 및 법률상담을 할 경우에는 남성을 더 신뢰할 수 있다고 생각한다. 여성이 남성과 동등한 능력을 소유하고 있는지 그렇지 않은지와는 상관없이 이러한 차별적 편견은 곳곳에 존재하고 있다.

2) 마르크스주의 노동시장이론

마르크스주의는 노동시장에서 여성의 불리한 상황을 가정에서의 여성의 역할과 연관 지어 제시함으로써 노동시장에서의 여성의 위치를 이해할 수 있는 시각을 정립하였다. 여성노동은 가족과 직업을 통합시켜 보지 않고서는 이해가 불가능하다고 주장하였다. 그러한 주장은 뒤에 마르크스주의를 지향하는 이론에 의해 발전되었다. 마르크스주의는 특성상 세 분파로 분류할 수 있다.

- 노동가치론 : 마르크스의 저서에 수록된 이론
- 독점자본주의론 : 20세기 중반 독점자본주의 체계를 설명하기 위해 마르크스 추종자에 의해 발전된 이론
- 여성해방론 : 여성의 삶에 영향을 미치는 가부장제와 자본주의 관계를 분석한 이론이며 마르크스 자신이 아니라 추종하는 여성해방론자에 의해 발전한 이론이다.

노동가치론은 잉여가치 개념을 기준으로 마르크스(Marx)가 정립한 이론이며, 다른 두 이론은 마르크스 추종자가 발전시킨 이론이다. 독점자본주의론과 여성해방론은 노동시장에서의 여성의 불리한 위치를 피력하고 있다. 자본주의와 사회주의에서의 노동개념 차이를 설명하는 데 있어 성차별은 계급 불평등에서 파생하므로 계급 불평등 자체를 해소해야 한다고 주장했다. 여성해방론은 초기에 가사노동과 성의 갈등에 초점을 두었으나 후기에는 노동시장에서의 가부장적 자본주의 이론을 계급갈등과 연관시켰다. 그들은 노동시장에서 여성의 위치를 이해하기 위해 가정 내 여성의 역할을 이해해야 한다고 주장함으로써 자본주의 사회에서 불리한 여성의 지위를 설명하는 데 필수 도구를 제공했다는 평가를 받고 있다.

(1) 산업예비군으로서의 여성

마르크스주의는 자본주의 체제에서 여성노동력을 일종의 산업예비군으로 간주하였고 그에 따른 경제적 지위의 열악함에 대해 언급하였다. 자본축적 메커니즘은 여성을 남성에 대한 잠재적 산업예비군으로 기능하게 하여 성적 불평등을 만들어 낸다는 것이다. 마르크스(Marx)는 상대적 노동인

구를 세 가지 유형으로 분류하였다.

- 유동적 노동인구 : 새로운 기술에 의해 밀려난 노동자로서 마찰적 실업 상태에 있는 집단
- 정체적 노동인구 : 과잉노동자로 임시직으로 일하는 노동자
- 잠재적 노동인구 : 산업예비군으로 현재는 임금노동자가 아니지만 필요할 경우 노동력으로 대체될 수 있는 노동자로 주로 여성과 가정주부

마르크스주의는 여성이 어떻게 저임금 산업예비군이 되는가를 설명하고 있다. 자본가는 여성의 주된 역할이 가사노동이고 필요한 경우 자본주의 체제를 뒷받침하는 예비노동력이라고 본다는 것이다. 자본주의 체제에서 자본축적과 기계가 노동력을 대체하면서 여성은 산업예비군으로 전락한다. 저임금 노동공급원의 역할을 하는 여성은 자본가 및 기업조직의 필요에 따라 유입되거나 배출된다.

산업예비군은 일시적이고 불안정한 저임금직종에 종사하면서 다른 노동자의 임금인상을 억제하는 요인으로 작용한다. 그리고 산업예비군 수가 많으면 불만이 있는 근로자를 쉽게 대체할 수 있으므로 노동자의 불만을 잠재울 수 있다. 여성이 산업예비군으로 기능한 예는 다음과 같다.

[예 1] 여성을 산업예비군으로 이용했던 널리 알려진 예는 전쟁 때 나타난 현상이다. 미국의 남북전쟁이나 제2차 세계대전 당시 남성의 노동 공급이 부족할 때 여성이 고임금 전쟁 관련 직종에 고용되었으나, 전쟁 종식 후 남성이 노동시장으로 진입하자 고용주들은 여성을 대거 저임금 하위직종으로 몰아내거나 그만두게 함으로써 다시 여성이 가사노동에 종사하도록 하였다. 이처럼 가사담당자로서의 여성의 기능은 가정에서 잠재적 산업예비군으로 기능하게 된다. 2차 대전 이래로 자본가들은 시간제 노동자 수를 증가시켰

다. 시간제 노동자 대부분은 여성이었고 이들을 저임금으로 묶어 놓았을 뿐 아니라 쉽게 이용이 가능한 산업예비군으로 편입시켰다.[2)]

스치만스키(Szymanski)는 오늘날과 같이 임금노동자 수가 날로 증가하는 경우에 여성의 산업예비군 원리는 힘을 잃는다고 주장하였다. 그러나 소콜로프는 산업예비군으로서의 여성의 기능을 간과해서는 안 되며, 오늘날도 다양한 방식으로 존재한다고 보았다. 자본가는 이윤축적을 위해 산업예비군의 저임금을 지속하는 연장선에서 성불평등을 초래한다는 것이다.

[예 2] 산업예비군으로서의 여성고용은 경제 수요에 좌우되기도 한다. 일반적으로 경기가 호황일 때는 노동수요가 증가하여 임금이 상승한다. 임금상승은 이윤에 직접적인 영향을 주므로 자본가는 임금을 낮게 유지하기 위해 남성보다 임금이 낮은 여성을 고용한다. 그러나 경기가 불황일 때는 여성은 해고 대상의 일차적 후보가 된다. 공적 또는 사적 부문에 재정위기가 발생하면 여성은 '최후 고용, 최초 해고(last hired, first fired)'의 원칙에 따라 해고되는 경향이 있다.[3)]

소콜로프는 평균적으로 여성이 남성보다 임금을 적게 받기 때문에 가족부양의 책임을 잘할 수 있는 남성이 가사노동을 하는 것보다 여성이 가사노동을 하는 것이 더 합리적이라는 믿음이 존재할 수 있으나 그런 믿음은 자녀 양육과 가사노동이 '여성의 일'로 관념화되게 한다고 지적하였다. 산업예비군 개념은 우리 사회에도 적용된다. 경기변동 때 남성보다 우선하여

---

2) Sokoloff, N. J.(1990). Between Money and Love : The dialectics of women's home and market work(여성 노동시장 이론. 이효재 역). 서울 : 이화여자대학교출판부.

3) Blau, F. D., & Ferber M. A.(2002). The Economics of Women, Men, and Work(3rd ed.). Englewood Cliff, N. J. : Prentice-Hall.

여성이 해고 대상이 되며 여성을 임시직으로 간주하거나 기혼여성은 배우자 수입을 보조하는 것으로 간주하는 경향에서 비롯된 제도적 모순 등은 여성에게 산업예비군 개념을 적용하기 때문이다.

(2) 초기마르크스주의 여성해방론 : 가사노동이론

1960년대부터 여성해방론자는 마르크스 방법론을 적용하여 여성해방의식을 강화하고자 노력했다. 그 결과, 다양한 분파가 나타났고 여성해방론은 초기와 후기로 분류되었다. 초기 여성해방론은 노동시장에서 여성의 불리한 위치를 이해하기 위해 가사노동이 노동시장 활동에 어떤 영향력을 지니는지를 이해할 필요가 있다고 주장하여 가사노동이론으로 불리기도 했다.

마가렛 베스톤(Benston), 거스타인(Gerstein), 자레츠키(Zaretsky) 등에 의해 발전된 이 이론은 여성의 가사노동은 시장 영역 밖에 있는 것, 즉 임금과 노동력 교환이 이루어지는 영역이 아니라고 전제하는 데서부터 시작한다. 가사노동과 자녀 양육을 사회화함으로써 여성도 노동시장에 진입하여 생산 활동에 참여할 수 있고 노동자 발전을 위해 남성과 단결할 것을 주장했다. 그리고 오랫동안 잘못 인식되어 온 여성의 가사노동에 대한 경제적 기여에 대해서도 언급하였다. 초기 여성해방론의 주요 논점은 네 가지로 분류할 수 있다.[4)]

① 사회적 생산으로부터 여성의 배제

사회적 생산으로부터 여성을 배제하는 것은 시장생산에서 남성에 의한 여성의 억압을 초래했다. 엥겔스(Engels)는 성별 분업이 사회를 결정하는 것이 아니라 사회가 성별 분업을 결정한다고 보았으며, 이러한 사회에서 생산으로부터 여성을 배제한다는 것은 곧 남성에 대한 여성의 예속화를 의미한다고 지적하였다.

---

4) Sokoloff, N. J.(1990). Between Money and Love : The dialectics of women's home and market work(여성 노동시장 이론. 이효재 역). 서울 : 이화여자대학교출판부.

② 사유재산으로서의 여성

자본주의하에서 여성은 남성의 사유재산이며, 성적 불평등은 재산 관계에서 비롯된다고 보았다. 자본이 지배계급의 재산이라면 여성은 가정에서 남성의 재산이다. 마르크스(Marx)와 엥겔스(Engels)는 결혼을 경제적 관계로 파악하였다. 경제적 관계란 자본주의 사회에서 여성이 경제적 기여를 한다는 의미가 아니라 남성에 의한 여성의 종속이 성립된다는 것을 나타낸다. 즉, 자본주의와 사유재산 제도하에서 여성은 스스로 노동력을 판매할 수 있는 것이 아니라 남성의 소유물에 불과하다는 것을 가리킨다.

③ 가부장제의 전개

마르크스(Marx)와 엥겔스(Engels)는 가부장제는 사유재산제도에 의해 발전하였으므로 여성의 임금노동에 대한 참여와 경제력이 증가하면 가정 내 가부장적 제도가 퇴색할 것으로 보았다. 가부장제는 자본주의 사회에서 남성의 이름으로 사유재산을 소유하고 통제함으로써 출현하게 되었다. 여성은 배우자의 사유재산이므로 여성노동이 사회공동체에 공적 기여를 한다고 보지 않았다. 이러한 점은 가부장제와 사유재산제는 불가분의 관계가 있다는 것을 보여준다. 마르크스(Marx)와 엥겔스(Engels)의 가부장제 논리는 다수 학자에 의해 비판을 받았으나 성불평등이 생리적, 철학적, 종교적 산물이 아니므로 제도적 관점에서 살펴봐야 한다는 점에 대해서는 동의하고 있다.

④ 생산과 재생산의 관계

모든 생산체계는 그 자체를 재생산하는 체계를 포함한다. 자본주의에서 노동자는 자신의 노동력을 스스로 보충해야 하며, 그러기 위해 노동력의 교환에 지급된 임금은 노동자의 생리적, 육체적, 심리적 생활의 재생산이 필요한 곳에 소비된다. 즉, 남성의 임금은 주부의 소비를 통해 재생산이 이루어진다.

위 논점에 기초할 때 여성해방은 시장생산에의 참여가 요구된다. 그리고 여성이 생산에 참여한다는 것은 남성에 의존하는 여성의 경제적 종속과 소비자로서의 여성의 역할에서 벗어난다는 것을 뜻한다.

(3) 후기 마르크스주의 여성해방론 : 자본주의와 가부장제의 결합

하트만(Hartman)과 밀레트(Millett) 등의 후기 여성해방론자는 산업예비군 가설 대신 자본주의와 가부장제의 상호관계를 중시하고 가사노동과 임금노동 관계에 역점을 두었다. 노동시장에서 여성의 위치를 이해하기 위해 가족 내 여성의 역할을 이해할 필요가 있다고 보았다. 밀레는 가부장제를 '개인 또는 집단으로서 남성이 여성을 지배하는 형태'라고 정의했다. 그러나 소콜로프는 '성별 노동 분업을 토대로 남성이 여성을 지배하는 사회적 권력 관계'라고 보았다.

남성이 받는 임금은 가족생계비가 포함된 가족임금(family wage)이며 자본가와 남성 근로자가 서로 갈등 관계에 있지만, 여성을 가정에 머물도록 하는 데에 동의한다고 주장하였다. 그리고 이러한 가족임금 개념이야말로 여성을 경제적으로 남성에게 예속하게 하는 요인이라고 보았다. 즉, 가부장제의 영향력이 자본주의와 더불어 노동시장에까지 확산하여 자본가들이 여성에게 저임금을 지급하면서 이윤을 극대화했을 뿐 아니라 남성도 가부장제 속성이 노동시장에서 관철되도록 그들의 조직능력과 노동조합을 이용하였다. 이처럼 후기 마르크스주의는 가부장제 이데올로기를 적용하여 여성이 두 가지 형태의 노동(가사노동과 임금노동)을 한다고 규정하였다. 이러한 노동은 성별 노동 분업이라는 메커니즘을 통해 남성 지배체제를 존속시키고 자본가의 이윤을 극대화하는 데 이용되었다.

노동시장에서 가부장제와 가사노동이 여성의 지위에 어떤 영향을 미쳤는지 두 가지 차원에서 살펴볼 수 있다.

- 여성이 가사노동과 임금노동의 이중고에 직면함으로써 생산성 저하, 저임금, 파트타임 노동, 정리해고 우선 대상, 배우자의 직장이동에 따르는 문제 등이 수반된다.
- 관념적으로 남녀의 역할은 근본적으로 다르며 여성의 위치는 가정이라고 간주한다. 즉, 사회적 통념으로 인해 가정과 직장에서 성역할은 분리된다고 인식하고 여성은 남성보다 하급직 또는 보조적 역할을 해야 한다고 생각하는 것이다. 노동시장에서 남성은 가장(breadwinner), 여성은 가계보조자(secondary earner)에 불과하다고 생각하는 경향은 근원적으로 여성의 사회적 진출을 막고 생산성에 입각한 임금을 받을 수 없게 한다.

후기 여성해방론자는 성차별이 계급갈등이나 자본주의 산물만은 아니라는 입장이다. 계급 불평등이 없던 시절에도 성차별이 있었고 사회주의 국가에서도 여성에 대한 성차별, 성별·직종구별, 가사부담, 남녀 임금차별이 있기 때문이다. 그리고 자본주의 사회는 여성차별이 자본가나 고용주에 의한 것이기보다 남성이 사회조직을 이용해 고용이나 승진에서 여성을 배제함으로써 성차별을 하는 데 한몫을 했다고 지적하고, 남성 직종에 여성이 진입하는 것을 배제하면서 여성에 대해 남성이 누렸던 권위를 포기하지 않으려고 했다는 것이다.

(4) 분절노동시장론

2차 세계대전 후 자본가의 새로운 노동통제 전략으로 표면화된 것이 분절노동시장론이다. 1970년대 제도학파와 급진파 경제학자에 의해 제시된 이 가설은 노동시장 내에 성차별이 있음을 인식하고 여성이 저임금 사무직, 서비스의 하위직, 2차 노동시장에 고용되는 이유는 여성노동이 산업예비군으로서 부분적으로 중요한 역할을 하기 때문이라고 주장하였다. 노동시장의 단순화와 동질화로 인해 노동자 단결이 쉬워지자 자본가는 새로운 노동통제 전략이 필요했으며, 분절노동시장론은 이에 따라 형성된 이론이다. 노동시장의 분단은 여러 기준에 의하는데 그중 하나가 성별분단으로, 외부노동시장에서 여성을 고용할 때 값싼 노동력으로 이용하며 주로 임시직에 둔다.

3. 여성의 고용환경

차별은 고용인, 피고용인, 정부, 소비자 등에 의해 복합적인 형태로 나타나며, 차별의 원천인 생산성 차이 또는 편견은 임금과 고용에 영향을 미친다. 임금은 노동의 대가이며 근로자의 생활 원천인 동시에 노동에 대한 평가를 반영한다는 점에서 중요하다. 생산성이 같은 남녀에게 각기 다른 임금을 지급하는 것은 작게는 근로자 의욕을 저하시키고, 크게는 소득 불평등 및 자원 배분의 왜곡을 초래하게 된다.

남녀 간 임금 격차는 우리나라뿐 아니라 다른 나라에서도 나타나는 현상이다. 문제는 우리나라의 임금 격차가 큰 편에 속하고 여성의 상대적 임금도 낮은 수준에 머물고 있다는 점이다. 사회 환경이 변하고 그에 따라 인간 행동도 변하고 있다. 자녀 수가 감소하고, 기술발달로 가사부담이 경감되어 취업가능 시간이 많아지고 추가소득에 대한 욕구도 높아지고 있다. 여성의 교육수준이 높아지고 사회활동도 적극적이며, 활동도 폭넓고 다양해지고 있다.

최근 노동시장의 인력 부족 현상으로 여성에 대한 수요가 증가하고 다양한 분야에서 고용과 승진에 대한 차별이 약화되고 있는 것은 고무적 현상이다. 그러나 아직도 여성의 사회참여에 장애가 되는 보이지 않는 요소가 있고 임금 격차는 크게 좁혀지지 않았다. 이런 현상은 인식이나 관념이 쉽게 바뀌지 않는다는 것을 말해준다. 모든 종류의 성불평등이 반대의 증거에도 불구하고 남아 있는 것은 성불평등에 대한 관념의 장벽을 반영하는 것이다.

그동안 여성의 역할과 지위에 관한 논의가 활발하였고 양성평등 사회를 지향하는 제도도 정립하고 있으나 성차별 없는 사회가 되려면 아직도 많은 노력이 필요하다. 지금까지 여성운동은 윤리적 측면에서 형평이라는 가치를 토대로 기회균등을 주장해 왔다. 남녀임금 차별의 제반 현상의 기저에 흐르는 경제적 유인의 본질을 규명하는 것은 사회정의나 근로 복지 차원에서뿐 아니라 생산성과 경제성장을 위한 정책 수립에도 중요하다.

1) 고용환경의 긍정적 측면

여성은 자신의 능력과 적성에 맞는 직업을 선택하여 남성과 동등한 위치에서 임금과 사회적 인정을 받고 잠재능력을 발휘하는 주체적 인간으로서 자아실현을 추구한다. 그러나 우리 사회에 남아 있는 유교적 가치관은 여성을 역할 분담론에 근거해서 가정을 중심으로 출산, 자녀 양육, 가사노동에 더 적합하다고 한정하는 경향이 있다. 이러한 경향은 남성우위 체제 내에서 성차별의 원인으로 작용한다. 이 같은 관념적 뿌리는 헌법이나 법률을 통해 많은 개정을 해왔으나 가정과 학교 교육 등에서 발생하는 누적된 차별은 아직도 시정되어야 할 부분이 많다.

(1) 경제환경

① 생산기술의 혁신 및 정보화

과학기술의 발달로 육체노동도 여성의 능력 범위 내에서 할 수 있도록 소프트화되고 있으며, 사회구조가 정보화됨에 따라 다수 직업의 특성이 정신노동과 섬세함이 필요하므로 성별에 따른 남녀차이가 별다른 의미를 갖지 못하는 환경이 조성되고 있다.

② 다양한 직종 개발

기술혁신이 빠르게 진행되고 그에 따라 생산시장과 노동시장이 급속하게 변화하고 있으므로 이러한 시장변화에 부응할 수 있는 고학력, 고숙련 인력에 대한 수요가 증가하고 있다. 새로운 분야가 개척되고 새로운 직종이 출현하고 있다. 특히 사회서비스 분야에 새로운 취업 기회가 생기고 여성만의 특성을 이용한 직종도 대두되어 고용의 기회를 확대해 주고 있다.

③ 인력 수요의 증가

한편에서는 재산업화로 자본이 거대화되고 공장이 대형화됨으로써 풍부한 여성 인력에 대한 수요가 급격히 증가하고 있다. 또 다른 한편으로는 탈산업화 현상과 더불어 전반적으로 규모가 작으면서도 고도의 두뇌 집중화와 감각 등과 같은 기능이 요구되고 있는데, 이러한 분야에 여성이 유리한 위치를 차지하고 있다.

④ 신경영기법의 도입

조직개발과 직무설계 등 신경영기법의 도입으로 직무의 인간화 및 융통성을 추구하는 추세이며 근무시간 연동제, 근무시간 선택제 등이 실시되면서 여성의 사회진출을 위한 여건도 유리해지고 있다. 앞으로 가상공간과 첨단 기기를 갖춘 전자주택에서 출근하지 않고 근무할 수 있는 재택노동이 활성화될 것으로 전망되고 있다.

⑤ 국가경쟁력 회복을 위한 여성 인력

최근 들어 국부가 증대되고 생활의 질이 향상되었는데도 불구하고 우리 경제는 경쟁력이 다소 떨어진 상태에 있다. 이러한 시점에 정부는 여성 인력 활용이 국가경쟁력을 회복시킬 뿐 아니라 경제 재도약의 필수요건이라는 점을 인식하여 생산성을 극대화할 수 있도록 일·가정 양립을 위한 육아휴직 활용 확대, 여성새로일하기센터의 지원 등 여성을 위한 종합복지정책을 추진하고 있다.

(2) 사회환경

① 사회서비스 체제의 발달

가정과 직장에서 여성의 이중 역할수행에 따르는 부담을 최소화하고 필요한 서비스를 지원해 주는 보육시설, 유치원, 방과후 아동지도, 가족돌봄 지원 및 가사원조 서비스 등의 사회서비스가 개발·보급되고 있다.

② 여성 노동 관련 법제도 정비

근로기준법과 남녀고용평등법을 비롯하여 각종 노동 관련법이 개정되어 여성에게 유리한 환경이 조성되고 있다. 여성노동법제는 모성보호와 일·가정양립 지원, 성차별금지 및 성희롱 예방 등이 포함된다.

③ 교육수준의 향상

여성에 대한 교육기회가 확대되어 다수 여성이 고학력을 갖추고 다양한 경제활동에 종사하고 있다. 과거에는 남성의 학력이 더 높았으나 최근에는 남녀의 학력이 비슷한 수준을 거쳐 오히려 여성의 학력이 약간 더 높은 것으로 나타났다.

(3) 문화적 환경

① 서구의 수평문화

핵가족이 일반화되면서 전통적 유교 문화가 퇴색되고 서구의 수평적 평등 문화가 유입되어 남녀평등이 가시권 안으로 잡혀가고 있다. 개인주의 문화를 배경으로 가치관을 형성한 세대는 양성평등 의식이 어느 세대보다 강하기 때문에 이들이 점차 사회의 중심부에 진입할 것이다.

② 의식구조의 변화

교육수준 향상과 더불어 여성도 전업주부에 만족하지 않고 사회참여를 통한 자아실현을 추구하고 있다. 이제는 남성도 의식구조에 변화가 있고 가사노동을 공유하는 경향이 있으며 '일하는 여성이 아름답다'라고 할 정도로 취업에 비중을 두고 있다.

③ 종교의 영향력 퇴색

종교는 여성에 대한 차별을 다양한 권위에 기대어 정당화해 왔다. 여성에 대한 차별은 기독교와 같은 종파에서 특히 두드러지는데 이러한 종교의 비합리적 영향력이 점차 퇴색되고 있다.

(4) 가족 환경

① 가족계획과 저출산

여성에게 자녀출산 및 양육은 중요한 일인 동시에 가장 부담을 주는 요인이다. 이런 측면에서 살펴볼 때 여성의 지위 향상에 크게 이바지한 제도가 가족계획이다. 즉, 피임기술의 보급으로 자녀 수가 감소하여 여성이 자녀 양육과 교육에 전적으로 매달려야 했던 과거에 비해 육아로 인한 부담에서 자유로워지면서 취업가능 기간이 연장되고 있다.

② 가사노동의 감소

기술발달로 가정용 생활기기가 보급되면서 가사노동을 쉽게 할 수 있게 되었고 배우자나 자녀의 협력을 얻기가 쉬워져 가사노동 부담이 줄어 취업가능 시간을 확보할 수 있게 되었다. 앞으로 경제와 기술발달로 인해 가사노동 부담은 더욱 줄어들 것이고 가전제품이 불러온 가사분야의 혁명은 전산화에 의해 가속화될 것이다. 여성해방의 역사는 가사노동으로부터 시작되며 가사노동으로부터의 해방은 남성의 도움으로부터 시작된 것이 아니라 기술발달로 인해 확대되고 있다.

③ 추가소득에 대한 욕구 증대

배우자 한 사람만의 수입으로 문화적 생활을 하기가 쉽지 않고 다양화된 소비성향을 충족시키기 어려우므로, 가족의 삶의 질을 향상하기 위한 추가 소득에 대한 욕구가 강해져서 맞벌이 부부가 늘어나는 경향이 있다.

2) 고용환경의 부정적 측면

여성고용률의 지속적인 증가에도 불구하고 OECD 국가들과 비교하면 전반적인 고용환경의 부정적인 측면이 다소 있다. 여성들은 잦은 노동이동, 남성에 비해 짧은 근속연수, 낮은 임금 등을 경험하고 있다.

(1) 경제 환경

① 고용주의 여성관

기술혁신과 직종 개발, 여성고용을 촉진하는 법과 제도의 정비에도 불구하고 고용주가 가지고 있는 여성에 대한 편견과 선입관이 작용하여 채용과 승진, 직업훈련 기회 등에 남녀 차별이 있다.

② 본질적 차별요소

남녀고용평등법 시행 후 남녀 분리모집, 성별 인원배정, 낮은 직위 및 직급 모집, 직무 수행상 불필요한 채용조건 등의 형식적 요소는 상당히 시정되었다. 그러나 주관적 기준에 의한 채용기회, 불리한 고용형태 등과 같은 본질적 요소는 여전히 남아있다. 동일 직급 내 낮은 호봉, 기본급 승급액 차별, 임금인상 차별 등도 개선되어야 할 사항이다.

③ 인사·노무 담당자 부재

상당수 여성이 고용된 기업에서도 여성이 인사 및 노무를 담당하는 곳은 드물고 대부분 남성이 맡고 있다. 이런 중요한 영역에 남성이 다수인 경우, 노동시장 내 승진, 인사이동 등과 관련된 차별은 개선되는 데 상당한 시간이 걸릴 수밖에 없다.

(2) 사회 환경

① 교육과 여성 취업

여자고등학교의 경우 대부분이 인문학교와 취업 관련 상업고등학교, 종합고등학교 등이며 사회적으로 취업이 보장되는 공업고등학교는 별로 없으며, 농업고등학교에 일부 여학생이 있을 뿐이다. 이젠 대학의 전공 영역도 남녀 분포가 유사한 경향을 띠고 있으므로 양성평등이 이루어지기 위해 학교 교육과 제도 및 기회의 평등이 선행되어야 할 것이다.

② 직업의식

여성의 직업의식이 약하고 생애 직장의식을 갖지 못하고 있다. 직장에서 흔히 볼 수 있는 현상들, 예를 들면 직장에서 여성이기 때문에 무언가는 안 해도 된다는 생각, 사적인 일로 공적 업무를 소홀히 하는 태도, 가사노동과 자녀 양육을 이유로 무조건 배려를 받아야 한다는 인식 등은 모두 여성의 직업의식과 관련된 문제로 지적되고 있다.

(3) 가족 환경

가족 내에서 남성도 상당한 변화를 하고 있지만, 아직도 자녀 양육과 가사노동, 가족돌봄 부담을 배우자와 공유하는 데 있어서 협조가 잘 이루어지지 않고 있다. 이처럼 가사노동과 가족돌봄의 주된 부담을 안고 있는 여성에게 법률로 보장된 남녀평등이 그리 큰 뜻을 지닐 수는 없을 것이다.

생각해 봅시다

(1) 노동시장에서의 성차별의 개념과 유형에 관해 설명하시오.

(2) 남녀 간 성불평등 원인을 설명하는 이론 중 통계적 차별에 대해 논하시오.

(3) 남녀 간 성불평등 원인을 설명하는 이론 중 밀집가설이나 이중노동시장 이론이 주장하는 바에 대해 알아보시오.

(4) 남녀 간 성불평등 원인을 설명하는 이론 중 자기 생각과 부합되는 이론에 관해 쓰시오.

(5) 직장에서 볼 수 있는 성별에 따른 편견적 시각을 주제로 토론해 보시오.

Chapter

13

여성과 가사노동

1. 가사노동이론
2. 가계생산의 개념
3. 전통이론과의 차이점
4. 가족 내 노동 분담
5. 남녀 시간의 보완성과 대체성
6. 시장노동시간과 가사노동시간의 가치
7. 가사노동의 경제적 가치
8. 가사노동의 경제적 가치평가의 적용과 의미

Chapter

13 여성과 가사노동

그동안 여권운동이 거둔 성과에도 불구하고 그것을 지지하는 힘과 환경적 조건이 부족했다. 남녀평등을 규정한 사회제도가 있으나 그 제도가 공허한 것이 되지 않기 위해 근본적으로 여성의 가사노동에 대한 부담이 줄어야 한다. 가사노동에 대한 부담을 안고 있는 여성에게 법률로 보장된 남녀평등이 큰 뜻을 지닐 수 없기 때문이다.

무보수 가사노동은 여성 열등 이데올로기를 초래하고, 이러한 이데올로기가 고용 및 임금 차별을 강화한다는 점이 문제다. 우리 사회에서 일에 대한 잘못된 관념 중의 하나는 화폐 수입과 연결된 것만 일이라고 생각하는 것이다. 그러한 잘못된 관념은 여성의 가사노동이 경제적 가치가 있고 상당한 노력과 에너지가 소모되는 일임에도 불구하고 단지 화폐소득이 없다는 이유로 인해 일로 간주하지 않았다. 성차별 인식이 점진적으로 전환되고 있고, 남녀고용평등법이 있지만, 가사노동의 경제적 가치에 대한 인식이 정착하기에는 적지 않은 시간이 걸릴 것이다.

이 장에서는 여성의 가사노동에 대한 가치를 평가하여 가사노동의 사회화 개념을 일반화하는 데 이바지한 가계생산이론에 대해 구체적으로 살펴보고자 한다.

가사노동 개념과 가계생산이론은 경제학에서 출발했다. 현대 경제학은 과거에 다루지 않았던 결혼 및 출산을 중심으로 새로운 가족주의 이론을 정립하였다. 신가족주의 이론을 정립한 대표적인 학자 베커(G. Becker)[1]는 과거에 경제학 영역 밖이라고 간주하였던 결혼, 출산, 자녀 양육, 가계생산 등과 같은 비시장 행위에 경제 개념을 적용하였다. 신가족주의 학파는 여성의 사회참여, 핵가족, 저출산 등 가족 내 변화에 관심을 가졌다. 이혼율 증가는 한부모 가족을 증가시켰고, 기혼여성의 사회참여는 저출산과 더불어 부모자녀가 함께 할 수 있는 시간을 줄이는 결과를 초래하였다. 저출산은 가족의 규모를 감소시켰고 여성의 경제활동 참여를 증가시켰으며 가족 기능을 사회화하는 계기로 작용하였다.

이러한 가족 내 변화는 사회변화로 이어지면서 가정과 가족은 과거 어느 때보다 학자들의 주목을 받고 있으며, 가족을 주요 경제단위로 인식하고 체계적인 분석을 통해 변화의 본질과 사회에 미치는 영향에 대해 분석하고 있다. 이제 결혼경제나 출산경제 이론은 가족제도와 인간행동을 이해하는 데 필요한 종합적 사고의 틀을 제공하고 있다.

1. 가사노동이론

여성은 가사노동, 남성은 임금노동으로 구분하는 이분화된 인식은 여성을 경제활동에서 배제하고 가사노동에만 전념하게 하였다. 여성의 가사노동 전담에 대한 논의는 학자마다 패러다임이나 논점이 다르지만, 사회에서 여성의 지위를 낮춘다는 점에서는 공통된 맥을 형성하고 있다. 가사노동에 대한 페미니즘 의견은 두 가지 논리에 근거하고 있다.

첫째, 가사노동도 시장노동과 마찬가지로 화폐적 가치를 지닌 것으로 평가해야 한다.

둘째, 성별 분업에 의한 가사노동은 여성의 삶의 범위와 기회를 제한하고 여성이 가정의 중심이 되어야 한다는 인식을 강화하는 요인이다.

---

1) Becker G. S.(2007). Economic Theory. University of Chicago Press.

두 논점 중 첫 번째 논점은 경제학자들의 주장이고 두 번째 논점은 페미니스트의 주장으로, 가사노동은 여성의 자유로운 선택에 의한 것이 아니라는 점을 강조한다. 가사노동을 노동으로 간주하지 않고 화폐 가치가 부여되지 않는다는 인식으로 인해 여성은 배우자에게 경제적으로 의존하게 되고, 그러한 의존은 결과적으로 여성의 자유를 제한하고 기회를 축소한다는 것이다.

다수 학자는 여성해방의 역사가 가사노동으로부터의 해방에서 비롯되었으며 남성이 가사를 분담해서가 아니라 가사를 쉽게 할 수 있도록 개발된 기술에 의해 이루어졌다고 본다. 기술이 발전함에 따라 가사노동의 무게는 점차 더 가벼워질 것이며 가전제품이 시작한 가사혁명은 전산화에 의해 더욱 가속화될 것이다. 고전 경제학자 존 스튜어트 밀(Mill)은 『여성종속론』[2]에서 다음과 같이 피력하고 있다.

> "가사노동이란 여성의 능력과 집중력을 분산시키는 노동이고, 남성의 노동은 능력과 집중력을 모아 예술, 학문, 과학을 창조하는 노동이다. 그리하여 여성은 창조적이고 집중적인 일을 할 수 없게 만들기 때문에 자연히 남성보다 의존적이고 예속적인 성품을 갖게 된다."

엥겔스(Engels)는 남녀불평등 역사는 성역할에서 시작되었고 불평등을 제거하기 위한 환경은 여성이 가사노동에서 풀려나는 일이라고 하였다. 즉, 여성이 가사노동에 묶여 사회적 생산에 참여할 수 없는 한 여성해방과 남녀평등은 불가능하다고 보았다. 엥겔스(Engels)는 저서 『가족, 사유재산 및 국가의 기원』(1884)에서 다음과 같이 피력하고 있다.

2) Mill, John Stuart(1869). The Subjection of Women(여성의 예속. 김예숙 역, 1986). 서울 : 이화여자대학교출판부.

> "여성이 가사노동에 얽매여 사회적 생산 노동으로부터 제외되어 있는 한 여성해방과 남녀평등은 불가능하며, 여성의 예속과 불평등도 지속할 수밖에 없다. 여성해방은 여성이 대규모로 사회적 생산 노동에 참여할 때에만 그리고 가사노동의 의무가 최소한으로 축소될 때에만 가능하게 될 것이다."

그러나 이러한 시각은 자본주의 경제구조와 가부장제라는 사회제도 안에서 여성이 어떻게 가사노동에 전담하게 되었는지에 대한 설명과 이해가 부족했다. 이러한 한계를 보완한 이론이 가계생산이론이다.

2. 가계생산의 개념

여성은 가정에서 중요한 기능을 하고 있고 그러한 가정이 사회의 기본단위인데도 불구하고 사회에서 여성과 가정을 주변적인 것으로 간주해 왔다. 그리고 가정에서 중추적 역할을 한 여성에 대해서도 주변 영역으로 간주되어 왔고 경제적 측면에서 여성은 생산 개념에서 배제되었다. 그러나 가계생산의 개념이 대두되고 난 이후 인적자원의 생산자로서 여성의 역할에 대한 중요성을 인식하기 시작했고 지금은 그러한 개념이 널리 알려져 일반화되고 있다.

가계생산이론은 전통이론에서 등한시했던 개인 및 가계의 경제행위에 대한 새로운 검토와 해석을 가능하게 하였으며, 여성에 의해 수행되어 온 가사노동에 경제적 가치를 부여하였다. 전통이론에서는 행복이나 만족은 여가활동에서부터 기인한다고 보았으며, 재화와 서비스는 시장에서만 살 수 있다고 가정하였다. 그러나 가계생산이론에서는 기존 이론이 지닌 한계점을 극복하여 일반 이론에서 제공하지 못한 시장 재화와 시간과의 관계에 대한 통찰력을 제공하고 있으며 개인의 '시간(time)', 특히 여성의 시간을 의사결정의 주요 변수로 고려하였다.

가계생산 개념을 제일 먼저 주장한 학자는 마거릿 리드(M. Reid)[3]이며 저서 『가계생산경제론 The Economics of Household Production』에 소개되었다. 마거릿 리드(M. Reid)는 가계생산은 가족 구성원이 서로를 위해 수행하는 대가 없는 활동이며 그러한 활동은 부분적으로 시장 재화로 대체할 수 있다고 보았다. 즉, 가계생산을 가정 밖의 외부인에게 위임하여 유급의 서비스를 구매함으로써 대체할 수 있다고 본 것이다.[4] 마거릿 리드에 이어 민서와 플라첵(Mincer & Polachek)[5], 베커(G. Becker)[6][7]는 가족에 대한 새로운 통찰력을 제시하였고, 시간분배이론(time allocation theory)에서 시간 개념을 도입하여 가계생산이론(household production theory)을 체계화하였다.

전통이론에서는 가정을 소비 주체로만 인식하였고 생산 개념은 부여하지 않았다. 그러나 베커는 가계생산이론에서 가정을 시간, 기술, 정보 등의 요소를 투입하여 재화를 생산하고 행복과 만족을 창출하는 생산자인 동시에 소비자라고 정의하였다. 남녀의 결혼으로 이루어진 가족은 자녀 출산과 양육을 위해 시장 재화와 가족 구성원의 시간과 노동을 결합하는 '작은 공장(small factory)'과 같은 기능과 역할이 있다.

가계생산에서 시간(time)은 중요한 인적자원이며 현대사회에서 인적자원은 물적자원보다 더 중요한 역할을 한다. 가계생산이론에 의하면, 가정에

---

3) Reid, M. G.(1934). The Economics of Household Production. New York : John Wiley & Sons.
4) Magrabi, F. M., Chung, Y. S., Cha, S. S., & Yang, S. J.(1991). The Economics of Household Consumption. New York : Praeger Publications.
5) Mincer, Jacob & Polachek, Solomon, W.(1974). Family Investments in Human Capital : Earnings of Women. Journal of Political Economy, 82(2), S76－S108.
6) Becker, G. S.(1965). A Theory of the Allocation of Time. The Economic Journal, 75(September), 493－517.
7) Becker, G. S.(1998). A Treatise on the Family. Cambridge, MA : Harvard University Press.

서는 시장에서 산 재화와 가족 구성원의 시간이라는 요소가 결합하여 최종 재화를 생산하고 소비함으로써 만족을 얻는다. 인간행동은 시간, 자산, 정보, 기회 등 다양한 요인에 의해 제약을 받는데 그중 근본적인 제약 요인으로 작용하는 것은 한정된 시간이다. 시간은 중요한 경제적 자원이며, 개인이 시장노동, 가사노동, 여가활동 등의 영역에서 제한된 시간을 어떻게 배분하는가에 따라 살아가는 방식과 삶의 질이 달라진다.

돈뿐 아니라 시간도 분명히 제한된 자원[8]이다. 하루는 24시간, 1주일은 168시간으로 제한되어 있다. 제한된 시간을 사용하는 데 영향을 미치는 요인은 기회비용[9]이다. 시간의 가치와 기회비용은 개인의 상황과 여건에 따라 다르다. 예를 들어, 취업 여성이 가사노동을 하는 데 드는 시간의 가치는 비취업 여성과 다르고, 취업 여성 중 전문직과 일반직 간의 시간의 가치도 분명 다르다. 이처럼 가계생산 개념은 사회가 그동안 간과했던 가족의 경제행위에 대해 새로운 해석을 가능하게 하였고 가사노동의 경제적 가치를 인정하지 않았던 전통적인 사고와 개념적 틀을 수정하였다.

3. 전통이론과의 차이점

가계생산이론은 전통이론에서 등한시했던 개인과 가정의 경제행위에 대해 새로운 해석을 하였고, 여성에 의해 수행되어 온 가사노동에 경제적 의미를 부여함으로써 가사노동의 가치를 인정하지 않았던 전통적 개념을 수정하였다. 전통이론은 행복이나 만족이 여가활동으로부터 기인한다고 보

8) 자원에는 인적자원, 물적자원이 있다. 인적자원(human capital)은 인간 내면에 축적된 자원을 의미한다. 시간, 정보, 지식, 인성, 감수성, 순발력, 창의력 등은 모두 인적자원에 속한다.

9) 기회비용(opportunity cost)이란 제한된 자원을 한 가지 목적을 위해 사용할 때 포기해야 하는 다른 목적의 가치를 말하며, 포기비용 또는 대체비용이라고 한다.

았으며, 재화와 서비스는 시장에서만 살 수 있다고 가정하였다. 그러나 가계생산이론은 전통이론의 한계점을 극복하고 시장 재화와 시간과의 관계에 대한 통찰력을 제공하고 있으며 개인의 '시간'을 의사결정의 주요 변수로 고려하고 있다.

전통이론과 가계생산이론과의 차이점을 구체적으로 비교하면 다음과 같다. 기존의 수요이론에서는 인간의 효용(행복이나 만족)은 시장에서 산 재화나 서비스에서 비롯된다고 보았다. 그러나 가계생산이론은 시장 재화로부터 효용을 얻을 뿐 아니라 개인의 시간이 직접적으로 효용을 제공한다고 봄으로써 경제행위에 대한 새로운 해석을 가능하게 했다.

예를 들면, 인간은 시장에서 산 자동차로부터 효용을 얻기도 하지만 최종적인 효용은 시간을 내어 자동차를 운전하면서 누리는 편안함이나 편리함 등으로부터 효용을 얻는다. 가계의 최종생산물은 자동차를 타면서 누리는 효용, 즉 만족이고, 이러한 효용을 얻기 위해 시장에서 구입한 자동차와 환경적 요인 및 개인의 시간이 투입되어야 한다.

환경적 요인이란 생산과정에 영향을 미치는 것으로 연령 및 능력, 학력, 자녀 수, 그 밖의 사회·물리적 환경 등을 포함한다. 따라서 가계생산물은 필요한 시장 재화와 시간이 결합하여 만들어진 것이고, 이러한 생산물은 환경적 요인에 의해 영향을 받는다. 예를 들면, 운전기술이나 경력, 날씨, 도로 사정 등은 환경적 요인으로 자동차와 개인의 시간이 결합하여 편안함과 편리함을 생산하는 데 투입된 요소들이다.

가계생산물은 청소, 세탁, 식사, 자녀 등과 같이 기초적이면서도 유형적인 것도 있고 건강, 자존심, 사랑, 배려, 지지, 존경 등과 같이 무형적인 것도 있다. 특히 가계생산이론에서는 자녀도 가계가 생산한 중요한 재화로 본다. 가계생산물인 자녀를 생산하는 데는 많은 투입요소가 필요하다. 먹이고 입히고 교육하는 데 필요한 시장 재화와 자녀를 양육하는 데 드는 부모의 시간, 특히 어머니의 시간, 그리고 환경적 요인(부모 학력, 경제력, 가치관, 주거환경 등)이 결합하여 자녀라는 가계생산물이 만들어진다.

가계생산물은 시장에서 구입한 재화와 가족 구성원의 시간이 결합하여 생산되는 것이므로 시장에서 구입할 수 있는 것이 아니라 가족 구성원에 의해 생산되고 소비되는 것이다. 이러한 가계생산물은 시장거래가 이루어지는 것이 아니므로 시장가격은 없는 대신 잠재가격(shadow price)을 갖는다. 잠재가격이란 가계생산물을 생산하는 데 드는 시장 재화의 가격과 가계생산자의 시간가치 등을 포함한 총생산 비용을 말한다.

4. 가족 내 노동 분담

1) 전문화와 비교우위

가계생산이론은 가족 구성원 각자의 시간을 가사노동과 시장노동에 어떻게 배분해야 하는지를 제시함으로써 가족 형성의 목적과 효과에 관해 설명하고 있다. 전통적인 노동 분담방식은 대부분 시간을 출산 및 양육과 가족 활동에 배분하는 기혼여성과 시장노동에 종사하는 기혼남성으로 이루어진다. 가족 구성원 간에 이루어지는 노동 분담은 남녀의 생물학적 차이에 의해 결정되는 부분도 있지만, 경험과 인적자원 투자의 차이로 인해 결정되는 부분도 있다. 그러나 가족 구성원 모두가 생물학적 성향이 같다 할지라도 효율적인 가족 내에서는 시간 배분과 전문화된 자본축적이 가정 내 노동 분담의 상당 부분을 결정한다.

가족 구성원이 노동 분담을 결정할 때 고려할 점은 성별보다 각자가 가지고 있는 능력과 동기다. 노동 분담은 구성원 각자의 비교우위나 효율성을 기준으로 배분해야 최대의 효과를 거둘 수 있다. 그렇다면 무엇이 비교우위나 효율성의 차이를 만드는가? 그것은 생물학적 차이뿐 아니라 경험 및 인적자원에 대한 투자의 차이에서 비롯된다. 노동시장에서 일한 경험이 많은 사람은 그렇지 않은 사람보다 관련 분야에 비교우위가 있다. 학력이 높은 사람은 낮은 사람에 비해 관련 분야에서 필요한 정보와 지식이 많아서 더 효율적이다.

경제이론에 의하면 가계생산을 극대화하기 위해 한 사람은 시장노동, 다른 한 사람은 가사노동에 전문화할 때 가장 효율적이다. 이러한 효율을 실현하기 위해 부부는 각각 시장노동과 가사노동에 비교우위를 가져야 이익을 극대화할 수 있다. 다시 말하면, 부부 중 한 사람은 시장노동에서 좀 더 많은 임금을 받고, 다른 한 사람은 가사노동에서 더 많은 재화를 생산할 때 가족복지가 극대화된다. 전문화 영역에서 비교우위는 투자한 시간과 경험에 따라 결정된다. 따라서 시장노동에 전문성을 가진 사람은 시장 자본에 대한 투자 동기는 강하지만 가사노동에 대한 투자 동기는 약하다. 같은 맥락에서 가사노동에 전문성을 가진 사람은 시장 자본에 대한 투자 동기는 약할 수밖에 없다.

이론적으로 가족 구성원이 각기 다른 비교우위를 가지고 있다면 시장영역에 더 큰 비교우위가 있는 사람은 시장에만, 가정영역에 더 큰 비교우위가 있는 사람은 가정에만 전문화하는 것이 이익을 극대화하는 방법이다. 가정영역에 더 큰 비교우위를 가진 사람은 시장보다 가정에서 더 큰 생산성을 낼 수 있고 시장영역에서 더 큰 비교우위를 지닌 사람은 가정보다 시장에서 더 큰 생산성을 낼 수 있기 때문이다.

만약 부부가 함께 시장노동과 가사노동에 같은 비교우위를 가진다면, 두 사람은 시장과 가정 모두에 균등하게 시간을 배분해야 하는가? 이 질문에 대한 대답은 부정적이다. 왜냐하면, 효율적인 가정에서는 모든 구성원이 전문화될수록 이익이 많아지므로 구성원 중 한 사람은 가사노동에 전문화하고 다른 한 사람은 시장노동에 전문화하는 것이 모든 구성원의 삶을 윤택하게 하는 것이다. 그러면 누가 가정에 전문화하고 누가 시장노동에 전문화할 것인가?

2) 남녀 노동 분담

가정과 시장에서의 노동 분담은 시간 투자와 더불어 부분적으로 남녀의 본질적 차이에 의해 결정되기도 한다. 정자와 난자가 수정되면 자녀 생산을 위한 남성의 생물학적 기여는 완성되며 이후 여성은 10개월 동안 태아를 키운 뒤 출산한다. 이러한 유성 생식 과정에서 여성은 자녀 생산에 중요한 생물학적 연계성을 가지므로 자녀 출산 및 양육에 많은 시간과 에너지를 쏟아붓는다. 실질적으로 여성은 삶에서 많은 시간과 자원을 그들의 자녀를 위해 투자해 왔다. 그러면 남성은 어떠한가? 남성은 여성보다 생물학적 기여는 상대적으로 적지만, 의식주 제공 및 가정경제 유지를 위한 시장활동에 많은 시간과 노력을 해왔다.

생물학적 차이를 고려한다면 가정영역과 시장영역 중 누가 어느 영역에 전문화할 것인지를 결정하는 데 있어서 성별은 중요한 기준이 된다. 경제이론은 남녀가 똑같이 인적자원에 투자할 경우 여성이 가계생산에 사용하는 한 시간은 남성의 시장생산에 사용하는 한 시간과 완전히 대체될 수 없다고 가정한다. 즉, 여성이 남성 대신 노동시장에서 한 시간 일할 경우, 남성만큼 생산성을 올릴 수 없듯이 남성 역시 여성 대신 가계생산 활동을 한 시간 할 경우, 여성만큼 효율적이지 않다.

가정 내 노동 분담에서 생물학적 차이와 효율성을 고려한다면 남성이나 여성의 한 성만으로 구성된 가정은 양성으로 구성된 가정보다 효율성이 크게 떨어진다. 즉, 남녀의 생물학적 비교우위는 전통적으로 가정이 왜 남녀 양성으로 구성되는지, 왜 남성은 시장영역에, 여성은 자녀 출산과 양육에 시간을 더 할애하는지를 말해준다. 이러한 성별 노동 분담은 인간 사회를 비롯하여 난자를 수정하는 다른 생명체에서도 공통으로 나타나는 현상이다. 남녀는 생물학적 특성이 다르므로 남성과 여성의 시간이 완전히 대체될 수 없으나 상호 보완성이 있으므로 자녀 출산과 양육에 남녀 모두의 시간과 노력이 필요하다.

전통적으로 여성은 대부분 시간을 가정에서 보냈으므로 가사노동의 효율성을 증가시키는 인적자원, 특히 자녀 출산과 양육에 집중하도록 동기화되었다. 마찬가지로 남성은 대부분 시간을 시장영역에 할애하여 시장 활동의 효율성을 높이는 자원에 투자했다. 이러한 생물학적 차이에서 비롯된 노동 분담은 시장과 가정영역에서 성역할을 강화하였다. 그러나 생물학적 차이가 성별 노동 분담을 결정짓는 주된 요소가 아니고 사회환경적 요인이 더 큰 영향을 미친다. 여기서 문제는 보편화된 성별 노동 분담에서 생물학적 영향력과 사회환경적 요인이 미치는 영향력을 분리하기 쉽지 않다는 점이다.

일반적으로 여성은 남성보다 가정에 더 많은 시간을 투자해 왔기 때문에 가계생산성은 남성보다 높지만, 시장 관련 인적자원에는 적게 투자해 왔으므로 평균 임금은 남성보다 낮은 경향이 있다. 그러나 자녀를 출산하고 양육하는 동안에는 여성의 생산성이 높은 시기이므로 시간가치를 평가할 경우 여성의 시간가치가 남성보다 더 높은 경향이 있다.

5. 남녀 시간의 보완성과 대체성

남성과 여성은 생물학적 특성이 다르다. 그러므로 남성과 여성의 시간이 완전히 대체될 수는 없고 자녀 출산 및 양육 등을 비롯하여 가계생산물을 생산하는 데 있어서 상호 보완성을 가진다. 보완성이란 가계생산물을 생산하는 데 있어서 남성과 여성 모두의 노력과 자원이 요구된다는 것을 뜻한다. 이러한 성별 보완성은 남녀로 구성된 가정이 한쪽 성만으로 구성된 가정보다 더 효율적이라는 점을 말해준다.

성별 노동 분담에서 보완성 개념을 고려하면 비교우위에 관한 논리는 다소 변화한다. 남녀 간 시간 배분은 두 사람의 시간이 보완성이 약하고 대체성이 강할 경우 달라진다. 남녀가 어느 영역에 더 전문화되는지는 시간 배분에 따라 결정되므로 비교우위 차이가 크고 보완성이 약하면 남녀 간 시간 배분에 대한 차이는 생물학적 차이를 강화하는 경향이 있다. 따라서 여성은 가정영역, 남성은 시장영역에서 더 전문성을 가지게 된다. 전통적으로 여성은 남성보다 더 많은 시간을 가정에 배분해 왔으므로 비교우위는 보완성보다 더 중요하게 간주되었다. 그러나 현대에는 성별 노동 분담에서 비교우위나 대체성보다 보완성이 더 중요해지고 있다. 왜냐하면, 여성은 과거보다 가정영역에 시간 배분을 줄이지만 남성은 오히려 가정영역에 시간 배분을 더 늘리고 있기 때문이다.

표면적으로 남녀 간의 시간 배분은 생물학적 비교우위를 강화하는 것처럼 보이기 때문에 시간 배분의 어느 정도가 생물학적 요인 때문인지를 쉽게 분리할 수 없다. 이유는 시간 배분은 남녀가 어릴 때 생물학적 요인에 관한 경험을 하거나 인지하기 전에 이루어지기 때문이다. 그리고 전통적 성향이 있는 자녀는 성역할에 근거한 시간 배분을 자연스럽게 수용하고 그러한 수용이 생물학적 특성을 강화하므로 성별 노동 분담에 전문성을 가지게 된다. 그러나 비전통적 또는 진보적 성향이 있는 자녀에게 전통적 성향이 강화되도록 시간 배분을 하게 하면 그들이 지닌 생물학적 특성과 충돌하여 갈등을 초래하므로 전문성 여부가 불확실해질 수도 있다.

일부 진보적 성향이 있는 사람은 남성은 가정에 여성은 시장에 종사하는 노동 분담을 추구하며 그러한 추구성향이 비슷한 사람끼리 결혼한다. 그러나 진보적 성향이 있는 다수는 보편적인 성별 노동 분담을 하되 전통적 성향이 있는 사람보다 관습적 성별 노동 분담을 요구하는 정도가 약하다. 시간 투자와 생물학적 성향이 일치하지 않는 진보적 성향이 있는 사람은 종종 갈등에 직면할 수 있다. 그들 중 어떤 사람은 독신으로 남거나 결혼해도 불만족스러운 생활을 하게 되고 그것도 유지하기 힘들 경우 이혼에 이르기도 한다.

부모는 자녀의 생물학적 성향(전통적 또는 진보적)에 대해 인지하기 전에 사회가 수용하는 보편적 성역할에 부합하는 가정교육을 시작하게 된다. 그러나 만약 사회 내에서 진보적 성향이 있는 사람이 많고 그러한 성향이 일반화된다면 그리고 관련 성향이 어린 나이에 노출된다면 부모는 진보적 성향이 있는 자녀에게 부합하는 교육을 하는 데 시간을 많이 분배할 것이다.

비교우위에 있어서 생물학적 차이와 전문성을 결정하는 시간 배분은 기혼남성은 시장영역에 전문성이 있고 기혼여성은 가정영역에 전문성이 있다는 것을 시사한다. 따라서 부분적으로 여성은 가정에서 더 많은 시간을 보내면서 가정 관련 인적자원에 더 많이 투자하므로 시장 관련 인적자원에 더 많이 투자하는 기혼남성의 임금보다 적다.

일반적으로 여성은 남성보다 가정 관련 인적자원에 더 많이 투자하므로 가사노동시간의 생산성은 남성보다 더 높지만, 시장 관련 인적자원에는 더 적게 투자하므로 여성의 임금이 남성보다 적다. 여성의 시간가치는 남성에 비해 아주 어릴 때와 나이가 많이 들었을 때는 낮지만 자녀 출산 및 양육 시기에는 가계생산이 활발하게 이루어지는 시기이므로 남성의 시간보다 월등히 높은 가치를 지닌다.

결혼의 주요 산출물이 자녀 수일 경우에는 시장영역과 관련된 인적자원에 대한 여성의 투자 동기가 남성보다 약하다. 그러나 자녀 수보다 질이 더 중요할 때는 시장영역과 관련된 인적자원에 대한 여성의 투자 동기가 남성과 같아진다. 저개발국일수록 자녀 수를 더 중시하는 경향이 있으며 남성에 비해 여성의 교육수준이 매우 낮다. 반면 경제적으로 발달한 나라에서는 자녀의 질을 더 중시하며 여성의 교육수준이 남성과 비슷하다. 따라서 저개발국에서는 일반적으로 여성의 시간가치가 남성의 시간가치보다 낮은 경향이 있으나 선진국에서는 여성과 남성의 시간가치가 유사하게 평가된다.

6. 시장노동시간과 가사노동시간의 가치

1) 임금효과

개인의 시장노동과 가사노동에 대한 시간가치는 임금 수준에 의해 결정된다. 만약 여성의 임금이 증가할 때 가사노동시간을 더 많이 할애하면 높은 임금을 벌 기회를 상실하게 되므로 가사노동시간에 대한 기회비용은 증가한다. 이런 경우 여성은 시장노동에 더 많은 시간을 배분하기 위해 가사노동시간을 줄이고 그 대신 시장에서 산 재화와 용역으로 가사노동시간을 대체하려는 유인이 생긴다. 이러한 경제적 유인을 대체효과(substitution effect)라고 한다.

여성의 임금이 변할 때 가사노동시간의 가치에 영향을 주는 또 하나의 요인을 소득효과(income effect)라고 한다. 이는 소득이 증가할 때 가계생산활동과 소비활동을 위한 시간은 증가하지만 시장활동에 배분하는 시간은 감소하는 것을 말한다. 임금[10] 향상은 소득수준을 증가시키고 소득증가는 소비증가로 이어진다. 결과적으로 임금이 향상되면 시장재화에 대한 소비는 증가하고 가사노동시간을 늘리는 반면, 시장노동시간은 줄게 된다.

만약 여성의 임금은 변동이 없으나 배우자의 임금이 증가하면 여성의 가사노동시간의 가치는 어떻게 변할까? 이런 경우 배우자의 임금 증가는 총가계소득을 높이므로 소득효과에 의해 소비활동을 증가시켜 시장재화와 가사노동시간 모두를 더 필요로 하게 되므로 결국 여성의 시장노동시간은 감소한다. 따라서 배우자의 임금은 기혼여성의 노동시장 참여에 부적인 영향을 미친다는 것을 알 수 있다.

임금효과(wage effect)는 소득효과와 대체효과의 총합이므로 임금이 변할 때 두 효과의 양면을 생각할 수 있다. 임금이 변화하면 소득효과와 대체효

---

10) 임금(wage)은 노동의 대가로 받는 것이고 소득(income)은 임금뿐 아니라 이자, 배당금, 집세 등을 포함하는 포괄적인 자산개념이다.

과는 상반된 방향으로 작용하여 소득효과는 가사노동시간을 증가시키고 대체효과는 가사노동시간을 감소시킨다. 만약 두 효과를 같이 고려할 경우 어느 효과가 더 우세한가? 만약 대체효과가 소득효과보다 더 크다면 임금의 변화는 가사노동시간의 감소를 초래하지만 반대로 소득효과가 대체효과보다 더 강할 경우에는 가사노동시간을 증가시킬 것이다.

2) 사회문화적 요인의 영향

가사노동시간의 가치는 임금 이외에 가족원의 선호, 자녀 수와 자녀의 연령, 직종, 교육수준, 주거환경, 가치관, 문화적 배경, 과학기술의 발전, 가사노동의 대체 가능성 등에 의해서도 영향을 받는다. 만약 사회적 가치관이 전통적 노동 분담을 선호한다면 가사노동시간의 가치를 증가시켜 여성을 가사노동에 주력하게 함으로써 노동시장 진입에 부정적인 영향을 미칠 것이다. 과학기술의 발달은 가사노동을 신속하고 쉽게 처리할 수 있게 하고 배우자나 자녀의 협력을 얻기가 쉬워져 가사노동 부담이 가벼워지고 취업가능 시간을 확보할 수 있게 하여 여성의 시장노동시간의 가치와 노동시장 참여를 증대시킨다.

가사노동의 대체성도 시간가치에 큰 영향을 미치는 요인이다. 즉, 가사노동의 시간가치가 증가하면 시장 재화와 용역으로 대체하려는 동인이 작용한다. 외식이나 편의 식품, 가사도우미, 세탁소, 자녀교육(유치원이나 유아원 등), 가족 돌봄 등은 가사노동에 대한 대체성이 높은 재화이고 이러한 대체 요소는 가사노동시간을 경감시킨다. 예를 들어, 부모의 시간과 보육기관은 자녀 돌봄의 대체재가 된다. 즉, 부모가 가정에서 자녀를 돌볼 수도 있지만, 어린이집과 같은 보육 기관에 보내 돌봄을 받을 수도 있다.

과거에는 경제적으로 궁핍하거나 배우자가 없는 경우 그리고 학력이 낮고 빈곤층에 속하는 기혼여성이 생계유지를 위해 저임금 직종에 종사하였고 이러한 여성들의 경제활동을 부정적으로 보는 시각이 있었다. 그러나 최근에는 여성들이 경제적 목적뿐 아니라 자아실현, 자기 일에 대한 추구 등의 비경제적 목적으로 직업을 가지려 하고 또한 기혼여성의 경제활동에 대한 사회적 시각도 긍정적으로 변했다. 이러한 긍정적 시각은 가사노동을 하는 시간의 가치를 감소시키는 계기가 되고, 오히려 직업을 가지고 일을 하는 시장노동시간의 가치를 증가시키는 방향으로 작용한다.

7. 가사노동의 경제적 가치

가계생산이론이 정립되고 일반화되기 전까지 여성에 의해 이루어진 자녀 출산 및 양육은 사회적으로 합당한 평가를 받지 못했다. 그러나 저출산 문제가 사회 전반에 지대한 영향을 미치고 있고 절대적인 인구수가 급격히 줄어들면서 국가는 다양한 정책과 제도를 개발하고 있다. 그러나 제도를 만드는 것만으로 문제가 해결되는 것은 아니다. 그것을 떠받치는 힘이 더욱 중요하다. 어떤 제도나 정책도 그 자체로는 성공할 수 없고 사회적 인식 전환이라는 선결 조건이 떠받쳐 주어야 한다. 따라서 자녀 출산 및 양육, 가족 돌봄 등을 포함한 가사노동이 경제적 가치를 지닌 활동이라는 점을 인식하고 합리적으로 평가해야 한다.

1) 평가 방법

가사노동의 경제적 가치를 평가하는 방법은 다양하며 평가 방법마다 기준이나 초점을 어디에 두는가에 따라 차이가 있다.

(1) 기회비용법

기회비용법은 개인이 가사노동에 종사함으로써 시장노동을 할 기회를 상실한다는 가정하에 평가하는 방법이며 포기비용법이라고도 한다. 산출

방법은 개인이 취업할 경우 벌 수 있는 잠재소득을 가사노동 및 가계생산 가치로 환산하는 것이다. 즉, 한 개인이 취업할 경우 벌 수 있는 월평균 임금이 그 개인의 가사노동의 가치인 것이다. 이 방법은 학력, 경험, 잠재능력 등 개별적 특성을 고려하지 않기 때문에 개인 간에 가계생산의 가치가 다를 수 있다는 점에서 평가하는 데 한계가 있다. 그런데도 가계생산의 가치를 기회비용 또는 포기비용이라는 개념을 적용하여 평가한다는 점에서 의의가 있다.

(2) 요구임금법

요구임금법은 기회비용법의 한계점을 보완한 방법으로 비취업자일 경우 노동시장에 진입하게 하는 최소한의 임금 그리고 취업자일 경우 노동시장에 지속해서 남아있게 하는 최소한의 임금을 기준으로 평가한다. 이 방법은 임금 수준이 경제활동 참가 여부를 결정하는 요인으로 작용한다. 따라서 학력 상승, 출산율 감소, 핵가족화 등의 현상은 여성에게 자아실현에 대한 요구와 더불어 노동시장에서 일하고 싶은 욕구를 강화하는 경향이 있으므로 요구임금 수준을 낮추는 방향으로 작용할 수 있다.

(3) 종합적 대체비용법

종합적 대체비용법은 가사노동을 작업 영역별로 분류하는 것이 아니라 하나의 작업으로 간주하여 그 작업에 상응할 만한 사람을 가정에서 고용한다는 전제하에 임금을 측정하는 것이다. 이 방법은 계산하기 쉽다는 장점이 있지만, 고용 기준을 어느 직종에 두는가에 따라 가사노동의 경제적 가치를 과소 또는 과대평가할 수 있다. 또한, 가사노동을 종합적으로 평가하므로 자녀 출산 및 양육, 가족 돌봄에 대한 기여를 평가하기가 쉽지 않고, 노동시간과 여가시간을 구분하는 데 따르는 어려움도 있다.

(4) 전문가 대체비용법

전문가 대체비용법은 종합적 대체비용법과는 달리 가사노동을 영역별로 분류하고 각 영역에 든 시간을 측정한 후 해당 직종의 임금을 적용하여 경제적 가치를 산출하는 방법이다. 이 방법은 가사노동을 작업 영역별로 분류하고 분류된 작업의 임금을 선정한다는 점에서, 그리고 가사노동이 여러 종류의 작업과 기술을 필요로 한다는 것을 강조한다는 점에서 긍정적 평가를 받고 있다. 그러나 이 방법은 주부가 전문가만큼 효율적이지 않으므로 가사노동에 대한 경제적 가치를 과대평가할 수 있어 실제 적용이 쉽지 않은 한계점이 있다.

(5) 주관적 평가법

주관적 평가법은 가사노동의 경제적 가치를 객관적 기준에 의해 평가하는 것이 아니라 주부 스스로가 자신의 가계생산에 대한 가치를 화폐로 산출하는 것이다. 이 방법은 여성에 따라 가사노동의 결과물인 가계생산의 양과 질에 대한 주관적 평가가 다를 뿐 아니라 가사노동이나 가계생산에 대한 인식 수준에 따라서도 경제적 가치평가에 차이가 날 수 있다.

2) 평가방법별 경제적 가치

가사노동의 경제적 가치를 평가방법별로 측정한 결과를 비교하면 전문가 대체비용법, 종합적 대체비용법, 주관적 평가법을 적용할 경우 전업주부 가사노동의 경제적 가치가 취업 주부보다 더 높게 평가되고, 기회비용법과 요구임금법을 적용할 때는 취업 주부 가사노동의 경제적 가치가 상대적으로 더 높게 평가되는 경향이 있다.

가사노동의 경제적 가치는 지역별로 차이가 있다. 전문가 대체비용법을 기준으로 평가하면 대도시에 거주하는 주부의 가사노동 가치가 중·소도

시나 농촌에 거주하는 주부의 가치보다 더 높게 평가된다. 그러나 종합적 대체비용법을 적용하여 평가할 경우 중소도시에 거주하는 주부의 가사노동 가치가 대도시나 농촌보다 더 높게 나타났다. 기회비용법으로 평가할 경우 대도시에 거주하는 주부의 가사노동에 대한 경제적 가치가 월등히 더 높은데 이는 중소도시 및 농촌보다 대도시는 취업 기회가 더 많고 조건 또한 좋기 때문이다.

통계청 자료를 기준으로 가사노동 가치의 구조적 변화를 살펴보면 가사노동 가치의 평가금액 자체는 여전히 여성이 남성보다 3배 정도 높은 것으로 나타났다. 그러나 구성비를 비교하면 과거에는 가사노동 대부분을 여성이 주로 담당하였으나 최근에는 여성이 2/3를 담당하고 나머지 1/3은 남성이 분담하는 것으로 파악되었다. 이러한 경향은 과거보다 가정 내 가족과 자녀 돌봄 등의 무급 가사노동에 남성의 참여가 증가하고 있다는 것을 반영한다.

가사노동의 경제적 가치를 국내 총생산(GDP)에서 차지하는 비율로 측정하면 전체 총생산의 25% 수준에 달하는 것으로 평가되었다. 이러한 경제적 가치를 전업주부를 대상으로 평가할 경우 두 배 높은 것으로 나타났다. 이러한 통계는 평가방법별로 다소 차이는 있으나 가사노동의 경제적 가치가 GDP의 상당 부분을 차지하고 있어 국민총생산에 대한 기여도가 매우 크다는 것을 말해준다.[11)]

---

11) 통계청(2018). 가계생산 위성계정 개발 결과 : 무급 가사노동 가치평가.

8. 가사노동의 경제적 가치평가의 적용과 의미

1) 가사노동의 경제적 가치평가의 적용

가사노동의 경제적 가치를 합리적으로 평가해서 정책 수립에 활용해야 한다는 주장은 오래전부터 있었다. 유엔도 각국에 가사노동의 경제적 가치를 평가해 국민총생산 활동에 포함하라고 권고하고 있다. 또한, 가사노동에 대한 인식이 정착되면서 비시장 활동인 가사노동에 대한 사회적 가치를 제대로 평가하기 위해 국제기구(UN)에서 대안적 가계생산 위성계정을 작성하도록 권고하고 있다. 위성계정이란 국민계정 체계에 완전히 통합되기 어려운 특정 분야를 다루거나 특별 관심 사항에 대해 자세한 정보를 제공하기 위해 도입된 부속 계정이다. 프랑스, 핀란드, 스위스, 영국, 캐나다, 일본 등의 국가에서는 가사노동의 경제적 가치를 위성계정으로 작성하고 있으며 무급 가사노동의 평가를 통해 소득통계에 보완하고 복지정책 수립에도 적용한다.

자녀 양육과 가족 돌봄을 포함한 가사노동의 경제적 가치에 영향을 미치는 요인과 가족의 생애주기에 따른 가사노동의 가치 변화에 관한 연구도 다수 이루어지고 있는데 관련 연구 결과를 요약하면 다음과 같다.

첫째, 학력이 높을수록 가사노동의 가치도 증가한다. 이는 학력이 높을수록 가사노동 과정에 상당한 경제적 효율성이 작용한다는 것을 말해준다. 다양한 평가기법을 적용하여 평가한 결과, 학력에 따라 가사노동의 경제적 가치가 두 배 이상 차이 나는 것으로 나타났다.

둘째, 자녀 수와 연령은 가사노동에 대한 가치를 증가시키지만, 자녀가 성장할수록 가사노동 가치는 감소하는 경향이 있다. 자녀는 어릴수록 부모의 시간과 노력, 신체적·교육적 돌봄을 많이 필요로 하지만 성장할수록 자녀 양육 및 돌봄에 필요한 시간과 노력이 감소하기 때문에 그에 따라 가사노동의 가치도 감소하게 된다.

셋째, 가사노동의 경제적 가치는 선진국보다 후진국이 더 높다. 선진국보다 후진국이 출산율이 더 높고, 가구당 자녀 수가 더 많으며, 여성의 취업률이 낮아 다수 여성이 가사노동에 전념하기 때문이다.

2) 가사노동의 경제적 가치평가의 의미

가사노동의 경제적 가치를 평가하는 의미를 구체적으로 제시하면 다음과 같다.

첫째, 과거에는 가사노동 종사자가 무직이거나 집에서 논다는 인식이 보편적이었으나 가사노동에 대한 학문적 기반이 구축되고 그에 대한 합당한 평가가 이루어지면서 그러한 인식은 불합리하며 가사노동 종사자도 자녀 출산 및 양육, 가족 돌봄 등을 통해 인적자원을 생산하는 중요한 역할을 한다는 인식이 정착되고 있다.

둘째, 상해나 사망을 당했을 경우 배상의 평가 근거를 제공해 준다. 사고를 당했을 때 보험 및 보상의 지급 기준은 현재의 임금에 의해 결정된다. 따라서 직업이 있는 사람과 달리 전업주부일 경우에는 무직자나 임금이 낮은 일용근로자를 기준으로 보상을 받게 되므로 보상금 책정이 낮게 평가됐다. 그러나 가사노동의 경제적 가치를 합리적인 방법으로 평가함으로써 가계생산 가치에 부합되는 대가를 받을 수 있게 되었다.

셋째, 가사노동을 전업으로 하는 사람도 사회에서 중요한 인적자원의 생산자라는 점을 분명히 하고 있다. 전통이론에서의 생산이란 시장생산만을 의미했으나 가계생산이론이 보편화되면서 가족의 경제 행위에 대해 새로운 해석을 하고 전통적 관념을 수정하였다. 그리고 가사노동에 대한 인식의 지평을 넓혔다.

넷째, 가사노동의 경제적 가치를 평가하면서 세계를 움직이는 데 여성이 이바지하는 몫이 절반이라는 점을 분명히 하고 있다. 여성은 인류의 미래인 자녀를 출산하여 양육하고 가족을 돌보는 책임을 맡아왔으나 그에 합당한 경제적 가치를 인정받지 못했다. 유엔 보고서에 의하면 여성에 의해 수행된 가사노동의 가치가 세계 생산량의 절반에 해당하는 것으로 평가되고 있다.

생각해 봅시다

(1) 가계생산의 개념에 관해 설명해 보시오.

(2) 전통이론과 가계생산이론과의 차이점을 비교하시오.

(4) 가사노동의 경제적 가치를 산출하는 의의에 대해 논의하시오.

(5) 가사노동의 경제적 가치에 대한 인식과 평가는 여성의 사회적 지위에 어떤 영향을 미치고 있는지 생각해 보시오.

Chapter 14

여성주의 상담

1. 여성주의 상담의 이해
2. 여성주의 상담의 개념과 원리
3. 여성주의 상담의 목표와 진행과정
4. 여성주의 상담자와 상담자 교육

Chapter

14 여성주의 상담

1. 여성주의 상담의 이해

상담은 도움을 필요로 하는 사람에게 전문적 훈련을 받은 사람이 문제해결과 전인적 성장을 위해 개입하는 전문적인 과정이라 할 수 있으며, 여성주의 상담은 상담의 적용에 있어서 여성주의 관점과 철학을 적용하는 것을 의미한다. 고려대학교 민족문화연구원[1)]에서 발간한 한국어대사전에 따르면 여성주의는 여성의 사회, 정치, 법률상의 권리를 확대해 나가야 한다는 경향이나 태도로 개념화하고 있으며, 이는 여성주의가 여성만을 위한 것 혹은 여성 편향적인 것으로 보여진다. 그러나 국립국어원에서 운영하는 우리말 샘[2)]에 따르면 여성주의는 성별로 인해 발생하는 정치 · 경제 · 사회 문화적 차이를 없애야 한다는 견해로 개념화하고 있는 것과 같이 여성주의는 인종주의, 성차별주의, 이성애주의를 포함하는 모든 형태의 억압을 제거하려는 노력을 의미한다.[3)] 한국 여성의 전화 아카이브[4)]에 있는 여성주의 상담 자료집을 보면, 1994년도 자료집에는 여성성과 남성성에 대한 내용, 1997년 자료집에는 성희롱, 시집갈등, 외도, 성폭력, 위기상담, 친족성

---

1) 고려대학교 민족문화연구원(2009). 고려대 한국어대사전. 고려대학교 민족문화연구원.
2) 우리말 샘 홈페이지. https://opendict.korean.go.kr/main
3) 김민예숙 · 김혜숙 · 배인숙 · 이문자 · 이미혜 · 정춘숙 · 황경숙(2005). 왜 여성주의 상담인가 : 역사, 실제, 방법론. 경기 : 한울 아카데미.
4) 여성인권운동아카이브. http://herstory.xyz/items/show/24

폭력 등 과거에는 주로 여성에 초점을 맞춘 여성을 위한 상담내용을 중점적으로 교육한 것으로 보인다. 그러나 최근년도에 해당하는 2014년도 자료집에는 기존의 가정폭력, 학대, 외도 등의 문제들이 주류를 이루기는 하나 이 외에도 성적 소수자상담, 이주여성 상담 등의 내용을 포함하고 있어, 여성주의 상담 내용의 폭을 여성에게서 사회적 소수자로 점차 넓혀가고 있는 것으로 보인다. 따라서 다소 제한적일 수는 있으나 여성주의 상담을 다음과 같이 정의할 수 있다. 여성주의 상담이란 여성과 다양한 소수자들의 인권이 침해당하고 있으며, 이들의 상담의 적용과정에서도 여성의 특수성이나 소수자의 인권이 보장되지 못하는 것에 대하여 이를 보장하고자 하는 상담이론이다. 여성주의 상담은 몇 가지 특성을 가지는데, 여성주의 상담의 특성 중 하나는 여성이 여성을 상담하는 것을 원칙으로 한다는 것이다. 그 이유는 여성이 가지는 문제는 성차별적 사회문화적 요인에 의해 형성된 것이며, 남성의 경우 여성에 비해 상대적으로 사회문화적으로 지배계층이므로 여성이 성차별적 사회문화에 의해서 경험하고 내재화된 차별적 경험이나 그로 인한 분노 혹은 우울 그리고 무기력 등의 정서를 충분히 이해하기 어렵기 때문이다. 또한 상담자가 남성이기 때문에 내담자에게 다시 성차별적 사회문화에 기반한 부정적 영향을 끼칠 수 있으며, 여성주의 상담은 여성의 문제 해결을 위해 의식성장 등을 도모하는 데 있어 남성 상담자는 좋은 롤 모델이 되기 어렵기 때문이다.

여성주의 상담의 역사는 그리 길지 않다. 미국의 여성주의 상담의 역사는 50년이 채 되지 않았으며, 한국은 그보다 짧은 40여 년이 되지 않는다. 구체적으로 우리나라에서 여성주의 상담이 시작된 원년은 1983년으로 보는데, 이는 여성주의 관점에서 매맞는 아내들을 위한 상담을 시작하고, 아내구타를 정당화시키는 가부장제의 존재를 자각하게 하는 의식화 운동을 하여 가정폭력방지법의 제정까지 이끌어 간 한국 여성의 전화가 서울에서 창립된 해이기 때문이다.[5] 그러나 여성주의 상담이라는 용어가 처음 등장한 것은 1986년으로, 1986년 2월 28일 발생된 여성의 전화 소식지 「베틀」 12호는 상담원 재교육을 실시하는 이유를 "여성상담에 대한 질적 향상을 기하기 위함"이라고 하였고 같은 해 5월 "여성상담의 이론적 배경 및 실제"라는 주제로 상담원 재교육을 실시하였다.[6)]

한국사회의 여성주의 상담 현황에서 대해서 김민예숙은 가치관은 잘 지키고 있으나, 상담전문가가 부족하기 때문에 여성주의 상담에 대한 요구에 응하지 못하는 상황이라 하였다. 이는 한국사회에서 여성주의 상담은 여성의 전화, 여성인권단체와 폭력피해 여성상담소와 같은 여성시민단체에서 운영되고 있기 때문이다. 구체적으로 여성의 전화는 여성폭력 관련 법 및 제도 개선, 인식변화 활동, 여성주의 의식향상 교육 E.L.F(Empowerment Leadership Feminism), 여성폭력 생존자 지원 등의 다양한 사업들을 제공하고 있으며, 여성주의 의식향상 교육과 같은 사업의 일부분으로서 다루어지거나, 여성폭력 생존자 지원 접근에 있어서 여성주의 상담접근을 취하고 있다. 즉, 전문적인 상담단체가 아닌 여성주의 사회단체로서의 복합적이고 다양한 사업을 수행하기 때문에 상대적으로 상담전문 인력을 양성하기 다소 어려운 상황이라 할 수 있다. 즉, 상담전문가로서 여성주의 관점이나 철학을 보완하기보다는 여성활동가들 중에서 여성주의 상담에 대한 훈련이나 교육을 이수한 후 상담활동을 하는 경우가 많다고 볼 수 있다.

실제 한국사회에서 큰 학술단체인 한국상담학회에서도 대상 측면에서 대학상담학회, 아동청소년상담학회, 부부가족상담학회, 군경소방상담학회 등 다양한 클라이언트를 대상으로 하는 분과학회를 운영하고 있으며, 또한 내용이나 방법 면에서 집단상담학회, 진로상담학회, 학교상담학회, 초월영

---

5) 김민예숙 · 김혜숙 · 배인숙 · 이문자 · 이미혜 · 정춘숙 · 황경숙(2005). 왜 여성주의 상담인가 : 역사, 실제, 방법론. 경기 : 한울 아카데미.

6) 김민예숙 · 강문순(2004). 여성주의상담자 교육 모델에 관한 고찰. 한국심리학회지 : 여성, 9(3), 1−25.

성상담학회, NLP상담학회, 중독상담학회, 생애개발상담학회 등을 운영하고 있으나 여성을 대상으로 하거나, 여성주의적 관점을 적용한 여성주의상담학회는 운영하고 있지 않은 상황이다. 다만 한국심리학회 산하 한국여성심리학회가 1996년 창립되었으며, 2000년에 토착적 여성주의 상담학을 연구하는 여성주의상담연구회가 발족되었고 2012년부터는 한국여성심리학회 산하에서 여성주의 상담 연구회를 운영하고 있다. 여성심리나 여성주의 상담에 대한 역사는 30여 년이 넘어가지만 여성주의 상담만을 전문적으로 연구하는 학술단체는 없었으며, 소규모 형태의 연구회 등이 운영되었을 뿐이며 따라서 여성주의 상담전문가를 확보하거나 양성하기 어려운 상황일 수밖에 없는 것이다.

여성주의 상담에 앞서서 상담의 전문적 영역이나 특성에 대해서 고려할 필요도 있다. 사실 한국사회에서 상담은 건강가정지원센터, 청소년상담복지센터, 정신건강복지센터, Wee센터 및 지역사회복지관 등의 준공공의 영역에서 다루어지고 있는 실정이다. 산업현장에서 직무를 수행하기 위해 요구되는 지식・기술・태도 등의 내용을 국가가 체계화한 국가직무능력표준(NCS : National Competency Standards)에서도 상담영역은 사회복지 종교 대분류의 중분류로 구분되어 있어, 사회복지영역으로 취급되고 있다. 실제 2015년 이전 학습모듈에서는 사회복지 중분류 안에 소분류로 상담 영역이 포함되어 있었기 때문에, 상담 자체의 특성을 고민해야 할 수도 있다. 오늘날에는 상담자체가 하나의 학문 분류로 취급되고 있으나 기존에는 심리학, 교육학, 사회복지 또는 가족학 관련 내용의 영역으로 다루어져 왔기 때문이다.

앞서 살펴본 고려대학교 민족문화연구원이나 우리말 샘 사이트에서 여성주의를 검색하는 경우 여성주의 비평, 여성주의 미술, 여성주의 연극, 여성주의 문학, 여성주의 영화, 여성주의 예술 등 다양한 관련어가 제시되는 반면 여성주의 상담에 대한 개념은 나타나 있지 않다. 상대적으로 빈약한 상담이라는 영역에서도 여성주의 상담은 상대적으로 비주류에 해당하는 영역이라서, 더욱 사회적 관심과 연구가 필요한 영역이라 할 수 있다.

2. 여성주의 상담의 개념과 원리

1) 여성주의 상담의 개념

여성주의 상담은 활발하게 일어난 여성운동 속에서 성장하였으며, 기존의 전통적 심리상담에 대한 문제의식을 느끼게 되어, 상담에 여성주의적 관점을 반영한 것이다. 여성은 남성 중심의 문화에서 여성답게 사는 방식을 내면화하면서 자신의 개인적 요구를 억압하고 억압에 대한 분노와 저항을 수동적, 간접적, 건강하지 못한, 그것도 표현적이거나 행동적이지 않은 자기 파괴적이고 내벌적인 방법으로 표현한다.[7] 남성 중심의 사회에서 남성들의 경험과 속성과는 다른 여성들의 속성은 잘못된 것이고 여성과 관련된 것은 비하하며, 더 나아가 그 사회의 잘못된 것은 모두 여성과 관련되는 것이다.[8] 즉, 모든 여성의 문제는 여성으로 키워진 사회화의 결과이므로 사회적 맥락을 고려하지 않은 상담은 실제적인 효과를 거둘 수 없다. 따라서 여성주의 관점을 고려한 상담이 요구되는 것이다.[9]

김민예숙은 여성주의 상담을 여성주의 철학의 관점에 입각하여 여성 및 사회적 소수자의 변화를 조력하는 상담이라고 정의하고 있다. 단순히 여성에게 일어난 폭력이나 여성들의 심리적 갈등 그리고 정신질환 등은 단순한 개인 차원의 문제가 아닌 차별과 억압의 사회구조에서 비롯된 것으로

---

7) 이규미(1996). 여성상담의 특징과 여성상담자의 전문적 자질. 한국심리학회지 : 여성, 1(1), 128–138.

8) 김영애(1995). 여성상담론. 여성상담과 여성복지, 한국 여성의 전화, 16–45.

9) 이규미(1996). 여성상담의 특징과 여성상담자의 전문적 자질, 한국심리학회지 : 여성, 1(1), 128–138.

보는 것이다. 한국 여성의 전화[10]는 여성주의 상담에 대하여 여성내담자를 가부장제 사회에서 성차별에 억압당해 온 존재로서 이해하고 상담하는 상담치료기법으로 정의하고 있다. 여성주의 상담은 모든 문제는 자신에게서 비롯된다는 전통 상담치료의 개인적인 관점을 거부하고 내담자의 문제를 사회문화적 측면에서 거시적으로 접근한다.

여성에 대한 특유의 고정관념들이 있다.[11] 여성이 자신의 삶을 남성에게 종속시키는 것, 남성과 자식을 즐겁게 해주고 봉사하기 위하여 자기 자신의 요구를 부정하는 것, 결혼을 하지 않고 아이를 갖는 것은 비정상이라고 느끼는 것, 가족 이외의 외부 생활의 발달이나 자기 확신을 내면에서 금지하는 것 등이다. 이처럼 여성은 자신의 삶을 스스로 제한하고 있으며, 이러한 제한, 제약을 갖게 되는 것은 성차별적 사회문화에서 그 근원을 찾을 수 있다고 보는 것이다. 따라서 여성의 문제는 여성 개인이 아니라 사회에서 유발된 것이며, 따라서 여성이 스스로 자신의 역량과 의식 변화에 초점을 맞추는 것이 중요하다.

여성주의 상담은 전통적 상담의 개념과 다소간에 차이를 보인다. 대표적으로 상담이론의 가장 근간이 되는 이론은 정신분석이론인데, 정신분석이론은 생애 초기 6년의 발달을 중요시하고 무의식적 성적 추동에 의해 인간 행동을 설명한다. 즉, 개인의 내적 요인을 통해 인간의 (문제)행동을 설명하고 이해하려 한다. 이러한 특성에 대해 길버트(Guilbert, 1992)[12] 역시 전통적 심리상담에 대한 접근은 사회현상이 일어나는 맥락으로부터 맥락을 해체하고 고립시켰으며, 내적 변수와 개인적 변수들에 초점을 맞출 뿐만 아

10) 여성인권운동아카이브. http://herstory.xyz/items/show/24

11) Cohen, P. C., & Kause, M. S.(1971). Casework with Wives of Alchololics. NY : Family Service Association of America.

12) Gilbert, L. A.(1992). Gender and counselign psychology : Current knowledge and directios for research and social action. In Brown, S. D., & Lent, R. W.(Eds.), Handbook of Counseling Psychology(pp. 383−416). NY : Joha Wilry & Sons, Inc.

니라 적응적이고 건강한 행동이나 심리적 기능의 모델이나 표준은 백인 남성이라는 점을 지적하였다. 미리암 그린스팬(Miriam Greenspan, 1983)[13]은 '아버지가 가장 잘 알고 있다(Father knows best)'는 프로이드 식의 전통적인 접근방법으로는 '여성 환자'로 하여금 자신도 한 인간으로서 힘을 가지고 있다는 생각을 버리도록 훈련시킨다고 지적하며, 정신분석에 기반한 심리상담은 환자, 특히 여성환자에게 도움이 되지 못한다고 주장하였다. 즉, 상담의 접근에서 남성 기준에 기초하여 남성적인 시각과 특성에 비해 여성적인 시각과 특성에 낮은 가치를 부여하고, 나아가 결국 내담자의 내적 요인에 문제가 있다고 강조함으로써 실제로는 사회적으로 야기된 문제임에도 불구하고 내담자를 비난하게 된다는 것이다. 실제 1975년 미국심리학회에서 구성한 Committee on Women in Psychology Task Force의 연구결과 기존의 상담자들은 네 가지 일반적 범주, 즉 전통적인 성역할을 강조하는 것, 여성에 대한 기대에서의 편견과 평가절하, 정신분석적 개념의 성차별적인 사용, 여성내담자의 유혹을 포함해서 성적 대상으로 여성에게 반응하는 것의 범주에 속한다고 기술하였다.[14]

그러나 여성주의 상담은 정신분석이론과 달리 내적 조건보다 외적 조건에 큰 영향을 받는다고 보며, 인생을 결정론적 시각에서 보지 않는다. 성별분업에 기반한 보수적 관점의 성역할 사회화가 성장과정에서 자신에게 미친 영향을 분석한다. 나아가 미래를 위해서 여성주의적 시각에 기반하여 자신의 선택을 확장시키도록 한다. 즉, 전통적인 성역할을 바꾸어 내도록 내담자를 격려한다. 여성주의 상담은 내적 조건이 아닌 외적 조건을 고려하며, 또한 인생을 바꾸어 나갈 수 있는 것으로 본다. 권희순[15]에 따르면

---

13) Miriam Greenspan(1983). A New Approach to Women & Therapy. NY : Tab Books.
14) Gilbert, L. A.(1992). Gender and counselign psychology : Current knowledge and directios for research and social action. In Brown, S. D., & Lent, R. W.(Eds.), Handbook of Counseling Psychology(pp. 383–416). NY : Joha Wilry & Sons, Inc.
15) 권희순(2004). 여성주의와 상담. 한국여성신학, 55, 128–137.

여성주의 상담은 첫째, 여성의 일상적인 삶이 어떻게 성차별로 인해 형성되고 있는지, 그리고 불평등의 관계성이 어떻게 매일의 여성의 삶 속에서 갈등과 좌절, 비윤리화의 문제를 일으키고 있는지에 대해 관심을 집중하고 치료하는 것이다. 둘째, 여성주의 상담은 여성에 대한 폭력과 학대에 대한 문제를 분명히 규명하고 극복하기 위해 노력하는 것을 의미한다.

2) 여성주의 상담의 원리

남성 위주의 사회 맥락에서 여성내담자들을 제대로 이해할 수 있는가에 대한 문제가 제기됨에 따라 여성주의 상담의 필요성이 점차 부각되고 있으며, 이에 따라 여성주의 상담에 대한 사회적 관심이 점차 증가하고 있다. 한국사회는 전통적으로 유교의 윤리관을 가지고 있으며, 유교적 윤리관은 가정윤리를 중요시했으며, 철저한 가부장제도를 이상적 모형으로 삼았다. 즉, 가족들 간의 위계질서를 중요시하였고, 유교사상에 의해 남존여비(男尊女卑), 삼종지도(三從之道), 칠거지악(七去之惡) 등 상당히 성차별적 특성을 가지고 있었으며, 그에 따른 사회적 문화의 특성들이 아직까지 상당 부분 잔존해 있다고 볼 수 있다. 여성을 진정으로 이해하고 공감하기 위해서는 성차별적 사회에서 억압당해 온 존재로서 새롭게 인식하고 이해해야 하며, 그러기 위해서는 상담자의 여성주의적 신념, 가치 그리고 태도가 필요하다. 상담자는 여성내담자를 새롭게 조명해야 하며, 여성주의적 상담가의 신념, 가치, 태도는 여성내담자의 심리, 정서적 문제 해결과 상처치유에 중요한 요인이다. 그러나 앞서 언급한 바와 같이 여전히 상담자들은 여성에 대한 성역할 고정관념을 가지고 여성내담자를 대하고 있다.

1975년 미국심리학회에서 구성한 Committee on Women in Psychology Task Force의 연구결과 심리상담에 있어 성차별과 성역할 고정화를 감소시킬 필요가 있음을 지적하였으며, 최종보고서에서는 대학원 학생, 치료자들을 교육시키고 성차별에 대한 이론을 검토하여 성차별적인 치료의 제제를 강화할 것을 강조하였다. 또한 여성을 상담할 때의 지침을 제시하였는데, 첫째, 성역할과 성과 관련된 현상에 대한 연구에 대한 지식에 익숙할 것, 둘째, 치료가 성차별주의나 성역할고정관념에 얽매이지 말 것, 셋째, 여성에게 심리적 어려움을 일으키는 상황적 사회적 조건들을 인식할 것으로 제안하였다.[16]

나아가 1978년 미국심리학회 산하 상담심리학회에서는 여성에 대한 상담원리를 다음과 같이 제시하였다.[17] 첫째, 상담자들은 일반적으로 여성에게 영향을 주거나 사회적으로 여성집단에게 특별히 영향을 미치는 생물학적, 신체적, 사회적 이슈에 대해 알고 있어야 한다. 둘째, 상담자들은 실습과 관련된 이론의 가정과 관점이 남성과 여성에게 다르게 적용될 수 있다는 것을 알아야 한다. 셋째, 공식적인 훈련 이후에도 상담자들은 여성집단의 특별한 문제를 포함하여 여성과 관련된 이슈들을 계속 탐색하고 배워야 한다. 넷째, 상담자들은 모든 형태의 억압에 대해 알고 억압이 성차별주의와 어떻게 상호작용하는지 알아야 한다. 다섯째, 상담자들은 상담자-내담자 간의 상호작용이 적대적인 영향을 주지 않도록, 상담의 언어적 비언어적 과정 변인들이 여성에게 미치는 영향을 알아야 한다. 여섯째, 상담자들은 일반적인 여성과 특별한 여성 하위집단에 촉진적인 기술을 활용하는 능력이 있어야 한다. 일곱째, 상담자들은 여성상담에서 잠재된 변화, 목표의 방향이나 특성을 선입견에 근거한 한계로 국한시키지 않아야 한다. 여덟째, 상담자들은 여성내담자가 여성 혹은 남성 상담자를 만나려고 하는 상황에 민감하게 반응해야 한다. 아홉째, 상담자들은 상담, 슈퍼비전, 강의

16) Gilbert, L. A.(1992). Gender and counselign psychology : Current knowledge and directios for research and social action. In Brown, S. D., & Lent, R. W.(Eds.), Handbook of Counseling Psychology(pp. 383–416). NY : Joha Wilry & Sons, Inc.

17) 이지연(2004). 여성주의 상담의 적용실제와 방향. 한국심리학회지 : 상담 및 심리치료, 16(4), 773–791.

시 비성차별적(non sexist) 언어를 사용해야 한다. 열째, 상담자들은 어떤 상황에서도 여성내담자와의 성적 행동에 관여되지 않는다. 열한째, 상담자들은 내담자 자신의 발달에 따른 성역할 사회와 가치, 태도가 여성내담자에게 미치는 영향을 알아야 한다. 열두째, 상담자들은 여성상담에서 자신이 어떻게 상담해야 상담에 효과적으로 영향을 미칠 수 있는지 알아야 한다. 열셋째, 상담자들은 성 편견을 없애는 기관과 개인들을 지원해야 한다.

또한 필라델피아 여성주의 상담자(Feminist Therapy Collective, Inc)들은 여성주의 상담을 위한 몇 가지 지침을 제시하였다.[18] 주요 지침 내용을 살펴보면 다음과 같다.

첫째, 여성주의 상담을 위한 기초는 우리가 살고 있는 여성차별주의 사회가 여성에게 미치는 해로운 영향에 대해 인식하는 것이다. 둘째, 여성주의 상담은 여성에게 주어진 사회적 역할에서 본래적 모순을 내담자와 함께 탐구한다. 셋째, 여성주의 상담자들은 여성들이 가지고 있는 내적 자원과 양육의 가능성 그리고 자기치유(self-healing)를 탐구하도록 돕는다. 넷째, 여성주의 상담은 그 자체를 전통적 상담과 구별하여, 기존의 전통적 상담 방식을 활용하되, 여성주의 상담의 철학과 양립할 수 있는 새로운 상담방법을 발전시킨다. 다섯째, 여성주의 상담자들은 상담자와 내담자 사이의 힘의 역할 관계를 없애기 위해 노력한다. 여섯째, 여성주의 상담은 여성 내담자가 여성 상담자를 선택하는 것이 가장 좋은 상담을 위한 선택임을 인정한다. 일곱째, 여성주의 상담은 상담자가 자신의 상담작업을 계속해서 평가하고 저임금 내담자에게도 상담을 제공하며 자신의 삶의 스타일과 가치를 검토하고 여성주의 철학 및 목적과 일치시키며 자신의 인종, 계급, 성적 특성 등을 검토한다. 여덟째, 여성주의 상담자들은 상담 자체가 만병통치가 아님을 인정한다.

18) 권희순(2004). 여성주의와 상담. 한국여성신학, 55, 128-137.

여성가족부[19])는 성폭력 피해자 지원시설 상담원양성 표준교재를 개발하면서, 여성주의 상담의 원리를 다음과 같이 제시하고 있다. 여성주의상담 원리는 첫째, 개인적인 것은 정치적인 것이다. 둘째, 상담자와 내담자는 평등하다. 셋째, 역량강화, 넷째, 여성의 시각으로 재조명하기이다. '개인적인 것은 정치적인 것이다'라는 전제는 내담자의 문제를 어떻게 이해하는가라는 상담자의 관점에 많은 영향을 준다. 특히 이와 같은 명제는 여성 내담자의 특성을 고려할 때 매우 중요한 지점이다. 전통적인 성역할 사회화와 젠더, 민족, 성적 취향, 신체적 특징, 나이, 사회경제적 지위에 기반한 인간에 대한 제도화된 분리와 차별은 모든 개인의 잠재력을 제한하는 것으로 판단되기 때문에, 외부적 환경은 내담자 문제의 주원인으로 간주된다. 따라서 내담자 병리의 첫째 근원은 심리적 것이거나 개인적인 것이라기보다는 오히려 사회적이고 정치적인 것이다. 즉, 여성내담자가 경험한 문제는 너와 나의 문제가 아니라 사회문화 구조 속에서 발생하는 여성과 남성의 문제라는 것을 인지시키는 일, 즉 '당신의 잘못이 아니다'라고 말해주는 일 자체가 하나의 치료라는 것이다. 이처럼 여성 개인 문제의 사회적 근원에 대한 인식은 여성주의 상담의 핵심이다. 이를 위해서는 우선 내적인 것에서 외적인 것으로 분리를 해야 하며, 다음으로 병리를 다시 구성해야 하고, 마지막으로 사회 변화를 주도해야 한다. 내담자의 내면화된 사회적 메시지를 변화시키는 것으로 충분하지 않고, 차별과 억압이 존재하지 않는 사회를 만드는 것이 여성주의 상담의 궁극적 목표이므로 제도 변화까지 체계적인 변화가 필요한 것이다.

워렐과 리머(Worell & Remer, 2004, 김민예숙 · 강김문순, 2004 재인용)[20])는 여성

19) 여성가족부(2013). 성폭력 피해자 지원시설 상담원양성 표준 교재. 여성가족부.

20) Worell, J. & Remer, P.(1996). Feminist Perspectives in Therapy : An empowerment model for women(여성주의 상담의 이론과 실제. 김민예숙 · 강김문순 공역). 서울 : 한울아카데미.

주의 상담을 위한 네 가지 원리를 제시하였다. 첫째, 개인적 · 사회적 정체성은 상호 의존적이다. 둘째, 개인적인 것은 정치적인 것이다. 셋째, 관계는 평등하다. 넷째, 여성주의 관점은 가치가 있다.

'개인적 · 사회적 정체성은 상호의존적이다'라는 의미는, 모든 사람은 대부분 몇 개의 사회적 위치(젠더, 민족, 사회계층, 성적 취향, 나이, 신체능력 및 특성 등)에 속하게 되는데, 사회적 위치는 각각 개인의 정체성에 기여하는 지배적인 그리고 종속적인 문화의 기대의 관계망을 통해 사회적으로 구성된다는 것을 의미한다. 즉, 사회적 위치에 따라 일부는 특권적 자리(백인, 남성, 이성애, 신체적 능력이 있는)이며, 다른 일부는 억압받는 자리(유색인종, 여성, 성적소수자-게이, 레즈비언, 바이섹슈얼, 신체적 장애가 있는)에 있다는 것이다. 따라서 내담자의 문제에 대해서 사회적 위치와 같은 것들의 영향에 대해서 쌍방향으로 탐색할 필요가 있다.

'개인적인 것은 정치적인 것이다'라는 의미는 성역할 고정관념화, 제도화된 성차별, 억압의 모든 형태는 분리와 차별을 야기시키고 이는 개인의 잠재력을 제한하여 문제를 야기시키기 때문에 외부적 환경은 내담자 문제의 주 요인으로 간주된다는 것을 의미한다. 따라서 내담자 병리의 첫째 근원은 심리내적인 것이나 개인적인 것이라기보다는 오히려 사회적이고 정치적인 것이라 할 수 있다.

'관계는 평등하다'라는 의미는 여성주의 상담자는 가능한 한 대인관계가 평등해야 한다고 믿어야 한다는 것을 의미한다. 관계가 평등하다는 것은 상담자와 내담자 사이에 평등한 관계를 설정하는 것을 의미하며, 이는 상담에 대한 사회적 통제의 양상을 최소화 할 수 있을 뿐만 아니라, 사회적 권력이 불균등하게 분배되어 있는 것처럼, 상담자와 내담자 간에 불균형의 관계를 재생산해 내지 않을 수 있다는 것이다.

'여성주의 관점은 가치가 있다'라는 의미는 여성과 남성이 삶과 문화적으로 새겨진 여성적 가치체계에 여성적 시각을 더 많이 적용할 필요가 있다는 것을 의미한다. 전형적인 여성의 특성들을 재평가하고 그것들을 남성과 여성 모두에게 중요하고 가치가 있는 인간적 특성으로 인정할 것을 요구하는 것이다. 여성주의 상담은 여성이 자신의 사회화된 그리고 평가절하된 측면들을 찾아내고 발견해 냄으로써, 약함을 강함으로, 부정적 측면이나 결점들을 긍정적 측면이나 강점으로 재개념화한다는 것을 의미한다.

3. 여성주의 상담의 목표와 진행과정

1) 여성주의 상담의 목표

상담은 내담자의 문제 해결 그리고 인간적 성장을 목표로 한다. 따라서 상담의 목표는 내담자에 따라 상이할 수밖에 없다. 그러나 기본적으로 정신분석학은 무의식을 의식화하는 것, 분석심리학은 개성화를 이루는 것과 같은 각 접근방법에 내담자의 특성과 관련 없이 지향하는 뚜렷한 목표가 있다.

여성주의 상담에서도 내담자에 따라 가지는 목표가 다르겠으나, 여성주의 상담이 추구하는 기본적인 목표가 있다. 여성주의 상담이 추구하는 구체적인 목표는 다음과 같다.[21] 첫째, 상담자와 내담자 사이에 책임이 나누어지는 평등한 인간관계를 제공하도록 한다. 둘째, 의식화를 높이는 접근방법을 활용한다. 셋째, 여성내담자로 하여금 개인적 능력에 대한 느낌을 개발하도록 도우며, 그러한 개인적 능력을 대인관계, 직업관계, 정치적 관계에서 건설적으로 사용할 수 있도록 돕는다. 넷째, 우울증을 이겨낼 수 있도록 하기 위하여 표현되지 못한 분노를 자각하게 함으로써 자신의 분노를 건설적으로 사용하는 방법을 선택하도록 돕는다. 다섯째, 남성과의 관계,

21) 한국여성개발원(1985). 여성상담의 실제(pp. 90-91). 한국여성개발원.

자녀와의 관계 그리고 가정과의 관계에서 부여된 여성의 역할로부터 벗어나 자신을 한 인간으로서의 여성으로 재정의하도록 돕는다. 여섯째, 여러 사람들을 돌보는 일뿐만 아니라 여성 스스로 자신을 보살피고 격려함으로써 자신감과 자기 존중 의식을 고양시킬 수 있도록 돕는다, 일곱째, 여성의 능력과 생산성을 증가시키기 위해서 다양한 기술들을 발달시키도록 돕는다.

워렐과 리머(Worell & Remer)[22]은 앞서 살펴본 바와 같이 여성주의 상담을 위한 네 가지 원리를 제시하였으며, 각 원리에 따른 구체적인 상담 목표를 제시하였다.

상담원리 '개인적 사회적 정체성은 상호 의존적이다'에 따른 상담 목표는 다음과 같다. 첫째, 자신의 사회적 위치와 이들 위치 내의 정체성 발달에 대한 자각을 증가시킨다. 둘째, 자신의 사회적 위치의 외적 표현으로부터 내적인 것을 분리한다. 셋째, 사회적 위치 속의 자신을 받아들이고 인정한다. 넷째, 자신의 사회적 위치의 상호의존성 내에서 편안하게 대처한다. 다섯째, 자신과 자신이 속한 집단을 소중히 여긴다.

상담원리 '개인적인 것은 정치적인 것이다'에 따른 상담목표는 다음과 같다. 첫째, 그들 자신의 성역할 사회화 과정을 자각하기 시작한다. 둘째, 내면화된 억압 메시지와 신념을 알아본다. 셋째, 내면화된 고정관념적 신념을 좀 더 자기향상적인 자기 대화로 대체한다. 넷째, 지배적인 백인, 이성애주의 문화에 의해 지시된 것이 아니라 자유롭게 선택된 행동의 전 범위를 발전시킨다. 다섯째, 개인적 경험에 대한 사회적 요인의 영향을 평가한다. 여섯째, 사회적 여성과 다른 소수집단을 어떻게 억압하는지 이해한다. 일곱째, 그들에게 부정적 영향을 미치는 성차별적이고 억압적인 사회적 실

22) Worell, J. & Remer, P.(1996). Feminist Perspectives in Therapy : An empowerment model for women(여성주의 상담의 이론과 실제. 김민예숙・강김문순 공역). 서울 : 한울아카데미.

천을 찾아본다. 여덟째, 환경의 변화를 가져오는 기술을 획득한다. 아홉째, 차별적 실천을 제거하기 위해 제도를 재구성한다. 열째, 개인적·사회적 권력감을 발달시킨다.

상담원리 '관계는 평등하다'에 따른 상담목표는 다음과 같다. 첫째, 상담관계와 내담자의 일상적인 삶에서의 평등한 관계를 발전시킨다. 둘째, 경제적으로 자율적일 수 있는 능력을 발달시킨다. 셋째, 관계에서 독립과 상호의존의 균형을 이룬다. 넷째, 대인관계와 삶의 기술을 발달시킨다. 다섯째, 적절하게 주장한다. 여섯째, 억압적인 환경에서 살면서 맞이하는 대인관계적 갈등에 대처하는 기술을 발달시킨다. 일곱째, 건설적인 변화를 수행하기 위해 분노를 표출하고 이용한다. 여덟째, 개인적 힘과 자산을 찾아보고 가치를 인정한다.

상담원리 '여성주의 관점은 가치가 있다'에 따른 상담목표는 다음과 같다. 첫째, 여성으로서 그들 자신의 경험을 신뢰한다. 둘째, 여성의 시각으로 여성임(womenhood)을 재규정한다. 셋째, 여성과 관련된 가치를 평가한다. 넷째, 자신의 직관을 자신의 정당한 지식의 원천으로 신뢰한다. 다섯째, 개인의 힘을 찾는다. 여섯째, 자신의 요구를 찾고 돌보며, 자신을 양육한다. 일곱째, 여성으로서의 자신에게 가치를 둔다. 여덟째, 다른 여성 그리고 그들과의 관계에 가치를 둔다. 아홉째, 남성 중심적이고 민족 중심적으로 규정된 신체적 매력을 중시하지 않는다. 열째, 자신의 몸을 수용하고 좋아한다. 열한째, 다른 사람의 성적 욕구가 아니라 자신의 성적 욕구에 따라 결정하고 행동한다.

2) 여성주의 상담의 과정

(1) 여성주의 상담의 과정

① 한국여성개발원[23)]

한국여성개발원의 보고서에 따르면 여성주의 상담의 진행은 다음의 여덟 단계로 진행된다. 첫째, 나타난 문제가 무엇인지 그 증상, 방어기제가 어떻게 작용하는지 깨닫는 단계이다. 여성들의 기지나 재치 그리고 애교 같은 것은 근본 문제를 피하게 하는 방어기제일 수 있기 때문에 이를 이해하는 것이 필요하다, 둘째, 그 방어기제가 무엇을 방어하고 보호하고 있는지를 이해하는 것이다. 셋째, 과거의 경험, 믿음, 가설과 현재의 경험과 연관을 짓는다. 과거의 경험을 지금－여기의 경험과 관련지어 이해하는 것이다. 하루 아침에 어떤 문제가 나타나지는 않는다. 넷째, 긍정적인 여성 특성을 재평가하여 자신이 스스로를 존중할 수 있게 한다. 자신의 특성과 가치를 깨닫게 되는 것이 자신감을 회복하게 되는 출발점이 될 수 있다. 다섯째, 여성의 특징 중에 부정적인 약점을 인정하는 것이다. 자신의 약점을 용납하는 것은 극히 힘든 일이기는 하지만, 이를 표현할 때 그러한 느낌, 특징의 원천을 추적해 볼 수 있고 또한 그와 관련된 문제나 사실을 탐색할 수가 있다. 여섯째, 어른의 기술 특성을 되찾는 단계이다. 자신이 과거에 품었던 포부와 잊고 있던 삶의 목표를 되찾아 이루어 보려고 시도를 하는 것이다. 이를 위해 자기표현기술, 지시하는 방법, 명확하게 의사를 전달하는 기회를 갖도록 해야 한다. 일곱째, 우리가 살고 있는 사회와 동떨어지지 않는 범주에서 자신의 새로운 온전함을 실현하는 것을 익히는 단계이다. 상담을 종합하는 단계로서 선택의 가능성을 탐색하고 모험을 해보고, 자신에 대해 충분히 지각하는 단계이다. 이때에는 상담자와 내담자가 계층적 느낌 해소를 위한 평등의 관계 성립에 신경을 써야 한다.

---

23) 한국여성개발원(1985). 여성상담의 실제(pp. 42－44). 한국여성개발원.

② 공미혜 외[24)]

공미혜 외(2015)는 여성주의 상담과정을 크게 초기단계, 탐색 및 사정단계, 실천단계, 종결 및 평가단계로 나누었다. 초기단계는 관계형성과 계약의 단계로, 여성주의 인식과 태도를 전제로 상담자와 내담자 간 문제해결에 대해 협의를 하고, 이후 상담의 구조적 요건(시간, 장소, 빈도, 주의사항, 위기 시 연락할 곳 등)에 대해서도 계약을 하게 된다.

탐색 및 사정 단계는 내담자가 경험하고 있는 어려움에 대한 자료를 수집하고 사정하는 것으로, 전통적인 상담과 달리 여성주의 상담은 심리역동적 측면을 넘어 사회적 상황과 상호작용이라는 맥락에서 평가한다. 또한 목표 설정 시에도 내담자의 의식화, 현재의 문제해결 및 성장에 초점을 둔다. 탐색 및 사정 시 유의해야 할 점은 다음과 같다. 우선 상담자는 주의를 기울여 여성의 언어를 들으려 해야 한다. 다음으로 내담자의 문제를 이해하기 위해서 문제에 대한 내담자의 인식과 심리, 정서적 경험뿐만 아니라 내담자의 문제에 영향을 미친 개인적, 가족적, 사회적, 문화적 요소 등 다차원적 요소를 충분히 고려해야 한다. 또한 내담자의 강점, 자산 그리고 자원을 확인해야 하며 마지막으로 내담자가 처한 상황의 권력을 분석해야 한다.

실천단계는 개인적－정치적 변화의 단계로, 변화를 유도하는 과정에서 여성주의 상담자는 내담자가 여성을 억압하는 사회에 대해 의식하도록 다양한 방법과 기술을 적용하는 단계이다. 여성의 문제는 사회구조적 요인에 의해 기인한 것이므로 문제를 치료하기보다는 도전하고 저항하도록 하며, 이를 위해 필요한 관련 자원을 확인하고 자원을 동원하는 전략을 활용해야 한다. 그리고 가능하다면 여성주의 상담에서는 변화와 의식화의 과정을 경험한 내담자들을 여성주의 집단상담에 참여할 것으로 강조하는데, 이는 집단이나 조직을 통해 재사회화의 과정을 경험하고 그것을 공유할 수 있는

24) 공미혜・성정현・이진숙・한정원(2015). 여성복지론. 서울 : 신정출판사.

관계를 형성할 매개체가 필요하기 때문이다.

종결과 평가 단계는 목표를 달성하거나 혹은 계약된 기간이 다가온 경우, 또는 내담자나 상담자의 사정으로 인하여 더 이상 상담을 지속하기 어려운 경우 종결하는 단계를 말한다. 종결 시에는 상담과정을 검토하고 초기에 세웠던 목표나 기대가 어느 정도 달성되었는가에 대한 평가를 실시해야 한다. 이를 위해서는 상담자는 종결과 관련된 자신의 감정을 되돌아보고 성찰해야 하며, 초기의 문제나 목표가 어느 정도 해결되었는지 평가해야 하고, 종결에 따른 복잡한 정서를 자유롭게 표현할 수 있도록 해야 한다. 그리고 상담과정 동안 내담자가 경험한 변화나 미래의 계획을 이야기하는 것도 필요한데, 이는 성취감을 느낄 수 있게 하고 종결 이후에 변화를 지속시키는 데 기여할 수 있기 때문이다.

(2) 여성주의 상담의 기법[25)]

여성주의 상담의 기법으로 워렐과 리머(Worell & Remer)[26)]는 문화분석, 성역할 분석, 권력분석, 주장훈련, 의식향상집단, 독서치료, 재구성과 재명명, 상담 탈신비화 전략 등을 제시하고 있다. 그러나 여성주의 상담은 상담을 하는 데 있어 여성주의 전략이 반영되는 방식으로 사용될 수 있으므로, 하나의 관점으로서 여러 접근방법에 적용하여 사용할 수 있다. 따라서 여성주의 상담은 정신분석, 현실치료, 교류분석, 문학상담, 철학상담, 미술치료, 독서치료, 놀이치료 등을 접목하여 사용할 수 있으며 따라서 다양한 기법과 방법들이 점차 개발되고 있다.

---

25) 김민예숙 · 강김문순 역(2004)의 여성주의 상담의 이론과 실제(pp. 130−133)의 내용을 축약한 것임.

26) Worell, J. & Remer, P.(1996). Feminist Perspectives in Therapy : An empowerment model for women(여성주의 상담의 이론과 실제. 김민예숙 · 강김문순 공역). 서울 : 한울아카데미.

본 챕터에서는 여성주의 상담의 독특한 기법인 성역할 분석, 권력분석기법 그리고 의식향상집단 기법을 알아보고자 한다. 성역할분석은 사회의 성역할과 관련된 기대가 어떻게 개인에게 해로운 영향을 미치는지 그리고 여성과 남성이 어떻게 다르게 사회화되는지에 대한 내담자의 각성을 증가시키기 위해 고안된 것으로, 총 6단계로 진행된다.

- 1단계 : 내담자가 경험한 직·간접적인 성역할 메시지 찾기
- 2단계 : 자신과 사회가 가지고 있는 메시지가 긍정적인가 부정적인가 그 결과를 알아보기
- 3단계 : 외부의 메시지를 어떻게 의식적이거나 무의식적인 자기대화 형태로 내면화했는지 알아보기
- 4단계 : 내면화된 메시지 중 변화시키고자 하는 것은 무엇인가 결정하기
- 5단계 : 변화를 수행하기 위한 계획을 세우기(예 인지재구성)
- 6단계 : 변화를 수행하기

이 과정을 통해 내담자들은 자신의 현재 문제가 어릴 때부터 형성된 성역할 메시지와 매우 밀접한 관계를 갖고 있다는 것을 자각하고 이 메시지를 변화하는 시도를 하게 된다.

다음으로 권력분석기법을 들 수 있다. 권력분석은 사회의 지배집단과 권력집단 사이(예 여성과 남성, 이성애자와 다른 성적 취향을 가진 사람들 사이)에 존재하는 권력차이에 대한 내담자의 각성을 증가시키고, 그들의 삶에 영향을 끼치는 사회적 조건들(대인관계, 제도적 외부 등)에 대해 영향력을 갖도록 강화하기 위한 두 가지 목적이 있다. 권력분석은 총 5단계로 진행된다.

- 1단계 : 상담자와 내담자 모두 권력에 대한 기존의 다양한 정의를 검토하고 그들에게 가장 적합한 하나를 선택하기

- 2단계 : 내담자는 다른 종류의 권력에 대해 배우기(예 역할, 자원, 법적, 제도적, 규범적, 보상적, 신체적, 지시적)
- 3단계 : 여러 종류의 권력에 대해 지배적이거나 종속적인 집단의 차별적 접근에 관한 정보 제공하기
- 4단계 : 내담자에게 권력이 발휘되는 다양한 방식(예 직접 대 간접, 개인적 자원 대 현실적 자원, 유능감 대 무력감)을 이해하기
- 5단계 : 내담자가 사회적 메시지(예 내면화된 고정관념)와 환경적 장벽(예 성차별, 인종차별, 계층차별, 자민족중심주의, 이성애주의 등)이 어떻게 그들의 권력 사용에 영향을 미치는지 탐색하기
- 6단계 : 내담자가 부가적 혹은 대안적 권력과 권력전략을 시도해 보도록 격려하고, 그들의 권력 역할 레퍼토리를 증가시키기

이 과정을 통해 내담자들은 자신의 현재 자신의 문제에 영향을 미치는 권력을 파악하고 이에 대한 대응방안을 수립함으로써 변화를 시도할 수 있게 된다.

마지막으로 의식향상(consciousness-raising)집단기법이 있다. 의식향상집단은 여성들이 여성으로서 자신의 삶을 토론하기 위해 정기적으로 만난다. 의식향상집단을 통하여 여성들의 삶에 관한 정보를 나누고 경험의 공통성을 알게 되고 억압적 환경에서의 삶과 관련된 그들 경험의 사회적, 외적 근원을 파악할 수 있다. 의식향상집단은 모든 형태의 억압과 특권에 대한 문화분석을 실시한다. 특징적인 부분은 의식향상집단은 지도자가 없고 평등하며, 성장 지향적이고 사회변화를 위한 작업을 실시하며, 작업의 내용은 인지적 논의, 정서적 나눔에 이르기까지 다양하다. 어떤 측면에서 의식향상집단은 자조집단과 유사한 특성을 가진다. 의식향상집단은 개인상담에 비해서 몇 가지 이점이 있다. 첫째, 단지 내담자·상담자뿐만 아니라 각 구성원 간에 나눔이 일어나고, 이는 여성의 경험에서 공통성과 차이를 알

아보는 데 넓은 기반을 제공한다. 둘째, 여성은 종종 치유받는 자와 치유자의 역할을 바꿔서 취하는, 서로에 대한 치유의 원천—피해자에서 생존자로서의 변화를 돕고 개인 여성의 역량을 강화하는 과정이 된다. 셋째, 여성은 혼자이기보다는 함께할 때 사회변화를 위해 더 효과적으로 일할 수 있다. 따라서 의식향상집단은 초기 여성운동에서 널리 행해졌으며, 아직까지도 여전히 중요하게 사용되고 있다.

4. 여성주의 상담자와 상담자 교육

1) 여성주의 상담자

효과적인 상담자는 어떠한 요건을 갖추어야 하는가? 상담과정은 상담자 자신이 내담자의 문제를 해결하기 위한 도구나 방법으로 사용된다는 점에서 상담자의 자질은 대단히 중요하다. 기본적으로 상담자는 학문적 자질, 전문적 자질, 인성적 자질을 갖추어야 한다. 그렇다면 여성주의 상담자는 어떠한 자질과 역량을 갖추어야 하는가? 앞서 언급한 바와 같이, 한국사회에서 여성주의 상담은 주요 영역이 아니며, 따라서 여성주의 상담자에 대한 관심 역시 다소 미비하다고 할 수 있다. 따라서 학교상담자, 아동상담자, 청소년상담자, 다문화상담자, 도박중독상담자, 기독교상담자, 목회상담자, 불교상담자 등에 대한 논의가 이루어지고 있는 반면, 여성주의 상담자에 대한 논의는 상대적으로 관심이 부족하다 할 수 있다.

제한적이나마 여성주의 상담자의 자질과 역량에 대해서 알아보고자 한다. 여성주의 상담자에게 요구되는 자질과 역량을 탐색하기에 앞서 여성주의 정체성 발달을 알아보면 다음과 같다.

다우닝과 루시(Downing & Roush, 1985, 김민예숙・강김문순, 2004 재인용)27)는 여성주의 정체성 발달을 크게 다섯 가지로 구분하였다. 이를 정리하면 아래 표와 같다.

<표 14-1> 여성주의 정체성 발달의 모델

단 계	여성주의 정체성 발달단계
소극적 수용 (passive acceptance)	• 자신에 대한 개인적 제도적 문화적 편견과 차별을 자각하지 못하거나 부정하는 여성을 묘사 • 여성은 남성과의 관계에서 종속적 위치를 수용하기 쉽고 전통적 젠더 역할 배치를 즐김
눈뜸 (revelation)	• 개인적 차별, 관계의 상실, 여성주의 관념과의 접촉을 포함 • 여성은 자신에 대한 억압을 깨닫고 분노하며 가부장적 권력구조와 협력한 자신의 역할에 죄책감을 느낌 • 여성은 자신의 가치를 인정하고 남성을 과소평가하면서 젠더를 양극화하기 쉬움
새겨둠 또는 빠져있음-빠져나옴 (embeddedness-emanation)	• 여성 문화에 빠져있고 다른 여성과의 사회적이고 정서적인 관계를 증가시키는 여성을 묘사 • 여성들이 이 단계를 빠져나옴에 따라 그들은 양극화된 입장을 포기하고 자신을 새 인격으로 재통합
종합 (synthesis)	• 유연하고 긍정적인 여성주의 정체성에 이르고 점차 자신의 여성 자기(female self)의 가치를 인정 • 사회적 억압을 자각하지만 전통적 성역할을 초월할 수 있고 잘 정의된 개인적 가치를 토대로 선택할 수 있으며, 남성을 고정관념이 아닌 개인으로 평가
적극적 참여 (active commitment)	• 사회적 변화에 대한 적극적인 참여의 입장을 묘사 • 자신의 권리를 위해 일하며, 성역할 초월이 가치 있고 격려되는 목표인 미래를 창조하는 데 참여

출처 : 김민예숙 외(2005). 왜 여성주의 상담인가 : 역사, 실제, 방법론, p. 100.

27) Worell, J. & Remer, P.(1996). Feminist Perspectives in Therapy : An empowerment model for women(여성주의 상담의 이론과 실제. 김민예숙・강김문순 공역). 서울 : 한울아카데미.

김민예숙과 강문순[28]은 여성주의 상담교육은 효과적인 여성주의 상담자를 키우는 것이며, 여성주의 상담이 지향하는 가치와 원리를 교육하고, 가치를 효율적으로 수행할 수 있도록 상담기술을 훈련시킬 필요가 있다고 하였다.

이규미[29]는 여성주의 상담가의 전문적 자질을 다음과 같이 제시하였다. 첫째, 여성주의 상담자는 전문가로서 권위보다 여성에 대한 깊은 관심과 동지적 공감을 나눌 수 있는 사람이며, 여성에 대한 자신의 고정관념을 해결한 사람이어야 한다. 둘째, 우리 사회의 성차별적인 사고와 인습, 그로 인한 고정화된 성역할이 무엇인지에 대한 이해를 하고 그것이 자신에게 어떤 영향을 주고 있는지에 대한 통찰을 필요로 한다. 셋째, 여성심리에 대한 전문가로 성차별주의와 성고정관념의 배경이론 형성과 변화전략에 대한 전문적 지식을 쌓아야 한다. 넷째, 여성내담자가 공통적으로 안고 있는 심리적 갈등과 문제, 심리장애의 원인에 대한 전문적 지식을 갖추고 있어야 한다. 다섯째, 여성내담자를 보다 적극적으로 돕는 데 필요한 사회적 자원에 대한 구체적인 정보와 이를 활용할 수 있는 능력을 갖추어야 한다. 여섯째, 상담이론과 기법에 대한 상담전문가로 상담이론의 적용에서 성차별적인 요소에 대한 비판적 안목을 갖추어야 한다. 마지막으로 여성상담자 자신이 여성으로서의 긍정적인 자아개념과 양성적 특징을 갖추고 있는 건강하고 성숙한 모델이어야 한다.

한국여성정책연구원[30]의 보고서에 따르면 여성주의 상담자는 다음과 같은 자질을 갖추어야 한다. 여성주의 상담자는 전문적 자질을 갖추기 위해 최소한으로 요청되는 전문적 지식과 기술의 영역은 인성발달의 이론,

28) 김민예숙 · 강문순(2004). 여성주의 상담자 교육 모델에 관한 고찰. 한국심리학회지 : 여성, 9(3), 1-25

29) 이규미(1996). 여성상담의 특징과 여성상담자의 전문적 자질. 한국심리학회지 : 여성, 1(1), 128-138.

30) 한국여성개발원(1985). 여성상담의 실제(pp. 42-44). 한국여성개발원.

사회환경에 대한 지식과 이론 개인의 심리학적 특성 측정 및 평가, 상담의 이론, 상담면접 실습, 그리고 여성심리학에 관한 이론과 성차별 및 성역할에 대한 이론과 실제 등으로 요약될 수 있다. 여성주의 상담자의 이성적 자질과 태도로서 요청되는 핵심적 영역은 여성에 대한 긍정적 자아개념이라 할 수 있다. 즉, 넓게는 인간문제에 대한 적극적 관심의 표현이며, 좁게는 여성 문제 해결을 위한 긍정적 태도라 할 수 있다. 또한 진실성과 일치감, 공감적 이해 그리고 긍정적 관심 또는 존중 능력을 갖추어야 하며 무엇보다 여성상담자의 전문적 자질과 인성적 자질을 갖추어야 한다.

여성가족부[31]는 여성주의 상담자의 조건을 다음과 같이 제시하였다. 첫째, 여성주의 철학을 토대로 자신의 가치를 실천하는 사람이어야 한다. 둘째, 여성의 심리를 사회적 문맥 속에서 이해할 수 있는 학제 간의 지식이 있어야 한다. 셋째, 가부장적 사회에서 살면서 직접적이든 간접적이든 피해에 대해 민감하게 의식하고 그것을 토대로 여성내담자들과 평등한 유대관계를 맺을 수 있는 사람이어야 한다. 넷째, 여성주의 상담자는 자기 성찰과 변화를 위해 노력해야 한다.

2) 여성주의 상담자 교육

한국사회에서 여성주의 상담에 대한 관심이 다소 미비하다고 하여, 여성주의 상담자 교육과정이 없는 것은 아니다. 한국 여성의 전화 등 여성시민단체를 통하여 여성주의 상담과 관련한 교육을 지속적으로 시행해 오고 있기 때문이다. 다만 청소년상담자, 가족상담자 혹은 미술치료사 등 관련 분야의 자격과 비교하였을 때, 이에 대한 교육과정에 대해서도 공론화가 다소 부족했으며, 자격증화하지 않았기 때문에 여성주의 상담자에 대한 파악이나 이해가 다소 제한적인 한계가 있다.

---

31) 여성가족부(2013). 성폭력 피해자 지원시설 상담원양성 표준 교재. 여성가족부.

그러나 점차 여성주의 상담에 대한 사회적 관심이 고조됨에 따라 여성주의 상담자를 양성하는 단체들이 늘어나고 있다. 2017년 한국여성심리학회에서 성평등과 여성주의 상담이라는 주제로 동계학술대회가 개최되었으며, 2018년에는 한국여성심리학회 산하 여성주의상담연구회에서 춘계학술대회를 개최하였다. 이러한 활동들을 기반으로 2020년 들어 한국심리학회 산하 한국여성심리학회에서 여성심리사라는 자격을 등록하여 운영하고 있다. 심리와 상담에는 개념적 차이가 있기 때문에 여성심리사와 여성주의 상담자를 동일시할 수는 없다. 다만 여성심리사의 경우 여성심리와 심리학 전반에 대한 지식을 바탕으로 여성 관련 분야, 특히 취약 여성, 소외 및 기타 지원이 필요한 영역(예 난임·불임, 부부, 입양부모 위탁가정, 가정폭력, 성폭력 등)에서 여성의 개인적 성장과 삶의 질 향상을 위한 업무(상담 및 생활지도 등)를 전문적으로 수행하는 자로 개념화하고 있다는 점을 고려할 때, 여성심리사의 경우 여성주의 상담자의 역할을 내포하고 있는 것으로 볼 수 있다. 지금까지 실시된 여성주의 상담 프로그램은 여성주의 상담의 개념과 역사, 여성주의 상담원리, 여성주의 상담자 기본기술, 여성주의 상담의 고유기술(권력분석, 성역할분석), 여성주의 상담자의 정체성, 기본윤리, 여성주의 상담 구조화 모델, 여성주의 집단상담 등의 내용을 포함하고 있다. 또한 ㈜중앙교육 단체에서 여성심리상담사를 2018년부터 양성하고 있는데, 구체적인 기록 등은 확인할 수 없는 상황이다. 다만 여성심리사의 역할을 소외된 여성에게 개인 및 집단상담을 실시하여 성역할 고정관념에서 벗어나 참 자기 자신의 모습을 찾아갈 수 있도록 유도하는 직무를 수행한다고 제시하고 있어, 여성주의 상담의 가치와 철학에 기반한 전문가를 양성하고 있는 것으로 보인다. 한국 여성의 전화는 여성주의 상담자 양성과 관련하여 가장 긴 역사를 가진 독보적인 역할을 한 단체로, 한국 여성의 전화는 여성주의상담실천연구소를 운영하고 있다. 여성주의상담실천연구소에서는 여성주의상담 전문가를 양성하기 위한 3년간 5단계의 교육으로 기초

⇒ 기초실습 ⇒ 중급 ⇒ 중급실습 ⇒고급과정을 운영하고 있다. 또한 여성주의상담 슈퍼바이저를 양성하고 있는데, 여성주의상담 슈퍼바이저는 한국 여성의 전화에서 인증한 여성주의상담 전문가로 상담사례를 여성주의적 관점에서 분석하고 지도할 수 있는 자격을 갖춘 사람으로, 여성주의상담 슈퍼바이져가 되기 위해서는 전문가 교육 5단계 과정 수료 및 여성주의상담 슈퍼비전 5회 이상 받고, 본 연구소 슈퍼바이저로부터 슈퍼바이저 역할 슈퍼비전을 2회 이상 받아야 한다.

3) 여성주의 상담의 윤리

여성가족부[32]는 여성주의 상담 윤리를 다음과 같이 제시하였다. 첫째, 성역할 제한으로부터 자유로워야 한다. 둘째, 사회 내의 성차별적 관행을 인식하고 내담자의 선택에서 이러한 관행의 탐색을 촉진할 수 있어야 한다. 셋째, 현재의 성역할과 성차별주의에 관한 연구에 대한 지식을 쌓아야 한다. 넷째, 성편견이라는 성역할 고정관념으로부터 자유로운 이론을 적용할 줄 알아야 한다. 다섯째, 성차별적인 언어를 사용하지 않아야 한다. 여섯째, 내담자의 문제가 사회적, 상황적인 것임에도 불구하고 개인에게 원인을 돌리지 않아야 한다. 일곱째, 치료관계에 대해 정확한 정보를 제공하고, 상담 목표에 합의를 해야 한다. 여덟째, 내담자에 대한 정보에 대해서는 민감하게 다루고 반드시 내담자 동의를 거쳐야 한다. 아홉째, 권위 있는 치료절차라 하더라도 여성의 고정적인 의존심을 강화하거나 유지하는 치료가 아니어야 한다. 열째, 내담자의 주장적 행동을 수용한다. 열한째, 신체적 학대나 성폭력과 연관된 여성내담자는 범죄의 피해자라는 인식을 가져야 한다. 열두째, 여성내담자의 성에 대한 탐색을 장려하고 내담자 자신의 성적 선호에 대한 권리를 인정한다. 열셋째, 여성내담자와 성적인 관계

---

32) 여성가족부(2013). 성폭력 피해자 지원시설 상담원양성 표준 교재. 여성가족부.

를 맺거나 그녀를 성적인 대상으로 대하지 않는다.

이 외에도 여성가족부(2018)[33]는 데이트 폭력·스토킹 피해자를 지원하기 위한 상담 윤리를 다음과 같이 제시하였다. 구체적으로 살펴보면 다음과 같다.

첫째, 자신이 준비된 범위 안에서 지원한다. 지속적인 교육에 참여하고, 능력의 한계나 개인적인 문제로 내담자를 도울 수 없을 때에는 다른 상담자나 타 기관에 연계한다. 둘째, 내담자의 정보를 보호한다. 상담은 상담실에서 받고 끝내야 하며, 지하철이나 식당에서 상담사례에 대해 이야기하는 것은 해서는 안 된다. 또한 상담일지는 외부로 유출해서 안 된다. 그뿐만 아니라 내담자의 동의 없이 내담자의 정보나 상담 사례를 타인 또는 타 기관에 넘기지 않으며, 녹음 및 기록에 관해 내담자의 동의를 구해야 한다. 셋째, 내담자의 권리를 인정한다. 내담자는 비밀 유지를 기대할 권리, 자신의 사례기록에 대한 정보를 가질 권리, 지원 계획에 참여할 권리, 어떤 서비스에 대해서는 거절할 권리, 그런 거절에 따른 결과에 대해 조언을 받을 권리를 갖는다. 넷째, 내담자에 대한 차별을 금지한다. 내담자의 연령, 성별, 인종, 종교, 성적 지향, 장애 등을 이유로 차별하지 않아야 한다. 내담자에게 자신의 가치관을 강요하지 않으며, 지원자의 고유한 문화적 정체성이 지원과정에 어떤 영향을 주는지 인식하여야 한다. 다섯째, 내담자와의 이중관계를 금지한다. 가까운 친구나 가족, 친인척의 경우 다른 전문가에게 의뢰한다. 상담소 외부에서의 사적인 관계, 고용관계, 금전적·물질적 거래 관계를 가지지 않아야 한다. 지원 중이거나 지원관계가 종결된 이후 내담자와 성적인 관계를 맺지 않아야 한다. 여섯째, 내담자와의 개인적인 연락을 금지한다. 지원은 상담실 또는 사무실 내부에서만 진행하며, 지원과 관계된 정보를 안내하기 위해서라도 사무실 외부에서 연락하지 않는다.

---

33) 여성가족부·한국 여성의 전화(2018). 데이트 폭력·스토킹 피해자 지원을 위한 안내서. 여성가족부.

생각해 봅시다

(1) 여성주의 상담의 중요성에 대해 논하시오.

(2) 여성주의 상담자로서 갖추어야 할 조건에 대해 논하시오.

(3) 여성주의 상담을 활성화하기 위한 방안에 대해 논하시오.

Chapter

15

여성빈곤과 복지

1. 빈곤과 복지
2. 빈곤 문제의 심각성
3. 빈곤화 요인
4. 여성과 빈곤
5. 여성가구주의 빈곤화와 문제

Chapter

15 여성빈곤과 복지

1. 빈곤과 복지

한국사회는 급속한 경제 발전에 따라 물질적 성장을 이룬 반면에, 정신적 성숙을 이루어지 못하여 심각한 불균형을 보이고 있다. 행복을 연구한 경제학자 이스털린(Easterlin)이 주장한 Easterlin's Paradox가 말해주듯 물질적 번영은 더 이상 행복을 증진하지 않으며, 따라서 경제적 성장과 요보호 중심의 보호나 복지가 아닌 행복으로의 패러다임 전환이 필요한 시기이다.[1] 그러나 아직까지 한국사회에서 여성에 대한 관심은 요보호 여성을 중심으로 하는 보호와 복지 분야에 집중되어 있다. 복지는 일부 요보호 대상자의 행복을 위해 제공되는 (주로 경제적 측면에서의) 공적 지원이라는 측면에서 일부분 낙인을 동반하는 특성을 가지고 있다. 반면 행복은 공적 구제나 공동체의 행복추구라는 포괄적 의미를 가지며 복지(welfare)나 효용(utility)이라는 의미[2]를 넘어, 모든 국민이 추구해야 할 기본적 권리라 할 수 있다. 즉, 서비스의 이용과 활용에 있어서 보편적 특성을 가지기 때문에 낙인성이 없다.

1) 서종수(2018). 청소년의 학업스트레스와 행복의 관계에서 대인관계 유능감의 조절효과. 한국가족복지학, 23(4), 595－611.

2) 서종수(2016). 일－가족상호작용이 행복에 미치는 영향 : 일－가족향상과 가족－일향상을 중심으로. 한국가족복지학, 21(2), 277－299.

우리나라의 대표적인 공공부조 제도인 국민기초생활보장제도의 경우 수급대상의 기준을 자산이나 소득 등의 경제적 부분에 초점을 맞추고 있다. 따라서 복지는 기본적으로 경제적 측면을 내포하는 성향이 강하다. 이는 개인의 삶의 목표인 복지를 달성하기 위해서는 다양한 자원이 활용되어야 하며, 자원이 활용됨에 있어 경제적 측면을 고려해야 하기 때문이다.

복지는 경제적 측면을 내포하고 있고 개인의 다양한 자원은 궁극적 산출물인 복지로 전환되는 과정과 밀접한 관련이 있다. 복지환경을 조성하는 데 필요한 것은 인적자원과 물적자원이다. 빈곤은 기본적인 욕구를 충족시킬 수 없는 자원의 결핍상태를 의미한다. 개인은 수많은 욕구와 욕망을 지니고 있으며, 이를 충족시키기 위한 자원을 필요로 한다. 그 자원이 부족한 상태를 바로 빈곤이라고 한다. 국가발달에 따라서 절대적 빈곤은 사라졌다거나, 혹은 절대적 빈곤을 해소하기에 충분한 정부의 자원이나 예산을 갖고 있다고 하지만 빈곤은 여전히 사회에 뿌리깊게 남아 있다. 인간이 생활하는 데 있어서 이러한 모든 필요와 욕구가 개인의 생활표준과의 사이에서 어느 정도 균형적으로 충족되는가에 따라 개인의 복지수준은 결정된다.

유엔은 2014년 8월, 17개의 SDGs 목표가 담긴 '우리가 사는 세상의 전환 : 2030년까지의 지속가능한 개발 의제(Transforming Our World : The 2030 Agenda for Sustainable Development)' 보고서를 발간한 이후 2015년 9월 유엔총회에서 2030 지속가능한 개발목표(SDGs : Sustainable Development Goals)를 채택하였다. 지속가능한 개발목표는 총 17개의 대목표와 169개의 세부목표를 담고 있는데, 그중 제일 먼저 언급되는 것이 바로 비빈곤(No Poverty), 즉 빈곤의 퇴치이다. 좀 더 거슬러 올라가면, 2000년 유엔은 새천년개발목표(MDGs : Millennium Development Goals)를 발표하였으며, 그 안에 첫 번째 내용이 바로 절대 빈곤과 기아퇴치이다. 구체적으로 각국 정부는 2015년까지 1일 1달러 이하의 소득을 가진 세계인구의 비율을 절반으로 줄이고, 성평등의 증진과 여성의 힘의 증진은 빈곤, 기아, 질병을 퇴치하고 진정한 지속가능한 발전을 촉진시키는 효과적인 방법임을 결의하였다. 그 결과 개발도상국 내에서의 절대 빈곤률은 1990년대 47%에서 2015년 14%로 감소되었으며, 전 세계적으로 하루 1.25달러 이하의 절대 빈곤으로 살아가는 인구는 1990년 19억 명에서 2015년에는 8억 명으로 감소하였다. 그뿐만 아니라 기아로 고통받는 개발도상국 인구는 23.3%에서 12.9%로 감소하는 등의 성과가 있었다.3) 과거에도 오늘날에도 여전히 빈곤은 전 세계적으로 또한 국가적으로 중요한 이슈이며, 사회가 빈곤에 대해 복지적 관심을 가지는가의 여부는 매우 중요하다. 사회발전의 궁극적 목적이 국민복지 증진에 있다면 사회가 보유하고 있는 자원도 목적에 맞게 적용되어야 한다. 빈곤문제를 해결하기 위해서 자원을 단순히 빈곤계층에게 분배하는 소비적 복지보다는 국가발전을 위한 잠재력의 활성화라는 효율성과 생산성의 논리에 부합되어야 한다. 이러한 측면에서 볼 때 복지를 논함에 있어서 빈곤문제는 사회가 해결해야 할 무엇보다도 시급한 이슈이다.

빈곤에 대응하기 위하여 한국사회에서는 생활이 어려운 사람에게 필요한 급여를 실시하여 이들의 최저생활을 보장하고 자활을 돕기 위하여 1999년 국민기초생활보장법을 제정, 2000년부터 시행하고 있다. 또한 모자가정의 건강하고 문화적인 생활을 보장하기 위해 1989년 모자복지법을 제정, 2002년에 모·부자복지법으로 개정한 후 다시 2007년에 한부모가족복지법으로 개정하여 2008년부터 시행하고 있다. 이외에도 한부모가족지원센터, 지역사회복지관과 건강가정지원센터 등에서 사회서비스를 제공함으로써 여성빈곤에 대해 대응하고 있다. 그러나 이같은 공공부조나 사회서비스만으로 여성빈곤에 대응하기는 다소 부족하다. 여성의 빈곤은 기본적으로 인적자본형성의 문제, 즉 여성의 교육 및 훈련의 빈곤에서 출발한다. 교육과 훈련의 빈곤은 남성 중심의 사회화에서 유발되며, 남성 중심의 사

---

3) 대한민국ODA통합홈페이지.
http://www.odakorea.go.kr/ODAPage_2018/cate01/L01_S05_03.jsp

회화는 매스미디어를 통해 다시 한번 공고히 된다. 이를 통해 남성 중심의 사회형성과 여성 차별의 일상화, 그를 기반으로 한 노동환경에서의 임금빈곤, 그로 인한 노후의 연금차이 등 다양한 요인들이 상당히 복합적으로 형성되어 여성의 빈곤을 유발하기 때문이다. '빈곤은 여성의 얼굴을 하고 있다'고 말한다. 빈곤의 문제, 나아가 여성빈곤의 문제와 여성빈곤의 원인, 그에 따른 복지 대응 등을 체계적으로 진단하고 평가함으로써 여성의 빈곤 감소와 복지를 증진하여야 한다.

2. 빈곤 문제의 심각성

빈곤은 개인이나 가족에게 생물학적 생존의 문제를 유발할 뿐만 아니라, 잠재력을 저하시키고, 즉 낮은 생산성을 형성하게 하며 나아가 저임금 노동생산자를 양성하게 된다. 이는 사회적으로 부정적 계층을 형성하여 사회통합을 저해하는 요소로 작용하고 있다. 더 나아가 노후준비 부족 등을 유발함으로써, 사회보장 비용의 지출 등의 문제를 야기시킬 수 있다. 빈곤이 야기하는 문제의 심각성을 특성별로 살펴보면 다음과 같다.

1) 사회 통합의 저하

빈곤은 사회발전과 통합의 저해 요소로 작용한다. 그 이유는 첫째, 빈곤한 사람이 많을수록 그리고 빈곤 정도가 심화될수록 빈곤층은 단순히 사회에서 소외된 계층으로 남는 것이 아니라 다른 계층과의 갈등을 일으키면서, 사회발전의 활력을 감퇴시킨다. 빈곤문제는 사회를 경제적 측면에서 부정적 계층을 형성할 뿐 아니라 생활 및 문화적 측면에서도 계층화시킨다. 이러한 계층화는 빈곤층과 비빈곤층 사이에 대립과 갈등으로 연결되어 사회발전을 저해하게 된다. 둘째, 사회문제의 파급효과로 계층 간의 대립

갈등은 사회발전의 저해를 넘어서 경제적 협동이나 역할분담 관계를 파괴하고 대외적으로 안보 및 경제력을 감퇴시킨다.[4] 빈곤상황에서 무기력해지고 자포자기한 사람들의 사회파괴적 행동(납치, 자살, 강도, 유괴협박 등)이 유발될 수 있다. 이와 관련된 건으로 지강헌의 "유전무죄, 무전유죄"사건과, 지존파 사건(至尊派 事件)을 들 수 있다. 특히 지존파의 경우 부유층에 대한 증오를 행동으로 나타내기 위해 조직이 결성되었다는 점에서 빈곤에 따른 사회적 계층화와 그에 따른 분노를 살펴볼 수 있다. 이처럼 빈곤은 사회적 통합을 저해할 뿐만 아니라 나아가 빈곤의 되물림을 통한 사회적 비용의 지출 지속 및 증가를 유발한다. 특히 과거와 달리 교육격차의 확대와 더불어 정보화의 격차까지 더해짐에 따라 사회적 계급의 이동통로가 급격히 좁아진 것이 현실이다.

2) 개인의 잠재력을 저하

실제로 개인은 잠재능력이 있으나 그러한 능력을 개발할 수 있는 사회적, 교육적 기회가 주어지지 않거나 그러한 기회에 대한 접근 자체가 불가능하다면 개인의 잠재능력은 사장되고 만다. 이는 사회의 구조적 요인으로 인해 현재 보유하고 있는 것 이상의 개발 가능한 개인의 잠재적 능력을 상실시킨다는 것을 의미한다. 즉, 사회가 모든 사람에게 시초부터 동등한 기회를 부여할 수 있는 구조를 지녔다면, 그래서 지금처럼 사회구조적 문제가 없었다면 이들은 현재보다 나은 능력을 보유하고 보다 나은 경제력을 가질 수 있었을 것이다.

특히나 한국사회는 저출산으로 인하여 인적자원의 부족문제가 심각한 사회적 문제로 예측되고 있다. 이러한 상황에서 빈곤은 개인의 잠재력을 개발할 수 없을 뿐만 아니라, 오히려 저소득층에 머물러 오히려 사회적 비

4) 박순일(1994). 한국의 빈곤현실과 사회보장. 서울 : 일신사.

용의 지출을 증가하는 문제를 야기할 수 있다. 바로 빈곤의 덫(poverty trap)에 빠지게 되는 것이다.

3) 빈곤의 여성화(Feminization of Poverty)

빈곤층에 편입될 가능성이 큰 집단은 경제적 취약계층으로 여성, 노인 및 장애인 가정 등이며 특히 모자를 비롯한 여성이 경제적으로 취약한 계층에 속하는 경향이 있다. 이에 미국에서도 빈곤의 여성화에 대한 논의가 40여 년 동안 지속되어 오고 있으며, 우리나라에서도 IMF 위기 이후로 빈곤의 여성화에 대한 논의가 급격히 증가하여 빈곤연구의 중요한 한 축을 차지하고 있다.[5] 빈곤을 논함에 있어 상대적, 주관적 측면이 부각되면 논의의 방향은 자연히 여성가구주와 같이 사회적 취약집단에게 초점이 맞추어진다.

실제 빈곤의 연구에서 보면 남성과 비교하여 여성은 장기빈곤과 항상빈곤을 경험하는 대표적인 집단이며, 남성에 비해 빈곤탈출의 가능성이 낮은 반면, 빈곤에의 진입과 재진입 가능성은 상당히 높을 뿐만 아니라, 빈곤의 다차원성을 고려할 때 자산빈곤, 사회적 배제, 실현가능능력, 시간빈곤 등과 관련하여 여성은 일관되게 빈곤에 취약하다.[6]

3. 빈곤화 요인

빈곤화 요인으로는 인적자원의 부족, 교육의 비효율성, 질병, 소득증대 기회에 대한 불평등, 가구주의 사망 및 경제활동을 억제하는 가족관계, 노동시장에서 차별로 인한 저소득 등을 들 수 있다.

---

5) 노혜진(2012). 빈곤의 여성화 접근방식의 전환. 여성연구, 83(2), 241-273.
6) 노혜진(2012). 빈곤의 여성화 접근방식의 전환. 여성연구, 83(2), 241-273.

1) 인적자원 부족 및 저학력

현대사회에서 빈곤으로부터의 탈출을 위해 가장 강조되는 것 중의 하나가 공적 교육을 통한 개인의 인적자본 증대이다(Shavit & Mueller, 1998). 즉, 개인의 교육수준을 나타내는 학력은 개인이 처할 수 있는 각종 사회적 위협으로부터 개인을 방어하는 데 긍정적인 역할을 함으로써 빈곤의 위험으로부터 개인을 보호하는 역할을 하고 있는 것이다.[7] 다시 말하면 학력이 낮을수록 빈곤층에 속할 확률이 커지며 이는 우리나라뿐만 아니라 세계적인 현상이다.

초등학교를 졸업한 남성가구주의 경우 대졸 남자보다 최저생계비 이하의 빈곤에 처할 위험은 7배, 여성은 3배 높은 것으로 나타나[8] 학력에 따른 빈곤위험은 유의미한 것으로 나타났다.

통계청[9]의 고용실태조사에 따르면 학력에 따라 직업 종류의 편차가 큰 것으로 나타났다. 전문가 및 관련 종사자는 89.9%가 전문대졸 이상이며, 71.1%가 대졸 이상인 것으로 나타났다. 또한 관리자 사무종사자 역시 전문대졸 이상이 70% 이상으로 나타났다. 반면 단순노무 종사자, 장치 기계조작 및 조립 종사자 등은 고졸이 70%가 넘는 것으로 나타났으며, 서비스 종사자 역시 62.2%로 고졸이 높게 나타나 상대적으로 저학력일수록 비전문직종에 종사하는 것으로 나타났다. 이는 결국 소득으로 연결될 수 있다.

이러한 빈곤은 저소득층이 기대하는 자녀교육 수준도 일반가정에 미치지 못하여 그들 자녀의 상대적 빈곤화로 이어지는 경향이 있다. 이러한 빈곤의 악순환은 빈곤 자체가 빈곤의 주요 원인으로 작용한다는 것을 말해준다. 저소득층은 경제적 빈곤으로 인해 수입증대를 위한 투자, 교육 및 직업훈련, 정보수집 등을 제대로 하지 못하거나 불충분한 내용에 그치게 되며

---

7) 김안나(2006). 한국사회 여성빈곤과 빈곤대책. 보건사회연구, 26(1), 37–68.
8) 김안나(2006). 한국사회 여성빈곤과 빈곤대책. 보건사회연구, 26(1), 37–68.
9) 통계청(2018). 고용형태별 근로실태조사.

빈곤한 부모는 자녀에 대한 재투자의 부족으로 빈곤을 세습화시키는 경향이 있다.

저소득층 가구주들이 기대하는 자녀의 학력수준은 아들과 딸의 경우 다른데 경제적 어려움으로 인해 선택할 수밖에 없다면 딸보다 아들에게 더 많은 교육 기회를 주어야 된다고 생각한다. 여기서 문제가 되는 것은 이러한 성별에 따른 상대적 빈곤화가 우리 사회구조 속에서 그리고 남녀차별이 주어진 제약조건 속에서 합리적 행동으로 비쳐진다는 점이다. 즉, 제한된 소득으로 딸보다 아들을 교육시키는 것이 장래 노동시장에서 더 큰 수익을 거둘 가능성이 크다면 부모 입장에서 아들에게 더 많은 교육기회를 제공하겠다는 사고는 경제적 합리성을 지닌 것처럼 보인다. 이러한 문제는 특성상 개인 차원에서 관점을 바꾸거나 사고를 전환하는 것으로 해결되지 않고 사회의 구조적 문제라는 관점에서 접근해야 현실적인 대안을 모색할 수 있다.

전통적으로 경제발전이 뒤떨어진 사회일수록, 농업을 기반으로 하는 사회일수록 부모가 딸보다 아들을 더 선호한다는 것은 널리 알려진 사실이며 일종의 신념처럼 인식되어 왔다. 따라서 부모는 딸보다 아들교육에 더 많이 투자하는데 이러한 경향은 선진국보다 후진국에서 더 보편적이다. 아들이 없는 가족보다 딸이 없는 가족이 부가적인 출생을 줄이기 위해 더 많은 노력을 하고 또 부모는 여아보다 남아가 사망한 후에 임신하는 경향이 더 높았다. 그리고 교육을 비롯한 인적 자원에 대한 투자의 기회도 딸보다는 아들에게 더 많이 주어졌다. 이와 같이 사회가 전반적으로 아들을 선호하는 분위기이고, 자녀에 대한 투자의 경제적 효율성이 딸보다 아들 쪽이 더 크다면 부모는 당연히 아들에게 더 많은 인적·물적자원을 제공하여 투자에 대한 효용을 극대화하고자 할 것이다.

빈곤가족이 자녀를 위해 인적 자원에 투자할 경우 부모는 그들이 투자하는 데 있어서 공평성을 따를 것인지 효율성을 따를 것인지를 두고 갈등을 겪게 된다. 이때 빈곤가족이 투자에 대한 기준을 공평성에 둘 경우에는 제한된 자원을 딸, 아들 모두에게 고루 분배할 것이다. 그러나 효율성이 공평성보다 더 중요하다고 판단될 경우에는 여러 자녀 중 상대적으로 아들에게 더 집중적으로 투자할 것이다. 실질적으로 대부분의 빈곤가족들은 공평성보다는 효율성에 초점을 맞추는 경향이 있다. 이러한 투자경향으로 인해 아들과 딸 간의 소득불균형은 부자보다 가난할수록 더 크게 나타난다.

2) 교육의 비효율성

노동시장 수요에 맞지 않는 교육으로 인해 실업 혹은 잠재적 실업자가 되거나, 교육내용의 부실로 저생산성 노동밖에 할 수 없을 경우 빈곤계층으로 전락한다. 또한 입시 위주의 교육문화를 가진 한국사회에서는 자신들의 특성을 개발하기 힘들며, 서열 위주의 문화가 자리 잡고 있어서 자신의 재능이나 선호와 관계없이 대학전공을 선택하는 현상이 팽배해 있다. 이는 결국 자신의 전문성 개발이나 이와 연결된 직업 선택에 어려움을 겪을 수밖에 없는 것이다. 그뿐만 아니라 경제적 이유로 저소득층이나 저생산성의 업종에 종사하는 사람들은 자신의 잠재력을 개발시킬 기회가 없어 능력을 사장시키면서 빈곤층에서 벗어나지 못하고 있다.

기본적으로 우리나라의 노동시장에는 임금차별이 존재하며 우대받는 고임금의 전공과 차별받는 저임금의 전공으로 상당히 분리되어 있다. 상대적으로 여성들의 노동력은 인력수요가 낮고, 경제적 혜택이 적은 사회서비스와 같은 분야에 집중되어 왔다. 따라서 시장수요에 일치하고 적용할 수 있는 교육이 필요하여 노동생산성을 증대시키기 위한 교육의 질적 개선이 이루어져야 한다.

3) 소득증대 기회에 대한 불평등

소득을 증대시키는 각종 기회에 접근할 수 있는 능력은 성별 및 소득계층별로 차이가 있다. 다시 말하면 남녀가 그리고 모든 소득계층이 경쟁에서 동등한 위치에 있거나 동등한 수준의 정보를 가지고 있는 것은 아니다. 이러한 불평등한 접근 기회는 결과적으로 집단 간에 빈부의 격차를 초래한다. 소득증대 기회에 대한 불평등의 예를 들면 다음과 같다.

- 남녀에게 주어진 자본 접근과 투자기회에 대한 정보접근의 제약수준이 다르다.
- 소득분배의 악화를 촉진시키는 각종 재산 및 투자 소득의 획득에서 여성이 절대적 열세에 있다.
- 근로소득 증진을 위한 취업기회에 있어서도 저소득층은 취업 정보 및 취업 현장과의 연결에 있어서 상대적으로 불리한 위치에 있다.
- 노동시장에서의 성차별로 인해 여성은 인사배치 및 승진 등에 있어서 남성보다 불리한 위치에 있고 또 임금도 남성보다 낮다.
- 자본시장이나 노동시장에서 비공개적 인간관계에 중심을 두고 있고 그러한 관계 속에서 인적 및 물적 요소가 분배되는 경우 빈곤층이 빈곤의 늪을 빠져나오기는 더욱 어려워진다.

4) 가구주의 사망 및 경제활동을 억제하는 가족관계

경제활동을 억제하는 가족관계 및 인식, 이혼이나 배우자 사망으로 인해 경제기반을 상실하게 되면 대처능력이 없거나 경제적 의존성을 가진 여성들은 빈곤층으로 전락하게 된다. 특히 가구주의 사망으로 인해 형성된 가구의 여성화가 빈곤상태로 전락할 가능성을 상대적으로 높인다. 이들 가구들은 취업기회의 제약, 가사 및 노동의 이중 부담으로 인해 저생산성 및 저임금을 피할 수 없다. 특히 가사노동에 전념해 온 여성가구주들은 학력, 경력, 건강, 취업조건에서 남성보다 열등하여 빈곤층이 될 확률이 높고, 만성병 이환률도 높다.

남성은 경제활동에 그리고 여성은 가사노동에만 전념함으로써 상호의존성이 증대되는 것은 좋으나 경제활동에 종사하지 않고 배우자에게 의존하여 살아가던 여성이 배우자와 이혼 혹은 사별할 경우 기본적 생계문제도 해결하지 못하게 된다. 특히 가정 내의 역할 전문화로 인해 생기는 사회적 비용은 남성보다 여성의 자립능력 상실로 인해 파생되는 문제와 관계가 깊다.

가구의 여성화가 빈곤화에 기여함은 빈곤층의 여성가구주 비율이 비빈곤가구주에 비해 크게 높다는 점에 있다. 통계 분석에 의하면 도시의 경우 빈곤층 여성가구주 비율은 비빈곤층에 비해 두 배 정도이며 농촌의 경우는 그 비율이 두 배 이상이다. 이와 같은 비율의 격차는 여성가구주 변수가 빈곤화에 상당히 중요한 영향을 미친다는 것을 시사한다. 여성가구주와 남성가구주의 특성을 비교해 보면 평균소득이나 평균지출은 남성가구주가 더 높은 경향이 있으나, 질병 및 만성병 이환율은 여성가구주가 더 높다.

여성이 가구주인 가계가 빈곤상태로 전락할 가능성이 상대적으로 높은 이유는 취업기회의 제약, 가사 및 노동의 이중 부담 이외에 여성가구주들은 학력, 경력, 건강, 취업 조건에서 남성보다 취약하고 소득능력이 없는 가구주가 많기 때문에 빈곤층에 편입될 확률이 상대적으로 더 높은 것이다.

5) 정책빈곤

한국사회는 서구와 같은 노동시간 축소를 통한 일자리 나누기 정책과 고용친화적 노동시장정책이 미약할 뿐만 아니라 취약계층을 위한 사회적 일자리 창출도 미흡하고 사회적 기업의 발전 역시 상당히 결여되어 있다. 또한 사회보장의 사각지대가 광범위하게 존재하는데, 이는 비정규직으로 인한 문제이다. 비정규직의 경우 임금과 노동 시간뿐만 아니라 사회보장제도에서도 심각한 차별을 받고 있는 것으로 나타났다. 따라서 상대적으로 고

용보험이나 퇴직금의 사각지대에 존재하는 비정규직의 실업은 곧바로 빈곤으로 연결될 수밖에 없다.[10)]

특히나 여성과 관련하여 사회보장정책은 점차 확충되더라도 여성친화적인(women-friendly) 복지정책에 대한 고민은 미흡한 수준으로 여전히 남성주도적인 사회보장정책들이 실행되고 있는 실정이다. 노동시장의 중심노동력을 구성하는 남성의 경우 실직 시 사회보험의 수혜자가 되지만 노동시장의 주변노동력을 구성하는 여성은 자산평가에 기반한 공공부조의 수혜자가 된다.[11)] 대표적으로 노후 소득보장 체계인 국민연금은 성별에 따른 차이가 크며, 국민연금이 월소득 대비 노후 소득을 보장하는 체계이기 때문에 상대적으로 여성의 경우 노후 소득액의 차이가 클 수밖에 없다. 이러한 남성 중심의 정책형성, 정책빈곤은 여성의 빈곤화를 더욱 가중시키는 요인으로 작용한다.

4. 여성과 빈곤

1) 가족과 여성빈곤

우리 경제는 과거 수십 년 동안 괄목할 만한 발전을 하였고 국민 일인당 소득도 상당히 증가하였다. 그러나 이러한 성장과 번영의 이면에 여전히 사회발전의 혜택을 누리지 못한 채 경제적 어려움을 경험하며 생활하고 있는 다수의 국민들이 존재하고 있다. 한국뿐 아니라 세계적으로 국가의 절대적인 부가 충분할 만큼 축적되어 다수가 자원을 풍족하게 소유하고 있고, 빈곤퇴치를 위한 국가의 지속적인 노력에도 불구하고 빈곤은 여전히 존재하고 있으며, 이러한 빈곤문제는 사회의 중심이슈로 자리 잡고 있다.

---

10) 이영환(2003). 한국사회의 빈곤과 사회정책. 기억과 전망, 238-250.
11) 박영란 외(2003). 여성빈곤 퇴치를 위한 정책개발 연구. 한국여성정책개발원.

특히 한국은 경제위기를 거치면서 절대적 빈곤층도 급증하였지만 전반적인 경제의 성장으로 인하여 절대적 빈곤보다는 상대적 빈곤과 주관적 빈곤에서 벗어나지 못하는 계층이 늘고 있는데, 빈곤개념이 절대적 빈곤에서 점진적으로 상대적 주관적 빈곤으로 전환되고 있으며, 더 나아가 사회적 배제로 관심이 옮겨가고 있다. 이러한 상황에서 2014년 서울 송파구 석촌동에서 생활고로 인해 자살한 송파 세 모녀 사건은 상대적, 주관적 빈곤뿐만 아니라, 절대적 빈곤 역시 한국사회에 여전히 남아있는 중요한 문제라는 사실을 사회에 알리는 사건이 되었다.

빈곤화 과정에서 빈곤층에 편입될 가능성이 크고 사회적 취약성을 보다 많이 내포한 집단은 여성가구주이다. 여성가구주의 경우 여성한부모, 모자가구 등의 다양한 하위 개념들을 포괄할 수 있다. 가령 여성가구주의 경우 별거 가구원, 유배우 가구원을 포함하여 미혼 1인 여성가구도 포함될 수 있다. 여성한부모 가구의 경우 배우자의 존재에 따라서 배우자가 있는 (비동거) 여성한부모 가구와 이혼과 사별 등으로 인한 무배우 여성한부모 가구로 구분될 수 있다. 모자 가구의 경우 미혼자녀 가구 구성원을 포함하여, 배우자 유무에 따라 배우자가 있는 (비동거)모자가구와 무배우 모자가구로 구분할 수 있다.

오늘날 미혼모 및 이혼율의 증가, 평균수명의 증가로 인하여 여성노인 단독가구 형성과 더불어 여성가구주를 형성하는 가구가 지속적으로 증가하고 있다는 점이다. 그리고 이러한 변화는 사회적 변화에 대한 이차적 증상으로 빠른 경제 성장 속에서 예상되는 잔류수준을 넘고 있다. 사회에서 이들 가족을 보는 시각은 다양하고 모두 나름의 논거를 지니고 있겠지만 공통적 인식은 이제는 여성가구주 가족을 새로운 유형의 가족형태라기보다는 새로운 시각을 요구하는 가족형태라고 보아야 타당하다는 것이다. 따라서 이들 가족이 직면하고 있는 여러 가지 문제에 대해 재조명해야 할 필요가 있다.

여성가구주 가구에 대해 사회가 관심을 가져야 할 문제는 이들이 처해있는 환경이 열악하다는 점이다. 미혼 자녀를 데리고 여성 혼자 가정을 꾸려 나가야 하므로 역할 갈등 및 역할 과중의 소지를 안고 있고, 혼자 가족을 부양해야 하는 생산적 역할과 자녀를 돌보고 가사노동을 수행해야 하는 재생산적 역할을 양립할 수밖에 없는 어려운 환경에 처해 이들의 복지가 위협받고 있다. 결과적으로, 여성가구주 가족은 양부모가족에 비해 경제적, 정서적, 사회관계망, 자녀양육 및 역할재조정 문제 등 직면하고 있는 문제가 다양하며, 이로 인해 다른 집단보다 빈곤에 빠지기 쉽다. 이러한 현상은 통계 자료에 의해 쉽게 입증되고 있다. 매년 발표되고 있는 보건복지부[12]의 보건복지통계연보에 따르면, 극빈층이라 할 수 있는 국민기초생활보장 가구의 경우 남성에 비해 여성수급자가 더 많으며, 그 수는 점차 증가하고 있다. 구체적으로 2008년 남성 수급자의 경우 617,015명으로 나타났으며 여성 수급자의 경우 826,995명으로 나타났다. 2018년에 들어서는 남성 수급자의 경우 745,306명으로, 여성 수급자의 경우 908,475명으로 나타났다. 또한 가구 유형별로 구분하여도 부자세대에 비해 모자세대가 월등히 많은 것으로 나타났다. 구체적으로 2008년 수급대상 모자세대는 82,880가구로 나타났으며, 수급대상 부자세대는 19,744가구로 나타났다. 2018년에 들어서는 수급대상 모자세대는 135,862가구로 나타났으며, 수급대상 모자세대는 38,095가구로 나타났다. 또한 윤홍식(2003)[13]의 연구에 따르면 이혼 후 여성의 실질소득 감소는 뚜렷하게 나타났으며, 평균 생활수준도 73% 감소한 반면 남성은 42% 증가하여 대조적이었다고 한다. 그리고 여성가구주의 빈곤률은 이혼 전 13%에서 이혼 후 32%로 19%가 증가하는 등 여성가구주의 빈곤이 심화된 것으로 나타났다.

---

12) 보건복지부(2019). 2018 보건복지통계연보.

13) 윤홍식(2003). 이혼 및 별거로 인한 모자가정의 빈곤화와 사회안전망의 역할. 한국사회복지학, 53, 51-63.

여성가구주는 왜 빈곤한가? 여성가구주의 빈곤은 한국사회의 가부장적 가족문화의 배경에서 그 원인을 찾을 수 있다. 한국사회의 여성은 사회화 과정을 통하여 남성 지배적 이데올로기(male dominant ideology)를 스스로 내면화시키고 있다. 따라서 여성은 가부장적 가족구조 내에서 노동력 재생산 역할(임신, 출산, 양육과 부양 등의 돌봄노동)을 담당함으로써 노동시장 진입에 기본적인 어려움이 있으며, 경제적인 자립에 한계가 있다. 또한 남성 지배적 이데올로기의 내면화를 통해, 여성은 결혼 혹은 출산 후에 공적 영역에서 사적 영역으로 퇴출되는 자발-강압적 경력단절을 경험하고 있다.[14)] 즉, 이러한 경력단절관행은 여성의 M자형 취업곡선에서 확인할 수 있다. M자형 취업곡선을 나타내는 이유는 기혼 여성들은 자녀가 성장 후 다시 일자리로 돌아오기 때문이다. 다만 경력단절 이후 노동시장에 재진입한 여성의 경우는 대부분 결혼이나 출산 전의 좋은 일자리보다 상대적으로 근로환경이 열악한 직종에 몰리는 경향이 있다. 상대적으로 결혼이나 출산 전보다 훨씬 열악한 자립기반을 갖게 되는 것이다. 실제 여성가족부[15)]의 연구에 따르면 만 25~54세 여성 중 결혼, 임신·출산, 양육, 가족 돌봄 등으로 경력단절을 경험한 여성은 3명 중 1명(35.0%)이며, 경력단절 후 첫 일자리 월 임금은 191만 5천 원으로 경력단절 이전 임금(218만 5천 원)의 87.6% 수준으로 나타났다. 또한 경력단절을 경험하지 않고 계속 직장을 다닌 여성의 임금 241만 7천원의 85.3% 수준으로, 경력단절이 없는 여성보다 50만 2천원이 적은 것으로 나타났다. 이러한 상황에서 이혼 혹은 사별에 의한 한부모 가족의 형성, 즉 남성배우자의 상실은 생계수단의 상실로 이어지고, 이는 여성가구주와 그 가족을 빈곤계층으로 밀어내고 있다.

---

14) 박재규(2009). 여성가구주의 발생원인에 따른 빈곤특성 분석. 여성연구, 77(2), 109-141.
15) 여성가족부(2020). 2019년 경력단절여성 등의 경제활동 실태조사.

김수정[16]은 노인에 대한 사회보장 수준이 낮은 국가들에서는 노인층 내에서 더 취약한 집단인 여성노인의 빈곤이 더 높게 나타나기 마련이라고 하며, 한국, 아일랜드, 대만이 50%가 넘는 높은 빈곤율을 보이고 있다고 하였다. 한편, 경제활동 연령에 있는 여성의 빈곤율은 한국이 25%로 역시 높은 수치를 기록하고 있지만 노인여성에 비해 그 정도가 덜하다. 그러나 이들 여성이 현재의 생애주기에서 경험하고 있는 빈곤은 장기화되고 누적되어 노인빈곤으로 이어질 위험이 크다는 점에서 각별히 주목할 필요가 있다고 하였다.

또한 모자가구에 있어서 빈곤율이 가장 높은 나라는 미국(42.7%)으로, 모자가구를 형성할 경우 빈곤위험이 40% 이상이라는 것이다. 이에 비해, 한국의 모자가구 빈곤율은 30% 수준으로 스페인, 그리스, 독일, 네덜란드 등과 유사한 수준을 보이는데, 미국, 캐나다보다는 낮지만 모자가구(single mother)의 빈곤위험이 높은 국가군에 속한다고 하였다.

2) 성별 분업화된 노동시장과 빈곤

우리나라 전통적 가족체계에 따른 규범과 성 역할 문화는 남성은 경제활동에 그리고 여성은 가사노동에만 전념함으로써 상호의존성이 증대되는 것은 좋으나 경제활동에 종사하지 않고 배우자에게 의존하고 살아가던 여성이 배우자와 이혼 혹은 사별할 경우에는 기본적인 생계문제도 해결하지 못하게 되는 문제를 야기한다. 여성의 경제활동을 억제하는 가족관계 및 인식이 보편적인 사회에서, 이혼이나 배우자 사망으로 인해 경제기반을 상실하게 되면 대처능력이 없거나 경제적 의존성을 가진 여성들은 빈곤층으로 전락하게 된다. 그뿐만 아니라 가정 내의 역할 전문화로 인해 생기는

16) 김수정(2008). 비교국가적 관점에서 본 한국 여성가구주의 빈곤. 보건사회연구, 28(2), 33-52.

사회적 비용은 남성보다 여성의 자립능력 상실로 인해 파생되는 문제와 관계가 깊다.

남성가구주의 사망으로 인해 형성된 가구의 여성화가 빈곤상태로 전락할 가능성은 상대적으로 높다. 이들 가구들은 취업기회의 제약, 가사 및 노동의 이중 부담으로 인해 파생되는 문제를 피할 수 없다. 여성가구주와 남성가구주의 특성을 비교해 보면 평균소득이나 평균지출 수준은 여성가구주보다 남성가구주가 더 높으나, 질병 및 만성병 이환율은 남성가구주보다 여성가구주가 더 높다. 일반적인 통계자료에 의하면 여성가구주가 남성가구주에 비해 빈곤계층에 속할 확률이 더 큰 것으로 나타나고 있다.

정규직보다는 비정규직이 활성화되고, 정규직과 비정규직 간에 월소득의 차이가 점점 커지고 있다. 2008년은 비정규직 월급이 정규직 월급의 55.5% 정도를 차지하는 것으로 나타났으나, 2018년에는 68.3%로 그 격차가 상당히 줄었다고 볼 수 있다. 그러나 실제 시간당 소득격차는 2008년 6,351원(정규직 14,283원, 비정규직 7,932원)에서 6,711원(정규직 21,203원, 비정규직 14,492원)으로 나타나 그 격차는 늘어난 것으로 나타났다.[17] 또한 우리나라의 남녀 임금 격차는 OECD 주요 회원국 중 가장 크며, 우리나라 여성은 남성보다 37% 정도 임금을 덜 받는 것으로 나타났다.[18] 구체적으로 남성의 시간당 임금액은 22,515원이지만 여성은 남성의 67.8%에 해당하는 15,265원으로 나타났으며, 이러한 차이는 정규직과 비정규직에서 다시 한 번 중첩되어 나타났다. 구체적으로 남성 정규직 근로자의 경우 24,059원이고 비정규직의 경우 정규직의 69.4%인 16,696원으로 나타났다. 반면 여성 정규직 근로자의 경우 16,561원이고 비정규직의 경우 정규직 근로자의 74.6%인 12,357원으로 나타났다. 여성 비정규직의 경우 남성 정규직의

---

17) e-나라지표 지표조회. 정규직과 비정규직의 시간당 임금 총액.
http://www.index.go.kr/potal/main/EachDtlPageDetail.do?idx_cd=2478

18) e-나라지표 지표조회. 남성 대비 여성 임금 비율.
http://www.index.go.kr/potal/main/EachDtlPageDetail.do?idx_cd=2714

51.4%의 수준에 해당하는 임금을 받는 것이다. 또한 여성근로자의 경우 남성 근로자의 161.8시간보다 더 적은 시간인 148.6시간을 근무하는 것으로 나타났다. 특히 정규직의 경우 166.7시간, 비정규직의 경우 108.0시간으로 정규직 대비 64.8%에 해당하는 짧은 시간이다. 이는 기본적인 근로임금이 적은 것에 더하여, 짧은 근로시간과 중첩되어 빈곤상태를 벗어나지 못하게 만들고 있다.[19] 여성가족부[20]의 한부모가족실태조사에 따르면 상용근로자의 경우 모자가구 및 모자+기타가구의 경우 각 44.6%, 33.2%로 나타났으나 부자가구 및 부자+기타 가구의 경우 44.7%, 53.0%로 나타났다. 또한 –임시/일용직의 경우 모자가구 및 모자+기타가구의 경우 27.3%, 29.5%로 나타난 반면 부자 가구 및 부자+기타가구의 경우 각 23.8%, 20.2%로 나타나 여성가구주의 경우 부자가구에 비해 더 열악한 근로환경에 놓여져 있는 것으로 나타났다.

한국사회에서 여성근로자의 경우 남성노동자에 비해 상대적으로 노동시장에서 주변적이고 임시적인 직종에 머물러 있다. 흔히 말하는 여성적합직종은 여성이 하기 좋은 일을 말한다. 상대적으로 남성적합직종이라는 말은 여성적합직종보다 다소 낯선 용어이다. 여성적합직종은 대부분 유연하게 일할 수 있으면서 직장 내에서는 보조적인 일들을 가리키는 경우가 많다. 대표적으로 회계, 서비스, 그리고 돌봄노동직을 말한다. 앞서 살펴본 고용노동부(2018)[21]의 연구에 따르면 학력에 따라 전문직에 종사하는 비율에 차이가 있었다. 학력에 따른 차이 외에 성별에 따른 차이도 발견할 수 있는데, 대부분의 직종에서 남성보다 여성의 비중이 작으나, 서비스종사자는 여성(72.4%)이 남성(27.6%)보다 44.7%가 높은 것으로 나타났으며, 여성의 비중이 상대적으로 큰 직종은 단순노무종사자(48.1%), 판매종사자(45.7%), 사

19) 고용노동부(2018). 고용형태별 근로실태조사.
20) 여성가족부(2018). 한부모가족 실태조사.
21) 고용노동부(2018) 고용형태별 근로실태조사.

무종사자(43.8%), 전문가 및 관련종사자(42.5%) 등으로 나타났다. 이러한 결과를 고려하면 여성은 기본적으로 남성보다 저임금, 미숙련 노동직에 집중되어 있는 경향이 있으며, 이는 결국 열악한 근로환경과 열악한 임금을 예측하게 함으로써 결국 여성가구주가 빈곤에서 벗어나지 못하게 한다.

5. 여성가구주의 빈곤화와 문제

빈곤계층에서 여성가구주가 차지하는 비율이 점차 증가하는 현상은 서구사회에서 빈곤을 여성 문제의 한 측면으로 인식한 피어스(Diana Pearce, 1976)가 '빈곤의 여성화(feminization of poverty)'라는 개념으로 쟁점화하였다. 피어스는 1970년대 미국사회 16세 이상 성인 빈곤층 1,500만 명 중 2/3, 노인빈곤층의 70% 이상이 여성이고, 빈곤가구의 절반 이상이 여성가구주임을 증명하였다. 이혜경[22]은 도시가계자료를 이용하면서 빈곤인구의 2/3이 여성이며, 빈곤노인층의 4/5가 여성이라는 점을 밝히면서 한국에서도 빈곤의 여성화가 진행되고 있다고 주장하였다. 이러한 선행연구들은 여성이 빈곤계층의 상당 부분을 차지하고 있으며 여성가구주가 주요 빈곤집단이라는 것을 말해준다.

빈곤의 여성화는 가족구조 노동시장 복지 프로그램 등의 영향을 받는다. 가족구조요인과 노동시장요인으로 빈곤의 여성화에 영향을 미치는 요인을 나누어 살펴보면 다음과 같다. 가족구조 요인으로는 이혼율 및 미혼모 증가, 여성의 자녀 양육책임 증가 등을 들 수 있으며 노동시장 요인으로는 노동시장 분절, 노동시장 내 성차별 그리고 마지막으로 복지 프로그램의 개혁 등은 빈곤의 여성화에 영향을 미친다.

---

22) 이혜경(1998). 빈곤의 여성화 : 한국 여성빈곤의 원인과 결과. UNDP 한국대표부 편, 빈곤퇴치 : 한국의 경험과 교훈. UNDP.

미혼모나 이혼, 배우자의 사망 등으로 인해 발생하는 여성가구주 가구는 여성 혼자서 자녀를 양육하며 동시에 생계를 이끌어 가야 한다는 점에서 다른 집단보다 더 열악한 상황에 처해있다. 이외에도 여성이 가구주인 가계가 빈곤상태로 전락할 가능성이 상대적으로 높은 이유는 취업기회의 제약, 가사 및 노동의 이중 활동에 따른 저생산성 및 저수입 등을 들 수 있다. 또한 여성가구주들은 학력, 경력, 지역, 건강, 취업조건에서 남성보다 열등하고 소득능력이 없는 가구주가 많기 때문에 빈곤층에 편입될 확률이 상대적으로 더 높다. 여성가구주의 특성을 살펴보면 다음과 같다.

1) 역할과중과 건강문제

자녀가 있는 여성가구주의 경우 부의 부재로 인하여 불가피하게 부와 모의 역할을 동시에 담당해야 한다. 또한 생계와 양육 그리고 가정관리에 대한 책임까지 모두 전적으로 져야 하는 것을 의미한다. 즉, 기본적으로 역할갈등과 시간갈등을 유발하여, 일과 가정이 양립할 수 없는 상황에 처하게 되는 것이다. 또한 이러한 일과 가정 간의 갈등 속에서 자녀의 양육부담 혹은 역할과중으로 인하여 자녀에 대한 학대가능성이 높아지기도 하며, 특히 이혼이나 사별로 인한 충격 후 정서적으로 안정되지 못한 상태에서는 그 위험성이 더욱 크다.

가족의 돌봄과 생계부양을 책임지고 있는 여성가구주의 건강은 매우 중요한데, 선행연구들에서는 한부모가 대부분 건강수준이 좋지 않은 것으로 나타났으며, 자신 외에 가족 구성원들의 건강 역시 좋지 않은 것으로 나타나고 있다. 송다영 외(2007)[23]의 연구에 따르면 여성가구주 자신을 포함하여 가족 구성원 중 장애나 만성질환이 있는 경우는 26.4%로 나타났는데,

23) 송다영 · 김유나 · 김숙이 · 홍성수(2007). 서울시 빈곤여성을 위한 탈빈곤정책 연구. 서울특별시여성가족재단.

이러한 연구결과는 일반가구보다 높은 수치라고 할 수 있다. 또한 한부모들의 의료서비스 이용도가 낮은 수준으로 나타났다. 병원에 가고 싶었지만 가지 못했다는 응답에서 모자가구의 경우 26.3%, 모자+기타가구의 경우 23.5%가 그렇다고 응답하였으며, 이는 국민의 연간 미충족의료율 8.8%에 비해 상당히 높은 것으로 나타났다. 건강문제 역시 경제적 문제와 연결되는데 병원에 못 간 주된 이유가 경제적 이유로 나타났기 때문이다. 즉, 한부모가족은 상당수가 경제적 이유로 병의원을 이용하지 못한 것이다.

2) 자녀돌봄 및 교육문제

여성가구주의 경우 다중역할 수행으로 인하여 자녀돌봄의 공백이나 교육문제의 어려움에 처해있다. 기본적으로 여성가구주는 자녀교육에 대한 노력을 많이 하지만 배우자의 부재로 인한 시간빈곤을 경험하고 있으며, 그로 인하여 자녀돌봄과 교육 문제에 있어서 양부모보다 더 많은 어려움을 경험하고 있다. 그뿐만 아니라 사회적 관계망의 약화 및 부족으로 인하여 돌봄공백이 발생하는 경우도 많다. 송다영 외(2007)[24]의 연구에 따르면 자녀를 혼자 놔두거나 방치하는 경우도 51.9%에 달하는 것으로 나타나, 방임적 환경에 아동을 놓이게 하는 것으로 나타났다. 이는 부산여성가족개발연구원(2018)[25]의 결과에서도 확인된다. 평일 일과 중 자녀 혼자 보내는 시간에 대해 조사한 결과 여성가구의 37.0%가 그렇다고 응답했다. 즉, 여성가구의 경우 기본적으로 생계와 양육의 이중역할 수행에 따른 시간부족에 시달릴 수밖에 없고, 협소한 사회적 관계망으로 인하여 자녀의 돌봄공백이 발생하는 것이다.

---

24) 송다영・김유나・김숙이・홍성수(2007). 서울시 빈곤여성을 위한 탈빈곤정책 연구. 서울특별시여성가족재단.

25) 김혜정・신희영・박나리(2018). 2018년 부산시 저소득 한부모가족 실태조사. 부산여성가족개발원.

또한 자녀교육의 문제에 있어, 교육비를 비롯하여 시간부족이나 능력부족 등으로 인하여 자녀교육 자체에 대한 어려움도 경험하고 있는 것으로 나타났다. 송다영 외(2007)[26]의 연구에 따르면 여성가구주의 경우 사교육비 부담으로 인한 자녀교육비 문제를 가장 심각하게 생각하는 것으로 나타났으며, 구체적으로 '사교육비 부담으로 교육을 제대로 시키지 못한다'에 84.0%, '교육 부족으로 학습에 도움을 주지 못한다'에 60.6%가 그렇다고 응답하였다. 또한 부산여성가족개발원의 연구에서 자녀양육의 애로사항 1순위가 양육비 및 교육비 부담으로 나타났다. 이처럼 돌봄 및 교육비 문제 외에도 실제적인 양육의 어려움을 경험하는 것으로 나타났다. 또한 양육비 및 교육비 부담 다음으로는 양육 및 교육 관련 정보부족에 대한 어려움으로 나타났다. 여성가족부[27]의 한부모가족 실태조사에 따르면 미취학 자녀의 학습지도 어려움에 대해 60.4%가 그렇다고 응답하였으며, 양육·교육비 부담에 대해 모자 가구의 경우 85.3%가, 모자+기타가구의 경우 87.6%가 그렇다고 응답했다. 이외에도 여성가구주의 자녀는 부의 부재로 인하여 양쪽 부모의 존재를 통해 얻을 수 있는 균형 잡힌 사회화 교육의 기회가 박탈된다.

3) 심리·정서적 스트레스

아직도 양부모가족이 사회적 규범으로 받아들여지고 있는 한국사회에서 여성가구주 가족은 소위 결손가족이라고 칭하는 일종의 일탈된 가족형태로 인식되어 사회적 낙인을 유발한다. 결손가정, 해체가정, 편모 등의 용어가 흔히 쓰이던 시절이 있었고, 이러한 용어는 학계, 언론 그리고 시민단체 등의 노력으로 인하여 많이 사라졌다. 사실 이러한 용어는 여성가구주, 즉

---

26) 송다영·김유나·김숙이·홍성수(2007). 서울시 빈곤여성을 위한 탈빈곤정책 연구. 서울특별시여성가족재단.
27) 여성가족부(2018). 한부모가족 실태조사.

한부모가정은 일반가정과 달리 부정적이며 비정상적이라는 전제를 깔고 있다. 이러한 용어는 사라졌으나 여성가구주와 그 가족 구성원에 대한 편견이나 차별은 여전히 사회에 남아있다. 특히나 미혼 여성가구주의 경우는 그 낙인이 더욱 크다 할 수 있다. 이러한 사회적 낙인(stigma)은 여성가구주와 그 가족 구성원들에서 심리·정서적 스트레스를 유발한다. 그뿐만 아니라 여성가구주의 형성이 이혼과 같은 일련의 사건이라면 양부모가족구조의 해체는 그 상태와 영향이 오래도록 지속된다는 점에서 일상생활에서 경험하는 부정적 사건과 차별성을 지니며, 이는 생활영역 전반에 부정적 영향을 미친다. 일련의 선행연구에 따르면 자의가 아닌 타의에 의해 원하지 않게 가족이 해체된 경우 여성가구주와 그 가족 구성원은 마음의 상처, 고통, 죄책감, 불안감과 같은 부적 정서를 비롯하여 우울감을 유발하는 것으로 나타났다.

또한 자녀가 있는 여성가구주의 경우는 부모역할을 수행하는 데 있어서 배우자의 역할지원을 상실하게 됨으로써, 부모-자녀관계의 모든 책임을 홀로 지게 되는 부담감을 느끼게 되어 심리·정서적 스트레스를 겪게 된다. 또한 자녀양육 및 교육에 대한 과중한 부담은 정서적 압박으로 이어져 자신감의 저하나 자신의 역할에 대한 부정적인 평가와 죄의식을 갖기도 한다.

4) 사회적 관계망의 축소

사회적 관계망은 스트레스를 감소시키고 자아정체감 확립에도 긍정적인 효과를 가져온다. 사회적 관계망은 부모, 형제, 그리고 친척 등의 혈연적 관계망과 친구, 이웃, 모임 및 지역사회 등의 비혈연 관계망으로 나눌 수 있다. 대부분의 여성가구주 가족은 혈연적 관계망인 부모와의 접촉에서 상당한 지원을 받고 있는 것으로 나타났다. 이들은 부모로부터 단순한 경제적, 물질적 도움을 받을 뿐만 아니라, 자녀양육보조 등의 서비스 그리고 정서적인 측면으로도 상당히 의존하고 있다. 반면 이혼과 같은 사건으로 여성가구주가 된 경우에는 '잘못된 자식'이라든가 '가문의 수치'라는 가족 내에서의 낙인을 유발하며, 오히려 결혼상태보다 이혼 후 실제적으로 만나는 빈도 등이 줄어 혈연적 관계망이 축소되는 경우도 발생한다.

비혈연적 관계망의 역할도 매우 중요한데 상당수의 여성가구주 가족은 배우자를 통하여 맺어온 사회적 관계망을 상실하게 된다. 또한 사회로부터 배제되거나 소외되고, 비난받거나 무시되는 경우도 있다. 이와 같은 여성가구주의 형성은 부부 중심적인 사회에서는 치명적인 장애나 어려움으로 다가올 수 있다. 즉, 여성가구주 가족이 안고 있는 어려움은 단순히 자녀에게 미치는 영향에 그치는 것이 아니라 가구주의 대내외적 사회지위 및 역할에도 지대한 변화를 가져오게 한다. 또한 한부모가족이라는 인식으로 인한 사회적 편견과 차별을 경험하면서 자연스레 사회적 관계망이 축소되기도 한다.

5) 경제적 문제

상당수의 여성들은 배우자의 상실과 동시에 소득원을 잃게 되어 가족의 경제적 능력도 저하되게 된다. 특히 우리 사회에서 여성이 안정된 직업을 가지기 어렵고 따라서 안정된 소득원을 기대하기 어려우므로 여성가구주의 경우에 경제적 어려움은 곧 빈곤가족의 특성으로 이어지게 된다. 실제로 저소득층의 여성가구주의 다수가 직업을 갖고 있으며, 이들은 가계의 부양자 역할을 수행하고, 취업조직은 대부분 영세자영업이나 비숙련 노동직 및 피고용 노동직인 경우가 많다.

이들의 평균 취업시간은 일반 취업여성보다 긴 것으로 나타나 대부분의 여성가구주는 남성과 동등한 부양책임을 지고 있음에도 불구하고 노동시장에서는 소득이 낮고 불안정한 노동시장에 집중되어 있다. 이와 같이 노동시장에서 불리한 위치에 놓인 여성들은 장시간의 노동으로 인한 부모역할 수행의 어려움을 겪고 있다. 이러한 현상은 사회문제와 직결되는데 자녀교육비 부족 및 양육의 어려움으로 교육기회의 상실 또는 질 저하 등에 의해 결국에는 빈곤의 세대적 계승이라는 부정적 결과를 낳게 되고, 청소년 문제와 같은 사회문제로까지 연결되는 경우가 많다.

사회적으로 여성가구주에 대한 관심이 고조되는 이유는 이들 가족의 다수가 경제적 어려움에 직면해 있으며 여성가구주로의 전환 자체가 경제적 빈곤과 함께 경제적 안정성 및 적정성 등 여러 가지 여건의 변화를 초래하는 원인이 되고 미래 경제생활에도 시사하는 바가 크기 때문이다. 우리가 살아가는 경제 환경은 항상 변화하고 있으며 호경기가 있으면 반드시 불경기나 경제위기 상황도 있는 것이다. 특히 경제위기 상황에서는 실질소득의 급격한 감소로 인해 가계의 경제생활에 적지 않은 타격을 줄 뿐 아니라 가정 내의 심리적 위축으로 연결된다. 이러한 위기상황에서 힘들지 않은 가정이 없겠지만 그중에서도 여성가구주 가족은 더욱 열악한 환경에 처하게 된다. 따라서 직업훈련과 같은 과정을 통하여 인적자원 수준을 향상시켜 더 나은 조건의 직장을 얻도록 돕는 것이 필요하다. 그러나 송다영 외[28]의 연구에서 여성가장들은 교육이수 동안 생계 미보장(40.7%)의 이유로 직업훈련을 원하지 않는 것으로 나타났다. 이는 여성가구주의 자발적 미선택이 아닌, 주변환경 미흡으로 인한 강요된 미선택이라 할 수 있다. 또한 여성가족부[29]의 한부모가족실태조사에 따르면 취업 혹은 직업능력개발을 위한 교육이나 훈련 경험이 없는 이유로 시간이 없어서가 32.0%로 가장 높은 것으로 나타났다.

---

28) 송다영・김유나・김숙이・홍성수(2007). 서울시 빈곤여성을 위한 탈빈곤정책 연구. 서울특별시여성가족재단.
29) 여성가족부(2018). 한부모가족 실태조사.

생각해 봅시다

(1) 여성의 빈곤을 해결하기 위한 개입방안을 논하시오.

(2) 여성복지를 증진하기 위한 각 사회복지단체의 역할에 대해 논하시오.

(3) 여성복지의 중요성에 대해 논하시오.

참고문헌

강석구 · 김민영 · 조성현 · 조병인 · 박형아 · 송봉규 · 최성락(2015). 조직범죄단체의 불법적 지하경제 운영실태와 정책대안 연구(Ⅱ) : 전통적 소득원을 중심으로. 한국형사정책연구원.

고려대학교 민족문화연구원(2009). **고려대 한국어대사전**. 고려대학교 민족문화연구원.

고용노동부(2018). 고용형태별 근로실태조사.

공미혜 · 성정현 · 이진숙 · 한정원(2015). **여성복지론**. 서울 : 신정출판사.

구승회(1998). 생태주의 이데올로기와 에코아나키즘. **오늘의 문예비평**, 31호.

권인숙(2009). 군대 섹슈얼리티 분석. **경제와 사회**, 82, 38-65.

권희순(2004). 여성주의와 상담. **한국여성신학**, 55, 128-137.

경찰청(2017). 데이트 폭력 현장대응 강화계획.

교육인적자원부(2004). 성매매 예방교육 프로그램 및 지도모형 개발연구.

김규원(1997). 대중매체와 전자매체에 의한 성 상품화. 아산사회복지사업재단 I, 현대사회와 성 윤리. 제8회 사회윤리 심포지엄. 서울 : 정문출판.

김도연 · 이기은 · 이종현(2017). 데이트 폭력 피해 및 실태조사 결과. 한국데이트폭력연구소.

김민예숙 · 강문순(2004). 여성주의상담자 교육 모델에 관한 고찰. **한국심리학회지 : 여성**, **9**(3), 1-25.

김민예숙 · 김혜숙 · 배인숙 · 이문자 · 이미혜 · 정춘숙 · 황경숙(2005). **왜 여성주의 상담인가 : 역사, 실제, 방법론**. 경기 : 한울 아카데미.

김선정(2002). 초등학생의 성역할 고정관념, 성역할 정체감 및 자아존중감의 관계. 충남대학교 교육대학원 석사학위논문.

김수정(2008). 비교국가적 관점에서 본 한국 여성가구주의 빈곤. **보건사회연구**, **28**(2), 33-52.

김안나(2006). 한국사회 여성빈곤과 빈곤대책. **보건사회연구**, **26**(1), 37-68.

김연옥 · 유채영 · 이인정 · 최해경(2005). **가족복지론**. 경기 : 나남출판.

김영애(1995). **여성상담론**(pp. 16-45). 여성상담과 여성복지. 한국 여성의 전화.

김은경 · 최영신 · 김성언 · 김광준 · 원범연 · 최성호 · 은기수(2002). 성매매 실태 및 경제 규모에 관한 전국조사.

김인곤(2005). 플라톤 향연. **철학사상 별책**, 5(4). 서울대학교 철학사상연구소.

김현주(2016). 생태학과 여성주의. **문학과환경**, **15**(2), 33-66.

노혜진(2012). 빈곤의 여성화 접근방식의 전화. **여성연구**, **83**(2), 241-273.

문유경(2016). 성매매피해자 지원성과분석. 성매매 피해자 지원 성과분석과 강화방안 모색 토론회 자료집. 여성가족부 · 한국여성인권진흥원.

문혜옥(2000). 성역할 고정관념에 관한 고찰. **서라벌대학 논문집**, 18, 205－222.
민성길(2015). **최신정신의학**. 서울 : 일조각.
박귀영 외(2014). **가족과 젠더**. 경기 : 양서원.
박선영 외(2016). 여성폭력 사각지대 해소방안 연구. 한국여성정책연구원.
박순일(1994). **한국의 빈곤현실과 사회보장**. 서울 : 일신사.
박우현·최응렬(2017). 스토킹·데이트 폭력 피해예방법의 제정방안－제20대 국회 의원 입법안 검토를 중심으로－. **치안정책연구**, 31(1), 199－232.
박영란 외(2003). 여성빈곤 퇴치를 위한 정책개발 연구. 한국여성정책개발원
박재규(2009). 여성가구주의 발생원인에 따른 빈곤특성 분석. **여성연구**, 77(2), 109－141.
박정숙(2001). TV미디어에 반영된 한국여성의 성역할에 대한 고찰. **여성연구 논총**, 16, 143－171.
박정애(2017). Fromm의 사랑개념에 근거한 사랑척도 개발 및 타당화. 국제뇌교육종합대학원대학교 박사학위논문.
박충선·정영숙(2004). 대학생의 광고에 반영된 성상품화에 대한 사회적 인식과 소비주의 성향의 관계. **대한가정학회지**, 42(3), 79－90.
박현정·정순형(2017). 데이트 폭력범죄에 대한 독자적 형사제재의 필요성에 관한 고찰. **인문사회21**, 8(3), 583－603.
보건복지부(2019). 2018 보건복지통계연보.
부산여성사회교육원(2003). **여성, 지역, 문화**. 서울 : 신정출판사.
서종수(2016). 일－가족상호작용이 행복에 미치는 영향 : 일－가족향상과 가족－일향상을 중심으로. **한국가족복지학**, 21(2), 277－299.
______(2018). 청소년의 학업스트레스와 행복의 관계에서 대인관계 유능감의 조절효과. **한국가족복지학**, 23(4), 595－611.
손문숙·조재연(2016). 데이트 폭력 피해 실태조사 결과와 과제. 한국 여성의 전화.
송다영·김유나·김숙이·홍성수(2007). 서울시 빈곤여성을 위한 탈빈곤정책 연구. 서울특별시여성가족재단.
여성가족부(2010). 성매매에 반대하는 이유 21 Q&A.
_________(2013). 성폭력 피해자 지원시설 상담원양성 표준 교재. 여성가족부.
_________(2018). 직장 내 성희롱·성폭력 사건 처리 매뉴얼.
_________(2018). 한부모가족 실태조사.
_________(2019). 2019 전국 가정폭력 실태조사.
_________(2020). 2019 성폭력안전 실태조사.
_________(2020). 2019 성매매 실태조사 보도자료.
_________(2020). 2019년 경력단절여성 등의 경제활동 실태조사.
여성가족부·한국양성평등교육진흥원(2009). 성매매 없는 세상 공공기관 성매매 예방교육 가이드북.

여성가족부 · 한국 여성의 전화(2018). 데이트 폭력 · 스토킹 피해자 지원을 위한 안내
울산성매매피해상담소(2012). 나는 자랑스런 성매매 방지 활동가(My Best action).
윤가현(1998). **동성애의 심리학**. 서울 : 학지사.
윤선희(2016). 과학 담론의 형성과 변화 : 신경과학에서의 성차 담론을 중심으로. 서울대학교 대학원 박사학위논문.
윤홍식(2003). 이혼 및 별거로 인한 모자가정의 빈곤화와 사회안전망의 역할. **한국사회복지학**, 53, 51-63.
이규미(1996). 여성상담의 특징과 여성상담자의 전문적 자질. **한국심리학회지 : 여성**, 1(1), 128-138.
이문희(1993). 도시 청소년의 성의식 및 성문제와 성교육에 관한 조사 연구 : 성교육 실시의 타당성과 성교육 지도방향 개선의 필요성을 중심으로. 고려대학교 교육대학원 석사학위논문.
이브EVE(2019). 2019 청소년 성性문조사.
이영호(1993). 여성해방문학. **여성학 강의**. 경기 : 동녘.
이영환(2003). 한국사회의 빈곤과 사회정책. **기억과 전망**, 238-250.
이정희(2008). 허가받은 매매춘 공창 : '성매매산업' 시초가 된 일제의 '근대적' 공창. **민족21**, 85, 154-159.
이지연(2004). 여성주의 상담의 적용실제와 방향. **한국심리학회지 : 상담 및 심리치료**, 16(4), 773-791
이화영(2015). 데이트 폭력을 경험한 여성의 관계 중단 과정에 대한 연구. 한국 여성의 전화 부설 한국여성주의상담실천연구소, 제14회 논문발표회.
이혜경(1998). 빈곤의 여성화 : 한국 여성빈곤의 원인과 결과. UNDP 한국대표부 편, 빈곤퇴치 : 한국의 경험과 교훈. UNDP.
이효재(1991). **한국의 여성운동**. 서울 : 정우사.
정영숙(2008). 성평등의식 강화 방안 : 생애주기별 접근을 중심으로. 대구경북연구원 발표자료.
정영숙 · 박충선(2015). **여성과 사회**. 경북 : 대구대학교출판부.
조영주 · 김동식 · 남궁윤영 · 이혜경(2018). 청소년 성교육 수요조사 연구 : 중학생을 중심으로. 한국여성정책연구원.
조 형(1988). **지배문화, 남성문화**. 서울 : 또 하나의 문화.
차종천 · 김익기 · 김은경 · 진수명(1993). 인신매매의 실태에 관한 연구. 한국형사정책연구원.
최경화 · 박 경 · 정숙정(2019). 남자 대학생의 섹슈얼리티에 대한 근거이론적 연구. **사회과학 담론과 정책**, 12(1), 55-83.
최윤미(1998). **현대청소년심리학**. 서울 : 학문사.

통계청(2018). 가계생산 위성계정 개발 결과 : 무급 가사노동 가치평가.

______(2018). 고용형태별 근로실태조사.

한국양성평등교육진흥원(2017). 2017대중매체양성평등 모니터링 보고서.

한국여성개발원(1985). 여성상담의 실제. 한국여성개발원.

한국여성연구회 편역(1990). **여성 해방 문학의 논리**. 서울 : 창작과 비평.

한국여성연구소(2000). **새 여성학 강의**. 경기 : 동녘.

한국여성개발원(1995). 여성의 대중매체 수용의식 개발프로그램-텔레비전을 중심으로.

한국형사정책연구원(2015). 조직범죄단체의 불법적 지하경제 운영실태와 정책대안연구(Ⅰ)-불법사행산업을 중심으로.

허혜경·박인숙(2010). **사회변동과 성역할**. 서울 : 문음사.

홍미영·박지영(2018). 부산지역 데이트 폭력실태 및 예방체계 구축방안. 부산여성가족개발원.

황순구(2000. 6. 7). 회사간부 상습성추행 여직원 66명 집단소송.

황혜선(2002). 주말 TV드라마의 이야기 구조와 가부장적 이데올로기. **여성이론**, 7, 226-244.

SOGI법정책연구회(2018). 한국LGBTI인권현황 2018. SOGI법정책연구회 연간보고서, 16-17.

Bakan, D.(1966). *The Duality of Human Existence : Isolation and communion in Western man.* Boston : Beacon Press.

Bailey, J. M., & Pillard, R.(1991). A genetic study of male sexual orientation. *Archives of General Psychiatry, 48,* 1089-1096.

Becker, G. S.(1965). A Theory of the Allocation of Time. *The Economic Journal, 75*(September), 493-517.

___________(1998). *A Treatise on the Family.* Cambridge, Massachusetts : Harvard University Press.

___________(2007). *Economic Theory.* University of Chicago Press.

Bem, S.(1974). The measurement of psychological androgyny. *Journal of Consulting and Clinical Psychology, 42*(2), 155-162.

Block, J.(1973). Conceptions of Sex Roles : Some Cross-cultural and Longitudinal Perspective. *American Psychologist, 28,* 512-526.

Bouchier, D.(1983). *The Feminist Challenge : The Movement for Women's Liberation in Britain and the United States.* London : MacMillan.

Broderick, C. B.(1993). *Understanding Family Process : Basics of family systems theory.* London : Sage Publications.

Brodie, H. K., Gartrell, N., Doering, C., & Rhue, T.(1974). Plasma testosterone levels in heterosexual and homosexual men. *America Journal of Psychiatry, 131*(1), 82−83.

Caesar, P. Lynn(1986). Men who Batter : A Heterogeneous Group. in The Male Batterer : Characteristics of a Heterogeneous Population by L. K. Hamberger(Chair) Symposium conducted at the 94th Annual Convention of the American Psychological Association, Washington, DC.

Cohen, P. C., & Kause, M. S.(1971). *Casework with Wives of Alchololics.* New York : Family Service Association of America.

Daly, M.(1970). *Gyn−Ecology : The Metaethics of Radical Feminism.* Boston : Beacon Press.

Dunsieth, N. W. Jr, Nelson, E. B., Brusman−Lovins, L. A., Holcomb, J. L., Beckman, D., Welge, J. A., et al.(2004). Psychiatric and legal features of 113 men convicted of sexual offenses. *The Journal of Clinical Psychiatry, 65,* 293−300.

Engels, F(1972). *The Origin of the Family, Private Property and the State.* New York : International Publishers.

Fazel, S., Sjöstedt, G., Långström, N., & Grann, M.(2007). Severe mental illness and risk of sexual offending in men : A case−control study based on Swedish national registers. *The Journal of Clinical Psychiatry, 68,* 588−596.

Firestone, S.(1970). *The Dialectic of Sex*(성의 변증법. 김예숙 역). 경기 : 풀빛.

Freud, S.(1905). *Three Contributions to the Theory of Sex*(성욕에 관한 세 편의 에세이. 김정일 역). 서울 : 열린책들.

Friedan, B.(1968). *The Feminine Mystique*(여성의 신비. 김행자 역). 서울 : 평민사.

Frieze, I.(1978). *Women and Sex Roles.* New York : N. W. Norton.

Fromm, E.(1956). *The Art of Loving.* New York : Harper & Brothers.

Gelles, R. J., & Straus, M. A.(1988). *Intimate Violence.* New York : Simon & Schuster.

Giddens(1992). *Modernity and Selfidentity : Self and society in the late modern age.* CA : Stanford University Press.

Gilbert, L. A.(1992). Gender and counselign psychology : Current knowledge and directios for research and social action. In Brown, S. D., & Lent, R. W.(Eds.), *Handbook of Counseling Psychology*(pp. 383−416). New York : Joha Wilry & Sons, Inc.

Goode, W. J.(1982). *The Family*(2nd ed.)(가족과 사회. 최홍기 역). 경기 : 삼성미술문화재단.

Hamberger, L. K., & Hastings, J.(1988). Characteristics of male spouse abusers : Consistent with personality disorders. *Hospital and Community Psychiatry, 39*(7), 763−770.

Haralambos, M., & Holborn, M.(2000). *Sociology : Themes and Perspective*(5th ed.). Harper Collins.

Hartmann, H.(1981). *Women and Revolution*. South End Press.

Hooks, B.(2000). *Feminism is for Everybody : Passionate politics*. South End Press.

Kallmann, F.(1952). Twin and sibship study of overt male homosexuality. *American Journal of Human Genetics, 4*, 136−146.

Kapoor, R. K.(1996). Feminism in Some Contemporary Women Writers. In R. K. Dhawan(Ed.), *Feminism and American Literature*. New Delhi : Mehra Offset Press.

Kohberg, L. A.(1966). A Cognitive−Developmental Analysis of Children's Sex−role Concepts and Attitudes. In E. E. Maccoby(Ed.), *The Development of Sex Differences*. Calif : Stanford University Press.

Kropotkin, P. A.(1993). *Modern Science and Anarchism*(하기락 역). 부산 : 도서출판 신명.

Kuhn, Thomas S.(1996). *The Structure of Scientific Revolutions*(3rd ed.). Chicago and London : University of Chicago Press.

Jaggar, A.(1983). *Feminist Politics and Human Nature*. New York : Rowman & Allanheld.

Joseph, A.(1996). Feminism and the Poetry of Sylvia Plath. In R. K. Dhawan(Ed.), *Feminism and American Literature*. New Delhi : Mehra Offset Press.

Jung, C. G.(1971) *Psychological Types*. London : Routledge& Kegan Paul.

Lee, J. A.(1973). *Colours of Love : An Exploration of the Ways of Loving*. New York : New Press.

LeVay, S.(1991). A difference in hypothalamic structure between heterosexual and homosexual men. *Science, 253*(5023), 1034−1037.

Levy−Strauss(1969). *The Elementarty Structures of Kinship*. Boston : Beacon.

Lovejoy, O.(1981). The origin of man. *Science*, 211(4480), 341−350.

Magrabi, F. M., Chung, Y. S., Cha, S. S., & Yang, S. J.(1991). *The Economics of Household Consumption*. New York : Praeger Publications.

Miriam Greenspan(1983). *A New Approach to Women & Therapy*. New York : Tab Books.

Marx, K.(1968). Preface to the Critique of Political Economy, In Marx & Engels, Selected Works. New York International Publishers.

McLeod, S. A.(2009). Jean Piaget : Cognitive Theory-Simply Psychology. Retrieved from http://www.simplypsychology.org/piaget.html

Millete, K.(1970). *Sexual Politics*(성의 정치학. 정의숙·조정호 공역). 서울 : 현대사상사.

Mill, J. S.(1869). *The Subjection of Women*(여성의 예속. 김예숙 역, 1986). 서울 : 이화여자대학교출판부.

Mincer, J. & Polachek, S. W.(1974). Family Investments in Human Capital : Earnings of Women. *Journal of Political Economy, 82*(2), S76-S108.

Murray, B.(1997). *The Philosophy of Social Ecology*(사회생태론의 철학. 문순홍 역). 서울 : 솔출판사.

Opara, C.(1996). The Emergence of the Female Self : The Liberating Pen in Mariama. In A. Adebayo(Ed.), *Feminism and Black Women's Creating Writing : Theory Practices and Criticism.* AMD Publishers Ibadan, 153-160.

Ortner, S. B.(1974). Is Female to Male as Nature is Culture? In Michelle Zimbalist Rosaldo & Louise Lamphere(Eds.), *Women, Culture, and Society.* Stanford University Press.

Peck, M. S.(1978). *The Road Less Traveled : A new psychology of love, traditional values and spiritual growth.* Simon & Schuster.

Reid, M. G.(1934). *The Economics of Household Production.* New York : John Wiley & Sons.

Reiss, I. L.(1960). *Premarital Sexual Standards in America.* New York : The Free Press.

Rubin, Z.(1970). Measurement of romantic love. *Journal of Personality and Social Psychology, 16,* 265-273.

Simone de Beauvoir(1949). *Le Deuxième Sexe*(제2의 성. 강명희 역, 2000). 서울 : 하서출판사.

Sokoloff, N. J.(1990). *Between Money and Love : The dialectics of women's home and market work*(여성 노동시장 이론. 이효재 역). 서울 : 이화여자대학교출판부.

Sternberg, R. J.(1986). A triangular theory of love. *Journal of Personality and Social Psychology, 93*(2), 119-135.

Sternberg, R. J., & Grajek, S.(1984). The nature of love. *Journal of Personality and Social Psychology, 47*(2), 312-329.

Strong, B., & Devault, C.(1992). *The Marriage and Family Experience.* West Publishing Co.

Tavris, C., & Wade, C.(1977). *The Longest War. Sex Difference in Perspective*(성과 사회. 박민자 역). 서울 : 경문사.

The Wall Street Journal(2012. 8. 6). Dan Akerson, General Motors CEO : Lessons Learned from Mom. Careers, At Work.

Troiden, R. R.(1988). Homosexual identity development. *Journal of Adolescent Health Care, 9*(2), 105–113.

Walby, S.(1996). *Theorising Patriarchy*(가부장제 이론. 유희정 역). 서울 : 이화여자대학교출판부.

________(2011). *The Future of Feminism*. Cambridge : Polity Press.

Weedon, C.(1993). *Feminist Practice and Post–structualist Theory*(여성해방의 실천과 후기 구조주의 이론. 조주현 역). 서울 : 이화여자대학교출판부.

Wollstonecraft, M.(1792). *A Vindication of Rights of Women*. New York : Norton Co.

Worell, J., & Remer, P.(1996). *Feminist Perspectives in Therapy : An empowerment model for women*(여성주의 상담의 이론과 실제. 김민예숙·강김문순 공역). 서울 : 한울 아카데미.

____________________(2003). *Feminist Perspectives in Therapy : Empowering diverse women*(2nd ed.). John Wiley & Sons Inc.

<인터넷 자료>

고현실(2019. 6. 17). 서울시민 3명 중 2명 "몰카 불안"…모텔·목욕탕 점검 확대(종합). 연합뉴스. https://www.yna.co.kr/view/AKR20190616041551004

국제앰네스티 홈페이지. https://amnesty.or.kr/campaign/intersex

권지윤(2018. 3. 31). [마부작침] 2018 성매매 리포트 ① 세계 6위 성매매 시장…"한국 남성 절반 성매매 경험 有". https://news.sbs.co.kr/news/endPage.do?news_id=N1004676372

김은실. 페미니즘 미술 혹은 예술문화는 어떠한 기능을 갖는가. http://www.gokams.or.kr

김준호(2000. 7. 5). '성희롱' 집단소송. KBS NEWS. http://mn.kbs.co.kr/news/view.do?ncd=94791

김진방(2014. 9. 16). '성매매방지법 10년' 무엇이 달라졌나. 연합뉴스. https://www.yna.co.kr/view/AKR20140916187200055

김혜정·신희영·박나리(2018). 2018년 부산시 저소득 한부모가족 실태조사. 부산여성가족개발원.

나원정(2019. 11. 17). 한국 최초 퀴어영화는? 여성 사랑한 여성의 광기어린 멜로. 중앙일보. https://news.joins.com/article/23634596

뉴스윈 코리아(2016. 6. 16). 동성애의 원인들, NewsWINKorea. http://www.newswinkorea.com/news/article.html?no=562

대한민국ODA통합홈페이지. http://www.odakorea.go.kr/ODAPage_2018/cate01/L01_S05_03.jsp

박소영(2019. 10. 2). "한국 사회에서는 남성들이 성매매를 정상으로 봐…결국 성차별 · 성상품화 문제". 한국일보.
https://www.hankookilbo.com/News/Read/201910010906736309

박한선(2017. 10. 2). 동성애는 죄악인가? 질병인가?. 동아사이언스.
http://dongascience.donga.com/news.php?idx=19933

서울YWCA 홈페이지. http://www.seoulywca.or.kr

서송희(2017. 10. 14). 윤상직 "성매매 목적 인신매매 최근 5년간 2469명…처벌은 32.5%". News1뉴스. http://news1.kr/articles/?3123544

설현욱 博士의 性아카데미 홈페이지. http://www.sex-academy.com

손동준(2016. 3. 31). 헌재, "성매매 특별법은 합헌" 6대 3으로 결정. 아이굿뉴스.
http://www.igoodnews.net/news/articleView.html?idxno=49044

여성인권운동아카이브. http://herstory.xyz/items/show/24

우리말 샘 홈페이지. https://opendict.korean.go.kr/main

윤여환. 포스트모더니즘시대. http://hanbat.chungnam.ac.kr.

이경미(2015. 2. 26). [속보] 헌재 "간통죄 위헌"…62년만에 역사속으로. 한국일보.
http://www.hani.co.kr/arti/society/society_general/679846.html

이성규(2014). 동성애는 유전일까 학습일까. The Science Times.
https://www.sciencetimes.co.kr/news/동성애는-유전일까-학습일까

이은솔(2017. 12. 17). 할머니도 했고 나도 했다, '여성 자위'가 어때서? [아는 페미 ⑫] 단편영화 <자밍아웃> 김예지 감독 인터뷰. 오마이뉴스.
http://www.ohmynews.com/NWS_Web/View/at_pg.aspx?CNTN_CD=A0002385459

이준희 · 이주빈(2019. 2. 17). '인터넷 검열 금지' 앞세운 "야동 허하라" 남성들 시위 가보니. 한국일보 인터넷 기사.
http://www.hani.co.kr/arti/society/society_general/882437.html

이하나(2015. 12. 16). [2030 성을 말하다] 첫 경험 20~24세 · 남성 40% 성매매. 여성신문.
http://www.womennews.co.kr/news/articleView.html?idxno=89551

정철운(2010. 9. 30). '인생은 아름다워'보고 게이 되면 책임져라?. Pd Journal.
http://www.pdjournal.com/news/articleView.html?idxno=29048

중앙일보(2005. 7. 27). [갓 쓴 양반들의 性 담론 ③] 자위행위. 중앙일보.
https://news.joins.com/article/2402850

최은경(2019. 2. 4). "한 명 데려오면 200만 원"…성매매 시작은 인신매매. 중앙일보.
https://news.joins.com/article/23346901

최현호(2018. 11. 21). 애인 간 살인 · 폭력, 최근 급증?…10년 전 더 많았다. 뉴시스.
https://news.joins.com/article/23143563

한겨레신문(2007. 11. 5).황당한 한은의 '화폐인물' 선정이유 "어진 아내에 영재교육에 남다른 성과". http://www.hani.co.kr/arti/society/society_general/248209

한겨레 홈페이지. “이반이 뭐예요?”.
http://legacy.www.hani.co.kr/section-005000000/2004/05/005000000200405151434001.html
한국경제연구원. http://www.keri.org
e-나라지표 지표조회. 정규직과 비정규직의 시간당 임금 총액.
http://www.index.go.kr/potal/main/EachDtlPageDetail.do?idx_cd=2478
e-나라지표 지표조회. 남성 대비 여성 임금 비율.
http://www.index.go.kr/potal/main/EachDtlPageDetail.do?idx_cd=2714

찾아보기

[인명]

[내용]

ㅇ

저/자/약/력

■ **정영숙**
University of Illinois 복지경제학 박사
University of Minnesota 가족사회학과 객원교수
Women's Empowerment & International Development(미국 WID) 연구교수
한국여성인력개발원 이사장
대구광역시 여성정책위원장
대구여성가족재단 이사
현 대구대학교 가정복지학과 교수

■ **서종수**
대구대학교 철학박사
한국복지상담교육학회 편집위원
한국청소년상담학회 편집위원
중앙건강가정지원센터 교육위원 및 자문위원
한국가족통합예술치료연구소 소장
현 대구대학교 가정복지학과 조교수

■ **이우구**
대구대학교 철학박사
드림구미시민네트워크 코디네이터
은빛재가노인지원서비스센터 팀장
사회복지법인 한기장복지재단 구미기독실버빌 팀장
현 대구대학교 가정복지학과 겸임교수

여성과 사회

|공저자| 정영숙 · 서종수 · 이우구

|1판 1쇄| 발행 2020년 7월 30일

|발행인| 김 동 훈
|발행처| 공 동 체

|주소| 경기도 고양시 일산동구 호수로 358-39, 동문타워 I 905호(백석동)
|전화| 031) 920-8305(대표)
|홈페이지| http://www.compub.co.kr
|팩스| 031) 920-8308
|e-mail| compub@naver.com
|출판등록| 2005년 10월 6일
|등록번호| 제396-2005-36호

|ISBN| 979-11-6105-768-2
정가 20,000원